FRONTEIRAS DA JUSTIÇA

Martha C. Nussbaum

FRONTEIRAS DA JUSTIÇA

DEFICIÊNCIA, NACIONALIDADE, PERTENCIMENTO À ESPÉCIE

tradução de SUSANA DE CASTRO
revisão da tradução MALU RANGEL

wmf martinsfontes

SÃO PAULO 2020

Esta obra foi publicada originalmente em inglês com o título
FRONTIERS OF JUSTICE
por Harvard University Press
Copyright © 2006 by the President and Fellows of Harvard College
Publicado por acordo com Harvard University Press
Todos os direitos reservados. Este livro não pode ser reproduzido, no todo ou em parte, nem armazenado em sistemas eletrônicos recuperáveis nem transmitido por nenhuma forma ou meio eletrônico, mecânico ou outros, sem a prévia autorização por escrito do Editor.
Copyright © 2013, Editora WMF Martins Fontes Ltda.,
São Paulo, para a presente edição.

1ª edição 2013
2ª tiragem 2020

Tradução *Susana de Castro*

Revisão da tradução *Malu Rangel*
Acompanhamento editorial *Márcia Leme*
Revisões *Letícia Braun e Sandra Garcia Cortés*
Projeto gráfico *A + Comunicação*
Edição de arte *Katia Harumi Terasaka*
Produção gráfica *Geraldo Alves*
Paginação *Studio 3 Desenvolvimento Editorial*

Dados Internacionais de Catalogação na Publicação (CIP)
(Câmara Brasileira do Livro, SP, Brasil)

Nussbaum, Martha C.
    Fronteiras da justiça : deficiência, nacionalidade, pertencimento à espécie / Martha C. Nussbaum ; tradução de Susana de Castro. – São Paulo : Editora WMF Martins Fontes, 2013. – (Biblioteca jurídica WMF)

    Título original: Frontiers of justice.
    ISBN 978-85-7827-702-4

    1. Animais – Direitos 2. Deficientes – Direitos fundamentais 3. Justiça social 4. Minorias – Direitos fundamentais I. Título. II. Série.

13-05665 CDD-320.11

Índices para catálogo sistemático:
1. Justiça social e direitos : Teoria política   320.11

Todos os direitos desta edição reservados à
Editora WMF Martins Fontes Ltda.
Rua Prof. Laerte Ramos de Carvalho, 133 01325.030 São Paulo SP Brasil
Tel. (11) 3293.8150 e-mail: info@wmfmartinsfontes.com.br
http://www.wmfmartinsfontes.com.br

SUMÁRIO

Agradecimentos, XI
Abreviações, XV
Apresentação à edição brasileira, XVII
Introdução, 1

CAPÍTULO 1. OS CONTRATOS SOCIAIS E TRÊS PROBLEMAS NÃO SOLUCIONADOS DE JUSTIÇA, 11
  i. O estado de natureza, 11
  ii. Três problemas não solucionados, 18
  iii. Rawls e os problemas não solucionados, 28
  iv. Livres, iguais e independentes, 31
  v. Grotius, Hobbes, Locke, Hume e Kant, 44
  vi. Três formas contemporâneas de contratualismo, 66
  vii. O enfoque das capacidades, 83
  viii. As capacidades e o contratualismo, 98
  ix. À procura da justiça global, 111

CAPÍTULO 2. AS DEFICIÊNCIAS E O CONTRATO SOCIAL, 117
  i. Assistência como necessidade e problema de justiça, 117
  ii. Versões prudenciais e morais do contrato: o público e o privado, 127
  iii. O contratualismo kantiano de Rawls: bens primários, pessoalidade kantiana, igualdade aproximada e vantagem mútua, 133

iv. Adiando a questão da deficiência, 134
v. Pessoalidade kantiana e impedimento mental, 158
vi. O cuidado e a deficiência: Kittay e Sen, 174
vii. Reconstruindo o contratualismo?, 181

CAPÍTULO 3. CAPACIDADES E DEFICIÊNCIAS, 191

i. O enfoque das capacidades: uma teoria não contratualista do cuidado, 191
ii. As bases da cooperação social, 192
iii. Dignidade: aristotélica, não kantiana, 196
iv. A prioridade do bem e o papel do acordo, 198
v. Por que capacidades?, 201
vi. O cuidado e a lista das capacidades, 206
vii. Capacidade ou funcionalidade?, 210
viii. A acusação de intuicionismo, 212
ix. O enfoque das capacidades e os princípios da justiça de Rawls, 216
x. Tipos e níveis de dignidade: a norma da espécie, 220
xi. Políticas públicas: a questão da tutela [*guardianship*], 239
xii. Políticas públicas: educação e inclusão, 244
xiii. Políticas públicas: o trabalho de assistência, 261
xiv. O liberalismo e as capacidades humanas, 266

CAPÍTULO 4. VANTAGEM MÚTUA E DESIGUALDADE GLOBAL: O CONTRATO SOCIAL TRANSNACIONAL, 277

i. Um mundo de desigualdades, 277
ii. *Uma teoria da justiça*: apresentação do contrato em dois níveis, 285
iii. *O direito dos povos*: o contrato em dois níveis reafirmado e modificado, 294
iv. Justificação e implementação, 316
v. Avaliação do contrato em dois níveis, 325
vi. O contrato global: Beitz e Pogge, 327
vii. Perspectivas para um contratualismo internacional, 334

CAPÍTULO 5. AS CAPACIDADES ALÉM DAS FRONTEIRAS
NACIONAIS, 337
   i. Cooperação social: a prioridade dos direitos, 337
   ii. Por que capacidades?, 347
   iii. As capacidades e os direitos, 350
   iv. Igualdade e adequação, 359
   v. Pluralismo e tolerância, 364
   vi. Um "consenso sobreposto" internacional?, 367
   vii. A globalização do enfoque das capacidades: o papel das instituições, 376
   viii. A globalização do enfoque das capacidades: quais instituições?, 382
   ix. Dez princípios para a estrutura global, 388

CAPÍTULO 6. ALÉM DA "COMPAIXÃO E HUMANIDADE":
JUSTIÇA PARA OS ANIMAIS NÃO HUMANOS, 399
   i. "Seres que têm direito a uma existência digna", 399
   ii. Perspectivas a partir do contrato social kantiano: deveres indiretos, deveres de compaixão, 402
   iii. O utilitarismo e o florescimento animal, 415
   iv. Tipos de dignidade, tipos de florescimento: ampliando o enfoque das capacidades, 425
   v. Metodologia: teoria e imaginação, 432
   vi. Espécie e indivíduo, 438
   vii. Avaliando as capacidades dos animais: não ao culto à natureza, 449
   viii. Positivo e negativo, capacidade e funcionamento, 456
   ix. Igualdade e adequação, 466
   x. Morte e dano, 470
   xi. Um consenso sobreposto?, 475
   xii. Em direção a princípios políticos básicos: a lista das capacidades, 480
   xiii. A não eliminabilidade do conflito, 491
   xiv. Em direção a uma verdadeira justiça global, 495

CAPÍTULO 7. OS SENTIMENTOS MORAIS E O ENFOQUE DAS
CAPACIDADES, 499

Referências bibliográficas, 509

À memória de John Rawls

AGRADECIMENTOS

Este livro começou a partir das Conferências Tanner sobre valores humanos na Australian National University, em Camberra, em novembro de 2002. Essas conferências foram apresentadas em seguida como "As Conferências Tanner sobre valores humanos" no Clare Hall, na Cambridge University, em março de 2003. Meu primeiro agradecimento, portanto, é à Fundação Tanner por sua grande generosidade ao me permitir apresentar duas vezes as conferências e, assim, receber uma quantidade incomum de valiosos comentários e contribuições. Em seguida, agradeço aos sete comentaristas pela leitura detalhada de meu rascunho e por suas recomendações extremamente valiosas: Lenore Manderson, Leslie Francis e Eva Kittay sobre questões de deficiência, Zoya Hasan e Amartya Sen sobre questões de justiça transnacional, e Peter Singer e David DeGrazia sobre os direitos de animais não humanos. Também agradeço aos outros presentes nos seminários e discussões por suas contribuições valiosas, especialmente a Robert Goodin e Michael Smith.

O material sobre deficiência também foi tema de um simpósio no encontro da Divisão do Pacífico da Associação Filosófica Americana; sou profundamente grata a Lawrence Becker, Eva Kittay, Andrews Reath e Anita Silvers por suas contribuições extremamente úteis. Essa mesma conferência também foi apresentada na Escola de Crítica e Teoria da Cornell University, ocasião em que recebi comentários valiosos de muitos participantes, especialmente de Dominick La Capra, Mary Jacobus, Magda Romanska e Michael Steinberg.

O material sobre justiça transnacional foi apresentado como Conferência Olof Palme, patrocinada pela Queen Elizabeth House, em Oxford. Agradeço a Frances Stewart por seu convite maravilhoso, a Frances Stewart, Sudhir Anand, Barbara Harriss e outros, por seus comentários encorajadores.

Finalmente, o material sobre os animais foi apresentado em um simpósio em honra ao nonagésimo aniversário de Alan Gewirth; infelizmente, esse simpósio ocorreu menos de um ano antes de sua morte, na primavera de 2004. Agradeço a Gewirth, a Michael Kremer e a Michael Green pelos comentários desafiadores na ocasião.

Sou extremamente grata a John Deigh, Craig Duncan, Elizabeth Emens, Chad Flanders, Leslie Francis, Sherri Irvin, Charles Larmore, Martha Minow, Henry Richardson, Cass Sunstein e Candace Vogler por terem lido os rascunhos, e também por seus comentários valiosos. Sei que não respondi a todos os seus questionamentos.

Joyce Seltzer realizou seu sempre excelente trabalho de edição; também sou grata a Ann Hawthorne pela meticulosa editoração, e a Jennifer Johnson e a Rachel Goodman pela revisão e indexação.

Versões anteriores deste material apareceram impressas da seguinte forma:

- Versões anteriores de todas as três seções do argumento: *Tanner Lectures on Human Values*, volume 24 (Salt Lake City: University of Utah Press, 2004), pp. 413-508.

- Uma versão anterior do material dos capítulos 2 e 3: "Capabilities and Disabilities: Justice for Mentally Disabled Citizens", *Philosophical Topics* 2 (2002), pp. 133-165.
- Uma versão anterior do material dos capítulos 4 e 5: "Beyond the Social Contract: Capabilities and Global Justice", *Oxford Development Studies* 32 (2004), pp. 3-18.
- Uma versão anterior do material do capítulo 6: "Beyond 'Compassion and Humanity': Justice for Non-Human Animals", in *Animal Rights: Current Debates and New Directions*, org. Cass R. Sunstein e Martha C. Nussbaum (Nova York: Oxford University Press, 2004), pp. 299-320.

Todo o material é impresso aqui por cortesia da Tanner Foundation. Nenhuma das versões anteriores é, em algum sentido, final; na verdade, minhas formulações neste volume são em muitos pontos bem diferentes de suas versões anteriores e, espero, mais exatas.

Meu projeto é crítico a John Rawls. Selecionei a teoria de Rawls para um exame crítico porque é a teoria política mais forte que possuímos, na tradição do contrato social e, sem dúvida, uma das mais eminentes na tradição ocidental de filosofia política. Priorizo áreas que o próprio Rawls considerou problemas não solucionados, problemas que desafiam sua teoria de tal maneira que ele não tinha certeza de que sua tese poderia solucionar satisfatoriamente. Esse foco é apropriado porque ele solucionou muito bem vários outros problemas. Meu propósito principal é ampliar as ideias centrais de sua teoria para lidar com essas novas questões. Apesar de acreditar que essa ampliação não pode ser feita sem introduzir sérias alterações em partes de sua teoria que derivam da tradição do contrato social, creio que a própria teoria, seus princípios e seus fundamentos intuitivos fornecem um guia excelente na medida em que perseguimos essas novas e difíceis questões. Com grande respeito, amizade e tristeza, dedico este livro a sua memória.

ABREVIAÇÕES*

Ao longo deste livro, as obras de John Rawls são abreviadas da seguinte forma:

DL   "Kantian Constructivism in Moral Theory" (Dewey Lectures), *Journal of Philosophy*, 77, 1980, pp. 515-571.
IPRR   "The Idea of Public Reason Revisited," in *The Law of Peoples, with "The Idea of Public Reason Revisited"* (Cambridge: Harvard University Press, 1999).
JE   *Justice as Fairness: a Restatement*, org. Erin Kelly (Cambridge: Harvard University Press, 2001). (Trad. bras.: *Justiça como equidade, uma reformulação*. São Paulo: Martins Editora, 2003).
LHE   *Lectures on the History of Ethics*, org. Barbara Herman (Cambridge: Harvard University Press, 2000). (Trad. bras.: *História da filosofia moral*. São Paulo: Martins Editora, 2005.)
DP   *The Law of Peoples, with "The Idea of Public Reason Revisited"* (Cambridge: Harvard University Press, 1999). (Trad. bras.: *O direito dos povos*. São Paulo: Martins Editora, 2001.)

---

* Ao longo deste livro, a autora cita trechos de várias obras. A tradução dos trechos citados das obras *JE*, *DP*, *LP* e *TJ* foi extraída de suas respectivas edições brasileiras. Todas as citações seguem a paginação das edições originais. (N. da T.)

"LP" "The Law of Peoples," in *On Human Rights: The Oxford Amnesty Lectures*, 1993, org. Stephen Shute e Susan Hurley (Nova York: Basic Books, 1993).
LP *Political Liberalism*, edição ampliada. (Nova York: Columbia University Press, 1996.) (Trad. bras.: *O liberalismo político*. São Paulo: WMF Martins Fontes, 2011.)
TJ *A Theory of Justice* (Cambridge: Harvard University Press, 1971). (Trad. bras.: *Uma teoria da justiça*. São Paulo: Martins Editora, 1997.)

APRESENTAÇÃO À EDIÇÃO BRASILEIRA[*]

Para o leitor que apenas conhece a obra recém-traduzida para o português *The Fragility of Goodness. Luck and Ethics in Greek Tragedy and Philosophy* [*A fragilidade da bondade: fortuna e ética na tragédia e na filosofia grega*][1], pode parecer que a autora mudou completamente o rumo da sua investigação filosófica com a presente obra. Nela, Martha Nussbaum não aborda temas e autores da filosofia antiga, mas questões da filosofia política e da justiça social contemporâneas. Trata-se de uma obra na qual pretende seguir algumas intuições de Rawls acerca do problema da justiça social e ao mesmo tempo corrigir a sua teoria e ampliá-la a fim de que possa dar conta dos problemas de justiça aos quais sua teoria da justiça não consegue apresentar soluções. Entre a publicação do *A fragilidade* em 1986 e a publicação do *Fronteiras*, em 2006, muita coisa se passou. Nesse meio-tempo, a obra de Martha Nussbaum deixou de ser uma referência importante exclusivamente para os estudiosos da filosofia antiga e passou a ser também uma referência importante para os interessados em filosofia do direito e moral.

---

[*] Nesta edição não consta o índice remissivo que faz parte da edição original: *Frontiers of Justice: Disability, Nationality, Species Membership*, Cambridge: Harvard University Press, 2006.

[1] Trad. bras.: São Paulo: WMF Martins Fontes, 2009.

Hoje, ela é inclusive professora de filosofia de direito da Universidade de Chicago. Ao longo das duas décadas que separam uma obra da outra, seu pensamento foi convergindo cada vez mais para temáticas sociais contemporâneas, como atestam os livros que publicou nesse período.

1. A trajetória intelectual de Martha Nussbaum do *A fragilidade da bondade* (1986) até *Women and Human Development: the Capabilities Approach* (2000)

Em 1986, Martha Nussbaum publicou a obra pela qual ficou conhecida em todo o mundo, *A fragilidade da bondade: fortuna e ética na tragédia e na filosofia grega*. Nessa obra, a filósofa abriu uma nova fronteira para os estudos da ética aristotélica ao filiar o pensamento ético aristotélico às tragédias e aos aspectos trágicos da vida humana – como afirma no prefácio à edição revisada de 2001: "*A fragilidade* é acima de tudo um livro sobre desastre, e os modos mediantes os quais o pensamento ético lida com o desastre" (p. xxviii). No mesmo ano da publicação do *A fragilidade*, foi trabalhar com o economista indiano Amartya Sen no Wider (World Institute for Development Economics Research), um instituto da Universidade das Nações Unidas em Helsinque. Descobriu, então, que muito do que Aristóteles falava sobre um autêntico funcionamento humano assemelhava-se com a teoria de Sen acerca das "capacidades humanas" (2008, p. 11-12). Sen desenvolveu sua concepção das capacidades a partir da crítica ao modelo de análise da qualidade de vida dos habitantes de determinados países a partir da renda *per capita*. Graças ao seu trabalho, organismos internacionais como a Unesco hoje adotam o Índice de Desenvolvimento Humano (IDH), no qual fatores como taxa de mortalidade, escolaridade, taxa de emprego, entre outros, são analisados para aferir a qualidade de vida de determinada população.

Nussbaum passou, desde então, a visitar regularmente não só a Finlândia, mas também a Índia, país em que eram desenvolvidos os projetos do Wider. Essa experiência vai marcar profundamente o seu pensamento filosófico. Ocorrerá, então, uma guinada na sua trajetória intelectual. Passa a escrever sobre temáticas relacionadas a filosofia política, justiça social e políticas públicas contemporâneas. Entre as questões da justiça social contemporânea, estava a da situação das mulheres em nações pobres. Graças a sua experiência junto ao Wider, diz, saiu da "vida insular" típica dos acadêmicos norte-americanos (2008, p. xv). Passou a interessar-se por outras culturas, principalmente as asiáticas, mas, em particular, a indiana. A despeito da enorme admiração que passa a cultivar pela cultura indiana, sua riqueza literária e religiosa, reconhece imediatamente que a democracia constitucional indiana não era capaz de garantir a igualdade entre os sexos e que as mulheres nesse país eram tratadas como cidadãs de segunda classe. As conclusões a que chega sobre a situação das mulheres na Índia são relatadas no livro *Women and Human Development: Capabilities Approach* [Mulheres e desenvolvimento humano: o enfoque das capacidades], publicado em 2000. O livro baseia-se em relatos individuais, experiências coletivas, na literatura e na legislação indianas. Como relata nas páginas de agradecimento dessa obra, a experiência com pesquisadores sociais do Wider lhe mostrou como é importante para a filosofia o estudo de casos e os relatos individuais, seja porque servem de mecanismos de "prova", seja porque aproximam pela imaginação o leitor da situação tal qual realmente vivida pelas pessoas. Nussbaum apresenta nesse livro uma segunda versão de *sua* lista transcultural, universal de "capacidades" humanas essenciais para uma vida digna da dignidade humana (a primeira versão apareceu em *Sex & Social Justice* [Sexo & justiça social], 1999). A lista tem o propósito de nortear políticas públicas e de fornecer uma base para os princípios constitucionais que os cidadãos podem exigir de seus governantes (2008, p. 12).

Nussbaum e o economista indiano Amartya Sen são, hoje, os dois principais representantes da teoria social do enfoque das capacidades (*capabilities approach*). Partindo da perspectiva aristotélica segundo a qual uma avaliação ética depende de uma percepção vívida das circunstâncias concretas, e de acordo com a qual a "dignidade humana depende da possibilidade de ação e funcionamento das capacidades", inclusive a capacidade básica de interação social, Nussbaum chega à lista de dez capacidades centrais (2008, pp. 78-80) – que, como ela mesma diz, corresponde de certa forma à lista dos direitos humanos, porém mais detalhada: 1. direito à vida: não morrer prematuramente por falta de assistência ou cuidado; 2. saúde física: ser capaz de ter uma boa saúde, inclusive saúde reprodutiva; alimentar-se adequadamente; ter proteção adequada; 3. integridade física: não ser vítima de violência, poder circular livremente pelos lugares, ter oportunidade de satisfação sexual e liberdade de escolha em assuntos reprodutivos; 4. sentidos, imaginação e pensamento: ser capaz de usar os sentidos, imaginar, pensar e raciocinar – e de fazer essas coisas de uma maneira "verdadeiramente humana", uma maneira informada e cultivada por uma educação adequada; ser capaz de usar a própria mente de modo protegido pelas garantias de liberdade de expressão com relação tanto a discurso artístico quanto político, e liberdade de exercício religioso; 5. emoções: ser capaz de amar quem nos ama e se preocupa conosco; não ter o próprio desenvolvimento emocional prejudicado por sentimentos de medo e angústia; 6. razão prática: ser capaz de formar uma concepção de bem para si mesmo e de refletir criticamente sobre o planejamento da própria vida; 7. afiliação: a. ser capaz de viver com outros e por outros; b. ter a base social para o autorrespeito e não humilhação; 8. outras espécies: ser capaz de viver com preocupação por e em relação a plantas, animais e o mundo da natureza; 9. lazer: ser capaz de rir, brincar e participar de atividades de recreação; 10. controle sobre o próprio ambiente: a. político: ser capaz de participar de escolhas políticas. b. material: ser capaz de ter propriedade.

Seu descolamento de um eixo de preocupação exclusivamente relacionado à filosofia antiga e sua aproximação maior de temáticas da filosofia política fez que Nussbaum se sentisse obrigada, na redação do prefácio à segunda edição do *A fragilidade*, a redimensionar sua posição com relação à ética aristotélica e ao papel das emoções para a ética. Aristóteles acreditava que a política deveria incentivar o funcionamento das capacidades de acordo com uma concepção abrangente do que seria uma vida humana boa. Nussbaum, entretanto, defende que a política deve se restringir a promover as capacidades, e não o seu funcionamento, pois cabe a cada qual optar pelo emprego ou não de suas capacidades. Além disso, a política não deveria adotar uma concepção abrangente de boa vida, pois isso afetaria a diversidade e pluralidade de concepções religiosas e afins. Como afirma, o seu aristotelismo seria uma forma de "liberalismo político". Confessa que o seu aristotelismo foi sendo influenciado cada vez mais pelas ideias de John Rawls e de Immanuel Kant. Um dos pontos principais do *A fragilidade* havia sido mostrar o papel importante que as emoções possuem em nos informar sobre a relevância ética de certos assuntos e situações. Seguindo Aristóteles, Nussbaum mostra nesse livro o papel cognitivo das emoções, mas diz pouco sobre o que são as emoções. Em suas pesquisas subsequentes, como relata no prefácio, a investigação das emoções ocupou um papel central. O estudo das escolas helenistas e do estoicismo antigo, e sua pesquisa sobre a qualidade de vida das mulheres, fez que avaliasse de maneira mais crítica a relação entre crença e emoção. A despeito de continuar a investigar de perto o papel ético das emoções, diz que gostaria de ver sua obra "associada ao objetivo iluminista de uma vida social fundada na razão". Para os estoicos, as emoções são formas de julgamento avaliativo que nos levam a atribuir a coisas que extrapolam o controle do agente, tais como riqueza, honra, dinheiro, importância para nosso florescimento. Para os estoicos, essas formas de julgamento avaliativo são falsas. Nussbaum rejeita a forma prescritiva, normativa dos ensinamentos estoicos, mas considera válida sua crítica ao apego aos bens externos, assim como sua concepção da dignidade humana. Não há em Aristóteles uma concepção universal da dignidade humana, como há entre os estoicos.

Na obra *The Therapy of Desire* [A terapia do desejo] (1994), Nussbaum mostra ao leitor o que uma personagem fictícia, a aluna Nikidion, aprenderia na escola de Aristóteles, nas escolas helenistas e com os ensinamentos do estoico romano, Sêneca. Sua intenção é a de mostrar os pontos fortes e fracos da educação filosófica aristotélica, principalmente no que diz respeito aos seus aspectos políticos. O ponto nevrálgico dessa discussão é, como era de esperar, a crítica à avaliação aristotélica dos que podem ser educados filosófica e politicamente. Ao contrário de Aristóteles, para Sêneca todo ser humano, independente da sua classe social, sexo e idade, tem capacidade de raciocínio, estando, portanto, apto a legislar sobre o bem comum. Além disso, o filósofo não deveria restringir seu público-alvo àqueles que almejam uma educação filosófica, os estudantes de filosofia; ao contrário, a obrigação do filósofo é agir terapeuticamente sobre a alma de toda e qualquer pessoa. A finalidade de sua atividade é, portanto, eminentemente prática, visa à ação curativa sobre indivíduos. Cai por terra aqui não só a justificação aristotélica para a divisão desigual de poder, mas também sua *paideia* moral. Não apenas os que tiverem tido uma educação das emoções através da admoestação da autoridade paterna ou do preceptor estarão aptos a aprender as técnicas terapêuticas de extirpação das emoções ou de autorreflexão; todo e qualquer ser humano nasce com razão, portanto, com capacidade de raciocínio crítico e moral. Outro ponto nevrálgico de distinção entre as duas filosofias é a importância que uma e outra dão às crenças socialmente adquiridas que servem de base às emoções. Para Sêneca, todas as crenças socialmente adquiridas que servem de causa para as emoções são falsas. O principal argumento com que justifica suas posições é o de que tais crenças levam de maneira geral o sujeito a crer que sua felicidade está fora de si. Sêneca retoma o princípio socrático da *eudaimonia* como a autossuficiência absoluta. Segundo ele, enquanto acharmos que nossa felicidade depende da aquisição de bens que fogem ao nosso controle, não conseguiremos ter uma vida plena e serena. Valores como riqueza, honra, poder, amor, conduziriam a alma a emoções doentias. Visto que não é possível nos apoderarmos completamente de nenhum desses bens externos, somos presas fáceis de emoções ruins como a raiva, a cólera, a inveja etc. Os bens e as virtudes devem ser procurados dentro da alma através da constante atividade de autorreflexão. Por serem culturalmente produzidas, as crenças facilmente se apoderam do nosso pensamento. Por isso, diz Sêneca, é preciso ficar constantemente alerta e refletir constantemente sobre nossas ações. Nussbaum não compartilha do pessimismo de Sêneca quanto ao papel das emoções. Reconhece, com Aristóteles, o caráter ético benéfico das emoções, mas acredita que a ênfase de Sêneca ao aspecto racional terapêutico das emoções e crenças deve ser levada em conta por toda filosofia que tenha um objetivo político liberal.

A sua filiação ao projeto iluminista kantiano fica evidenciada no livro de 1999, *Sex & Social Justice*. Resultado da reunião de ensaios escritos entre 1990 e 1997, o livro aborda principalmente questões de gênero e sexo, como a prostituição e a pornografia. Encontramos nele a primeira formulação da lista das capacidades humanas centrais.

Segundo Nussbaum (1999, p. 56), pessoalidade (*personhood*), direitos, dignidade e autorrespeito são os termos principais do liberalismo iluminista. Na sua percepção, nos diversos países do mundo, as mulheres estariam usando esses termos como os melhores termos com os quais conduzir uma crítica radical da sociedade. Para Nussbaum, esses termos refletem critérios cruciais para aferir a qualidade de vida das mulheres. Nesse livro, ela contra-ataca três críticas centrais do feminismo ao liberalismo: (i) o liberalismo é muito individualista; (ii) o seu ideal de igualdade é muito abstrato e formal; e (iii) o liberalismo dá à razão um papel central nas decisões, deixando de lado o papel das emoções.

A primeira crítica dirigida ao liberalismo almeja mostrar que o indivíduo não é um corpo isolado, mas sim relacionado a coletivos afetivos, como a família e a comunidade. Nussbaum contra-ataca afirmando que tanto o liberalismo iluminista quanto o atual levam em consideração a centralidade das relações humanas e da comunidade. Na medida em que o princípio básico da ética kantiana é o respeito à autonomia do outro, ele não está isolando o indivíduo do convívio social, mas sim o contrário, mostrando a interdependência entre as pessoas. Rawls, por outro lado, coloca a constituição de uma comunidade estável como objetivo central ao pacto na posição original. Além disso, há situações em que é importante, sim, colocar a precedência do indivíduo sobre o coletivo "família", a saber, quando aquele tem sua integridade física abalada pela assimetria de poder dentro da família, como ocorre com muitas meninas indianas, que recebem uma porção diária de alimento inferior aos meninos. Nesses casos combate-se melhor a injustiça de gênero apelando para a *separatividade* (*separateness*) do corpo humano, ou seja, cada pessoa é uma unidade fechada, representada pelo seu percurso único do nascimento à morte, inigualável a qualquer outro curso de vida.

A segunda crítica pode ser dirigida a uma fase do liberalismo, mas não anistoricamente ao liberalismo de maneira geral. De fato, na sua primeira fase histórica o liberalismo propugnava um ideal abstrato de igualdade que, na verdade, deixava intocada a assimetria geral de poder, seja entre as classes sociais, seja entre homens e mulheres. Ao menos desde *Uma teoria da justiça*, de Rawls, a noção meramente formal de igualdade foi rejeitada. É necessário que o Estado garanta a igualdade de acesso a alguns pré-requisitos materiais para que de fato possamos começar a falar em igualdade.

Por último, a crítica feminista ao excessivo racionalismo do liberalismo parece ignorar que as emoções não são naturais, mas socialmente construídas. Assim, em situações de opressão, nas quais a mulher vive sob o medo de ser agredida, a forma de combater essa situação não é deixando-se ficar presa à emoção paralisante do medo, mas sim procurando refletir criticamente sobre ela e buscando formas de escapar dela. O uso da capacidade reflexiva é uma arma central no combate à violência e opressão.

Nessa refutação de Nussbaum às críticas feministas ao liberalismo está pressuposta a primeira característica do seu feminismo, a centralidade da autonomia e capacidade de escolha individual. Essa capacidade, porém, não é, como em Rawls, condição para todas as outras; ela está atrelada às outras nove: integridade física, afiliação, saúde física, imaginação, emoções, outras espécies, lazer, controle sobre o próprio ambiente. Diferente dos animais, o ser humano não está totalmente sujeito às forças da natureza e dos instintos, ele pode ter controle sobre sua própria vida. Mas um ser humano faminto, por exemplo, não pode usufruir do prazer da alimentação, assim como um ser humano doente tem afetado o seu bem-estar, e um ser humano agredido constantemente perde o senso de autorrespeito. De maneira geral, cada uma das capacidades possui características tanto físicas quanto psicológicas. Ter uma dessas capacidades e não querer usá-la é diferente de não tê-las simplesmente porque alguém não vê você como um indivíduo autônomo, mas sim como alguém destinado a ser um meio para a sua própria satisfação.

Outra característica do feminismo liberal proposto por Nussbaum é o internacionalismo. Apoiando-se na sua longa experiência com os coletivos de mulheres na Índia, e seu estudo *in loco* da situação das mulheres nesse país, Nussbaum convoca as feministas norte-americanas a saírem de seu universo exclusivamente pequeno-burguês de preocupações e incluírem em suas agendas de discussão a análise dos problemas de mulheres de outras partes do mundo, tais como as mulheres na Índia que enfrentam problemas como casamento infantil, dote, proibição de trabalho, iletramento etc. Nussbaum alerta para o fato de que alguns desses problemas possam inclusive ser problemas de mulheres socialmente desfavorecidas dentro dos Estados Unidos. No bojo dessa posição também está a crítica ao feminismo multiculturalista, defensor da incomensurabilidade entre culturas. Segundo ele, não seria possível exigir um compromisso das mulheres de sociedades tradicionais com as mesmas reivindicações das mulheres de países não tradicionais. Contra essa visão, Nussbaum afirma que as sociedades e suas tradições não são estáticas, mas sim dinâmicas, ou seja, haveria sim nelas espaço para discussão e alteração de tradições opressivas. A lista das capacidades vale da mesma forma que os direitos humanos para todos os seres humanos. Nussbaum defende aqui um universalismo historicamente construído.

2. Fronteiras da justiça

As primeiras teorias ocidentais sobre a justiça política e social em um Estado de Direito fizeram uso da metáfora de um estado de natureza fictício para ilustrar uma igualdade e liberdade natural pré-política, não convencional, entre os homens. Essa foi a estratégia encontrada entre os teóricos modernos do século XVII para refutar as bases desiguais da justiça entre os homens das monarquias absolutistas europeias. O indivíduo aceitaria abrir mão de sua liberdade total no estado de natureza, apenas na medida em que lhe parecesse que a vida em uma comunidade civil, de direito, lhe fosse mais vantajosa. Assim, a legitimidade da autoridade política do governante supremo emanaria diretamente do povo. Este outorgaria ao governante a autoridade para legislar em prol do bem público. A ação de outorgar autoridade ao governante e consentir em participar de uma comunidade civil é descrita como um pacto ou contrato social. Ao optar por participar da comunidade, o indivíduo livre torna-se cidadão de um Estado nacional e passa a usufruir tanto dos seus benefícios, como proteção e segurança de sua propriedade e de sua vida, quanto do seu ônus, como a submissão às regras comuns. No cômputo geral, seria mais vantajoso para o indivíduo participar da comunidade do que ficar fora dela, já que a submissão a uma autoridade geral garantiria o princípio do respeito e reciprocidade entre os homens. Por outro lado, o poder do governante não seria irrevogável. Caso descuidasse do bem comum ou ameaçasse o direito fundamental à preservação da vida, haveria uma cláusula no contrato que autorizaria sua destituição do poder. A legitimidade da justiça política e do poder do governante dependeria sempre do cumprimento da obrigação geral de preservação da vida e proteção dos interesses comuns.

Como mostra Nussbaum, há diferenças importantes entre os dois principais teóricos do contrato, Hobbes e Locke. Por um lado, ambos entendem que o cálculo prudencial serve de base para o consentimento, ou seja, é mais vantajosa para o indivíduo a vida em comunidade do que a vida em separado. Nesse sentido, não parece haver uma base moral para a origem da justiça política. Em Hobbes, de fato, a moral só surge atrelada aos interesses individuais; porque almejo a segurança, aceito o princípio da reciprocidade e do respeito – ainda que estes não sejam nunca meramente altruístas –, e não o inverso. Em Locke, a relação entre justiça e moral é ambígua, visto que tanto identifica uma base moral para a justiça política, a benevolência, ou seja, a preocupação pela preservação não só da própria vida, mas de toda a humanidade, quanto entende que o interesse do indivíduo em participar do pacto social está na busca de benefício pessoal, como a proteção da sua propriedade e preservação da própria vida. Mas é dele a formulação que determina que os participantes do pacto sejam "livres, iguais e independentes".

Na época da sua formulação não se imaginava que as mulheres poderiam participar do pacto, pois não eram membros "livres, iguais e independentes", dependiam economicamente de seus maridos e não participavam da geração de riqueza pelo trabalho. Nesse sentido, a sua não produtividade lhes impediria de participar do pacto social que previa na sua base a possibilidade de vantagem mútua mediante as diversas contribuições dos participantes.

Como salienta Nussbaum, um dos grandes problemas da teoria contratualista sobre a origem da justiça política e social está na sua equipação entre os que fazem o pacto e para quem o pacto é feito. Dessa maneira, as regras de justiça surgem para atender a esse público específico de homens livres e produtivos. Hoje podemos dizer que a desigualdade de gênero diminuiu, visto que as mulheres entraram em maior ou menor medida no mercado de trabalho, tornando-se membros produtivos da comunidade nacional. Mas, como salienta Nussbaum, ainda falta muito para que o Estado e suas instituições entendam que o privado também pertence à esfera política, e nesse sentido reconheçam como trabalho o serviço de assistência realizado dentro dos lares pelas mulheres. Esse serviço requer igual reconhecimento e remuneração, como qualquer outro. A base produtivista dos pactos sociais também inclui em maior medida as minorias, raciais, sexuais e étnicas. Na medida em que participam da produção de riqueza, os membros desses grupos teriam seus direitos reconhecidos e respeitados. Nussbaum mostra, entretanto, que medir o índice de satisfação e justiça pelo acesso à oportunidade de emprego e salário não é suficiente para aferir o bem-estar social pleno, visto que pessoas que atendam a esse critério podem muito bem necessitar mais do que a média de outros bens, como o reconhecimento e o respeito públicos; por exemplo, os homossexuais e as minorias étnicas e raciais.

John Rawls revive a teoria do contrato social em *Uma teoria da justiça* – lançado nos Estados Unidos em 1971. Para Nussbaum, a teoria da justiça como equidade formulada por Rawls é a melhor teoria de justiça liberal existente, mas possui lacunas e falhas que precisam ser corrigidas a fim de incluir indivíduos que estão fora do pacto, como os deficientes físicos e mentais, os cidadãos de países em desenvolvimento e também os animais. O contrato social tem por base a ideia de que os que realizam o contrato para a delimitação dos princípios políticos justos são também as pessoas para quem o pacto é feito. Por essa razão, imaginam que os cidadãos a sua semelhança são membros de um Estado Nacional e possuem capacidades racionais e físicas normais que lhes permitem ser "membros plenamente cooperantes de uma sociedade ao longo de uma vida inteira", como afirma Rawls em *O liberalismo político*. É evidente que, nesse caso, o estrangeiro pobre, o animal e o deficiente físico e mental estão excluídos do pacto. Ao não participarem do pacto, ou melhor, não terem representantes seus no momento do desenho dos princípios da justiça, aqueles não serão contemplados posteriormente com medidas que atendam às suas necessidades específicas, visto que os que desenham o pacto o fazem para atender às suas necessidades medianas.

A teoria da justiça de Rawls seria, segundo Nussbaum, uma teoria *híbrida*. Ou seja, ela possuiria tanto elementos do raciocínio prudencial egoísta quanto elementos morais. Rawls não usa a metáfora do estado de natureza, e de seus direitos pré-políticos, para explicar a razão de os indivíduos realizarem o pacto social, mas em compensação adere às circunstâncias humanas da justiça. Para Rawls, seguindo Hume, a situação de escassez moderada seria o que motivaria as pessoas a buscar princípios que organizem a sua reunião umas com as outras, em comunidade, irmanadas e protegidas por princípios de equidade e justiça. Nesse sentido, a justiça não seria um sentimento moral que guiasse as relações humanas de maneira geral, anterior a qualquer configuração política, mas sim algo que decorre de uma situação psicológica e objetiva específica. Assim, tanto para Hume quanto para Rawls e os contratualistas modernos, o que motiva o ser humano a estabelecer uma comunidade política é apenas a busca da conservação da vida e da vantagem mútua. A teoria de Rawls, entretanto, também possuiria um elemento moral na medida em que adota a noção kantiana de autonomia moral. Independente de qualquer pacto, para Kant todo indivíduo dotado de capacidade racional é livre e, dessa forma, um fim em si mesmo. Cada indivíduo tem o direito de fazer exercício de sua autonomia e não servir de meio para que outros atinjam seus objetivos. Essa "intuição" acerca do impedimento moral de instrumentalizar outros seres humanos, utilizá-los como ferramentas para atingir objetivos particulares, aparece na teoria de Rawls sob a imagem do "véu da ignorância". Dispositivo introduzido na posição original, o véu da ignorância impede que as partes participantes do contrato saibam qual será sua posição social e seus talentos naturais na sociedade bem ordenada. Para Rawls, o fato de desconhecer essas informações sobre si mesmo conduz automaticamente as partes a buscarem um arranjo social que as favoreceria independente da posição social que venham a ocupar. Rawls não pretende que em sua sociedade democrática liberal bem ordenada, cuja estrutura básica seja organizada segundo os dois princípios da justiça escolhidos pelas partes, não haja desigualdades. Elas sempre existirão tendo em vista as diferenças naturais e sociais existentes, mas compete às instituições de uma sociedade bem ordenada diminuir essas desigualdades de modo a permitir que todos tenham oportunidades iguais a emprego e educação e possam os mais pobres ser favorecidos pelo enriquecimento dos ricos (princípio da diferença). Para atingir um consenso sobreposto acerca dos melhores princípios de justiça, Rawls acredita que as partes devam partir de uma concepção mínima do que seriam os bens primários que todos os indivíduos almejariam possuir independente das concepções divergentes sobre o bem que possam vir a ter, e que muito provavelmente terão, dados, entre outros, o pluralismo religioso e a liberdade de expressão em vigor. Estes seriam, então, liberdade, oportunidade, riqueza e renda. Para Rawls, bastariam esses quatro elementos básicos para que os indivíduos tenham condições de perseguir suas próprias concepções de bem. Nussbaum, entretanto, vê sérios problemas com os critérios escolhidos por Rawls para aferir o bem-estar dos indivíduos. Para Nussbaum, renda e riqueza não garantem bem-estar físico nem psicológico, tendo em vista tanto que as pessoas necessitam de quantidades diferenciadas desses bens primários; quanto que outros bens, não materiais, como os apresentados na lista das capacidades, são tão ou mais importantes do que renda e riqueza para possibilitar uma vida com dignidade humana a cada indivíduo, independente de suas condições físicas, sociais, mentais ou econômicas. Os três problemas não solucionados mostram isso claramente.

Um indivíduo com impedimentos mentais ou físicos permanentes necessitará ao longo de sua vida de muito mais assistência do que uma pessoa normal, ou seja, ele necessitará de muito mais gasto para o seu bem-estar. Hoje em dia, as famílias são responsáveis quase que exclusivos pelos gastos com seus parentes que estão nessa situação. Nussbaum descreve em seu livro três casos de impedimento mentais graves que acarretam para seus familiares gastos enormes em termos não só de sua manutenção adequada, mas também com relação a investimentos extras no sentido de aprimorar na medida do possível as suas capacidades. Em uma sociedade verdadeiramente bem ordenada, essas pessoas não seriam excluídas dos arranjos sociais; ao contrário, haveria instituições públicas voltadas para sua manutenção e cuidado. Esse arranjo favoreceria não apenas aos assistidos, mas também a seus assistentes, que, na maioria das vezes, são obrigados a realizar sacrifícios pessoais para cuidar de seus familiares. Rawls reconhece que a justiça como equidade não contempla no seu formato contratualista as pessoas com necessidades especiais, mas acredita que esse problema poderia ser remediado em uma etapa legislativa posterior. Para Nussbaum, ao contrário, é preciso eliminar a ideia do pacto social como um contrato entre partes iguais em capacidade. Essa visão não moralizada do que nos faz compartilhar arranjos sociais com outros membros de uma comunidade leva, na verdade, a situações de agravamento de injustiças contra aqueles que não se encaixam no modelo de normalidade ditado pela igualdade de capacidades. Certamente, como diz Nussbaum, pessoas com impedimentos físicos podem muito bem se tornar membros produtivos de uma sociedade justa. Para tal é preciso, entretanto, que a sociedade adapte os espaços de suas instituições e locais de trabalhos para que possam atender às necessidades especiais dessas pessoas. Suas faculdades intelectuais não foram afetadas, sendo assim nada, na verdade, as impediria de participar do processo de escolha dos princípios de justiça, desde que os espaços fossem adaptados para suas necessidades especiais. O caso das pessoas com impedimentos mentais é, porém, mais complicado, por isso Nussbaum faz questão de se deter mais neles. Uma questão central de toda a sua argumentação é apontar para o fato de que as pessoas ditas normais também passam naturalmente por momentos de sua vida em que necessitam da assistência de outra pessoa, como na infância e na velhice. Além disso, nada garante que não haverá momentos na vida de pessoas normais em que por causa de um acidente ou uma crise de depressão estas venham a ficar temporária ou permanentemente improdutivas e necessitando de cuidados especiais. Esses e inúmeros outros argumentos fazem Nussbaum afirmar que seu enfoque das capacidades está muito mais apto a determinar qual a justiça que cabe a pessoas com necessidades especiais do que a teoria da justiça *procedimentalista* de Rawls. Para Rawls, a escolha dos melhores princípios da justiça depende unicamente da determinação de um procedimento justo de escolha. Para Nussbaum, ao contrário, não é o procedimento, mas sim as consequências a serem atingidas que devem guiar a escolha dos princípios. Assim, se almejamos atingir uma ampla incorporação das pessoas com necessidades especiais nos arranjos sociais, é necessário escolher princípios que levem em consideração aquilo que elas possuem em comum com todos os outros seres humanos, a saber, o desejo de florescer fazendo uso de suas capacidades humanas de modo adequado.

Outro dos problemas de justiça não solucionados mais prementes da atualidade é o da justiça entre nações. As teorias do contrato social modelam princípios de justiça para Estados nacionais; não tratam, portanto, de quais os critérios a ser adotados nos acordos entre Estados nacionais. Nesse caso, é possível afirmar que as regras de justiça que valem para os cidadãos de determinada nação não vigoram na justiça entre nações. Ao contrário, aqui o que valeria seria o estado de guerra, ou a lei do mais forte. Kant em *À paz perpétua* e John Rawls em *O direito dos povos* procuraram atacar esse problema, mas ambos colocaram o contrato entre nações como etapa posterior ao contrato social interno. No segundo nível do contrato, os Estados assumem o papel das partes e são igualmente considerados "livres, iguais e independentes". Vários problemas surgem dessa solução em dois níveis. Por exemplo, dificilmente podemos falar de Estados independentes em uma economia globalizada como a nossa; além disso, como nem todos os Estados nacionais possuem igualdade de força, muitos ficariam alijados do processo do contrato. Para Nussbaum, as desigualdades entre nações são acentuadas pelo controle da economia global nas mãos de poucas nações. Mesmo que não procuremos estabelecer uma justiça global que repare os danos provocados pelo colonialismo, é preciso comprometer as nações ricas com os direitos dos indivíduos das nações em desenvolvimento. Como todo ser humano, os indivíduos socialmente desfavorecidos das nações em desenvolvimento possuem direito a uma vida digna da dignidade humana, na qual possam fazer uso de suas capacidades de modo minimamente apropriado. O modelo das capacidades oferece os parâmetros para uma adequação da relação entre nações pobres e ricas a níveis justos.

O terceiro problema de justiça ainda não solucionado é o da justiça que devemos aos animais não humanos. Rawls não acreditava que esse fosse um problema para o qual a justiça como equidade pudesse dar uma solução, nem mesmo em um estágio legislativo posterior. As partes contratantes do contrato de Rawls são kantianamente definidas no *Liberalismo político* como necessariamente detentoras de duas faculdades morais: a capacidade de um senso de justiça e a capacidade de formular projetos pessoais. A teoria rawlsiana de justiça implica que os contratantes possuam capacidade reflexiva, deliberativa e calculativa para que possam atingir um equilíbrio reflexivo e um consenso sobreposto com outros membros do pacto. Nenhum animal por mais inteligente que possa ser jamais atingirá essas características. A obrigação dos seres humanos para com os animais derivaria nesse caso do sentimento de compaixão e caridade, não de uma obrigação moral ou política. Com relação a esse problema específico da justiça que devemos a animais não humanos, utilitaristas como J. Bentham e outros contribuíram muito mais para a discussão acerca dos direitos dos animais não humanos. O critério utilitarista de prazer e satisfação como aferidor de bem-estar se adapta tanto a animais humanos quanto a animais não humanos. Para Nussbaum, o tratamento que devemos aos animais é claramente uma questão de justiça, uma vez que nossas escolhas afetam a vida de espécies não humanas todos os dias, causando-lhes sofrimentos. Os animais não humanos não são mobílias do mundo a nossa disposição para uso, mas são seres ativos que buscam viver suas vidas da melhor maneira possível, diz Nussbaum. A lista das capacidades oferece-nos novamente um rol de capacidades que, adaptadas às diversas espécies animais, servem de guia para aferir em que medida devemos melhorar nosso relacionamento com os animais e integrá-los a um modelo de justiça política próprio.

Esses são os três grandes focos do livro de Martha Nussbaum. Como reiteradas vezes diz, a autora não almeja com seu enfoque das capacidades substituir o modelo do contrato. As versões clássicas do contrato e sua versão melhorada e moderna de Rawls são modelos válidos para pensarmos certos aspectos da justiça social, mas insuficientes como aferidores da bem ordenança de uma sociedade, que demanda um projeto de inclusão social mais amplo.

Susana de Castro

Rio de Janeiro, outubro de 2012

REFERÊNCIAS:

NUSSBAUM, Martha C. *The Fragility of Goodness: Luck and Ethics in Greek Tragedy and Philosophy*. Ed. atualizada. Cambridge: Cambridge University Press, 2001.

_____. *Women and Human Development: the Capabilities Approach*. Cambridge: Cambridge University Press, 2008 (12. reimpressão [2000]).

_____. *Sex & Social Justice*. Nova York: Oxford University Press, 1999.

_____. *The Therapy of Desire: Theory and Practice in Hellenistic Ethics*. Princeton: Princeton University Press, 1994.

Aqui, então, uma proposição, que, penso, pode ser considerada certa, a saber, que a justiça deriva a sua origem somente do egoísmo e da generosidade limitada dos homens, junto com a escassez moderada dos recursos que a natureza lhes provê para as suas necessidades.

David Hume, *Tratado da natureza humana*

Na verdade, é bastante estranho pensar na pessoa feliz como uma pessoa solitária, pois o ser humano é uma criatura social e naturalmente disposta a viver com os outros.

Aristóteles, *Ética a Nicômacos*, IX.9

INTRODUÇÃO

As teorias de justiça social devem ser abstratas. Isto é, elas devem ter uma generalidade e um poder teórico que lhes permitam um alcance para além dos conflitos políticos de seu tempo, ainda que tenham neles suas origens. Até mesmo a justificação política requer tal abstração: pois não podemos justificar uma teoria política a não ser que possamos mostrar que ela pode ser estável ao longo do tempo, recebendo o apoio dos cidadãos por razões maiores do que simplesmente de autoproteção ou instrumentais[1]. Além disso, não podemos mostrar que ela pode ser estável sem nos afastarmos dos eventos imediatos.

Por outro lado, as teorias de justiça social também devem ser sensíveis ao mundo e aos seus problemas mais urgentes, e devem estar abertas a mudanças em suas formulações, e até mesmo em suas estruturas, em resposta a um novo problema – ou a um velho – que estava sendo ignorado de propósito.

A maioria das teorias de justiça da tradição ocidental, por exemplo, não tem estado atenta às demandas das mulheres por igualdade e aos muitos obstáculos que se colocavam, e se colo-

---

[1] Para uma explicação detalhada de minha posição sobre justificação política, ver Nussbaum (2000a), capítulo 2; e (2004d).

cam, no caminho da igualdade. Suas abstrações, apesar de alguma maneira válidas, dissimulavam um fracasso em confrontar um dos problemas mais sérios do mundo. O tratamento adequado ao problema da justiça de gênero possui amplas consequências teóricas, uma vez que envolve o reconhecimento de que a família é uma instituição política, não parte de uma "esfera privada" imune à justiça. O equívoco das teorias passadas não é, portanto, uma questão de simples aplicação das mesmas velhas teorias a um novo problema: trata-se de corrigir a própria estrutura teórica.

Hoje há três problemas ainda não solucionados de justiça social cuja omissão nas teorias existentes parece particularmente problemática. (Sem dúvida, há ainda outros problemas semelhantes a esses, que até agora não detectamos.) Primeiro, há o problema da justiça para pessoas com impedimentos físicos e mentais. Essas pessoas são pessoas, mas não foram até agora incluídas como cidadãs em uma base de igualdade com relação aos outros cidadãos, nas sociedades existentes. O problema de estender educação, assistência médica, direitos e liberdades políticos bem como cidadania equânime de maneira mais ampla a tais pessoas parece um problema de justiça, e um problema urgente. Uma vez que a solução desse problema requer um novo modo de pensar a cidadania, uma nova análise do propósito da cooperação social (que não foque a vantagem mútua) e, ainda, ênfase na importância do cuidado como um bem social primário, parece provável que lidar com eles de maneira adequada vai exigir não apenas uma nova aplicação das velhas teorias, mas uma reformulação das estruturas teóricas em si.

Em segundo lugar, há o problema urgente de ampliar a justiça para todos os cidadãos do mundo, mostrando teoricamente como podemos concretizar um mundo que seja justo por completo, no qual acasos de nascimento e de origem nacional não deformem profundamente, desde o início, as chances de vida das pessoas. Uma vez que todas as principais teorias ocidentais de justiça social partem da nação-Estado como sua unidade básica, é provável que novas estruturas teóricas também sejam requeridas para pensarmos adequadamente sobre esse problema.

Finalmente, temos de enfrentar as questões de justiça envolvidas em nosso tratamento de animais não humanos. Inúmeras vezes, as dores e os ultrajes sofridos pelos animais nas mãos dos humanos foram reconhecidos como questão ética; mas poucas vezes esse fato foi considerado questão de justiça social. Se o reconhecemos dessa forma (e os leitores deste livro terão que julgar por si se as justificativas são boas), é evidente, mais uma vez, que esse novo problema requererá mudança teórica. Por exemplo, imagens de cooperação social e de reciprocidade que requerem que todas as partes implicadas sejam racionais vão precisar ser reexaminadas, e imagens de um tipo diferente de cooperação precisarão ser criadas.

Há muitas perspectivas de justiça social na tradição ocidental. Uma das mais fortes e mais duradouras tem sido a ideia do contrato social, no qual as pessoas racionais se reúnem para a vantagem mútua, e decidem sair do estado de natureza e governar a si mesmas pela lei. Tais teorias têm tido historicamente uma influência enorme e, recentemente, têm sido desenvolvidas com grande profundidade filosófica na importante obra de John Rawls. São provavelmente as teorias mais fortes de justiça que possuímos. De qualquer maneira, Rawls argumentou de maneira vigorosa que elas conseguem, melhor do que as várias formas de utilitarismo, articular, testar e organizar nossos juízos refletidos sobre a justiça.

Uma teoria pode, no entanto, ser boa de fato, e ainda assim ter sérias limitações em alguma área, ou áreas. As teorias clássicas que se baseiam na distinção entre o público e o privado possuem problemas graves quando são levadas a confrontar a igualdade da mulher, e, até mesmo a abordagem bastante astuta de Rawls para esse problema, possui falhas[2]. O próprio Rawls reconheceu que os três problemas que acabei de descrever são problemas especialmente difíceis de serem solucionados por sua teoria contratualista. Acreditou que o segundo poderia, no entanto, ser solucionado, e no final da vida dedicou muito de seu trabalho para solucioná-lo. Chamou o primeiro e o terceiro de problemas "nos quais a justiça como equidade pode falhar" (*LP*, p. 21). Sugeriu que essas questões necessitavam de mais exame de modo que pudéssemos ver quão sérios esses problemas eram, e o que seria necessário para solucioná-los (*LP*, p. 21). Apesar de meu projeto neste livro não começar com essa autocrítica de Rawls, tal afirmação constitui um modo útil de articular suas intenções.

Começo com a convicção de que esses três problemas são de fato sérios problemas de justiça não solucionados. Argumento que a teoria clássica do contrato social não pode solucionar esses problemas, mesmo quando apresentada em sua melhor forma. É por essa razão que ao longo do livro foco em Rawls, que é quem, para mim, expressa a ideia clássica de contrato social em sua forma mais veemente, e quem faz a defesa mais forte de sua superioridade diante de outras teorias. Se a importante teoria de Rawls possui deficiências graves nessas três áreas, como espero mostrar *a fortiori*, outras, menos desenvolvidas ou menos atraentes, da doutrina do contrato, terão provavelmente tais problemas[3]. Espero mostrar que o tipo de dificuldade que iremos encontrar não

---

[2] Ver Nussbaum (2000a), capítulo 4.
[3] No capítulo 1, argumentarei que a teoria de Locke na verdade evita alguns dos problemas que importunam Rawls, mas somente porque Locke possui uma teoria híbrida, com um forte compromisso com direitos naturais pré-políticos e com deveres naturais de benevolência.

pode ser enfrentado simplesmente aplicando a velha estrutura teórica ao novo caso; ele está encravado nesta própria estrutura, de tal maneira que nos leva a procurar por um tipo diferente de estrutura teórica, ainda que seja uma na qual a maioria dos elementos da teoria de Ralws sobreviverá e lhe propiciará uma orientação valiosa.

Esses problemas não são simplesmente problemas de filosofia acadêmica. As doutrinas do contrato social possuem influência profunda e ampla em nossa vida política. Imagens de quem somos e dos motivos pelos quais vivemos juntos moldam nosso pensamento sobre quais princípios políticos devemos favorecer e sobre quem deve participar de sua escolha. A ideia comum de que alguns cidadãos "pagam a sua parte" e outros não, de que alguns são parasitas e outros "normalmente produtivos" são os desdobramentos, na imaginação popular, da ideia de uma sociedade em que funciona um esquema de cooperação para vantagem mútua. Poderíamos contestar essas imagens no terreno da política prática sem identificar suas fontes. Mas, na verdade, é bastante útil ir, por assim dizer, à raiz do problema: pois, então, vemos muito mais claramente por que chegamos a uma dificuldade desse tipo e por que devemos mudar se quisermos avançar. Assim, apesar de este livro ocupar-se detalhadamente com ideias filosóficas e atentar para as complexidades e nuanças das teorias em questão, também se pretende que seja um ensaio de filosofia prática, que possa nos guiar de volta a algumas ricas ideias de cooperação social (tanto velhas como novas) que não envolvam tais dificuldades. Ainda que as pessoas possam certamente ocupar-se em política prática com todas essas questões sem uma investigação filosófica detalhada, acredito que uma investigação detalhada seja útil, tanto porque mostra respeito pelas pessoas que estão sendo criticadas quanto porque é sempre útil ver exatamente onde o problema entra em ação, de modo que se possa mudar a coisa certa ao invés de a errada. De fato, sou cética a que uma investigação filosófica menos detalhada possa ter relevância prática, quando as questões são complexas, e as estruturas teóricas, elaboradas. Se formos muito rápido ao "ponto principal", perdemos o tipo característico de iluminação que a filosofia é capaz de prover. Certamente os grandes trabalhos práticos em filosofia política não são grandes pela falta de detalhamento. *Sobre a liberdade*, de Stuart Mill, é notável, a despeito da ausência frustrante de detalhes, e teria sido ainda melhor se tivesse dedicado mais tempo a desenvolver questões fundamentais, como a explicação do dano ou das relações entre liberdade e preferências, liberdade e direitos. Os dois grandes livros de Rawls fornecem um guia prático especialmente valioso porque tentam responder difíceis questões fundamentais com rigor e agradável detalhamento.

Meu projeto aqui é tanto crítico quanto construtivo. Pois vou argumentar que, com respeito a todos os três problemas em consideração, a versão do "enfoque das capacidades"* que venho desenvolvendo por um longo tempo propõe *insights* promissores, superiores àqueles propostos para esses problemas particulares pela tradição do contrato social. (Como vamos ver, também sustento que meu enfoque converge em larga medida a um tipo diferente de contratualismo, baseado puramente em ideias éticas kantianas sem a questão da vantagem mútua.) A minha explicação anterior a respeito do enfoque das capacidades, no *Women and Human Development*, esboçou a perspectiva e discutiu em deta-

---

* O termo "capacidades" pode sugerir, erroneamente, que apenas o potencial que cada qual possui em si de desenvolver certas habilidades esteja aqui em jogo, quando na realidade, aqui, o desenvolvimento das capacidades está relacionado também com políticas públicas adequadas; nesse sentido, "capacitação" talvez fosse o mais apropriado. A autora nos aconselhou, no entanto, a optar pelo uso da mesma expressão empregada nas traduções para o português das obras de Amartya Sen. (N. da T.)

lhe o tratamento de dois problemas particularmente difíceis: o da religião e o da família. Também considerou o enfoque superior ao utilitarismo "baseado na preferência", em um confronto detalhado com essa teoria.

O próximo passo lógico, em um processo que pode ao longo do tempo levar a um "equilíbrio reflexivo"[4], é comparar o enfoque das capacidades com outro enfoque profundamente teórico, argumentando que também lhe é superior, pelo menos em algumas áreas. Este livro fornece uma parte do próximo passo ao mostrar que o enfoque das capacidades se sai melhor com respeito aos três problemas não solucionados. Não pretendo mostrar que ele é melhor de uma maneira geral, uma vez que há muitas outras questões nas quais se sai pior do que a teoria contratualista. Meu foco na teoria de John Rawls se deve em grande parte porque acredito que ela forneça respostas que são basicamente corretas para as questões de que trata (apesar de eu divergir em alguns detalhes concernentes à articulação da teoria dos bens primários), e, portanto, é de algum interesse tentar demonstrar por que, em função da própria explicação de Rawls, ela tem dificuldade com os três problemas não solucionados. Mostrar, porém, que o enfoque das capacidades se sai melhor do que a teoria de Rawls, de maneira geral, não é uma questão de que vou tratar; por enquanto, essa questão deve aguardar um exame adicional e mais longo; por agora, a decisão fica a cargo de cada leitor (como, de fato, sempre ocorre no final).

Os leitores notarão que, ao exprimir meu enfoque das capacidades, aqui como no *Women and Human Development*, assumo algumas ideias centrais de Rawls: a ideia do liberalismo político

---

[4] Sobre minha apropriação pessoal dessa noção rawlsiana/aristotélica, ver Nussbaum (2000a), capítulo 2; e (2004d).

(uma forma de liberalismo que não é fundada em princípios religiosos ou metafísicos capazes de criar discordâncias) e a ideia de consenso sobreposto (a ideia de que pessoas com concepções metafísicas e religiosas discordantes possam aceitar o núcleo da concepção política). Rawls sempre enfatizou, e ainda mais veementemente no final da vida, que o *Liberalismo político* dizia respeito não apenas a sua própria concepção de justiça, mas sim a uma família de concepções liberais entre as quais a sua era apenas mais uma. Espero que se perceba que o meu enfoque das capacidades é outro membro de tal família, e, assim, que a minha proposta de acrescentá-lo à concepção rawlsiana avança, e não substitui, o projeto maior de Rawls.

No processo de argumentar que o enfoque das capacidades pode lidar com os três problemas específicos de justiça, também amplio e modifico o enfoque – mais claramente nos capítulos 5 e 6, nos quais o amplio para lidar com questões de justiça transnacional e questões de justiça envolvendo animais não humanos. Ao longo do livro, entretanto, ocorrem outras modificações e elaborações mais sutis do enfoque, em relação às quais os leitores interessados no seu desenvolvimento podem querer estar precavidos:

1. O ponto de partida intuitivo do enfoque, e o modo com o qual se argumenta que dada capacidade deve ser contemplada, são discutidos nos capítulos 1, 3 e 5; ver especialmente o tratamento do exemplo da educação no 5.i.
2. A noção de dignidade humana usada no enfoque é discutida em 3.iv e 3.ix, e também no 5.iii. Examino o papel da norma da espécie na reflexão sobre a dignidade e argumento que a dignidade não se baseia em alguma propriedade concreta das pessoas, tais como a posse de razão ou outras habilidades específicas; essa explicação representa uma mudança de posição com relação a discussões anteriores sobre as "capaci-

dades básicas". Também argumento que a dignidade não é um valor independente das capacidades, mas que a articulação de princípios políticos envolvendo as capacidades é a expressão (parcial) da noção de uma vida com dignidade humana.

3. O relacionamento entre o enfoque das capacidades e o utilitarismo é discutido (uma vez mais) no capítulo 1, e também no 5.ii e 6.iii. Nenhuma dessas discussões contém material novo, mas há alguns argumentos novos e novas organizações de velhos argumentos.
4. O relacionamento entre capacidades e direitos é discutido no 5.iii. Nesse ponto deixo claro que o enfoque das capacidades é uma parte do enfoque dos direitos humanos, e explico melhor por que a linguagem das capacidades parece ser superior à (simples) linguagem dos direitos humanos.
5. O relacionamento do enfoque das capacidades com questões de pluralismo e diversidade cultural é discutido (novamente, mas talvez de modo mais conciso) no 5.v e no 1.vi.
6. O papel do conceito de igualdade no enfoque das capacidades é discutido no 5.iv e no 6.ix. Porque esses argumentos são tanto novos quanto complexos, não pretendo resumi-los aqui.
7. A ideia rawlsiana de um "consenso sobreposto" relacionado ao enfoque das capacidades é discutida no 3.iv, no 5.vi e no 6.xi. Abordo as inquietações sobre se de fato pode haver um consenso sobreposto entre nações com diferentes histórias e tradições, e também sobre a questão mais difícil: se podemos esperar um consenso sobreposto quanto à extensão aos animais de alguns direitos básicos.
8. O relacionamento entre as capacidades como *entitlements* (direitos) e os deveres para assegurar esses direitos são discutidos no 5.i.

Dessa maneira, o livro não apenas recapitula a explicação construtiva de *Women and Human Development*, mas a estende a novas áreas. Abre novos horizontes em várias áreas, enquadra mais adequadamente velhas distinções e tenta responder a uma série de problemas que leitores e críticos levantaram. O que não é uma surpresa, tanto por conta da imperfeição das articulações anteriores do enfoque quanto por seu caráter de comprometimento com o mundo atual: novos problemas conduzem a alterações na própria estrutura teórica. Os meus argumentos devem, portanto, ser de interesse para aquelas pessoas que não estão particularmente preocupadas com os três problemas que constituem o foco do livro, ainda que me pareça estranho que uma pessoa preocupada com questões de justiça não esteja, de algum modo, interessada neles.

CAPÍTULO 1

OS CONTRATOS SOCIAIS E TRÊS PROBLEMAS NÃO SOLUCIONADOS DE JUSTIÇA

> *Sendo todos os homens, como já foi dito, por natureza livres, iguais e independentes, ninguém poder ser privado dessa condição e submetido ao poder político de outrem sem o seu próprio consentimento. O único meio pelo qual uma pessoa qualquer pode abdicar de sua liberdade natural e revestir-se dos elos da sociedade civil é concordando com outros homens em juntar-se e unir-se em uma comunidade, para viverem confortável, segura e pacificamente uns com os outros, num gozo seguro de suas propriedades, e com maior segurança contra aqueles que dela não fazem parte.*
>
> – John Locke, *Segundo tratado do governo*
> (in: *Dois tratados sobre o governo**)

i. O estado de natureza

Imagine um tempo sem governo político, sem soberano, sem leis, sem tribunais, sem direitos à propriedade estabelecidos e sem contratos. Os seres humanos poderiam viver nessas condições, mas a vida não seria boa. É o que Thomas Hobbes, sabe-se, escreve no texto que representa o começo da clássica tradição ocidental do contrato social:

---

* Da trad. bras.: São Paulo: Martins Editora, 2005.

> *Numa tal condição não há lugar para o trabalho, pois o seu fruto é incerto; consequentemente, não há cultivo da terra, nem navegação; nem uso das mercadorias que podem ser importadas pelo mar; não há construções confortáveis, nem instrumento para mover e remover as coisas que precisam de grande força; não há conhecimento da face da terra, nem cômputo do tempo, nem artes, nem letras; não há sociedade; e o que é o pior de tudo, um medo contínuo e perigo de morte violenta, e a vida do homem é solitária, miserável, sórdida, brutal e curta.*[*][1]

Assim, as pessoas estabelecem contratos umas com as outras, concordando em abrir mão do uso privado da força e da habilidade de tirar a propriedade de outrem em troca de paz, segurança, e na expectativa de obter vantagens mútuas. Ao considerar o contrato que seria feito na situação original, na qual as pessoas são imaginadas "livres, iguais e independentes"[2], como coloca John Locke, ganhamos um vislumbre da justificativa de princípios políticos. Pensando na estrutura da sociedade política como o resultado de um contrato alcançado em uma situação inicial que, em alguns aspectos cruciais, é justa, balanceada, ganhamos um entendimento profundo do que a justiça requer[3]. Assim, por meio de um procedimento que não assume vantagens antecedentes da

---

[*] *Leviathan*. Da trad. bras., *Leviatã*. São Paulo: Martins Editora, 2008.
[1] Hobbes (1651), capítulo 13. Hobbes foi provavelmente influenciado por Epicuro e Lucrécio (ver, especialmente, Lucrécio, *De rerum natura*, livro V). Sobre a história dos contratos sociais na antiguidade, ver Goldschmidt (1977).
[2] Locke (1679-1680?). *Segundo Tratado*, capítulo 2, parágrafo 4, capítulo 8, parágrafo 98. A partir de agora, a não ser que seja especificado pelo numeral romano I, todas as referências a Locke são ao *Segundo Tratado*. O *Primeiro* e o *Segundo Tratado* possuem datas controversas, mas Peter Laslett argumentou convincentemente que eles foram escritos muito mais cedo do que se supunha; ver Locke (1679--1680?/1960), pp. 15-135, esp. 66-79.
[3] Nem todos os expoentes da tradição falam de seu projeto em termos da ideia de justiça política. Uma vez que me concentrarei na versão de Rawls da tradição, a qual, é claro, faz isso largamente, espero que o leitor perdoe o anacronismo.

parte de nenhum indivíduo, extraímos um grupo de regras que adequadamente protege os interesses de todos.

Na tradição ocidental, a suposição da existência de princípios políticos básicos como resultado de um contrato social é uma das maiores contribuições da filosofia política liberal. Nas suas variadas formas, a tradição traz duas contribuições notáveis. Primeiro, demonstra clara e rigorosamente que os próprios interesses humanos – mesmo quando partimos de uma concepção artificial e simplificada de tais interesses – são suficientemente satisfeitos em uma sociedade política, uma sociedade na qual todos têm seu poder subordinado à lei e à autoridade legitimamente constituída. Segundo, e ainda mais importante, demonstra que, se despirmos os seres humanos das vantagens artificiais que alguns deles possuem em todas as sociedades contemporâneas – riqueza, posição, classe social, educação etc.[4] –, eles concordarão com um contrato de certa natureza específica, o qual as teorias, por sua vez, tratam de explicar. Uma vez que o ponto de partida é, nesse sentido, justo, os princípios que resultam do acordo serão justos. A tradição, portanto, transmite-nos um modo procedimental de explicar a sociedade política[5] segundo o qual o valor das pessoas como iguais e o valor de reciprocidade entre elas são características centrais.

Esse entendimento da sociedade política é uma parte proeminente do ataque clássico do liberalismo às tradições feudais e monárquicas[6]. Do fato de sermos todos basicamente iguais no estado

---

[4] O que é incluído nesse "etc." é, claro, mais um ponto de disputa dentro da tradição. Para Rawls, como veremos, raça e sexo são partes importantes da lista; mas deficiências físicas e mentais não podem ser: ver capítulo 2.

[5] Argumentarei, entretanto, que a tradição histórica não emprega a ideia de Rawls de "justiça puramente procedimental", mas começa, ao invés disso, de uma definição robusta dos direitos ou das garantias naturais.

[6] Hobbes, é claro, não o usa desta maneira; apesar de ter influenciado profundamente a tradição liberal, ele mesmo não é um liberal: ver seção IV.

de natureza nasce uma profunda crítica aos regimes que fazem da riqueza, posição e *status* fontes de poder social e político diferenciados. A ideia do contrato feito no estado de natureza fornece, portanto, não somente uma explicação do conteúdo dos princípios políticos, mas, também, um marco referencial de legitimidade política. Qualquer sociedade cujos princípios básicos estivessem distantes daquilo que seria escolhido por pessoas livres, iguais e independentes no estado de natureza seria posta em questão.

Pelo fato de fornecer um modo claro, rigoroso e iluminador de pensar sobre a justiça entre pessoas iguais, a tradição se manteve filosoficamente fértil. A teoria da justiça mais poderosa e influente do século XX, a de John Rawls, coloca-se diretamente dentro desta tradição; Rawls perseguiu as implicações da ideia do contrato de modo mais rigoroso e completo do que, talvez, qualquer outro pensador.

Rawls enfatiza seu compromisso com a tradição do contrato social desde o começo de *Uma teoria da justiça*, ao dizer "Meu objetivo é apresentar uma concepção de justiça que generalize e leve a um nível mais alto de abstração a conhecida teoria do contrato social conforme encontrada em, digamos, Locke, Rousseau, e Kant."[7]; "[...] a ideia norteadora é que os princípios de justiça [...] são os princípios que pessoas livres e racionais, interessadas em promover seus próprios interesses, aceitariam em uma situação inicial de igualdade [...]" (*TJ*, p. 11). Defendendo seu uso do termo "contrato" contra possíveis objeções, ele conclui: "Por fim, a doutrina contratualista tem uma longa tradição. Expressar o vínculo com essa corrente de pensamento ajuda a definir ideias e está de acordo com a devoção natural" (*TJ*, p. 16; cf. *TJ*, p. 121). (A estranha menção à "devoção natural" é um exemplo do respeito

---

[7] Uma nota de pé de página diz que a versão de Hobbes, a despeito de ser ótima, apresenta problemas específicos.

que Rawls teve ao longo de sua vida pelas teorias de seus predecessores, uma marca tanto de suas aulas quanto de seus escritos).

As conexões históricas de Rawls são mais complexas do que sugerem essas observações. Ele recorre com veemência à visão de David Hume sobre as "circunstâncias da justiça" a fim de esclarecer elementos que são menos explícitos em pensadores contratualistas clássicos, apesar de Hume não ser um pensador do contrato social. Essa fonte de complexidade não constitui, entretanto, um problema para o leitor, uma vez que as ideias de Hume sobre essas questões harmonizam-se bem com as de Locke e Kant. Rawls explica sua escolha por Hume dizendo que a explicação desse autor para as circunstâncias da justiça é "especialmente perspicaz" (*TJ*, p. 127), mais detalhada do que as de Locke e Kant.

Com relação a dois aspectos cruciais, entretanto, a teoria de Rawls é diferente de todas as visões de contrato social precedentes. Porque o objetivo de Rawls é gerar princípios políticos básicos a partir de um número muito reduzido de pressuposições, e, além de se tratar de exemplo do que ele chama de "justiça procedimental pura" – na qual o procedimento correto define o resultado correto –, Rawls se distancia da tradição histórica por não assumir que os seres humanos possuem quaisquer direitos naturais no estado de natureza. Sua visão, portanto, diverge mais radicalmente das visões de lei natural de Grotius e Pufendorf do que das teorias de Locke e Kant.

Uma segunda diferença envolve o papel dos elementos morais na elaboração do contrato. A situação de escolha de Rawls inclui pressuposições morais que Hobbes, Locke e mesmo Kant (em seus escritos políticos) evitam[8]. O "véu da ignorância" fornece uma

---

[8] É interessante que no *TJ*, p. 11 n. 4, listando os textos que são seus antecedentes históricos primários, Rawls mencione o *Segundo tratado* de Locke, o *Contrato social* de Rousseau, mas, com relação a Kant, não cite seus escritos políticos como tais,

representação da imparcialidade moral que está intimamente relacionada à ideia kantiana de que nenhuma pessoa deve ser usada como mero meio para os fins dos outros. A adesão dupla de Rawls – à doutrina clássica do contrato social e às ideias centrais da filosofia moral de Kant – é, como demonstrarei, uma fonte tanto de iluminação quanto de profunda tensão na teoria da Rawls. Não há dúvida, entretanto, de que, a despeito de seu comprometimento profundo com as ideias morais de respeito igual e reciprocidade, Rawls jamais deixa de entender seu projeto como parte da tradição do contrato social, tal qual ele a reconstrói e interpreta[9]. Mesmo onde há, aparentemente, divergências importantes, Rawls chama a atenção do leitor para similaridades subjacentes. Assim, apesar de parecer não usar a ficção de um "estado de natureza", informa a seus leitores que de fato faz isso: "Em justiça como equidade, a situação original de igualdade corresponde ao estado de natureza da teoria tradicional do contrato social" (*TJ*, p. 12). E, em geral, como veremos, há grande parte de sua visão que só pode ser bem compreendida por meio do foco nessas conexões. Através do trabalho de Rawls, a tradição fez sua contribuição mais sofisticada para nosso modo de pensar sobre o que a justiça requer quando partimos da ideia de que há pessoas iguais, com valores e capacidades próprias.

---

mas sim "os trabalhos éticos de Kant, começando com *Fundamentação da metafísica dos costumes*".

[9] Um sinal disso: em uma discussão em sala de aula (em torno de 1976) sobre os estágios da consciência moral descritos pelo teórico da educação, Lawrence Kohlberg, que os trata como estágios piagetianos do desenvolvimento – entre os quais as doutrinas do contrato social representariam o estágio quatro, o utilitarismo, o cinco, e, o kantianismo, o seis –, Rawls disse que foi por causa da perspectiva de Kohlberg sobre o desenvolvimento moral que ele (Rawls) não poderia criticar o utilitarismo, como o fez claramente, uma vez que estaria, por definição, em um estágio inferior, e a capacidade de crítica requer, para Kohlberg, que se tenha superado o estágio que se almeja criticar. Lembro-me de ter ficado surpresa que Rawls tenha se colocado no estágio quatro, e não no seis.

A parte crítica do meu argumento focará em Rawls e, em menor medida, em outros modernos pensadores do contrato social (David Gauthier, por exemplo). Meu argumento não abordará formas mais puramente kantianas de contratualismo, que se separam completamente da tradição do contrato social, com seu foco na vantagem mútua – apesar de que no capítulo 2 eu possa discutir as possíveis convergências entre o meu enfoque das capacidades e tais doutrinas contratualistas (por exemplo, aquelas de Thomas Scanlon na ética e as de Brian Barry na política). Na nossa época, a tradição do contrato social assumiu uma forma distintiva, em parte por conta da predominância na nossa cultura política como um todo das ideias econômicas de sempre obter vantagens nos negócios. Na filosofia, os contratualistas criticam essas ideias, mas são, de alguma forma, influenciados por elas quando interpretam e remodelam a ideia clássica do contrato social. Rawls critica o utilitarismo, tão dominante na economia e, através da economia, na política pública; mas ele usa a ideia clássica do contrato social para convencer seu leitor (incluindo proeminentemente o leitor com interesse orientado para a economia) de que o modo correto de pensar sobre os princípios políticos deve ser um modo mais rico e mais moralizado.

Assim, as influências que modelam o contratualismo moderno são complexas. Com exceção de Rawls, não oferecerei uma exegese detalhada de nenhuma figura histórica particular, embora tente mostrar as principais linhas de influência que conectam os maiores pensadores à estrutura rawlsiana. Penso que é justo dizer, entretanto, que quaisquer que sejam as sutilezas e as complexidades de cada pensador individual, a tradição nos legou uma imagem da sociedade como um contrato de vantagens mútuas (pessoas ganhando algo por viverem juntas, que não ganhariam se vivessem cada uma por si) entre pessoas que são "livres, iguais, e independentes". Essa ideia, profundamente incrustada em nossa cultura, é que será o alvo da minha investigação.

ii. Três problemas não solucionados

1. *Deficiência e impedimento**[10]. A despeito das grandes contribuições da tradição contratualista e de sua importância contínua, seus representantes modernos se mostram insuficientes quando os confrontamos com três dos problemas mais prementes de justiça no mundo atual. Todos os teóricos clássicos assumiram que seus agentes contratantes eram homens aproximadamente iguais em capacidade, e capazes de atividade econômica produtiva. Excluíram, portanto, da situação de acordo, as mulheres (consideradas "não produtivas"), as crianças e as pessoas idosas – ainda que as partes pudessem representar seus interesses[11]. Essas omissões, surpreendentes até para os séculos XVII e XVIII, foram de alguma forma corrigidas nas doutrinas contemporâneas

---

* Não existe uma tradução exata de *disability* para o português. No Brasil, o termo adotado, por demanda dos próprios movimentos pela inclusão de pessoas portadoras de deficiência, é "pessoas com deficiência", enfatizando-se a pessoa antes da deficiência, com o objetivo de chamar a atenção para a questão dos direitos humanos. Optamos por traduzir *disability* por deficiência e *impairment* por impedimento. A não tão antiga tradição médica traduzia *impairment* por deficiência e *disability* por incapacidade, mas, hoje, os movimentos pela inclusão das pessoas com deficiência mostram que a deficiência tem significado social, e que antes da deficiência há o impedimento que provoca o mau funcionamento de uma parte do corpo. Entretanto, antes de impedimentos e deficiências há a pessoa: as restrições de habilidades de um corpo lesionado são ocasionadas também pela falta de apoio social dentro do espaço público e pelo preconceito com essas pessoas; o deficiente não é necessariamente um incapaz, ele apenas tem necessidades especiais para poder realizar algumas (ou várias, dependendo da deficiência) habilidades comuns. (N. da T.)

[10] Sobre o emprego de "impairment", "disability" e "handicap", ver capítulo 2, nota 5.

[11] Hobbes não omite as mulheres, e em muitos aspectos ele é uma exceção surpreendente em questões sobre sexo. Kant omite um bom número de pessoas, uma vez que sua condição de independência requer propriedade, e leva à postulação de uma distinção entre cidadania "ativa" e "passiva": ver seção IV.

contratualistas, ainda que a ideia da família como uma esfera privada imune à lei e ao contrato não tenha recebido sempre a crítica enfática que merece[12].

Nenhuma doutrina de contrato social, entretanto, inclui pessoas com impedimentos mentais e físicos, sérios e incomuns, no grupo daqueles em que os princípios políticos básicos são escolhidos. É claro que até bem pouco tempo, na maioria das sociedades modernas, essas pessoas não eram sequer incluídas na sociedade. Eram excluídas e estigmatizadas; não havia movimento político para incluí-las. Principalmente pessoas com impedimentos mentais graves não tinham nem mesmo acesso à educação. Elas eram escondidas em instituições[13] ou abandonadas à morte, por negligência; jamais foram consideradas parte do universo público[14]. Assim, não surpreende que os pensadores do contrato social clássico não as imaginassem como participantes na escolha dos princípios políticos, ou, ainda, que desejassem aderir a pressuposições fundacionistas (por exemplo, uma igualdade preliminar de capacidade e de habilidades física e mental) que, na verdade, asseguravam que elas não seriam incluídas no estágio inicial, fundacional.

---

[12] Ver Nussbaum (2000a), capítulo 4.

[13] Tudo isso ficou bem pior no século XIX, como Michel Foucault documenta no caso da loucura; antes disso, a exclusão era menos severa, e muitas pessoas com deficiências substanciais eram capazes de ter papéis significantes na vida pública. Lembremo-nos de Júlio César, que sofria de epilepsia; o imperador Cláudio, cuja capacidade de movimento era bastante prejudicada e que tinha outras deficiências de natureza incerta; do filósofo Sêneca, que sofria de muitas doenças crônicas e incapacitantes, e que ainda assim foi regente do Império. Sem dúvida poder-se-iam encontrar exemplos paralelos a esses em outras culturas.

[14] Charles Dickens, tanto aqui como em outros momentos, está na vanguarda do criticismo com o seu retrato complexo do Sr. Dick em *David Copperfield*: ver Cora Diamond, "Anything But Argument?", em Diamond (1995). Deveríamos mencionar Wilkie Collins também, radical tanto nisso como em outras questões: em *No Name*, uma mulher com deficiência mental grave dá ao romance seu centro moral.

Para muitas pessoas com deficiências e impedimentos, mas totalmente capazes de participar da escolha política, sua exclusão da situação de escolha básica de imediato pareceria ser um defeito, do ponto de vista da justiça. Elas não estão sendo tratadas como completamente iguais aos outros cidadãos; suas vozes não estão sendo ouvidas quando os princípios básicos são escolhidos. Tais problemas parecem ainda mais graves quando reconhecemos que são sociais muitos dos fatores que algumas vezes excluem da participação na escolha política as pessoas com deficiência, e estão longe de ser inevitáveis. Assim, não há, por princípio, razão pela qual essas pessoas não poderiam ser incluídas em uma situação de escolha que não deve assumir nenhuma estrutura particular de instituições sociais. Pessoas com deficiências mentais graves, entretanto, não poderiam ser incluídas diretamente no grupo dos que escolhem os princípios políticos, a despeito de quão generosamente entendamos seus potenciais para tal contribuição. Para elas, a falha de sua não inclusão entre aqueles que escolhem não pareceria uma injustiça, desde que houvesse uma maneira de seus interesses serem levados em consideração.

A exclusão de pessoas com deficiências e impedimentos da situação do contrato torna-se ainda mais prejudicial, entretanto, quando levamos em consideração uma surpreendente característica estrutural de todas as teorias de contrato social. A tradição do contrato social associa duas questões a princípio distintas: "Por quem são determinados os princípios básicos das sociedades?" e "Para quem são determinados os princípios básicos?"[15]. Supõe-se aqui que as partes contratantes sejam as mesmas, como os cidadãos que viverão juntos e cujas vidas serão reguladas pelos princípios que escolhem. A ideia moral central da tradição é a da van-

---

[15] Devo a Barbara Herman esse modo de colocar as questões.

tagem mútua e reciprocidade entre as pessoas que necessitam fazer tal contrato. Os princípios escolhidos regulam, na primeira instância, suas negociações uns com os outros. Outros interesses e pessoas (ou outras criaturas) ainda podem ser incluídos derivativamente, por meio dos próprios interesses e obrigações das partes, ou posteriormente, depois que os princípios já tenham sido escolhidos. Mas os sujeitos primários da justiça são os mesmos que escolhem os princípios. Assim, quando a tradição determina certas habilidades (racionalidade, linguagem, iguais capacidades mental e física) como pré-requisitos para a participação do procedimento que escolhe os princípios, essas exigências geram grandes consequências para o tratamento de pessoas com impedimentos e com deficiências na qualidade de destinatárias ou sujeitos da justiça na sociedade daí resultante. O fato de não serem incluídas entre aqueles que têm poder de escolha significa que também não são incluídas (exceto derivativamente, ou em um estágio posterior) no grupo daqueles para os quais os princípios são escolhidos.

A teoria de Rawls é mais sutil nesse ponto, porque ele de fato distingue explicitamente as partes, na posição original, dos cidadãos, na sociedade que eles mesmos irão, em última instância, forjar. (Os cidadãos possuem as limitações de informação do véu da ignorância; no lugar que ocupam, eles possuem uma educação moral abrangente, criada para engendrar sentimentos que tornem a sociedade estável.) Mas como nossas questões concernem às deficiências e ao pertencimento à espécie, tal diferença não é significativa. As partes escolhem os princípios como se eles fossem feitos para uma sociedade na qual elas mesmas viverão, antecipando seus hipotéticos planos de vida. Os cidadãos vivem com os princípios que essas partes escolheram a partir de tal experimento imaginário. Assim, apesar de poder fazer arranjos práticos para as necessidades de seres humanos e animais que não estavam incluídos no grupo contratante original, eles não são livres para redesignar os próprios princípios da justiça à luz dos seus conhecimentos sobre essas questões. Em seu *Liberalismo político*, Rawls coloca os fatos de modo ligeiramente diferente, o que torna sua ligação básica com a tradição histórica mais clara: as partes na posição original agora são vistas como "representativas" ou fiduciárias dos cidadãos. A caracterização dos cidadãos para quem elas são fiduciárias, entretanto, incorpora exata e explicitamente os mesmos elementos caracterizados das partes no *TJ*, os quais, a partir da perspectiva das questões das deficiências, tornam-se problemáticos: suas habilidades mentais e físicas, como as das partes no *TJ*, são consideradas dentro do limite do "normal". Assim, no final, as partes estão designando princípios para cidadãos que, como elas mesmas, são seres humanos que não possuem nenhum impedimento mental ou físico sério.

Mas as questões do "por quem" e do "para quem" não precisam estar relacionadas dessa maneira. Pode haver uma teoria que sustente que muitos seres vivos, humanos e não humanos, são primariamente sujeitos da justiça, mesmo que não sejam capazes de participar de um procedimento por meio do qual os princípios políticos são escolhidos. É possível que haja fortes razões para procurar tal teoria e separar as duas questões se partirmos do princípio segundo o qual muitos tipos de vida são dignos e merecem respeito. Quando se pensa dessa forma, reconhece-se, desde o princípio, que a capacidade para fazer contrato, e a posse das habilidades que contribuem para a vantagem mútua na sociedade daí resultante, não são condições necessárias para ser um cidadão que possua dignidade e mereça ser tratado com respeito e igualdade perante os outros.

Assim, excluir as pessoas com deficiência da escolha de princípios políticos básicos implica grandes consequências para sua aspiração à igualdade de cidadania, por conta da estrutura característica das teorias de contrato social. Hoje, uma vez que a questão da justiça para pessoas com deficiência é proeminente na agenda de toda sociedade decente, a omissão de todas essas pessoas da participação na escolha política básica torna-se problemática, dada a capacidade evidente de muitas, se não da maioria, para realizar tal escolha; e sua omissão no grupo de pessoas *para as quais* os princípios mais básicos da sociedade são escolhidos é ainda mais problemática. Mesmo que os seus interesses possam ser levados em consideração derivativamente, ou em um estágio posterior, naturalmente nos espantamos ao pensar na real necessidade desse adiamento, e nos questionamos se isso não tende, na verdade, a afetar a igualdade de tratamento entre esses cidadãos – mesmo que tal ação não constitua, em si mesma, uma forma de tratamento desigual. Rawls, como veremos, reconhece, nesse ponto, um buraco em sua teoria, e se preocupa com ele. Argumentarei que o tratamento de Rawls para o problema da deficiência é inadequado e difícil de ser retificado. A inclusão completa de cidadãos com impedimentos mentais e físicos levanta questões que tocam no cerne da abordagem contratualista clássica da justiça e da cooperação social.

2. *Nacionalidade.* Uma segunda área de dificuldade na tradição do contrato social diz respeito ao papel da nacionalidade ou do lugar de nascimento como influentes nas chances de vida básicas das pessoas. Em um mundo cada vez mais interdependente, precisamos considerar as questões de justiça levantadas pelas desigualdades entre nações ricas e pobres, que afetam as chances de vida de seus cidadãos. O modelo do contrato é tipicamente usado para construir uma única sociedade, imaginada como autossuficiente, e não como interdependente com alguma outra. Tanto Kant quanto Rawls de fato reconhecem a importância de confron-

tar questões de justiça entre as nações. Mas a lógica de suas teorias os leva a colocar isso em um segundo nível, e de modo derivativo. Imaginam que depois de os Estados estarem estabelecidos, as relações entre eles ainda se assemelhariam ao estado de natureza; assim diferentes princípios deveriam ser escolhidos para regular as negociações entre os Estados.

Assim, neste modelo de dois níveis, os Estados são tratados como isomórficos a pessoas "livres, iguais e independentes", assim, pensando em termos de um contrato que surja do estado de natureza, nesse segundo nível, teremos de perguntar quem será incluído no grupo que faz o contrato, e que condições de independência, liberdade, e igualdade aproximada (*rough equality*) devem ser assumidas a fim de que a formulação do contrato seja iniciada. Pode ser posto em dúvida se o fato de assumir a independência e igualdade aproximada dos Estados faz algum sentido em um mundo no qual uma poderosa economia global faz todas as escolhas econômicas serem interdependentes e, muitas vezes, impõem às nações pobres condições que reforçam e aprofundam as desigualdades existentes. Além disso, tais pressupostos implicam que nações muito desiguais em termos de poder com relação às nações dominantes, especialmente aquelas cujo estágio de desenvolvimento é pré-industrial, ou aquelas que são parcialmente industrializadas, terão que ficar fora do grupo contratante inicial. Suas necessidades terão que ser abordadas tardiamente, depois que princípios básicos que afetam profundamente a vida das suas populações já tenham sido escolhidos e fixados, e essas necessidades possam ser abordadas por meio de ações de caridade, não como parte da justiça básica. (A situação de nações pobres nesse sentido assemelha-se à das pessoas com deficiências no primeiro nível do contrato social.)

Já no século XVII, Hugo Grotius desenvolveu uma análise sutil da interdependência das nações, argumentando que normas morais constrangiam as ações de todas as nações e indivíduos em uma "sociedade internacional". Grotius defendia que os direitos humanos dos indivíduos em algumas circunstâncias justificavam a interferência nos assuntos internos de outra nação. Ainda mais significativamente, argumentou que a própria determinação de quem possui qual propriedade depende de uma análise completa da necessidade e do excedente; o pobre, em determinadas circunstâncias, teria direito ao usufruto do excedente de outra nação[16]. Mas Grotius não era um teórico do contrato social, e não poderia ter chegado a essas conclusões se tivesse iniciado seu pensamento a partir das ideias que mais tarde se tornaram *standard* na tradição do contrato social. Isso porque a própria lógica do contrato para vantagem mútua sugere que não se deveria incluir, em primeiro lugar, agentes cuja contribuição para o bem-estar social geral tendesse a ser aparentemente bem mais baixa do que a dos outros. Quando falamos de um contrato entre nações, nações extremamente necessitadas deveriam ser levadas em consideração, mas por que nações prósperas, que perseguem a vantagem mútua, iriam querer incluí-las no grupo contratante, quando podem estabelecer relações com elas de outro modo, depois que os princípios básicos já tenham sido escolhidos? Além disso, uma vez que os Estados interessados já teriam determinado seus direitos a propriedade muito antes de entrarem no segundo nível do contrato entre nações, e esses direitos são entendidos como inalteráveis, uma proposta radical, como a de Grotius sobre propriedade e necessidade, não seria nem mesmo cogitada.

O tema da justiça entre nações era, em certo sentido, inevitável no mundo das doutrinas do contrato social clássico. Os maiores teóricos estavam bem informados sobre as guerras entre Estados

---

[16] Estou desenvolvendo uma análise dessa tradição em Nussbaum (no prelo).

e sobre o fenômeno da expansão comercial e colonial. Mas parecia ser possível adotar uma posição fraca nas relações internacionais, focando em questões de guerra e paz e evitando discutir redistribuição econômica ou proteção de direitos humanos básicos. (Note-se, entretanto, que Grotius já afirmava que a paz não seria duradoura se não fosse levada em consideração a necessidade de redistribuição econômica.) Atualmente, essa tímida aproximação, incrustada nas práticas das nações ricas e em nosso sistema jurídico internacional, está se mostrando cada vez mais inadequada no mundo em que vivemos. Registram-se terríveis diferenças entre nações ricas e pobres em áreas essenciais, de bem-estar, redução da mortalidade, saúde, educação, e outras. Mesmo que deixássemos de lado as questões de justiça retroativa criadas pela herança do colonialismo, existem questões urgentes de justiça que precisam ser observadas no futuro, como quando se pensa criticamente sobre as operações do sistema econômico global, controlado por um número pequeno de nações, mas com impacto decisivo em todas. Mesmo as melhores tentativas da tradição do contrato social para solucionar esses problemas – *O direito dos povos*, de John Rawls, e trabalhos semelhantes de Thomas Pogge e Charles Beitz – se mostram insuficientes para guiar as complexidades das questões que enfrentamos. A abordagem das capacidades, que de muitas maneiras revive a tradição da lei natural de Grotius, nos fornece um guia mais útil.

3. *Pertencimento à espécie*. Quando refletimos sobre o conceito de "justiça global", é comum imaginarmos que seria possível estender nossas teorias de justiça geograficamente, de modo que elas incluam o máximo de seres humanos possível na superfície terrestre. Pensamos também em estender nossas teorias no tempo, para que possamos levar em conta os interesses de gerações

futuras. No entanto, esse grupo de questões só será discutido brevemente nessas páginas, por razões que apresentarei a seguir. O que com menos menos frequência nos ocorre – apesar de, hoje, pensarmos mais sobre isso do que as gerações anteriores – é a necessidade de estender nossas teorias de justiça para fora do campo do humano, para que as questões de justiça possam também ser endereçadas aos animais não humanos. Nessa área as teorias de contrato social possuem defeitos evidentes. Isso porque a imagem orientadora da origem dos princípios da justiça é a do contrato entre humanos adultos racionais, donde não haver espaço, pelo menos nas abordagens da justiça social básica, para os interesses de criaturas não humanas (mesmo aquelas que, de algum modo, são racionais). Uma vez mais, o fato de tais teorias reunirem a pergunta "Quem determina os princípios da justiça?" com outra, "Para quem esses princípios são determinados?", significa que tais teorias não podem incluir animais no grupo de sujeitos para os quais elas são pensadas, já que animais não participam do estabelecimento dos contratos.

Teóricos dessa tradição sustentam de modo característico que não possuímos deveres morais com relação aos animais (Kant) e que, se os possuíssemos, tais deveres se caracterizariam mais como caridade ou compaixão do que como justiça (Rawls). Isso parece ser insuficiente (terei, pois, de me esforçar para distinguir questões de justiça de questões de caridade e explicar por que os males sofridos pelos animais devem suscitar questões de justiça). Nossas escolhas afetam a vida de espécies não humanas todos os dias e, muitas vezes, causam-lhes enormes sofrimentos. Os animais não fazem parte simplesmente da mobília do mundo, são seres ativos tentando viver suas vidas; e, muitas vezes, estamos no meio do caminho deles. Tal fato parece um problema de justiça, não uma simples questão de caridade. Assim, trata-se de outra grande deficiência de uma teoria se ela não pode nem mesmo compreender a relação entre humanos e animais como o tipo de relação que ela de fato é, com os problemas que ela claramente parece ter.

Os três temas da justiça que mencionei são todos diferentes. Cada qual requer tratamento separado, e cada qual pressiona a doutrina do contrato de diferentes maneiras. Todas, entretanto, possuem uma importante característica comum: envolvem uma enorme assimetria de poder e capacidade entre as criaturas cujos direitos serão o meu foco e algum grupo dominante. Tal assimetria terá um papel na explicação, em cada caso, do motivo pelo qual a abordagem tradicional do contrato não consegue lidar bem com essas questões.

Esses três temas são hoje amplamente reconhecidos como importantes, apesar de anteriormente não o terem sido. Assim, deficiências da tradição do contrato social que eram vistas como menores agora começam a parecer maiores. Elas nos instigam a olhar para além do contrato social, para ver que podem existir outros modos de construir as bases de uma verdadeira justiça global.

iii. Rawls e os problemas não solucionados

O próprio Rawls reconhece que sua teoria enfrenta alguns problemas difíceis justamente nessas áreas. Em *O liberalismo político*, menciona quatro problemas difíceis de resolver com sua concepção de justiça: o que é devido às pessoas com deficiências (tanto temporárias quanto permanentes, tanto mentais quanto físicas); a justiça entre as fronteiras nacionais; "o que é devido a animais e ao resto da natureza" (como veremos, Rawls não reconhece que tais questões são questões de justiça); e o problema de poupar para as gerações futuras. De tudo isso ele conclui que, "Embora pudéssemos querer tratar de todas essas questões, duvido muito que isso seja possível no âmbito da justiça como equidade, entendida como concepção política." (*LP*, p. 21). Rawls segue dizendo acreditar que sua concepção pode ser ampliada, para dar respostas plausíveis ao problema das gerações futuras (concordo, por isso, não tratei desse problema aqui). Do mesmo modo, afirma, sua concepção pode ser ampliada para lidar com questões de justiça internacional; *O direito dos povos*, seu último livro, representa a tentativa de levar a cabo essa afirmação. Não fornece, porém, uma explicação satisfatória para tais questões. Com relação às outras duas questões, Rawls diz serem "problemas sobre os quais a justiça como equidade pode falhar". Com relação a essas questões, em que a justiça com equidade "pode falhar", ele vê duas possibilidades. Uma é "que a ideia de justiça política não cobre tudo, e nem devemos esperar que o faça". A outra é que é de fato um problema de justiça, "mas a justiça como equidade não é apropriada nesse caso, por mais que possa sê-lo em outros. A gravidade dessa deficiência é algo que só poderemos avaliar quando o caso específico for avaliado" (p. 21)[17].

Apesar de meu projeto não ter começado a partir dessa observação de Rawls, é útil pensar na minha argumentação como uma tentativa de assumir o desafio que ele coloca a si mesmo e aos outros. Faço isso trabalhando esses problemas um por um, a

---

[17] Cf. também *TJ*, p. 17, em que Rawls afirma que as teorias contratualistas, inclusive a sua, "deixam de lado uma análise de como devemos nos comportar com relação aos animais e o resto da natureza... Devemos reconhecer o alcance limitado da justiça como equidade e do tipo geral de visão que ela exemplifica. Até que ponto suas conclusões devem ser revisadas, uma vez que incluamos essas questões, não pode ser decidido antecipadamente"; e em *TJ*, p. 512, ele diz que "devemos nos lembrar aqui dos limites da teoria da justiça", a alusão à teoria da justiça não dá nenhuma explicação sobre a conduta certa com relação a seres que não possuem a capacidade para um sentido de justiça. Isso pareceria incluir não somente animais não humanos, ponto imediato de Rawls, mas também seres humanos com deficiências mentais graves.

fim de verificar em que medida uma teoria desse tipo (ao mesmo tempo kantiana e contratualista) pode lidar com eles. Argumentarei que a teoria de Rawls não pode, afinal, fornecer respostas satisfatórias a nenhum desses três problemas e, em particular (como ele mesmo diz), não pode considerá-los problemas de justiça básica; uma versão do enfoque das capacidades, como desenvolvi em *Women and Human Development*[18], pode lidar melhor com essas questões.

Essa conclusão é de particular interesse porque a teoria da justiça de Rawls é, creio, a teoria de justiça política mais significativa que temos. Oferece, nos tópicos com os quais lida, conclusões extremamente poderosas e atraentes. Os dois princípios da justiça que desenvolve são plausíveis. Apesar de fazer algumas críticas à teoria dos bens primários a partir dos quais os princípios são delimitados, acredito que, de modo geral, sejam corretos, e a teoria que vou desenvolver de diferentes pontos de partida converge em larga medida para eles. É importante, contudo, notar desde o início que, com relação aos três problemas não solucionados, a teoria da justiça de Rawls *não oferece nenhum tipo de resposta*. O caso da justiça internacional é de fato abordado, mais tarde, por Rawls, usando princípios distintos. Mas as pressuposições de sua teoria levam a que nossas outras duas questões simplesmente não sejam tratadas, e nem se pretende que o sejam, pelos princípios de justiça como apresentados. Rawls convida a uma análise posterior desses dois casos, sugerindo que se um exame posterior tornar claro que são problemas não solucionados da justiça, alguma complementação e/ou reavaliação de sua teoria será necessária. Espero fornecer o exame e a complementação que ele propõe.

---

[18] Nussbaum (2000a).

Rawls menciona no início do *TJ* que todas as doutrinas de contrato têm duas partes, que podem ser acessadas separadamente. Uma parte é o esboço da situação inicial de escolha; outra é o grupo resultante de princípios. "Pode-se aceitar a primeira parte da teoria (ou alguma variante dela), mas não a segunda, e vice-versa" (*TJ*, p. 15). Minha conclusão será a de que os princípios eles mesmos, ou algo muito semelhante a eles, são bons princípios – não somente para os casos em que Rawls os aplica, mas para outros casos para os quais ele não fornece princípio algum (ver capítulo 3, seção ix). Além disso, as ideias de equidade e reciprocidade que esses princípios incorporam e tornam concretas são elas mesmas ideias éticas profundamente atrativas (à parte certas dificuldades inerentes à forma especificamente kantiana que Rawls lhes dá). Seria bom estender tais princípios e ideias a nossos problemas não solucionados de justiça. A situação inicial de escolha, contudo, contém dificuldades graves quando deparamos com os três problemas particulares que constituem o meu foco, a despeito de quão bem essa situação possa servir para as áreas às quais Rawls a aplica. Se pudermos chegar a princípios próximos a esses de Rawls por outro caminho, como pretendo fazer, baseando-nos em concepções de reciprocidade e dignidade adequadamente ampliadas, seremos capazes de estender tais princípios a casos aos quais ele acreditou que uma teoria como a sua não poderia chegar. Minha conclusão não é que devamos rejeitar a teoria de Rawls ou qualquer outra teoria contratualista, mas que devamos continuar trabalhando em teorias alternativas que talvez possam aumentar nosso entendimento da justiça e que nos permitam ampliar aquelas mesmas teorias.

iv. Livres, iguais e independentes

A tradição do contrato social é complexa. Inclui algumas figuras como Jean-Jacques Rousseau, que não concebe o contrato social como um contrato entre indivíduos independentes. Meu argumento não tem nada a dizer sobre o tipo de teoria não liberal exemplificada no *Contrato social* de Rousseau, com seu conceito de Vontade Geral e sua relativa falta de interesse pelas liberdades individuais. É, de fato, correto que sua obra influenciou Rawls e outros representantes contemporâneos do contratualismo, mas aquelas ideias recepcionadas também se encontram nas teorias liberais de Locke e Kant. Ocupar-se com as especificidades da concepção rousseauniana nos afastaria de uma discussão com a tradição liberal propriamente dita, que, de uma perspectiva histórica, descende muito mais de Locke e em alguma medida de Kant. Outro grande precursor dessa tradição é Thomas Hobbes, igualmente importante para as doutrinas contemporâneas do contrato social, especialmente em Gauthier[19]. Mas Hobbes não é um liberal, e a consideração de sua doutrina da soberania nos levaria para longe do nosso tema; além disso, como se sabe, partes de sua teoria são notoriamente obscuras. Assim, tratarei de Hobbes somente por ele oferecer uma abordagem perspicaz sobre algumas características do contrato social que são valorizadas por outros que estão mais diretamente ligados à tradição que tenho em mente. David Hume também é importante para este projeto – apesar de não ser um contratualista – porque Rawls toma emprestada a abordagem de Hume das "circunstâncias da justiça" e constrói em torno delas características importantes para sua própria abordagem contratualista.

Este livro não tem propósito de revisão histórica, e não pretendo oferecer uma interpretação exaustiva ou mesmo detalhada de qualquer figura pré-contemporânea. Abordo um grupo bem geral de pressuposições que moldaram profundamente o pensa-

---

[19] Gauthier (1986).

mento sobre a justiça na tradição ocidental, não somente na filosofia, mas também nas políticas públicas e relações internacionais. Não obstante, uma vez que falo de uma tradição, e aludo muitas vezes a visões de seus maiores proponentes, parece-me importante isolar de um modo abstrato os elementos constitutivos do tipo de teoria com a qual estarei lidando.

Isso inclui uma explicação das circunstâncias da justiça, ou seja, a situação na qual faz sentido estabelecer um contrato para princípios políticos; uma explicação afim dos atributos das partes do contrato; uma explicação do que as partes esperam ganhar ao estabelecerem o contrato – a questão da cooperação social; e uma explicação dos sentimentos morais das partes do contrato. Ver essas características mais claramente nos ajudará a, mais tarde, identificar e contrastar os elementos correspondentes do enfoque das capacidades.

1. *As circunstâncias da justiça*[20]. A procura por princípios políticos básicos, afirma o contratualista, não surge em qualquer circunstância. Para que as pessoas considerem que faz sentido se reunir para determinar os princípios da sociedade política, elas devem encontrar-se em uma situação particular. A descrição dessa situação é absolutamente central para Rawls, tanto que a introduz logo no começo de sua discussão sobre a posição original. Seguindo a tradição, sustenta que essas circunstâncias incorporam "as condições normais nas quais a cooperação humana é tanto possível quanto necessária" (*TJ*, p. 126); se essas circunstâncias não existissem, "não haveria ocasião para a virtude da justiça, assim como não haveria oportunidade para a coragem física na ausência de ameaças de danos à vida ou à integridade física" (p. 128).

---

[20] Essa frase não é sempre usada em contextos nos quais o contrato social é descrito, mas as ideias envolvidas parecem ser centrais para o pensamento de Locke e Kant, assim como para a teoria bem diferente de Hume.

Seguindo Rawls (que aqui se baseia em Hume), podemos dividir essas circunstâncias em dois tipos: objetivo e subjetivo. As circunstâncias objetivas das partes da negociação são, basicamente, as que tornam possível e necessária a cooperação entre elas. Rawls estipula que as partes devem coexistir, "ao mesmo tempo em um território geográfico definido" (*TJ*, p. 126). Elas são basicamente similares em capacidade física e mental, de tal forma que nenhuma pode dominar o resto. São vulneráveis à agressão, e a força unida de todas as outras pode bloquear as ações em separado de qualquer uma. Finalmente, existem condições de "escassez moderada": os recursos não são tão abundantes de modo a que a cooperação seja supérflua nem "são as condições tão difíceis a ponto de condenarem empreendimentos proveitosos ao fracasso inevitável" (pp. 126-127).

De modo subjetivo, as partes basicamente possuem necessidades e interesses similares, ou pelo menos interesses complementares, de modo que a cooperação entre elas se torne possível; mas elas também possuem diferentes planos de vida, incluindo diferenças de religião e de doutrinas sociais ou éticas amplas, que potencialmente fazem surgir conflitos entre elas. Possuem fraquezas de conhecimento e juízo, apesar de ser importante para Rawls que tais limitações estejam dentro do "nível normal" (*LP*, p. 25).

Teóricos da tradição do contrato social acreditam que os seres humanos encontram-se tipicamente nessas circunstâncias – pelo menos se subtraímos as vantagens artificiais de riqueza, classe social e a influência de estruturas políticas existentes. Assim, a ficção do estado de natureza, explicitamente vista como uma hipótese imaginária e não como uma abordagem acerca de um tempo histórico remoto[21], é, no entanto, considerada uma abor-

---

[21] Entre as principais figuras da tradição, Locke parece ser o mais preocupado em encontrar paralelos históricos para os vários elementos do estado de natureza; mas o faz a fim de demonstrar que (o estado de natureza) não é irreal, não porque pense que verdade histórica literal seja uma característica importante da análise.

dagem verídica de algumas propriedades especialmente importantes da interação humana no mundo real. Mas a descrição exclui pessoas cujas capacidades mentais e físicas sejam muito desiguais dessas do "ser humano normal"; por razões semelhantes, essa ficção parece destinada a excluir nações e seus habitantes cujos poderes e recursos são muito desiguais aos da nação ou nações dominantes; finalmente, exclui, obviamente, animais não humanos. Os teóricos da tradição têm consciência dessas exclusões. Eles, porém, simplesmente julgam que tais omissões não são um grande problema para as teorias no nível no qual os princípios básicos são escolhidos.

2. *"Livres, iguais e independentes."* Na descrição de Rawls das Circunstâncias da Justiça estão incluídos três atributos das partes do contrato particularmente importantes para a tradição; essas características são proeminentes mesmo quando um pensador não oferece, como Rawls, uma descrição sistemática das Circunstâncias da Justiça. Por esse motivo, eu as isolo para que recebam um tratamento apropriado. As partes do contrato social são, primeiro de tudo, *livres*: quer dizer, ninguém é dono de outrem, ninguém é escravo de outrem. O postulado da liberdade natural é uma parte muito importante do ataque da tradição a várias formas de hierarquia e tirania. Locke não está sozinho ao insistir que ninguém pode ser submetido ao poder de outro, a não ser com seu consentimento[22]. Kant, que fornece talvez a descrição mais detalhada dessa condição, entende que ela significa que as pessoas possuem o direito de perseguir suas próprias concepções de felicidade, desde que estas não interfiram nas "liberdades dos outros de perseguir um fim similar que possa ser compatível com a liberdade de qualquer outra pessoa de acordo com uma possível

---

[22] Locke, (1679-1680?/1960), capítulo 8, par. 95.

lei geral"[23]. Em outras palavras, é errado forçar as pessoas a serem felizes segundo o seu modo de ser feliz, mesmo que você seja um déspota benevolente. O que pode ser exigido é que todas as pessoas limitem sua liberdade em função da liberdade dos outros. Esse direito é entendido pela tradição como pré-político. "Esse direito à liberdade pertence a cada membro da comunidade como ser humano, uma vez que cada um é capaz de possuir direitos."[24] (Como veremos, Rawls aqui não aceita a tradição, uma vez que não admite que existam direitos naturais pré-políticos. Sustenta, todavia, que a igualdade é fundada em capacidades naturais, em particular na capacidade para desenvolver um senso de justiça.) (*TJ*, pp. 504 ss.).

Essa característica da tradição não parece ser excepcional e, entretanto, tem uma impressionante importância moral e política. Mas se torna potencialmente problemática quando perguntamos quais capacidades essa liberdade natural pressupõe, confrontando-a com a vida de cidadãos com impedimentos mentais graves, e, de um modo bem diferente, com a vida de animais não humanos. Parece que na tradição vigora a posição segundo a qual certas habilidades positivas são pré-requisitos para o direito de não ser escravo de alguém, e que essas habilidades incluem, pelo menos, a capacidade para a escolha moral. Isso significa que um ser sem essas capacidades possa ser escravizado? Não necessariamente, mas não podemos encontrar facilmente na doutrina do contrato, como desenvolvida classicamente, qualquer razão para dizer que a escravidão, em tal instância, seria uma violação da liberdade

---

[23] Kant, "Theory and Practice", em Kant (1970), p. 74.
[24] Ibid. Essa seção do ensaio de Kant tem o subtítulo "Contra Hobbes"; outra lembrança de que não devemos supor que Hobbes pertença a essa tradição de alguma maneira simples – apesar de que se deveria insistir que a própria explicação de Hobbes dos direitos no estado de natureza é complexa.

natural. Tais teóricos nem sequer questionam a escravidão de animais. (Já na época de Kant, Bentham, como é sabido, comparou à escravidão o tratamento de animais não humanos.) Assim, devemos estar cientes de que talvez necessitemos de uma nova e mais ampla concepção de liberdade e de seus pré-requisitos, a fim de que possamos lidar de modo adequado com tais questões.

Em segundo lugar, e trata-se de uma característica de particular importância, as doutrinas do contrato social sustentam que suas partes começam a negociação em uma situação de *igualdade* aproximada – não apenas igualdade moral, mas uma igualdade aproximada de capacidades e recursos. Todas as vantagens e hierarquias entre seres humanos que são criadas por riqueza, nascimento, classe etc. estão imaginariamente ausentes, e somos deixados com o ser humano nu, por assim dizer. Como pensadores da tradição muitas vezes observam, não existem grandes diferenças entre seres humanos no que diz respeito a poderes básicos, capacidades e necessidades. Hobbes observa contundentemente:

> A natureza fez os homens tão iguais quanto às faculdades do corpo e do espírito que, embora por vezes se encontre um homem manifestamente mais forte de corpo, ou de espírito mais vivo do que outro, mesmo assim, quando se considera tudo isso em conjunto, a diferença entre um e outro homem não é suficientemente considerável para que um deles possa, com base nela, reclamar algum benefício a que outro não possa igualmente aspirar. Porque quanto à força corporal o mais fraco tem força suficiente para matar o mais forte, quer por secreta maquinação, quer aliando-se com outros que se encontrem ameaçados pelo mesmo perigo.
> Quanto às faculdades do espírito [...], encontro entre os homens uma igualdade ainda maior do que a de força. [...] O que talvez possa tornar inacreditável essa igualdade é simplesmente a pre-

sunção vaidosa da própria sabedoria, a qual todos os homens supõem possuir em maior grau do que o vulgo."*²⁵

De modo similar, Locke insiste que no estado de natureza é óbvio "que criaturas da mesma espécie e posição promiscuamente nascidas para todas as mesmas vantagens da Natureza e para o uso das mesmas faculdades, devam ser também iguais umas às outras, sem Subordinação ou Sujeição"²⁶. Essa insistência em que as grandes diferenças entre os homens são frutos das condições sociais torna-se um tema recorrente na filosofia do século XVIII. Adam Smith, por exemplo, ressalta que a diferença entre um filósofo e um porteiro consiste primariamente em seus hábitos e educação; Rousseau sugere que a reflexão sobre as fraquezas e vulnerabilidades comuns dos seres humanos revelaria uma profunda similaridade para além de distinções de classe e posição²⁷.

É importante distinguir esse tipo de igualdade aproximada entre poder e capacidade da igualdade moral, apesar de os pensadores da tradição normalmente não traçarem essa distinção de modo claro. É possível sustentar que os seres são igualmente morais sem sustentar que sejam basicamente iguais em poder e capacidade. É possível sustentar o contrário também. Podemos ver um modo de conectar as duas igualdades: se os seres humanos realmente são mais ou menos iguais em poder e capacidade, então parece bastante arbitrário que a alguns sejam dadas autoridade e oportunidades muito maiores que a outros. (Locke, em particular, apoia-se de alguma forma em tal conexão.) Mas podemos conceder isso sem, no entanto, concordar que desigualdades na-

---

* In *Leviathan*. Da trad. bras., *Leviatã*. São Paulo: Martins Editora, 2008.
[25] Hobbes (1651/1991), capítulo 13.
[26] Locke (1679-1680?/1960), capítulo 2, par. 4.
[27] Smith (1776/1784/1981), pp. 28-29; Rousseau (1762/1979), livro 4.

turais de poder e capacidade conferiram realmente aos seres humanos o direito a tratamento diferencial em áreas morais essenciais da vida humana (e o mesmo caberia dizer, *mutatis mutandis*, no caso de outros seres sencientes). Assim, é um grande mérito de Rawls que ele cuidadosamente distinga esses dois tipos de igualdades. Entretanto, não devemos esquecer que ele requer as duas para alicerçar sua teoria.

A tese da igualdade (em poderes e capacidades) supostamente nos mostra algo verdadeiro e importante sobre os seres humanos, o que nos conduziria à crítica das hierarquias existentes. Mas também atua de modo crucial dentro de cada teoria de contrato social, explicando como princípios políticos surgem do jeito que são. A igualdade aproximada entre as partes é essencial para entender como elas estabelecem contrato umas com as outras, porque elas devem, antes de mais nada, realizar um contrato, e o que esperam ganhar do contrato social. É, portanto, importante constatar que tal pressuposição de igualdade requer que deixemos de lado importantes questões da justiça. Em particular, a justiça relativa a pessoas com impedimentos mentais graves e a justiça para animais não humanos não podem ser tratadas de modo razoável dentro de uma situação de contrato assim estruturada. Como veremos, Rawls admite isso, e também suas consequências problemáticas para sua teoria da justiça como equidade nessas áreas.

Não nos surpreende que os pensadores clássicos do contrato social coloquem voluntariamente esses problemas em estado de espera. Pode inclusive ser posto em dúvida se de fato se preocuparam com eles. Mas, mesmo que tenham se preocupado, a necessidade premente de destruir as bases das concepções políticas monárquicas e hierárquicas explicou e, em grande medida, justificou a decisão de focar nos seres humanos basicamente iguais em capacidades e recursos. Não vivemos no mesmo mundo agora e não temos nenhuma desculpa para não enfrentar esses problemas, no curso da designação dos princípios políticos básicos.

No que diz respeito às nações pobres, vigora uma sensação segundo a qual a hierarquia de riqueza e poder que hoje existe entre as nações é tão artificial quanto as hierarquias de nascimento e riqueza que a tradição do contrato foi projetada para destruir. Assim sendo, a tradição contratualista possui uma intuição importante de acordo com a qual é altamente relevante pensar criticamente a respeito das desigualdades globais. E ainda, a crítica adequada à hierarquia entre as nações requer um esforço radical para repensar os limites nacionais e os acordos econômicos básicos, o que não pode ser feito se apenas colocarmos a doutrina do contrato aplicada por uma segunda vez entre nações já constituídas, imaginadas como pessoas virtuais que são proximamente iguais, e que estabelecem um contrato a fim de alcançar o acordo mais cooperativo existente entre elas.

Em terceiro lugar, as partes do contrato social são consideradas *independentes*, quer dizer, indivíduos que não estão sob a dominação ou assimetricamente dependentes de qualquer outro indivíduo. Em algumas versões essa premissa inclui a ideia de que elas estão interessadas somente em promover suas próprias concepções de felicidade, não as dos outros. Em outras, elas assumem ter interesses benevolentes, ou mesmo (em Locke) deveres naturais de benevolência. Mas o ponto central é que cada qual é imaginada no que diz respeito à independência, e cada uma é uma fonte separada de reivindicações e projetos. Locke fornece a seu oponente exemplos de pessoas que viveram assim: ele pensa que os Americanos Nativos sejam tais pessoas. Cada uma é, portanto, uma fonte independente de cooperação social, ou, como Rawls coloca, um "membro completamente cooperativo da sociedade ao longo de toda a vida". Rawls exemplifica essa característica da tradição afirmando que as partes na posição original são mutuamente desinteressadas, não possuindo nenhum interesse no interesse do outro. Elas não são necessariamente egoístas, mas estão preocupadas em avançar com suas próprias concepções de bem, não com as dos outros (*TJ*, p. 13).

Podemos começar notando a ausência de crianças e pessoas idosas nas concepções de divisão política dessas teorias – ou mesmo de mulheres adultas, que a maioria desses pensadores entendia como dependentes dos homens (uma vez que não consideravam as tarefas de casa um trabalho produtivo). Mesmo que assumamos que essas omissões não sejam um problema sério para as teorias, notamos, entretanto, que tais teorias não dão lugar para aqueles que por um longo período da vida, ou mesmo toda uma vida, são bastante desiguais a outros em sua contribuição produtiva, ou que vivem em uma condição de dependência assimétrica. Tais pessoas estão claramente ausentes do grupo contratante – e, dada a combinação que enfatizei, elas estão *ipso facto* ausentes do grupo de cidadãos para quem os princípios da justiça são delimitados. Seus interesses podem possivelmente ser tratados em algum momento posterior. Mas suas necessidades, ou mesmo suas concepções acerca dos bens primários da vida humana, não influenciam a escolha pelas partes dos princípios políticos básicos, uma vez que se supõe que estabeleçam o contrato com outros indivíduos em situação semelhante calculando o benefício mútuo que terão. Sendo assim, questões que parecem extremamente importantes para a justiça social – questões sobre a distribuição de assistência, sobre o trabalho envolvido na assistência e os custos sociais da promoção da inclusão total de cidadãos com deficiência – deixam de ser postas em foco, ou são explicitamente adiadas para consideração posterior. (Rawls permite às suas partes representarem linhas contínuas, a fim de que sejam capazes de lidar com a questão da poupança para gerações futuras. Mas em momento nenhum ele abre mão da pressuposição de desinteresse mútuo *na posição original*.)

Tal qual a de igualdade, a premissa de independência não é alterada facilmente sem que toda a concepção do contrato social e sua função também o sejam. Segundo as aparências, cada uma das partes representa um indivíduo produtivo que estará disposto a sacrificar algumas prerrogativas a fim de colher as recompensas da cooperação mútua.

3. *Vantagem mútua como propósito da cooperação social.* As partes são concebidas cooperando socialmente umas com as outras a fim de assegurar o benefício mútuo, algo que não alcançariam de outro modo. Rawls evita qualquer pressuposição de altruísmo ou benevolência com respeito às partes do contrato social – apesar de moldá-las de outras formas na estrutura mais ampla de sua doutrina. Como essa problemática leva a questões difíceis sobre o relacionamento de Rawls com a ideia da vantagem mútua, adiarei o seu exame para a seção IV. Outros contratualistas modernos, como Gauthier, deixam o altruísmo completamente de fora. Mesmo Locke, que aborda a benevolência, descreve o objetivo central do acordo social como "para viverem [as partes] confortável, segura e pacificamente uns com outros, num gozo seguro de suas propriedades e com maior segurança contra aqueles que dela não fazem parte"[28]. Nesse sentido, apesar da divergência em outros aspectos, ele é semelhante a Hobbes, que sustenta que a única coisa que pode levar uma pessoa a renunciar a vantagens que possui no estado de natureza é algum tipo de vantagem com relação a seu próprio bem-estar[29]. Nenhuma fidelidade à justiça por

---

[28] Locke (1679-1680?/1960), capítulo 8, par. 95.
[29] Hobbes (1651/1991), capítulo 14.

si própria é requerida, como também não é exigida nenhuma preocupação intrínseca, não instrumental, com o bem dos outros.

4. *As motivações das partes.* Aqui há pouco a ser acrescentado ao que já foi observado. As partes do contrato social são concebidas como tendo motivos que se adaptam a sua perseguição de vantagens: elas querem fazer avançar os seus objetivos e projetos, quaisquer que sejam. Essa hipótese da perseguição da vantagem não implica por si mesma que os filósofos em questão sejam egoístas ou céticos sobre os sentimentos morais, apesar de Hobbes com certeza o ser. As partes podem ter concepções diferentes de suas próprias vantagens, e, em alguns casos (Locke em particular), isso pode incluir uma séria preocupação com o bem dos outros. Além disso, em alguns casos (por exemplo, David Gauthier), considerar somente motivos direcionados para seus objetivos e sentimentos na situação de barganha pode ser simplesmente um dispositivo para extrair, de um ponto de partida parcimonioso, resultados que também dizem respeito aos outros. Rawls omite motivos benevolentes por uma razão semelhante. Devemos, porém, problematizar essa posição. É incerto que tal ponto de partida parcimonioso vá realmente na mesma direção que um ponto de partida mais simpático e voltado para o outro. A perseguição da vantagem mútua e do sucesso do seu próprio projeto não é inferior a um compromisso benevolente com o bem-estar de todos os seres humanos. Trata-se somente de outro ponto de partida, mas que vai em uma direção bem diferente da benevolência, a não ser que estipulemos que todas as partes consideram o bem-estar dos outros integrantes de sua própria busca de bem-estar. Locke assume, de fato, algo assim, mas com resultados que nos levam a duvidar da consistência geral de sua teoria. Rawls e a maioria dos contratualistas consideram que um pressuposto forte de benevolência deve ser evitado. Os princípios políticos devem ser extraídos

de um ponto de partida que seja ao mesmo tempo pouco exigente e mais objetivo.

v. Grotius, Hobbes, Locke, Hume e Kant

Agora que temos diante de nós um esboço esquemático das características da tradição do contrato social, cujos argumentos serão abordados nos capítulos subsequentes, parece útil acrescentar alguma explicação de certa forma mais completa sobre as contribuições pertinentes de cada pensador, uma vez que essas questões históricas serão irrelevantes no que se segue. Vou me concentrar nas partes das concepções de cada pensador que parecem mais marcantes quando abordamos as teorias contratualistas modernas, progredindo em ordem cronológica.

Começo com Hugo Grotius, uma vez que minha intenção é a de reviver a sua abordagem dos princípios básicos de relações internacionais baseada no direito natural. Mas a abordagem de Grotius também sugere um padrão geral para pensarmos questões da política interna, apesar de ele não aplicá-la assim. Em *On the Law of War and Peace* [Sobre o direito da guerra e da paz] (1625), Grotius dá uma explicação dos princípios básicos das relações internacionais, remontando-as até os estoicos gregos e romanos (em especial Sêneca e Cícero). Simplificadamente, essa abordagem sustenta que o ponto de partida para pensar os princípios fundamentais é conceber o ser humano como uma criatura caracterizada tanto por dignidade, ou valor moral, quanto por sociabilidade: por "um desejo imperioso por companheirismo, quer dizer, por vida em comum, não de qualquer tipo, mas uma vida pacífica, e organizada conforme a medida de sua inteligência, com aqueles que são do seu tipo". Grotius pensa nessas características como profundamente naturais; ele as conecta à teoria metafísica da natureza humana. Podemos, entretanto (como Cícero, que em metafísica era agnóstico), enxergar essas exigências como exigências éticas autossuficientes a partir das quais é possível construir uma concepção política da pessoa que pode ser aceita por semelhantes que sustentam diferentes visões em metafísica e em religião.

A ideia geral da teoria do direito natural de Grotius é a de que essas duas características do ser humano, e de seus valores éticos, sugerem muita coisa sobre o tratamento a que cada ser humano tem direito. Dessa forma, a teoria política começa a partir de uma ideia abstrata de direitos básicos, fundados nas ideias combinadas de dignidade (o ser humano como fim) e sociabilidade. É, então, dito que alguns direitos específicos resultam dessas ideias, como condições necessárias para uma vida com dignidade humana.

Grotius não pergunta sobre como é possível usar essas intuições para pensar a estrutura justa de um Estado individual. Seu foco, em vez disso, é a relação entre os Estados. Nesse caso, sustenta que, apesar de o espaço entre as nações ser um espaço sem uma soberania, é, não obstante, um espaço moralmente ordenado, no qual um número de princípios bem específicos moldam as interações humanas. (Ele argumenta energicamente contra a ideia proto-hobbesiana de que o espaço entre as nações é um espaço de poder e força somente, no qual é legítimo para todas as nações perseguir sua segurança nacional acima de todo o resto.) A partir dessas ideias, Grotius desenvolveu sua famosa explicação neociceroniana tanto do *ius ad bellum* quanto do *ius bello*[30]. A guerra é corretamente realizada somente em resposta a uma agressão injusta; todas as guerras antecipativas e preventivas, como um modo de usar os seres humanos como instrumento de seus próprios interesses, são banidas. Na guerra, são também exigidas, pelas mesmas ideias, limitações bem rígidas de comportamento: nenhuma

---

[30] Sobre a visão de Cícero, ver Nussbaum (1999b).

punição excessiva ou cruel, o menor dano à propriedade quanto for possível, uma restituição rápida de propriedade e soberania na conclusão da guerra, não assassinato de civis. (Cícero acrescentou uma proibição ao ludibriamento do inimigo na guerra, por ser uma forma de violar a dignidade humana e usar os outros como meio; Grotius não vai tão longe assim.)

O que eu gostaria de salientar a respeito da teoria de Grotius é que ela começa com o conteúdo de um resultado, no sentido de ser uma explicação dos direitos básicos dos seres humanos cujo respeito é requerido pela justiça; se esses direitos são cumpridos, então, a sociedade (nesse caso, a "sociedade internacional") é minimamente justa. A justificativa do grupo de direitos não é procedimental, mas envolve uma ideia intuitiva da dignidade humana e o argumento de que certos direitos individuais estariam implícitos na ideia de dignidade humana. Grotius defende explicitamente que *não* devemos tentar derivar nossos princípios fundamentais somente da ideia de vantagem mútua; a sociabilidade humana indica que a busca pela vantagem não é a única razão pela qual os seres humanos agem com justiça. Grotius, evidentemente, acreditava que uma sociedade baseada na sociabilidade e no respeito mais do que em vantagem mútua pode permanecer estável ao longo do tempo.

Existem algumas características da visão do Grotius que não adotarei. Em particular, sua concepção política de pessoa é fortemente racionalista, baseada, como entre os estoicos, em uma distinção muito forte entre humanos e animais. Criticarei mais tarde essas ideias; mas a estrutura básica de sua visão é semelhante à que defenderei.

Note-se que para Grotius o tipo importante de igualdade entre pessoas é a igualdade moral, que inclui igualdade de respeito e de direito. A igualdade de capacidade não tem papel importante em seu argumento. Uma pessoa cujas capacidades físicas são bem diferentes daquelas de um ser humano "normal" é tratada exatamente como qualquer outro ser humano. (Por sua teoria ser tão racionalista, a desigualdade em capacidades mentais pode sim conduzir a uma abordagem diferenciada: mas Grotius não comenta essa questão. Não sabemos, portanto, se existem pré-requisitos empíricos para igualdade de dignidade, ou se Grotius sustenta, como irei sustentar, que qualquer criança de pais humanos tem a igualdade de dignidade total que pertence a cada ser humano.) Não existe nada análogo na sua teoria às circunstâncias da justiça de Hume ou a pressuposições similares nas teorias das Hobbes, Locke e Kant. Onde quer que haja seres humanos vivendo juntos, já existem, entre eles, circunstâncias de justiça, somente pelo fato de serem humanos e sociáveis.

A teoria de Grotius foi muito influente, assim como a teoria similar da lei natural de Samuel Pufendorf[31]. Não vou discutir a teoria de Pufendorf aqui porque as principais características que quero levantar já estão presentes na teoria de Grotius, e tal teoria está estreitamente relacionada aos modelos do estoicismo romano, fonte maior do meu próprio pensamento.

Quando nos aproximamos das teorias do contrato social, devemos ter cuidado em não realizar um contraste excessivamente simples entre os dois tipos de teoria. Apesar de as teorias de contrato modernas tentarem de fato prescindir de todas as ideias de direitos naturais ou lei natural, todas as doutrinas clássicas do contrato possuem elementos proeminentes de lei natural e do direito natural, e consideram que o estado de natureza gera normas morais obrigatórias e atribui direitos moralmente justificados às pes-

---

[31] *On the Law of Nature and Nations* de Pufendorf foi publicado em 1672 e *On the Duty of Man and Citizen According to Natural Law* em 1673.

soas, independente de serem ou não suficientes para organizar a conduta humana. A necessidade de um contrato surge porque os direitos são instáveis, não porque não existam direitos pré-políticos e pré-procedimentais. Além disso, os dois tipos de teoria não diferem significativamente com relação à sua avaliação da insegurança humana em uma situação sem lei. Pufendorf, por exemplo, descreve o estado de natureza de um modo bem próximo à descrição pejorativa de Hobbes, salientando a influência destrutiva da competição. Da posição privilegiada do debate moderno, é impressionante a sobreposição desses dois tipos de teoria.

O *Leviatã* (1651) de Thomas Hobbes poderia ser tratado como o antípoda de tudo aquilo que Grotius defende, mas isso seria claramente um erro. De fato, o mais impressionante para alguém que examina a tradição do contrato social começando com a tradição do direito natural é quanto essas teorias concordam com Grotius e outros pensadores do direito natural; quer dizer, Hobbes sustenta que existem leis naturais morais que reúnem "a justiça, a equidade, a modéstia, a piedade, ou, em resumo, *fazer aos outros o que queremos que nos façam*" (XVII); mas ele acredita que essas leis morais jamais podem fazer surgir uma ordem política estável, porque são "contrárias às nossas paixões naturais, as quais nos fazem tender para a parcialidade, o orgulho, a vingança e coisas semelhantes" (ibid.). A sociabilidade natural pode ser observada entre abelhas e formigas, mas entre seres humanos não haveria sociabilidade confiável sem coerção, porque nossas paixões naturais são fundamentalmente competitivas e egoístas, em que o medo tem um papel motivacional central. O estado de natureza – o estado das relações humanas na ausência de um forte soberano coercitivo – é um estado de guerra. Hobbes descreve de forma memorável esse estado como um estado de fato bem miserável.

Em tal estado de guerra, há uma igualdade bruta de capacidades e recursos. Onde a preocupação é com a força física, o mais fraco pode matar o mais forte furtivamente; onde a preocupação é com a capacidade mental, essa igualdade aproximada será posta em dúvida somente por aqueles que possuem uma "concepção vã" de sua própria sabedoria (ibid.). (Hobbes não discute a questão das pessoas com deficiências.) Apesar de Hobbes parecer pensar os seres humanos também como moralmente iguais (a parte da lei natural de sua teoria sugere isso fortemente, de qualquer maneira), é a igualdade de capacidade e habilidade que tem um papel importante em seu argumento. A igualdade de habilidade tem um grande papel em fazer o estado natural tão mau quanto ele é, pois gera uma igualdade de esperança, que por seu turno estimula as pessoas a promover a competição.

Dada essa igualdade natural de capacidade, nossas paixões nos inclinam a fazer as pazes uns com os outros, de modo que possamos continuar com nossas vidas de modo seguro. "As paixões que fazem os homens tender para a paz são o medo da morte, o desejo daquelas coisas que são necessárias para uma vida confortável e a esperança de as conseguir por meio do trabalho. E a razão sugere adequadas normas de paz, em torno das quais os homens podem chegar a uma acordo" (XIII).

Hobbes não descreve seu contrato social como gerador de princípios da justiça. Ele fala da justiça sob aspectos que são difíceis de conciliar; algumas vezes, argumentando que não existe justiça onde não exista poder coercitivo (XV) e, em outras, mostrando que existem princípios naturais da justiça, embora ineficazes dadas as nossas paixões[32]. Mas o contrato social gera os princípios fundamentais da sociedade política. O contrato é um

---

[32] Para uma excelente classificação dessas tensões, ver Green (2003).

acordo recíproco para a transferência de direitos naturais (XIV). O seu objeto é para cada homem um "bem para si mesmo"; para o grupo de seres humanos, uma vantagem mútua, "quer dizer, o desejo de sair daquela mísera condição de guerra" (XVII). Por visar à fundação da sociedade política a partir do modelo do contrato, Hobbes dá o passo fundamental para o qual chamei a atenção: ele reúne o grupo dos realizadores do contrato com o grupo daqueles para quem e sobre quem o contrato é feito. (Nesse processo, ele nota que um contrato com as "bestas brutas" é impossível; XIV.) As pessoas realizam contratos para uma existência segura umas com as outras.

Na visão de Hobbes, distinta daquela de seus sucessores, a única forma plausível que esse contrato pode tomar é aquela que garanta todo poder a um soberano, sem que os sujeitos preservem direitos próprios. O papel do soberano é, através do medo da punição, manter as paixões das pessoas sob controle e preservar a segurança mediante a qual podem coexistir. Onde quer que não haja tal soberano forte – como na esfera entre Estados – a condição de guerra prevalece. Diferente dos realistas-das-relações-internacionais-modernos que seguem de diversas formas sua orientação, Hobbes sustenta que a condição de guerra é tanto imoral quanto insegura e desafortunada. Existem normas morais compulsórias na natureza, e estas são violadas na situação de guerra; mas, em sua visão, a moralidade é uma força completamente impotente no que diz respeito às relações humanas. Não pode ser a base para princípios políticos de uma sociedade estável e viável.

A teoria do contrato social de John Locke, a mais influente da tradição, é também a mais exasperante. Contém elementos heterogêneos que são difíceis de combinar em um único quadro coerente – tanto porque as ideias de Locke sobre o contrato e direitos ocorrem em trabalhos de datas diferentes, e não é claro em que medida ele mudou de pensamento, como porque dentro do próprio *Segundo tratado do governo*, nossa fonte principal acerca de sua explicação do contrato social, existem não só elementos heterogêneos como muitos problemas difíceis de interpretação. Além disso, no final das contas, é impossível entender completamente a doutrina de Locke sem atentar de perto para seu contexto controverso. Assim, o que irei dizer aqui será um pouco mais do que um apanhado de conjecturas. Espero, entretanto, poder levantar aspectos de sua teoria do contrato que são significantes para nós no que se segue.

A preocupação principal de Locke está em estabelecer que no estado de natureza, quer dizer, em uma situação hipotética em que não haja sociedade política, os seres humanos são naturalmente "livres, iguais e independentes". Livres no sentido de que ninguém é o governante de ninguém e cada um é naturalmente autorizado a governar a si mesmo; igual, no sentido de que ninguém é autorizado a governar sobre outros e toda jurisdição é "recíproca, não tendo ninguém mais que outro qualquer" (p. 4); e independente, no sentido de que todos estão, como pessoas livres, autorizados a perseguir seus projetos pessoais sem estar submetidos a uma relação hierárquica com nenhum outro. Locke sustenta, com Hobbes, claramente, que os seres humanos possuem capacidades básicas similares de corpo e mente. Diferente de Hobbes, ele conecta essa igualdade estreitamente a direitos morais: "E tendo todos as mesmas faculdades, compartilhando todos uma mesma comunidade de natureza, não se pode presumir subordinação alguma entre nós que nos possa autorizar a destruir-nos uns aos outros, como se fôssemos feitos para o uso uns dos outros, assim como as classes inferiores das criaturas são para o nosso uso" (p. 6). Locke parece sustentar que a semelhança de capacidades é *suficiente* para o reconhecimento do *status* recíproco de "fins neles mesmos" e para o reconhecimento do erro que representa tratar uns aos outros como meios. Tal semelhança também soa necessária para esse *status*, uma vez que Locke parece pensar que nossas (alegadas) faculdades superiores nos dão licença de usar animais como meros meios.

No contexto polêmico de Locke, argumentando, como ele o faz, contra pessoas que atribuem um direito natural de governar a certos seres humanos individuais, a conexão que ele faz entre igualdade de capacidade e igualdade moral é compreensível; mas ele nos deixa com problemas difíceis de resolver. Certamente, não devemos concordar com Locke que a enorme desigualdade de capacidade autoriza o tratamento dos inferiores como meros meios. Não está nada claro que devemos conceder igualdade moral a partir da igualdade de capacidades. A maneira correta de fundamentar a igualdade moral quase certamente não envolve a dependência a uma suposta igualdade de capacidades.

Não surpreende que Locke não discuta a questão das pessoas com deficiências; dado o seu contexto polêmico, sua presença no argumento iria simplesmente manchar as linhas gerais de sua teoria.

No estado de natureza de Locke existem deveres morais obrigatórios, incluindo o dever de autopreservação, e, dada à igualdade natural e reciprocidade, o dever de preservar outrem, o dever de não tirar a vida de outrem e o dever de não fazer o que pode levar à destruição de outrem na medida em que prejudique sua liberdade, saúde ou propriedade. (Esses deveres parecem ser derivados da lei natural fundamental, que é a preservação da espécie humana.)[33] Citando Richard Hooker, Locke sustenta que o reco-

---

[33] Ver Simmons (1992), que argumenta que a ideia de Locke é consequencialista na forma.

nhecimento da igualdade moral também dá origem a deveres positivos de benevolência e beneficência. Na medida em que percebo que os outros são meus iguais, percebo que tenho o dever de amá-los como a mim mesmo. Isso significa que, se tenho um desejo, não posso exigir sua satisfação sem ao mesmo tempo desejar a satisfação de desejos semelhantes em outros seres humanos (p. 5). Nesse sentido a reciprocidade moral e os sentimentos que a fortalecem não precisam do contrato social para a sua determinação. Eles são imaginados como já presentes na natureza. (As opiniões de Locke sobre a subordinação da mulher, são, porém, difíceis de reconciliar com natureza geral de seu argumento.)

Relacionada a essas ideias sobre nossos deveres naturais está outra ideia estreitamente ligada à tradição grotiana da lei natural. Possuímos uma dignidade natural. Criados por Deus[34], fomos investidos com "Dignidade e Autoridade" (I.44); somos peças "curiosas e maravilhosas" da "habilidade manual" (I.86). Sendo esse o caso, queremos justificadamente uma vida "própria à dignidade do Homem" (p. 15, Locke citando Hooker), uma vida "apropriada à dignidade e excelência da criatura racional"[35]. Cada um de nós, entretanto, também tem necessidades, por isso "somos naturalmente induzidos [...], a buscar a comunhão e a associação com outros. Foi por essa razão que os homens começaram a unir-se em sociedades políticas" (ibid., Hooker de novo). Em outras palavras, nossa dignidade é uma fonte legítima de direitos, mas esses direitos só podem ser alcançados pela cooperação; afortunadamente temos sentimentos morais cooperativos que tornam uma vida produtiva comum possível, e a tarefa principal de tal

---

[34] Não abordei deliberadamente o debate sobre o papel de Deus na argumentação de Locke; para uma ótima abordagem, ver Simmons (1992).
[35] *Some Thoughts Concerning Education*, p. 31; ver o desenvolvimento da ideia em Simmons (1992), p. 44, no qual toda a discussão sobre esse ponto é excelente.

vida deveria ser assegurar que todos tenhamos a oportunidade de viver de acordo com a dignidade humana.

Locke não discute a relação entre sentimentos naturais que levam as pessoas a formarem sociedades políticas e os deveres de reciprocidade que derivam da igualdade natural. Os primeiros estão conectados às necessidades e fraquezas, associadas ao desejo por uma vida compatível com a dignidade humana; os últimos, com os direitos naturais associados à igualdade natural. Uma vez que Locke está, de qualquer forma, apropriando-se aqui de Hooker em algumas das passagens cruciais, ele nunca deixa completamente claro como todos esses conceitos diferentes devem ser inter-relacionados. Mas pareceria que Locke, especialmente nas questões em que está mais próximo de Hooker, possui muitos elementos de uma teoria da lei natural grotiana sobre as origens da sociedade política: nos reunimos motivados por sentimentos positivos de benevolência e deveres morais positivos de reciprocidade que derivam de um reconhecimento mútuo da dignidade humana um do outro; participamos da sociedade procurando uma vida compatível com a dignidade humana. Se esse tivesse sido o foco primário da teoria de Locke, ela iria se assemelhar fortemente com a teoria de Grotius e com aquela que desenvolverei.

Locke, entretanto, vira-se para outra direção quando de fato articula a ideia por trás do contrato social. Apesar de não aceitar que o estado de natureza é um estado de guerra – insiste que ele é muito mais rico do que isso –, de qualquer forma, na ausência da sociedade política, não há nada que o previna de se tornar um estado de guerra. Dessa forma, a sua explicação do contrato concentra-se nas vantagens mútuas como o objetivo em função do qual as partes concordam em aceitar a autoridade das leis e instituições. Elas concordam em aceitar limites a suas liberdades, "para viverem confortavelmente, em segurança e pacificamente uns com os outros, num gozo seguro de suas propriedades e com maior segurança contra aqueles que dela não fazem parte" (p. 95). Mais uma vez, "o fim maior e principal para os homens unirem-se em sociedades políticas e submeterem-se a um governo é, portanto, *a conservação de suas propriedades*" (p. 124). Não escutamos nada sobre benevolência e apoio mútuo à dignidade humana nessas passagens.

Locke, então, representa um antecedente importante tanto da teoria que irei defender quanto da que irei criticar. Se ele tivesse desenvolvido mais suas ideias (e as de Hooker) sobre a sociedade baseada em um desejo compartilhado de produzir uma vida merecedora da dignidade humana, sua teoria poderia ter sido uma teoria baseada no direito sem nenhuma necessidade (ou pelo menos não a mesma necessidade) de um contrato social firmado na ideia de mútua vantagem. A explicação dos direitos baseada na dignidade humana seria a fonte de princípios políticos, e a ficção do contrato seria desnecessária. Em vez disso, o passo argumentativo pelo qual sua teoria é mais conhecida baseia-se na ideia de vantagem mútua, ligada à igualdade natural e insegurança, para a geração de princípios políticos. Por outro lado, a forma última de sua sociedade, fortemente protetora dos direitos individuais à vida, liberdade, propriedade e liberdade religiosa (tomadas como tendo um fundamento pré-político nos direitos naturais), mostra, certamente, a influência na sua posição da perspectiva baseada nos direitos, já que rejeita completamente a explicação hobbesiana do Estado, por considerá-la tanto inapropriada quanto desnecessária.

Não podemos nos cansar de enfatizar que os contratualistas modernos extraíram somente um aspecto da teoria de Locke, a saber, a ficção de um contrato para vantagem mútua no estado de natureza, deixando de lado tanto sua doutrina dos direitos naturais como sua respectiva ênfase na benevolência e na dignidade humanas.

O *Tratado da natureza humana* (1739-40) e *An Enquiry Concerning the Principles of Morals* [Investigação sobre os princípios da moral] (1. ed. 1751/ed. póstuma 1777), de David Hume, são fontes muito importantes para Rawls, que afirma que elas expressam o que ele toma como condições sob as quais a justiça é possível e necessária (*TJ*, p. 127). Hume não é um contratualista; sua explicação da justiça é fundada na convenção. Mas ele tem muito em comum com os contratualistas (especialmente os contratualistas modernos, que, de qualquer forma, abandonaram os direitos naturais lockianos) na sua reflexão sobre como a justiça surge a partir de um Estado sem justiça e o que a torna atrativa. (Rawls consegue combinar Hume com a tradição do contrato porque os direitos naturais não possuem papel em sua própria explicação da justiça e, nesse sentido, está próximo do convencionalismo de Hume.) Como os contratualistas, Hume conta com a vantagem mútua como chave para a emergência e manutenção da justiça. E apresenta com excepcional clareza as condições sob as quais a vantagem mútua é de ser esperada. Além disso, aplica, explicitamente, seus *insights* aos casos de deficiências. Concentrar-me-ei no *Enquiry* (III.1), no qual Hume articula, mais explicitamente, os elementos relevantes de sua teoria.

Hume começa imaginando a Idade de Ouro clássica, na qual não há escassez, não há necessidade de se trabalhar e não há ocasião para competição, uma vez que cada indivíduo tem o que quer que ele ou ela necessite para satisfazer até os desejos mais "vorazes". Em tal situação, não haveria necessidade de justiça, argumenta, uma vez que não haveria nem a necessidade qualquer de distribuição de bens entre as pessoas: tudo poderia ser possuído em comum, como hoje possuímos água e ar.

Imagina, em seguida, uma situação na qual as escassezes são como as de agora, mas os seres humanos são diferentes: sua generosidade é ilimitada e cada pessoa "não tem mais preocupação com seus próprios interesses do que com os de seus companheiros". Uma "benevolência extensiva" desse tipo iria, mais uma vez, tornar desnecessária a justiça, uma vez que todos ficariam satisfeitos em suprir as necessidades uns dos outros.

Agora, Hume examina os extremos opostos dessas duas situações. Supondo que a situação dos seres humanos é tão miserável, com tamanha necessidade extrema, que nada poderia ser ganho da cooperação. Em tal condição, mais uma vez, não haveria lugar para a justiça: cada qual iria, logicamente, agarrar o que pudesse para permanecer vivo. Imaginemos, quarta possibilidade, que os seres humanos fossem absolutamente maus e enganadores e que se lhes faltasse completamente a capacidade de adequar a sua conduta à moralidade e à lei, aqui também não haveria lugar para justiça.

Resumindo, a justiça é importante somente quando há uma escassez moderada, mas não desesperada, de riquezas, e quando os seres humanos são egoístas e competitivos, com generosidade limitada, mas também capazes de restringir suas condutas. Essa era a situação que Hume acreditava ser a nossa situação atual (ver também *Tratado*, III.II.ii). Ele salienta que o egoísmo não é todo poderoso[36]: de fato, na maioria das pessoas, "os afetos benévolos, considerados em conjunto, superam os egoístas", ainda que seja "raro encontrar alguém que ame qualquer pessoa em particular mais que a si mesmo" (*Tratado*, ibid.); mas a bondade é irregular e parcial, sentida mais fortemente com relação à própria família, e

---

[36] No *Tratado*, Hume critica os filósofos que enfatizam demais essa característica, dizendo que estão tão longe "da natureza quanto qualquer descrição de monstros que encontramos em fábulas e romances".

somente esporadicamente com relação a pessoas distantes. Tudo isso significa que a justiça pode ter um papel útil nos negócios humanos. "Assim, as regras de equidade ou justiça dependem inteiramente do estado particular e da condição nos quais os homens estão, e devem sua origem e existência àquela utilidade derivada para a comunidade de sua obediência estrita e regular" (*Enquiry*).

Uma vez que as regras da justiça estejam adequadamente estabelecidas, novos sentimentos ligados a elas surgem na medida em que as pessoas veem sob uma luz agradável a utilidade dessas regras, e na medida em que "o artifício dos políticos" produz "uma estima pela justiça e uma aversão pela injustiça" (*Tratado*).

A justiça, então, é uma convenção cuja utilidade está diretamente relacionada às circunstâncias físicas e psicológicas nas quais estamos situados. E Hume, mais adiante, salienta que entre essas circunstâncias está uma igualdade aproximada de capacidades entre os seres humanos. Em uma passagem de grande importância para minha discussão subsequente, observa:

> Se existissem espécies de criaturas misturadas com os homens, as quais, apesar de racionais, possuíssem uma força tanto física quanto mental inferior que as tornasse incapazes de qualquer resistência e que não pudesse jamais, a despeito das maiores provocações, nos fazer sentir o efeito de seus ressentimentos; a consequência necessária, penso, é que seríamos obrigados pela lei da humanidade a tratá-las com gentileza, mas não deveríamos, falando propriamente, ter nenhuma obrigação de justiça com relação a elas, nem elas poderiam possuir nenhum direito ou propriedade, que seriam exclusivos de seus donos arbitrários. Nosso relacionamento com elas não poderia ser chamado de sociedade, a qual supõe um grau de igualdade; mas sim comando absoluto de um lado e obediência servil do outro. Devem renunciar instantaneamente a qualquer coisa que desejemos: nossa per-

missão é a única regra pela qual elas mantêm suas propriedades: nossa compaixão e amabilidade o único meio mediante o qual elas limitam nossa vontade sem lei: e como nenhum inconveniente jamais resulta do exercício de um poder tão firmemente estabelecido na natureza, os limites da justiça e da propriedade, sendo totalmente inúteis, jamais teriam lugar em uma confederação desse tipo, tão desigual.

Hume continua, dizendo que essa é de fato nossa situação com relação aos animais: eles podem ter alguma inteligência, mas são acentuadamente inferiores a nós. Alguns, acrescenta, pensaram que essa também seria a nossa situação com relação às pessoas das partes colonizadas do mundo, mas Hume, ao menos nisso, lembra que esse foi um erro resultante da tentação da ganância. Com relação às mulheres, Hume nota que sua fraqueza física bem desigual parece levar a que elas não sejam sujeitos da justiça; não obstante, as mulheres conseguem, através de truques de sedução, que os homens as permitam "partilhar em todos os direitos e privilégios da sociedade".

Por não ser um contratualista, Hume não pressupõe que aqueles que elaboram as regras da justiça devam ser os mesmos do grupo de pessoas para as quais as regras são estabelecidas. A exclusão que ele faz de pessoas com deficiências graves e de mulheres (para quem jamais a *justiça* é feita, apesar de elas poderem seduzir para alcançar certas vantagens) resulta simplesmente de seu foco na igualdade aproximada de capacidades como parte das circunstâncias da justiça. A despeito de sua ênfase nos afetos benévolos dos seres humanos, acredita que o comportamento do muito mais forte com relação ao muito mais fraco deve ser sempre desprovido de decência básica: um mero despotismo de força, a não ser que as seduções da sexualidade intervenham para prevenir que a força seja usada. (E é claro que Hume devia saber muito bem que a atratividade sexual das mulheres nem sempre fornece aos homens uma razão para não usar a força contra elas; na verdade, ela muitas vezes dá aos homens um incentivo adicional para usar a força.)

Resumindo, os muito mais fracos, seja no corpo ou na mente, simplesmente não fazem parte da sociedade política, não são matéria da justiça. Mesmo nas raras ocasiões em que as mulheres recebem certas vantagens, elas não são consideradas membros protegidos como iguais sob as regras da justiça, não mais do que os animais domésticos, que podem também escapar de mau tratamento por causa de suas feições agradáveis. A confiança de Hume na igualdade aproximada de capacidades tem fortes consequências para a sua teoria da justiça. Não há base para um tratamento justo e digno de pessoas com deficiências, ou mulheres. Na verdade, com relação aos primeiros, a explicação parece indicar que deveríamos exercer despotismo sobre eles. Com relação aos animais, o despotismo que já exercíamos – energicamente criticado na época do *Enquiry* por Bentham e pelo movimento emergente contra a crueldade com os animais – é simplesmente corroborado como inevitável, a não ser que sentimentos humanos intervenham em um caso particular; mas Hume já havia dito que esses sentimentos tendem a ser parciais, irregulares e não confiáveis. (Assim, sua teoria prediz que continuaremos a tratar nossos animais domésticos razoavelmente bem, mas que não teremos nenhuma consideração pelos animais que comemos; nenhuma convenção jamais surgirá para mudar essa situação.) Poderia parecer que os teóricos clássicos do contrato social são obrigados a chegar à mesma conclusão, uma vez que se apoiam na igualdade aproximada como condição necessária da justiça entre pessoas.

Apesar de a versão de Rousseau do contrato social não ser, por várias razões, uma teoria liberal, e de eu ter dito que, por isso, não a abordaria na minha argumentação, a não ser na medida em que convergisse com as teorias de Locke e Kant, vale a pena notar que em *O contrato social* (1762), quase contemporâneo ao *Enquiry* de Hume, Rousseau aceita a premissa de igualdade aproximada que aparece tanto em Hume quanto na tradição do contrato social. Apesar de ele sustentar que o contrato social substitui "por uma igualdade moral e legítima qualquer desigualdade física que a natureza pôde pôr entre os homens" (I.ix), logo em seguida, em uma nota de pé de página, ele restringe essa afirmação, dizendo que "o estado social não é benéfico aos homens enquanto não tiverem todos alguma coisa, e nenhum deles o tenha em excesso". E, apesar de não explicar mais essa questão, sustenta claramente que as mulheres não devem ser consideradas cidadãs em razão de sua diferença física dos homens.

A teoria de Kant do contrato social é discutida de forma mais destacada no ensaio "Theory and Practice" (1793) e na *Fundamentação da metafísica dos costumes* (1797). A relação da filosofia política de Kant com sua filosofia moral é complexa e controversa; desse modo, qualquer esboço das características importantes para nossos propósitos deverá ser especialmente incompleta. John Rawls, é claro, baseia-se, primariamente, na filosofia moral de Kant e em sua ideia central de que o ser humano deve ser tratado sempre como um fim, jamais como meramente um meio. Essa ideia da inviolabilidade humana é um ponto de partida intuitivo para toda a empresa teorética de Rawls (ver *TJ*, p. 2), apesar de ele deixar claro que são necessários princípios políticos para dar a essa ideia conteúdo determinado. Mas a filosofia política de Kant não é simplesmente o desenvolvimento no domínio político dessa ideia moral central. Em vez disso, Kant firmemente une si mesmo à teoria clássica do contrato social. Assim, sua teoria política tem um caráter misto: seu tratamento da liberdade natural de fato articula com veemência a filosofia política à filosofia moral, mas existem outros elementos que levam a uma direção um tanto diferente. (As tensões que se podem encontrar em uma análise mais sistemática da filosofia política de Kant não são iguais às que devo encontrar na teoria mista de John Rawls, a qual mistura noções éticas kantianas com doutrina clássica do contrato social.)

Em essência, a teoria de Kant do contrato social é muito similar à de Locke – sem o papel que Deus tem na teoria de Locke, o qual, de qualquer forma, não abordei em meu resumo. A liberdade natural, construída como liberdade igual, é o atributo central dos seres humanos no estado de natureza, e o contrato social surge quando os seres humanos escolhem sair do estado de natureza (o qual, mais lockiano do que hobbesiano, nem sempre é um estado de guerra) e "entrar, com todos os outros, em um estado jurídico, que é um estado de justiça legal distributiva" (*Metaphysical Elements of Justice* [MEJ], Akademie, p. 307). Uma vez mais, a teoria de Kant envolve direitos naturais, e não é uma teoria puramente contratualista, ou "puramente procedimental", no sentido moderno; o contrato é necessário porque os direitos estão inseguros no estado de natureza.

Kant parece sustentar que não é apenas vantajoso, mas também moral, que todas as pessoas participem do contrato. Por um lado, a invasão da propriedade dos outros não está errada no estado de natureza (ibid.); por outro lado, Kant parece sustentar que é errado as pessoas quererem continuar em uma condição em que ninguém está seguro contra a violência (p. 308). A razão por que ele defende tal argumento parece ser que a escolha por permanecer no estado de natureza é uma escolha por "entregar tudo à violência selvagem... e, assim, subverter completamente os direitos dos seres humanos" (p. 308, nota). Há alguma diferença entre o contrato de Kant e o de Locke nesse ponto? Pode haver, apesar de a própria posição de Locke com relação ao contrato ser, como insisti, complexa. Entretanto, ambos também salientam a questão da vantagem mútua do contrato e que a vantagem mútua fornece motivo suficiente para querer dele participar.

No contrato de Kant, o grupo das partes contratantes, imaginadas livres, iguais e independentes, é o mesmo grupo de cidadãos para quem os princípios políticos são escolhidos. A despeito disso, Kant reconhece, diferente de Locke, que haverá na sociedade cidadãos que não são partes contratantes ativas, e que não são caracterizados pela independência. Tais pessoas são (a) as mulheres, (b) os menores e (c) qualquer outra pessoa que não possa sustentar a si mesma através de seu próprio trabalho, incluindo pessoas empregadas de outros indivíduos e dependentes desses indivíduos para a sua subsistência – por exemplo, arrendatários, em contraste com fazendeiros. A todas essas pessoas "falta personalidade civil", porque não são independentes. Esse pensamento leva Kant a distinguir entre cidadãos "ativos" e "passivos". Cidadãos ativos (que entendo como o grupo que também são os elaboradores do contrato social) possuem o direito de votar por causa de sua independência. O outro grupo ainda retém certos direitos como seres humanos. Eles possuem liberdade e igualdade como humanos, mas são somente "subalternos da comunidade" (p. 315). Eles não têm direito de votar, de exercer cargo político ou mesmo de "organizar ou trabalhar para introdução de leis particulares" (ibid.). Assim Kant claramente sustenta que a dependência permanente é um estado que não pertence à maioria dos homens adultos em uma sociedade, e que, corretamente, retira de uma pessoa a maioria dos direitos políticos. Somente sua doutrina dos direitos pré-políticos garante algum direito a esses indivíduos.

Desse modo, a igualdade aproximada das partes no estado de natureza penetra na teoria de Kant, criando duas ordens de cidadania. A desigualdade de capacidade de certas pessoas as amaldiçoa ao *status* passivo: elas não podem se sustentar com seu próprio trabalho. A categoria de Kant é complexa: alguns dos membros do grupo dos "cidadãos passivos" podem, por vezes, sair desse *status*, e ele salienta esse fato (p. 315). É claro, entretanto, que mulheres e pessoas com deficiências[37] estão permanentemente na categoria passiva. Isso não significa que suas necessidades não sejam de alguma forma levadas em consideração; mas elas não são participantes completamente iguais da criação das instituições políticas – mesmo depois de essas instituições terem sido criadas pelo contrato inicial.

Concluímos aqui essa análise incompleta das ideias formativas da tradição histórica. Um esboço desse tipo não pode esperar mais do que destacar algumas áreas problemáticas da tradição: sua equiparação do grupo dos elaboradores [do contrato] com o grupo de cidadãos eventuais; sua confiança na ideia de igualdade aproximada de capacidades e de força, estranhamente unida, algumas vezes, à ideia bastante diferente de igualdade moral; seu foco na vantagem mútua como a razão do contrato; sua consequente dificuldade em lidar com a cidadania de mulheres e pessoas com capacidades físicas e mentais desiguais. Essas dificuldades se mantêm nas teorias modernas do contrato. Por outro lado, também podemos ver que a tradição contém fontes de força e

---

[37] Apesar de Kant não mencionar esse caso explicitamente, fala "de maneira geral de qualquer um que dependa para o seu sustento (subsistência e proteção) não de seu próprio trabalho, mas de planos feitos por outros". Essa classe deve incluir todas as pessoas com impedimentos mentais graves, e muitas também com impedimentos físicos graves, dadas as condições de sua época. Por acaso a exigência de que o Estado torne possível "desenvolver-se de um *status* passivo para um *status* ativo", sugere que o Estado deva elaborar acomodações para pessoas com deficiências, de modo que ainda possam ser produtivas? Um kantiano moderno pode interpretar o texto dessa maneira; mas essa ideia está claramente distante do próprio pensamento de Kant.

iluminação que são descartadas pelos contratualistas modernos: em particular, sua ideia de direitos e deveres morais no estado de natureza, sua ideia de que todos os seres humanos devem conhecer e respeitar o direito do outro de usufruir de vidas compatíveis com a dignidade humana. Essas ideias são omitidas nos pontos de partida do pensamento contratualista moderno, o qual tenta derivar princípios políticos procedimentalmente, a partir da própria situação do contrato. (Rawls, entretanto, reconstitui alguns desses elementos morais de maneira procedimental, através do véu da ignorância.)

Ainda falta discutir, rapidamente, uma característica da tradição que aparece ao longo de todos esses textos: seu forte racionalismo. As partes contratantes – portanto, os cidadãos da sociedade resultante – são imaginados como caracterizados pela racionalidade, por uma racionalidade básica igual. Sem dúvida, não se pode fazer um contrato sem algum tipo de racionalidade, e, assim, há boas razões para a tradição concentrar-se na racionalidade como um atributo da cidadania, dado o modo como a cidadania já havia sido articulada à capacidade de realizar um contrato. Mas não havia nenhuma razão equivalente de relacionar a racionalidade com ser um *sujeito* primário não derivativo da justiça: só a combinação que mostrei leva a tradição a essa posição. Somente Hume, porque não emprega o dispositivo do contrato, é capaz de antever a possibilidade de que outras criaturas possuidoras de consciência ou inteligência, tal qual alguns animais na sua visão, devam ser beneficiárias primárias da justiça – mas, então, suas posições sobre vantagem mútua acabam rejeitando essa possibilidade. Quando discutirmos deficiência mental, veremos que a equivalência de *status* de cidadania com racionalidade (prudencial e moral) é um obstáculo que até mesmo as melhores teorias contemporâneas não podem superar sem perder sua ligação de formação com a tradição do contrato social.

vi. Três formas contemporâneas de contratualismo

Vamos nos deter agora nas versões contemporâneas da doutrina do contrato social, ou, mais amplamente, do contratualismo, que são, na verdade, o foco principal desse trabalho. A tradição filosófica recente contém distintas formas de contratualismo, as quais possuem implicações diferentes em relação aos problemas que nos preocupam[38]. Vou agora descrever três formas de contratualismo: uma forma puramente egoísta, segundo a qual princípios políticos com conteúdo moral são derivados somente da vantagem mútua, sem premissas morais. A teoria política de David Gauthier é o exemplo mais conhecido desse tipo de perspectiva. A teoria de John Rawls é uma teoria mista, combina elementos do contrato social com elementos morais kantianos, que estabelecem restrições aos princípios políticos que serão escolhidos. Finalmente, existem os contratualistas modernos de tipo puramente kantianos, os quais trabalham a partir somente das ideias kantianas de equidade e de aceitabilidade mútua, sem a ideia da vantagem mútua. Tais teorias são desenvolvidas por Thomas Scanlon, no campo da ética, e por Brian Barry, que aplica a teoria moral de Scanlon para propósitos da teoria política.

Todos esses três tipos de teoria são procedimentais: quer dizer, imaginam uma escolha inicial que é estruturada de certo modo, e que essa estrutura gera supostamente princípios que são por definição adequados. Os princípios não precisam ser testados por nenhuma explicação de direitos e garantias anterior ou independente. (Nesse sentido, todos eles partem de modo bastante impressionante da tradição do contrato social.)

No *Morals by Agreement*, Gauthier imagina que as partes do contrato social são substituídas por seres humanos reais e que a

---

[38] Para uma discussão excelente de algumas distinções importantes dentro dessa tradição, ver Stark (2000).

finalidade da cooperação social, tanto para seres humanos reais quanto para as partes, é a vantagem mútua, vantagem sendo entendida, de uma maneira bem limitada, como centrada na própria propriedade e na autossegurança. Esse tipo de doutrina de contrato tem alguns pontos fortes caso se consiga colocá-la em funcionamento, pois opera com poucas premissas. Se princípios razoáveis da justiça podem emergir de um ponto de partida que envolve somente premissas ou objetivos prudenciais e não morais, alguém pode, então, pensar que *a fortiori* obteríamos princípios similares ou ainda mais rigorosos se incorporássemos premissas morais. Assim, a escolha de explicações puramente prudenciais, na verdade, egoístas, para os fins da cooperação social, parece colocar a teoria da justiça em uma base mais forte do que a escolha de um ponto de partida mais denso, mais moralizado. Isso é o que, de qualquer forma, acreditam algumas das pessoas que raciocinam dessa forma, entre elas, Gauthier.

Sendo assim, não devemos criticar nem mesmo essas teorias por assumirem, implausivelmente, que os seres humanos são egoístas ou meramente autointeressados – pelo menos não sem maiores evidências de que os teóricos em questão de fato acreditam que as pessoas são assim. Pois eles podem simplesmente estar tentando ver o quão longe podemos ir partindo de um número pequeno de premissas incontestáveis. Mesmo assim, há algum perigo em proceder assim. Além da questão de saber se a artimanha vai funcionar – o que Rawls e outros críticos negam –, tal estratégia certamente dá relevância, dentro da teoria da justiça, a quaisquer princípios políticos que *possam* ser justificados pelo apelo ao autointeresse racional. Assim, não chega a ser uma surpresa completa que Gauthier pense que o impedimento físico e mental seja um problema difícil de resolver para a teoria política. Ele, afinal, limitou de tal modo o ponto de partida e o objetivo de tal forma que seria difícil resolvê-lo. Nesse ponto, poderia ter dito "bem, é claro que as pessoas reais não são assim e que as verdadeiras sociedades incluirão princípios ditados por outros objetivos". Ainda assim, o fato de seus princípios estruturantes fundamentais surgirem de uma imagem da cooperação social centrada na vantagem mútua torna difícil para ele voltar atrás: não teria que dizer que nesse terreno outros princípios, bem diferentes, mas talvez igualmente fundamentais, estariam envolvidos? E isso não desorganizaria a afirmação da teoria de ter gerado um grupo relativamente completo de doutrinas políticas a partir de premissas incontroversas?

Além disso, não podemos assumir que o ponto de partida do autointeresse seja realmente menor, por assim dizer, do que um grupo de premissas diferentes, mais moralizadoras. Isso quer dizer que não podemos assumir com segurança que se pode chegar a princípios X e Y e Z a partir da prudência, enquanto um ponto de partida moral mais rico nos dará X e Y e Z, e ainda mais do que isso. Isso porque o ponto de partida moral mais rico pode de fato pôr em dúvida X ou Y, ou sugerir um modo completamente diferente de pensar sobre a sociedade. Assim, parece melhor não começar com uma explicação tão tênue da cooperação social, a não ser que de fato se pretenda isso – isto é, a não ser que alguém de fato acredite, com Hobbes e, possivelmente, Gauthier, que as pessoas realmente não concordarão com princípios políticos a não ser que possam prever alguma vantagem para si – em um sentido material bem limitado de vantagem – com a cooperação.

Por essas razões, John Rawls determina seu ponto de partida de modo bem diferente. As partes na posição original de Rawls são elas mesmas perseguidoras prudenciais de sua própria vantagem. Não perseguem a justiça como um fim em si mesmo; são concebidas como preocupadas em avançar suas próprias concepções de bem, e em nenhum lugar se estipula que tais concepções necessitem incluir alguns elementos altruísticos; mas, como Rawls repetidamente salienta, a explicação das partes é somente uma fase de um modelo de duas fases da pessoa na posição original. A outra parte é fornecida pelo véu da ignorância, com suas restrições de informação das partes: elas não sabem sua própria raça, ou classe, ou nascimento, ou sexo, ou concepção de bem. As restrições de informação representam um modelo de imparcialidade moral que as pessoas reais podem atingir caso se esforcem para tal. Rawls conclui *Uma teoria da justiça* declarando que a posição característica das partes sob o véu da ignorância pode ser assumida por pessoas reais a qualquer momento, e é um modelo de pureza: "A pureza de coração, caso seja possível alcançá-la, consistiria em ver as coisas com clareza e agir com graça e autocontrole de tal ponto de vista" (*TJ*, p. 587). Cidadãos de uma sociedade bem ordenada são conhecidos por endossar os princípios da sociedade de um ponto de vista que inclui tanto o seu interesse com a própria felicidade quanto o sentido de equidade modelado pelo véu da ignorância. Assim, o compromisso com a imparcialidade como um bem em si mesmo entra no quadro do contrato social. As partes querem perseguir suas próprias vantagens; mas o véu assegura que elas farão isso somente em termos que sejam justos para todos.

Esse parece ser o melhor modo de posicionar a tradição do contrato social se o que se está procurando são os princípios da justiça. Concentrar-me-ei na teoria de Rawls ao longo de todo este livro porque penso que é a teoria mais forte e mais convincente, em grande parte por causa do caráter moral mais rico de sua situação de escolha original (e das intuições morais que essa situação incorpora). Penso que seja implausível supor possível extrair justiça de um ponto de partida que não a inclua de alguma forma, e acredito que o ponto de partida meramente prudencial, provavelmente, nos leva a uma direção diferente da que tomaríamos se nos centrássemos desde o início em normas éticas. Rawls, entretanto, é ainda um membro da tradição do contrato social, e argumentarei que sua explicação da cooperação social é, em muitos aspectos, limitada em função de sua profunda aderência à ideia do contrato.

A teoria de Rawls tem um caráter híbrido. Por um lado, os juízos morais compartilhados que sua teoria pretende capturar, especialmente através da configuração da situação de escolha inicial, são profundamente kantianos, incluindo de modo proeminente a ideia intuitiva de que "Cada pessoa possui uma inviolabilidade fundada na justiça que nem o bem-estar de toda a sociedade pode desconsiderar" (*TJ*, p. 3). Isso é muito similar ao ponto de partida intuitivo do meu enfoque das capacidades. Um vez iniciado o processo hipotético de formulação do contrato, considerações de equidade ditam que cada pessoa seja respeitada como um igual e como um fim em si. Por outro lado, a fidelidade de Rawls à tradição clássica do contrato social, com sua ênfase na vantagem mútua como o objetivo da cooperação social, exerce um papel importante na organização da situação inicial de contrato e na determinação de quem vai ser incluído nela – como formuladores de princípios, mas também, dada a estrutura da doutrina de contrato, como pessoas para quem, em primeira instância, os princípios serão formulados. Minha abordagem de Rawls, ao longo deste livro, será direcionada para a documentação das tensões que esses elementos heterogêneos de sua teoria criam para os problemas dos quais tratarei. Por que as pessoas deveriam formar um pacto social com as outras? Para Rawls, o amor à própria justiça não responde, e não pode responder, a essa questão. Apesar de o amor à justiça estar presente nas ideias intuitivas sublineares da teoria, entra na situação de escolha somente na hora em que o projeto já está em andamento, na forma de limitações formais ao conhecimento das partes, moldando e limitando suas escolhas[39]. Mas com relação ao motivo de haver de toda maneira um acordo desse tipo, a resposta é ainda, basicamente, a vantagem mútua, não a benevolência ou o amor ou a justiça[40].

Uma vez que essa é uma questão complicada, e pelo fato de a forma de Rawls falar sobre a cooperação social modificar-se sutilmente ao longo do tempo, um pouco mais de atenção ao texto parece ser necessária nesse ponto. No *TJ*, Rawls define a sociedade como "um empreendimento cooperativo para vantagens mútuas" (*TJ*, p. 4 e 126). Além disso, desenvolve esse ponto dizendo que a "cooperação social torna possível uma vida melhor para todos do que qualquer um teria se dependesse apenas dos próprios esforços" (*TJ*, p. 4; encontramos quase as mesmas palavras na p. 126). Caracterizando a ideia principal de sua teoria, declara: "a ideia principal é que quando um grupo de pessoas se envolve em uma empreitada cooperativa mutuamente vantajosa segundo normas estabelecidas e, assim, restringe a própria liberdade do modo necessário à produção de vantagens para todos, os que se submetem a essas restrições têm direito a uma aquiescência similar da parte dos que se beneficiaram com sua submissão" (*TJ*, p. 112).

---

[39] Não somente o véu da ignorância, mas também as restrições formais do conceito do Direito (*TJ*, pp. 130-136) são importantes aqui.

[40] Alguém poderia conjecturar que o diálogo de Rawls com os economistas neoclássicos moldou esse aspecto de sua teoria. Ele estava preocupado em convencer economistas e aqueles influenciados por eles de que uma teoria com um compromisso com equidade poderia ser fundada com rigor, e de maneira convincente. Talvez esse contexto argumentativo explique a concessão que faz aos modelos clássicos do contrato na delimitação da situação inicial de escolha. Mais tarde, no decorrer de sua carreira, o centro de atenção de Rawls mudou, e seu interesse principal passou a ser convencer crentes religiosos de que uma sociedade pluralista liberal poderia ser fundada de modo plausível; mas ele jamais rejeitou ou mudou significantemente os elementos formativos do *TJ*.

Também descreve, de outras maneiras, as partes como perseguindo uma vantagem mútua através de suas decisões de cooperar umas com as outras (ver, por exemplo, p. 128, em que nega ligações morais anteriores entre as partes; e p. 119, em que observa que suas habilidades em conseguir o que querem é limitada pela existência de outros). Rawls também estabelece um estreito vínculo entre sua própria teoria e a conhecida teoria da escolha racional, insistindo que o distintivo sobre a própria teoria é sua incorporação de premissas morais.

Em *O liberalismo político*, entretanto, a locução "uma empreitada cooperativa mutuamente vantajosa" é substituída por "a sociedade como um sistema justo de cooperação ao longo do tempo" (p. 14 e em outros lugares), e a vantagem mútua não é mencionada. De fato, em uma passagem bem estranha, Rawls olha para trás, para *TJ*, e simplesmente nega que a vantagem mútua seja o jeito certo de pensar sobre sua teoria anterior: "Finalmente, está claro a partir dessas observações que a ideia de reciprocidade não é a ideia de vantagem mútua" (p. 17, referindo-se a uma disputa a propósito do *TJ* entre Gibbard e Barry). Assim, não é somente o novo trabalho que está em questão: é o entendimento de Rawls de seu próprio trabalho anterior. A passagem é estranha porque caberia esperar que Rawls estivesse reconhecendo, ou bem que se expressou mal nas proeminentes passagens do *TJ* que acabei de mencionar; ou bem que havia mudado de perspectiva; mas simplesmente permanece em silêncio sobre essa aparente contradição.

Acredito que, de fato, não há contradição, e que, portanto, não é uma falha de Rawls não ter notado e procurado solucionar esse problema. Rawls está tratando de duas questões diferentes. Nas passagens do *LP*, está tratando das atitudes dos cidadãos na Sociedade Bem Ordenada: eles não esperam que em contraste com esquemas de cooperação injusta que possam conhecer, cada pessoa lucre com a cooperação justa. (Não esperam isso porque tiveram a educação moral que a Sociedade Bem Ordenada oferece.) Rawls diz que não poderíamos afirmar para uma pessoa que fizesse a transição de uma sociedade não bem ordenada pelos princípios da justiça para uma sociedade bem ordenada, que lucraria com a mudança, porque talvez não lucrasse nada.

Esse é um ponto bem diferente do que foi feito na *TJ* com referência à tradição clássica do contrato social. Aí, a questão principal é que a cooperação é preferível à *não cooperação* por razões de vantagem mútua. A comparação é entre algum grupo razoável de princípios e nenhum princípio, não entre alguma sociedade existente (as partes não conhecem suas próprias sociedades) e alguma outra. A fim de comprovar que a cooperação é preferível à não cooperação, as partes não precisam de nenhuma educação moral particular. Só precisam saber que entre elas vigoram "as circunstâncias da justiça".

O que Rawls está dizendo em *LP*, então, é que, *ex post*, os cidadãos da Sociedade Bem Ordenada têm que desenvolver e manter um entendimento de reciprocidade que apoie sua ligação continuada a princípios que não são pessoalmente tão vantajosos, para alguns deles, quanto outros princípios menos igualitários poderiam ser. Mas isso não significa que a formação da situação de escolha inicial não envolva considerações de vantagem mútua em comparação com a situação de não cooperação. Rawls não demonstra tanto interesse na doutrina do contrato social em *LP* quanto em *TJ*; mas insiste que está se baseando nos argumentos do *TJ*, e alterando-os somente nos lugares nos quais explicitamente afirma isso.

Como todos os teóricos clássicos enfatizam, o objetivo da vantagem mútua está muito conectado à restrição do grupo inicial das partes contratantes, situação sobre a qual Hume eloquentemente discorreu. Como diz Hume: se há um grupo que é brutamente desigual em capacidades e recursos à maioria dos grupos, não é evidente que seja vantajoso cooperar *com essas pessoas* em termos justos – em vez de dominá-las, ou lidar com elas através da caridade pessoal. Não vejo nenhuma razão para pensar que Rawls divergiu de Hume nesse ponto. Ele insiste repetidamente que seu entendimento da posição original e suas restrições não mudaram de *TJ* para *LP*, e em *LP* explicitamente reafirma as restrições humianas e sua insistência em que cidadãos tenham capacidades "normais". Concluo que a vantagem mútua no sentido no qual os teóricos clássicos a utilizam não foi desalojada da sua teoria, apesar de a noção kantiana de reciprocidade se mostrar dominante na Sociedade Bem Ordenada uma vez escolhidos os princípios da justiça.

A situação da escolha inicial é, porém, uma ficção. As pessoas jamais deparam, de fato, com a escolha entre a cooperação e a não cooperação. Sendo assim, o que significa dizer que há reciprocidade entre os cidadãos na Sociedade Bem Ordenada e mesmo assim ratificar as circunstâncias humanas de justiça ao se pensar sobre a origem dos princípios básicos da sociedade? A realidade à qual a ficção corresponde foi bem capturada por Hume: a saber, não precisamos cooperar com pessoas que são muito mais fracas do que o padrão normal, porque podemos simplesmente dominá-las, assim como dominamos hoje os animais não humanos. A dominação não inclui a crueldade: podemos tratá-los gentilmente, como fazemos algumas vezes. Além disso, tal teoria pode até mesmo sustentar que a crueldade é moralmente ruim: outras virtudes morais, e seus princípios, entram em jogo aqui. Apesar disso, a *justiça* não descreveria adequadamente nossa relação com essas pessoas dada sua maior debilidade em comparação com o caso "normal". Para Rawls, assim como para Hume, a noção de justiça permanece ligada à ideia de que há algo com que podemos lucrar por cooperarmos em vez de dominarmos.

Colocando nos termos dos cidadãos da Sociedade Bem Ordenada e do conhecimento que possuem, existem limites para o compromisso com a reciprocidade exigida dos cidadãos. Eles são solicitados, em função da justiça, a aceitar uma situação que possa lhes ser menos vantajosa do que uma que possam encontrar em uma sociedade não igualitária; mas aceitam essa "obrigação de compromisso" por se sentirem respaldados pelo pressuposto de que seus companheiros cidadãos são todos "membros completamente cooperativos da sociedade durante uma vida toda". Não aceitam a obrigação adicional de estender seu compromisso a cidadãos que não são igualmente produtivos, e que podem, por isso, ser dominados (apesar de que outros valores éticos possam sugerir o contrário). Estão dispostos a dar a todos a justiça estrita, desde que dentro dos limites estabelecidos pelas condições humanas.

Esse ponto de partida torna muito difícil para Rawls incluir plenamente os interesses de pessoas com impedimentos físicos e mentais incomuns na hora em que os princípios básicos de justiça estão sendo estabelecidos. Ele possui total ciência desse fato, e o enfatiza, como vimos, mas não acredita que esse problema deva nos levar a rejeitar a sua teoria. Similarmente, seu entendimento da cooperação social também causa dificuldades quando alguém tenta usar a sua teoria para pensar a justiça transnacional, e, certamente, para pensar sobre quais são nossos deveres para com os animais não humanos; e, apesar de declarar que por conta do véu da ignorância as partes não possuem base para "negociar no sentido usual" (*TJ*, p. 129), jamais nega – como essa observação sugere – que negociam, mesmo que em um sentido não usual. Cada uma é "obrigada a escolher por todas" (*TJ*, p. 140) por causa das limitações impostas pela ignorância, as quais não são usuais; mas seu propósito ainda é a vantagem mútua, mesmo que sob as exigências de equidade.

A despeito dessas limitações, as noções de reciprocidade e de equidade expressas na caracterização dos cidadãos de Rawls, na passagem problemática do *LP*, efetuam um importante trabalho ao mostrar-nos por que *nós* podemos querer resolver esses problemas ampliando a teoria de Rawls através do desenvolvimento mais detalhado de suas ideias de inviolabilidade e reciprocidade. Certamente, essas ideias intuitivas não existem, para Rawls, independentes dos princípios da justiça, e ele não oferece nenhum princípio de justiça para os três casos que nos interessam (com exceção da abordagem de questões internacionais em *O direito dos povos*). Mas podemos, mantendo ainda essas ideias intuitivas em relação próxima com os princípios da justiça, tentar ampliar ambos, os princípios e as intuições, enquanto questionamos a outra parte da teoria (a qual Rawls diz ser independente), a situação original de escolha. Se começarmos com a ideia simples de que "cada pessoa possui uma inviolabilidade fundada na justiça que nem o bem-estar de toda a sociedade pode desconsiderar", descobriremos razões fortes por que devemos procurar princípios da justiça que concedam justiça e igualdade plenas a pessoas com deficiências, a cidadãos de todas as nações e a animais não humanos (que podem ser considerados pessoas em um sentido largo, apesar de Rawls não os considerar assim). Os pontos de partida intuitivos de Rawls e os princípios que surgem deles mostrar-se-ão bons guias para esses problemas não solucionados, ajudando-nos a perceber por que é importante resolvê-los a despeito do ônus econômico que possam requerer do cidadão "normalmente produtivo".

No que diz respeito aos sentimentos morais, a teoria de Rawls é, novamente, sutil e complexa. Por um lado, o véu da ignorância é planejado como um modelo abstrato de benevolência. Rawls diz, explicitamente, que ao combinar autointeresse com ignorância espera alcançar resultados que se aproximam do que alcançaríamos da benevolência com informação plena (*TJ*, pp. 148-149, a ser discutido mais detalhadamente no capítulo 2). Por que, então, não incluir os sentimentos benevolentes diretamente? Rawls diz que isso levaria a um resultado mais indeterminado: ao contrário, ao introduzir as restrições de informação, espera precisar e especificar os princípios políticos. Assim, apesar de os sentimentos benevolentes não pertencerem às partes na posição original, ainda pertencem ao modelo como um todo; e os cidadãos em uma Sociedade Bem Ordenada são concebidos como possuidores de tais sentimentos. A seção de *Uma teoria da justiça* que lida com os sentimentos morais e sua educação está, na verdade, entre as seções mais ricas e fascinantes. Não obstante, o motivo pelo qual as partes afinal se reúnem para definir os princípios políticos não é dado pela benevolência – esta somente limita o modo como atuam uma vez iniciado o exercício de pensamento.

Quatro aspectos da situação inicial de escolha de Rawls precisam ser mantidos à vista, no que segue, seja porque posso encontrar dificuldades com todos, seja porque são, em alguma medida, independentes um do outro. Acredito que precisamos modificar todos a fim de que possamos ampliar os princípios e as ideias intuitivas por trás deles aos novos casos que considerarei. Primeiro, devemos examinar a explicação dos bens primários de Rawls e seu comprometimento em medir as posições sociais relativas (uma vez fixada a prioridade da liberdade) com referência à riqueza e rendimento em vez de por alguns grupos de índices mais heterogêneos e plurais, tais como as capacidades. Esse comprometimento é importante para Rawls; forma um elemento-chave de seu argumento a favor do princípio da diferença (o princípio estabelece que as desigualdades só são aceitáveis se aumentam o nível de vida dos menos favorecidos) e ele resolutamente o defende contra a insistência de Sen nas capacidades. Mas um comprometimento desse tipo não é essencial para uma teoria kantiana/contratualista como a de Rawls. Assim, as dificuldades que identifico nessa área da teoria não colocam problemas sérios para o contratualismo, mas sim (como argumentarei) para Rawls.

A segunda área de problema é a concepção de Rawls sobre a política kantiana da pessoa, a chave, em muitos aspectos, de sua teoria; sua análise da liberdade e reciprocidade está relacionada a ela, assim como a sua explicação do papel dos bens primários. Porque essa concepção de pessoalidade é vista como exigidora de um grau relativamente alto de racionalidade (moral e prudencial), torna-se impossível conceber a cidadania igual para pessoas com impedimentos mentais graves ou os direitos de animais não humanos. Essa concepção também traz problemas para um entendimento adequado da pessoa "normal" à medida que avança pelas etapas de crescimento, maturidade e declínio.

Apesar de esses elementos kantianos da teoria de Rawls serem especialmente proeminentes na obra *O liberalismo político*, a ideia de que certas capacidades naturais efetivas formam a base da igualdade dos cidadãos já está presente em *Uma teoria da justiça*. Na importante seção intitulada "O fundamento da igualdade" (pp. 504-512), Rawls argumenta que muitas explicações sobre o fundamento da igualdade humana na filosofia política deram errado por sustentarem que diferentes graus de inteligência ou capacidade moral fundamentam diferentes direitos políticos. Em vez disso, sem desistir do projeto de usar as capacidades naturais para fornecer uma explicação do fundamento da igualdade, alguém pode argumentar que a propriedade relevante é uma "propriedade variável"; isso quer dizer que ela ocorre, de fato, em graus diferenciados, mas a possessão de um grau mínimo, mas essencial, dela é suficiente para igualdade. "Não somos levados a procurar diferenças nas características naturais que atinjam algum máximo e, por conseguinte, sirvam de possíveis fundamentos para diversos graus de cidadania" (p. 509). Procuramos, entretanto, por algum grau mínimo de capacidade, entendido seja como capacidade para um sentido de justiça, seja como capacidade de "participar e agir de acordo com o entendimento público da situação inicial" (p. 505). Essa condição não é rigorosa. "Suponho que a grande maioria da humanidade possua capacidade para ter um sentido de justiça e, por conseguinte, essa questão não levanta um problema prático grave. [...] Não existe raça nem grupo reconhecido de seres humanos aos quais falte esse atributo. São poucos os indivíduos aos quais falta essa capacidade, ou sua realização em um grau mínimo [...]" (p. 506).

Pessoas com impedimentos mentais graves, entretanto, são exatamente esses "poucos indivíduos" que Rawls tem em mente. Não está claro que o fato de serem uma minoria relativamente pequena signifique que não se configure aqui um problema sério. Rawls diz somente que a posse de um grau mínimo de capacidade é suficiente para igualdade, não que seja necessária; mas mais tarde, discutindo a situação dos animais, diz, de fato, que, "embora eu não tenha afirmado que a capacidade de ter um senso de justiça seja necessária para estar sujeito aos deveres da justiça, de todo modo parece que não se exige que asseguremos justiça estrita para criaturas que não tenham tal capacidade" (*TJ*, p. 512). Nessa discussão importante (recapitulada em *LP*, p. 19), Rawls deixa claro que associa a ideia de justiça política bem de perto à habilidade de realizar e obedecer a um acordo. Deve certamente haver deveres morais em que esta capacidade básica esteja ausente, mas não deveres de justiça.

Essa concepção de pessoa, assim como a ênfase no rendimento e na riqueza, são importantes para Rawls, mas não são exigidas, em geral, pelas teorias contratualistas. Todas as teorias contratualistas devem contar com alguma definição de racionalidade no processo de barganha, e todas, como mostrei, assumem que os formuladores do contrato social são os mesmos cidadãos para quem os princípios são formulados. Assim, nenhuma teoria desse tipo pode incluir plenamente indivíduos com sérios impedimentos mentais como pessoas para quem, em primeira instância, os princípios estão sendo formulados. A despeito disso, o filósofo do contrato social pode ter adotado uma explicação de pessoa que vê a racionalidade como mais profundamente relacionada com necessidade e animalidade do que Kant via. Uma explicação desse tipo não resolveria todos os problemas que vou identificar, não sem uma completa reformulação da abordagem do contrato social. Mas conduziria pelo menos em direção a uma solução.

Finalmente, porém, há dois compromissos que estão no coração de toda a tradição do contrato social: a ideia de que as partes do contrato social possuem igualdade aproximada em capacidades e poderes, e a ideia relacionada de que, com a decisão pela cooperação, ao invés da não cooperação, buscam alcançar o objetivo comum da vantagem mútua. Apesar de Rawls acrescentar elementos morais à sua teoria, tornando-a mais rica e mais adequada, jamais desiste do ponto de partida do contrato social. Por essa razão, como ele mesmo afirma, tem dificuldade com problemas como os nossos. Esses são os compromissos que, penso, precisamos, mais do que quaisquer outros, jogar fora a fim de ampliar a nossos casos as ideias intuitivas dessa teoria e os princípios que geram.

Há outra forma de contratualismo [*contractarianism*][41] contemporâneo que não tem essas duas características problemáticas. Começando pela ideia kantiana de que os princípios, para serem justos, precisam ser racionalmente aceitáveis a todos os afetados, a abordagem desenvolve uma explicação kantiana sistemática da aceitabilidade dos princípios morais. O *What We Owe to Each Other* de Thomas Scanlon é o exemplo recente mais importante de tal abordagem[42]. O livro de Scanlon lida com princípios éticos e não discute questões de teoria política. Dessa forma não sente necessidade de elaborar uma teoria dos bens primários que a política distribua, ou enfrentar questões de pluralismo ou de diferença religiosa e cultural. Se enfrentasse essas questões, a teoria teria a necessidade de adotar alguma explicação relativamente determinada dos bens básicos, tal como faz a teoria de Rawls; somente assim poderia ser realmente comparada com a teoria que irei considerar.

Os argumentos que desenvolvo neste livro não possuem nada contra a teoria de Scanlon – ainda que as questões que levanto sobre a concepção kantiana de pessoa possam ser aplicadas também a sua teoria, especialmente a sua crítica do desejo[43]. Scanlon não faz nenhuma suposição sobre as circunstâncias (igualdade aproximada, por exemplo) que levam as pessoas em busca por princípios políticos a se reunir, pois não está tratando da delimitação de tais princípios. Tampouco assume que as pessoas que escolhem os princípios, fazem-no somente para si mesmas – na verdade, elabora boas perguntas sobre o papel que a tutela teria no caso de pessoas com impedimentos mentais graves, cujos in-

---

[41] Scanlon (1999) usa o termo "*contractualism*".
[42] Tem sido sugerido que Fichte teria antecipado essa abordagem. Sobre isso, entretanto, não tenho condições de me pronunciar.
[43] Ver também Nussbaum (2000a), capítulo 2.

teresses não precisariam de nenhuma forma ser adiados. Finalmente, não pressupõe que a vantagem mútua seja o objetivo do contrato ético, e, é claro, seria bastante implausível oferecer uma justificação desse tipo para a razão central de todas as escolhas éticas. Assim, sua iniciativa, esclarecedora ao seu próprio modo, é invulnerável às críticas que irei levantar contra a tradição do contrato social e contra os aspectos da teoria de Rawls que lhe é fiel.

A abordagem de Scanlon sobre a ética foi alargada como uma fonte de princípios políticos por Brian Barry em *Justice as Impartiality*[44]. Barry critica explicitamente a confiança na vantagem mútua tanto na doutrina clássica do contrato quanto em Rawls. Aponta para o tratamento de pessoas com deficiências como um problema que torna os defeitos de tais abordagens particularmente vívidos, mas não desenvolve em detalhe esse ponto. Abordarei as teorias de Barry e Scanlon no final do capítulo 2, sugerindo que a princípio tais formas de contratualismo são atraentes como fontes de princípios políticos e que possuem muito em comum com a abordagem que favoreço – a qual, não obstante, concentra-se, em primeira instância, na articulação de uma teoria do bem (como direitos fundamentais), e aloca a aceitabilidade racional para um ponto bem diferente, e tardio, da teoria. De qualquer forma, nesse caso, nos distanciamos bastante da doutrina clássica do contrato social e de seus expoentes modernos. Apesar de a forma de contratualismo de Scanlon/Barry compartilhar o compromisso com a igualdade *moral* das pessoas, que anima as doutrinas clássicas, não compartilha uma ênfase em capacidades e poderes similares no estado de natureza, e, assim, não possui os problemas envolvidos nesse tipo de abordagem.

---

[44] Barry (1995).

Os modelos de justiça do contrato social possuem pontos fortes. Sua concepção dos princípios políticos como o resultado de um contrato entre adultos racionais independentes enfatiza corretamente o valor de cada ser humano e a irrelevância, para propósitos políticos (normativos), das vantagens artificiais de classe, riqueza, *status* e hierarquias de poder existentes. A versão rawlsiana moralizada do ponto de partida do contrato evita algumas armadilhas de versões mais fracas, introduzindo imparcialidade e respeito mútuos na base a partir da qual os princípios políticos serão gerados. Meus argumentos começam com a pressuposição de que as teorias da justiça da tradição do contrato social estão entre as teorias mais fortes de justiça que possuímos atualmente. Não obstante, pretendo mostrar que fornecem soluções inadequadas para nossos três problemas prementes. A fim de estendê-las para os três casos, precisamos questionar algumas de suas pressuposições centrais.

vii. O enfoque das capacidades

Claro está que não é produtivo criticar uma tradição, especialmente uma que é fértil e muito bem estabelecida, sem oferecer uma alternativa. O segundo propósito, construtivo, do meu projeto é argumentar que há uma abordagem das questões básicas de justiça que pode nos levar mais além do que as doutrinas do contrato social, particularmente nas três áreas em discussão. Porque essa abordagem alternativa compartilha algumas ideias intuitivas com a versão rawlsiana do contratualismo e porque os princípios que gera possuem uma semelhança bem íntima com os princípios da justiça, podemos vê-la como uma extensão ou um complemento da teoria de Rawls, mas tendo esses novos problemas em foco. Acredito que devemos reconhecer que a abordagem alternativa tem qualidades importantes; devemos persegui-la e desenvolvê-la mais, ressuscitando teorias políticas mais antigas, da tradição da lei natural grotiana – enquanto continuamos a perseguir e desenvolver teorias contratualistas ortodoxas. Nada refletiria menos o espírito desse projeto do que a rejeição em larga escala das teorias que tanto nos esclareceram acerca das questões centrais da justiça social. A esperança será a de que se continuarmos trabalhando com ambos os tipos de teorias e elas gerarem resultados ao longo de uma ampla extensão de áreas, essa harmonia nos dará a certeza de que estamos no caminho certo. Mas com relação às três áreas em discussão, acredito que ficará claro que o enfoque das capacidades fornece um guia mais sólido para questões do campo jurídico e das políticas públicas.

A alternativa, portanto, é o "enfoque das capacidades", uma abordagem que tem sido desenvolvida por Amartya Sen, na economia, e, de forma um pouco diferente, por mim, na filosofia. A versão de Sen concentra-se na mensuração comparativa da qualidade de vida, apesar de também estar interessado em questões de justiça social. Eu, por outro lado, tenho usado essa abordagem para fornecer a base filosófica para uma explicação das garantias humanas centrais que devem ser respeitadas e implementadas pelos governos de todas as nações, como um mínimo do que o respeito pela dignidade humana requer. Em *Women and Human Development* e em outros lugares, argumento que a melhor abordagem dessa ideia de um mínimo social básico é fornecida por uma explicação que se concentre nas *capacidades humanas*, isto é, no que as pessoas são de fato capazes de fazer e ser, instruídas, de certa forma, pela ideia intuitiva de uma vida apropriada à dignidade do ser humano. Identifico uma lista de capacidades humanas centrais e argumento que todas elas estão implícitas na ideia de uma vida apropriada à dignidade humana.

As capacidades são, então, apresentadas como a fonte de princípios políticos para uma sociedade liberal pluralística; elas são colocadas no contexto de um tipo de liberalismo político que as torna objetivos especificamente políticos e as apresenta livres de qualquer fundamentação metafísica específica. Apresentadas e recomendadas dessa maneira, as capacidades, argumento, podem se tornar objeto de um consenso sobreposto entre pessoas que de resto possuem concepções amplas de bem muito diferentes entre si[45].

Argumento, além disso, mais uma vez apoiando-me na ideia intuitiva da dignidade humana, que as capacidades em questão devem ser perseguidas por toda e qualquer pessoa, cada uma sendo tratada como um fim e nenhuma como mero instrumento dos fins dos outros. (Esse aspecto da abordagem tem aplicações óbvias na área da igualdade de sexo, uma vez que as mulheres têm sido, todas, tratadas muitas vezes como as protetoras dos fins dos outros, em vez de como fins em si.) Finalmente, minha abordagem emprega a ideia de um *nível mínimo para cada capacidade*, abaixo do qual se acredita que aos cidadãos não está sendo disponibilizado um funcionamento verdadeiramente humano. O objetivo social deve ser entendido em termos de conseguir trazer os cidadãos para cima do nível mínimo de capacidade. (Esse não seria o único objetivo social importante: nesse sentido, espero somente fornecer uma explicação parcial e mínima da justiça social.)

Contrastarei o enfoque das capacidades com as abordagens contratualistas modernas, especialmente a de Rawls; mas, na verdade, essas abordagens são, insistirei, bem próximas e aliadas ao enfoque das capacidades. O enfoque das capacidades foi originalmente designado como uma alternativa, sobretudo, às abordagens

---

[45] Rawls usa os termos "liberalismo político", "consenso sobreposto" e "concepção abrangente" em *LP*.

econômico-utilitaristas que dominavam e, em certa medida, ainda dominam as discussões sobre a qualidade de vida em círculos internacionais de desenvolvimento e política pública, especialmente abordagens que entendiam a questão central do desenvolvimento em termos estritamente econômicos. Precisamos fazer uma pausa para esclarecer brevemente essa parte dos bastidores.

O modo mais conhecido de avaliação da qualidade de vida de um país em economia de desenvolvimento e políticas públicas internacionais costumava ser simplesmente classificar as nações de acordo com PNB (Produto Nacional Bruto) *per capita*. Hoje, já se tornou óbvio que esse método não é muito esclarecedor, pois não pergunta nem mesmo pela distribuição de riqueza e renda, e países com números totais semelhantes podem exibir grandes variações distributivas. Por esse critério de medição, a África do Sul era colocada automaticamente no topo da lista dos países em desenvolvimento, apesar de suas enormes desigualdades. Diferente tanto do enfoque das capacidades quanto das formas kantianas de contratualismo, essas abordagens não consideram cada pessoa como um fim, mas desejam promover o bem social geral através de medidas que podem, com efeito, usar algumas pessoas como meio para o enriquecimento de outros.

Como o exemplo da África do Sul também revela, a abordagem do PNB errava ainda em outra perspectiva. Falha em inquirir acerca dos elementos-chave da vida humana – garantias cruciais de inclusão, diria o enfoque das capacidades – que não estão sempre bem correlacionados com riqueza e renda, mesmo que distribuídas: elementos como expectativa de vida, mortalidade infantil, oportunidades educacionais, oportunidades de emprego, liberdades políticas, qualidade das relações raciais e de gênero. Países que se saem bem no PNB *per capita* muitas vezes se saem flagrantemente mal em um desses diferentes bens, como tornam claro os

Relatórios de desenvolvimento humano do Programa de Desenvolvimento das Nações Unidas quando classificam as nações a partir de uma ampla variedade de parâmetros.

Algumas vezes, economistas da tradição utilitarista avaliam alternativamente a utilidade média ou total da economia através de expressões de satisfação da população. Aqui, de novo, caímos no problema do respeito separado por pessoas – pois um número total não nos diz quem são os que estão no topo e quem são os que estão na base. Nesse sentido, não mostra maior respeito por pessoa individual do que a abordagem crua do PNB. A utilidade média é um número impreciso que não nos diz o suficiente sobre diferentes tipos de pessoas e sua posição social relativa. Isso a torna uma abordagem especialmente ruim quando estamos selecionando princípios políticos básicos que tenham a obrigação de tratar cada pessoa como um fim.

Além disso, os economistas utilitaristas, como de costume, agregam não somente vidas distintas, mas também elementos distintos da vida. Assim, dentro da utilidade total ou média repousarão as informações sobre liberdade, sobre bem-estar econômico, sobre saúde, sobre educação. Mas todos esses são bens separados, os quais em alguma medida variam de modo independente um do outro[46]. Afora isso, há razões para pensarmos que todos esses elementos são importantes e que não devemos desistir de um deles simplesmente a fim de alcançar uma quantidade especialmente grande de outro. Em um argumento central contra o utilitarismo, Rawls afirma que por causa de seu compromisso com compensações (*trade-offs*) entre os diversos bens, o utilitarismo oferece pouca proteção à liberdade política e religiosa. Encoraja compensa-

---

[46] Para um argumento convincente sobre isso, ver as comparações entre regiões em Drèze e Sen (1995 e 1997).

ções entre esses bens e outros a fim de produzir um bem social maior total (ou médio)[47]. Mas esse tipo de objeção parece verdadeiro em um sentido mais amplo: de modo semelhante, não deveríamos desistir da saúde emocional para alcançar muitas oportunidades de emprego, ou do autorrespeito a fim de alcançar mais saúde. Mais uma vez, o compromisso utilitarista com a agregação cria dificuldades para abordarmos corretamente a situação das pessoas marginalizadas ou desfavorecidas, para as quais algumas das oportunidades que o utilitarista põe em risco podem ter uma importância especialmente urgente.

Há ainda outro problema com relação à confiança na utilidade: ela nem mesmo inclui todas as informações relevantes. Uma coisa que queremos saber é como os indivíduos se sentem sobre o que está acontecendo com eles, se estão satisfeitos ou insatisfeitos; mas também queremos saber o que são de fato capazes de fazer ou de ser. As pessoas adaptam suas preferências àquilo que acham que podem alcançar e também àquilo que sua sociedade lhes diz ser uma conquista adequada para elas. As mulheres e outras pessoas desfavorecidas, frequentemente, exibem "preferências adaptativas", formadas sob condições injustas de vida. Essas preferências vão, tipicamente, validar o *status quo*[48]. A satisfação é certamente importante, mas não é a única coisa importante na vida.

Finalmente, por focar no estado de satisfação, o utilitarismo mostra uma consideração deficiente para com a agência. Contentamento não é a única coisa que importa na vida humana; esforço ativo também importa. Robert Nozick introduz esse ponto através do famoso exemplo da "máquina de experiência": uma pessoa

---

[47] *TJ*, pp. 156-173, em que discute a utilidade média e suas dificuldades.
[48] Ver Nussbaum (2000a), capítulo 2.

é conectada a uma máquina que produz experiências agradáveis, enquanto ele, ou ela, na verdade, não faz nada[49]. A maioria das pessoas concordaria que estar conectado a uma máquina não é suficiente para o bem-estar. Seria melhor ser ativo no mundo, ainda que encontremos nisso alguma frustração. Esse pensamento possui importância política, pois há escolhas a serem feitas sobre como as pessoas serão ativas em uma nação. Algumas formas de governo promovem a satisfação sem permitir às pessoas muito espaço para escolha e atividade; outras promovem a escolha e a atividade ainda que seja provável que, livres para escolher, as pessoas cometam erros e experimentem frustrações. Parece que o utilitarismo desvia a nossa atenção da importância da escolha democrática e da liberdade pessoal.

Pensar sobre esses defeitos da abordagem utilitarista do desenvolvimento nos empurra, então, na direção de uma explicação substantiva de certas habilidades centrais e de certas oportunidades, incluindo proeminentemente oportunidades de escolha e de atividade, como o espaço relevante dentro do qual podemos fazer comparações sobre a qualidade de vida entre sociedades e como um critério relevante a ser usado para investigar se dada sociedade fornece um nível mínimo de justiça a seus cidadãos. Nossa crítica sugere que uma lista desse tipo conterá uma pluralidade de itens distintos e que não os tratará simplesmente como oferecedores de diferentes quantidades de um único bem homogêneo. Tampouco a avaliação se concentrará somente em como as pessoas se sentem sobre suas relações com esses bens, mas perguntará, também, o que elas de fato são capazes de fazer e de ser.

A ideia intuitiva básica de minha versão do enfoque das capacidades é que devemos começar com uma concepção da dignidade

---

[49] Nozick (1974), pp. 42-5.

do ser humano e da vida que seja apropriada a essa dignidade – uma vida que tenha à sua disposição "funcionamentos verdadeiramente humanos", no sentido descrito por Marx em seus *Manuscritos Econômicos e Filosóficos* de 1844. (Utilizo esta expressão marxista apenas para propósitos políticos, não como fonte de uma doutrina abrangente da vida humana; Marx, entretanto, não faz uma distinção desse tipo.) Marx fala do ser humano como um ser que "necessita de uma pluralidade rica de atividades vitais", e o enfoque das capacidades também se aproveita dessa ideia, insistindo que as capacidades para as quais todos os cidadãos estão autorizados são muitas, e não uma, e são oportunidades para atividade, não simplesmente quantidades de recursos[50]. Os recursos são inadequados como um índice de bem-estar, porque seres humanos têm necessidades variadas de recursos e também habilidades variadas de fazer funcionar tais recursos. Assim, duas pessoas com quantidades similares de recursos podem de fato diferir enormemente nas questões que mais importam para a justiça social. Essa questão ficará especialmente clara quando confrontarmos a teoria com questões de impedimento e deficiência.

Com essa ideia básica como ponto de partida, tento, então, justificar uma lista de dez capacidades como exigências centrais para uma vida com dignidade. Da mesma forma que com os princípios de Rawls, aqui os princípios políticos dão forma e conteúdo à ideia abstrata de dignidade (cf. *TJ*, p. 586). Essas dez capacidades são supostamente objetivos gerais que podem ser mais especificados pela sociedade em questão, na medida em que esta trabalha na determinação das garantias fundamentais que deseje sancionar; mas, de alguma forma, todas são consideradas parte de uma determinação mínima da justiça social: uma sociedade

---

[50] Marx (1844/1978), p. 88 e p. 91; tradução modificada.

que não as garanta para todos os seus cidadãos em algum nível mínimo apropriado não chega a ser uma sociedade plenamente justa, qualquer que seja o seu nível de opulência. E ainda que por razões práticas talvez seja necessário fixar prioridades temporais, as capacidades são entendidas tanto como mutuamente assistentes, quanto todas de relevância central para a justiça social. Assim, uma sociedade que negligencia uma delas para promover outras enganou seus cidadãos e, no engano, há uma falha da justiça.

O enfoque das capacidades não pretende fornecer uma explicação completa da justiça social. Não diz nada, por exemplo, sobre como a justiça trata desigualdades acima do nível mínimo. (Nesse sentido não responde a todas as questões respondidas pela teoria de Rawls.) É uma explicação do mínimo de garantias sociais centrais e é compatível com diferentes visões sobre como lidar com questões de justiça e distribuição que surgiriam uma vez que todos os cidadãos estivessem acima do nível mínimo. Tampouco insiste que essa lista de direitos seja uma explicação exaustiva da justiça política; pode haver outros valores políticos importantes, estreitamente conectados com a justiça, e que ela não incluiu em seu esquema[51].

Essa lista é, ela mesma, aberta e tem sofrido modificações ao longo do tempo; não há dúvida que sofrerá mais modificações à luz da crítica. Mas aqui está a versão corrente.

As capacidades humanas centrais

1. *Vida*. Ter a capacidade de viver até o fim de uma vida humana de duração normal; não morrer prematuramente, ou antes que a própria vida se veja tão reduzida que não valha a pena vivê-la.

---

[51] A estabilidade é, obviamente, um desses valores, mas já é incorporada na própria justificação da lista de capacidades em si, uma vez que argumento que podemos justificar qualquer modelo das obrigações políticas centrais somente ao mostrarmos que permanece estável ao longo do tempo; ver Nussbaum (2000a), capítulo 2.

2. *Saúde física.* Ser capaz de ter boa saúde, incluindo a saúde reprodutiva; de receber uma alimentação adequada; de dispor de um lugar adequado para viver.
3. *Integridade física.* Ser capaz de se movimentar livremente de um lugar a outro; de estar protegido contra ataques de violência, inclusive agressões sexuais e violência doméstica; dispor de oportunidades para a satisfação sexual e para a escolha em questões de reprodução.
4. *Sentidos, imaginação e pensamento.* Ser capaz de usar os sentidos, a imaginação, o pensamento e o raciocínio – e fazer essas coisas de um modo "verdadeiramente humano", um modo informado e cultivado por uma educação adequada, incluindo, sem limitações, a alfabetização e o treinamento matemático e científico básico. Ser capaz de usar a imaginação e o pensamento em conexão com experimentar e produzir obras ou eventos, religiosos, literários, musicais e assim por diante, da sua própria escolha. Ser capaz de usar a própria mente de modo protegido por garantias de liberdade de expressão, com respeito tanto à expressão política quanto artística, e liberdade de exercício religioso. Ser capaz de ter experiências prazerosas e evitar dores não benéficas.
5. *Emoções.* Ser capaz de manter relações afetivas com coisas e pessoas fora de nós mesmos; amar aqueles que nos amam e que se preocupam conosco; sofrer na sua ausência; em geral, ser capaz de amar, de sentir pesar, sentir saudades, gratidão e raiva justificada. Não ter o desenvolvimento emocional bloqueado por medo e ansiedade. (Apoiar essa capacidade significa apoiar formas de associação humana que podem se revelar cruciais para seu desenvolvimento.)
6. *Razão prática.* Ser capaz de formar uma concepção de bem e de ocupar-se com a reflexão crítica sobre o planejamento da própria vida. (Isso inclui proteção da liberdade de consciência e de prática religiosa.)

7. *Afiliação.*
   A. Ser capaz de viver com e voltado para outros, reconhecer e mostrar preocupação com outros seres humanos, ocupar-se com várias formas de interação social; ser capaz de imaginar a situação do outro. (Proteger essa capacidade significa proteger as instituições que constituem e alimentam tais formas de afiliação e também proteger a liberdade de associação e de expressão política.)
   B. Ter as bases sociais de autorrespeito e não humilhação; ser capaz de ser tratado como um ser digno cujo valor é igual ao dos outros. Isso inclui disposições de não discriminação com base em raça, sexo, orientação sexual, etnia, casta, religião, origem nacional.
8. *Outras espécies.* Ser capaz de viver uma relação próxima e respeitosa com animais, plantas e o mundo da natureza.
9. *Lazer.* Ser capaz de rir, brincar, gozar de atividades recreativas.
10. *Controle sobre o próprio ambiente.*
    A. *Político.* Ser capaz de participar efetivamente das escolhas políticas que governam a própria vida; ter o direito à participação política, proteções de liberdade de expressão e associação.
    B. *Material.* Ser capaz de ter propriedade (tanto de bens imóveis quanto de móveis) e ter direitos de propriedade em base igual à dos outros; ter o direito de candidatar-se a empregos em base de igualdade com os demais; ter a liberdade contra busca e apreensão injustificadas. No trabalho, ser capaz de trabalhar como ser humano, exercendo a razão prática e participando de relacionamentos significativos, de reconhecimento mútuo com demais trabalhadores.

A ideia básica por trás de cada uma dessas capacidades, podemos argumentar, é que, ao imaginarmos uma vida sem a capacidade em questão, concluiríamos que tal vida não é uma vida apropriada à dignidade humana[52]. O argumento baseia-se em imaginar em cada caso uma forma de vida; é intuitivo e discursivo. Não obstante, acredito que esse procedimento e essa lista podem concitar a um acordo amplo, intercultural, similar aos acordos internacionais relativos aos direitos humanos básicos que têm sido alcançados. O enfoque das capacidades é, na minha visão, uma espécie de abordagem dos direitos humanos, e os direitos humanos têm sido associados de modo similar à ideia de dignidade humana.

O enfoque das capacidades é completamente universal: as capacidades em questão são consideradas importantes para todo e qualquer cidadão, em toda e qualquer nação, e cada pessoa deve ser tratada como um fim. Ele é, dessa forma, similar à abordagem dos direitos humanos internacionais; na verdade, vejo o enfoque das capacidades como uma espécie de abordagem dos direitos humanos[53]. Argumentar em favor de um grupo de normas interculturais e contra as posições de relativistas culturais tem sido uma dimensão importante do enfoque[54]; mas é importante salientar que ele reserva um lugar central para a importante norma de respeito pelo pluralismo, e isso pode ser feito de seis maneiras[55].

Primeiro, considero a lista aberta e sujeita a contínua revisão e reconsideração, do mesmo modo que qualquer explicação da sociedade, de seus direitos mais fundamentais, também está sempre sujeita a complementação (ou a eliminação).

Segundo, também insisto que os itens na lista devam ser especificados de um modo um tanto abstrato e geral, precisamente a fim de que deixem espaço para as atividades de especificação e

---

[52] Em Nussbaum (1995b), forneço uma versão detalhada de tal argumento para os casos de afiliação e de razão prática.
[53] Ver capítulo 3 e Nussbaum (2003b).
[54] Ver, por exemplo, Nussbaum (2000a), capítulo 1.
[55] Ver também Nussbaum (2003b).

de deliberação dos cidadãos, seus parlamentares e seus tribunais. Dentro de certos parâmetros, é perfeitamente apropriado que diferentes nações atuem de modo diferenciado umas das outras, levando em consideração a sua história e as suas circunstâncias especiais. Assim, por exemplo, a interpretação dos direitos à liberdade de expressão na Alemanha, país no qual se justifica uma boa quantidade de regulação legal do discurso e da organização política antissemitas, é bem diferente da interpretação norte-americana, a qual protege tal discurso conquanto não represente uma ameaça eminente à ordem pública. Ambas as interpretações parecem corretas, dadas as diferentes histórias das duas nações.

Terceiro, considero que a lista representa uma "concepção moral parcial" independente, para usar uma expressão de John Rawls: isto é, ela é introduzida explicitamente somente para propósitos políticos e sem nenhuma fundamentação em ideias metafísicas do tipo que divide as pessoas em linhas de cultura e religião. Como Rawls diz, podemos ver essa lista como um "módulo" (*LP*, p. 12 e p. 145) que pode ser endossado por pessoas que, de resto, possuem concepções bem diferentes do significado último e do propósito da vida; elas irão conectá-lo de várias maneiras com suas doutrinas religiosas ou seculares abrangentes.

Quarto, quando insistimos que o objetivo político apropriado é a capacidade e não o funcionamento, estamos, mais uma vez, protegendo o pluralismo[56]. Muita gente que estaria disposta a apoiar dada capacidade como direito fundamental se sentiria desrespeitada se o seu funcionamento associado se tornasse obrigatório. Assim, o direito de votar pode ser endossado por cidadãos que, no entanto, se sentiriam profundamente ofendidos se o voto passasse a ser obrigatório, porque isso iria contra a sua concepção reli-

---

[56] Ver a minha discussão dessa questão em Nussbaum (2000a), capítulo 1.

giosa. (Os Amish norte-americanos estão nessa categoria: acreditam que é errado participar na vida política, mas concordam que os cidadãos tenham esse direito.) A liberdade de expressão religiosa pode receber apoio de pessoas que, no entanto, não concordariam em absoluto com qualquer medida que obrigasse todos os cidadãos a algum tipo de atividade religiosa. No que diz respeito à saúde, defensores do enfoque das capacidades divergem sobre se o objetivo é capacidade ou funcionamento (*functioning**). Minha própria visão, entretanto, é que às pessoas devem ser dadas amplas oportunidades de conduzir um modo de vida saudável, mas a elas também deve caber a escolha; não devem ser penalizadas por escolhas prejudiciais a sua saúde[57].

Quinto, as principais liberdades que protegem o pluralismo são itens centrais da lista: liberdade de expressão, liberdade de associação, liberdade de consciência. Colocando-as na lista, damos-lhe um lugar central e não negociável.

Sexto, e por último, insisto em uma separação especialmente rigorosa entre questões de justificação e questões de implementação. Acredito que podemos justificar essa lista como uma boa base para princípios políticos em todo o mundo. Mas isso não significa que permitimos a intervenção nos assuntos de um Estado que não a reconheça. Ela serve de base para persuasão, mas sustento que sanções militares e econômicas só são justificadas em certas circunstâncias muito graves, envolvendo crimes classificados como crimes contra a humanidade. Dessa forma, parece

---

* Com relação a *functioning*, Sen sempre preferiu chamar funcionamentos de "ações e estados" (*doings and beings*), precisamente para enfatizar que eles não são todos ações em qualquer sentido óbvio: por exemplo, estar saudável é um funcionamento, qualquer realização de uma oportunidade ou capacidade é um funcionamento. (N. da T.)

[57] Ver Nussbaum (2000f), respondendo à defesa do funcionamento por Richard Arneson.

menos objetável recomendar algo a todos se salientamos que é parte de uma visão que expressa que a soberania do Estado nacional, fundada no consentimento da população, é uma parte muito importante de todo o pacote.

Esses são os pontos centrais do enfoque. Possui, ainda, ligações próximas com as teorias contratualistas, especialmente com a teoria de Rawls, e sua crítica ao utilitarismo é em aspectos-chave a mesma. Em especial, as ideias de dignidade humana e de inviolabilidade da pessoa são ideias intuitivas centrais às teorias, e geram, em ambas, argumentos contra certos tipos de agregação social que negligenciam o valor separado de cada vida. Ambas as abordagens estão unidas na oposição à perseguição de um total ou de uma média gloriosos por caminhos que subordinam certos grupos ou indivíduos; não é permitido que o excesso de bem-estar de uma pessoa compense a miséria de outra pessoa. Além disso, para ambas as abordagens, as ideias de respeito mútuo, reciprocidade e as bases sociais de autorrespeito possuem um papel central.

O enfoque das capacidades e o contratualismo rawlsiano são aliados na maioria das questões de justiça. É louvável que teorias com pressuposições e procedimentos tão diferentes gerem resultados tão próximos. Em *Womem and Human Development* argumento que a convergência entre as melhores abordagens do desejo esclarecido e das capacidades deveriam nos transmitir a certeza de que estávamos no caminho certo. O mesmo se dá nesse caso: se duas abordagens que partilham alguns pontos de partida intuitivos profundos, mas diferem enormemente no procedimento e na estrutura, convergem com relação a um amplo grupo de recomendações, isso deve ser uma fonte de segurança. Outro modo de colocar o mesmo ponto: o enfoque das capacidades pode nos ajudar a ampliar a abordagem rawlsiana e incluir no campo da justiça as três áreas as quais Rawls não sabia se a sua teoria poderia cobrir. Nesse espírito, deixe-nos examinar agora mais de perto algumas das diferenças entre o enfoque das capacidades e o contratualismo moderno.

viii. As capacidades e o contratualismo

A diferença mais profunda entre o enfoque das capacidades e o contratualismo rawlsiano está em suas estruturas teóricas básicas. A abordagem de Rawls, assim como a maioria das doutrinas do contrato social, é uma abordagem procedimental. Em outras palavras, em vez de ir direto aos resultados para avaliar sua adequação moral, determina um procedimento que modela certas características-chave de equidade e de imparcialidade, e apoia-se nesse procedimento para gerar um resultado apropriadamente justo[58]. Se a situação original é projetada de maneira adequada, quaisquer princípios que dela surjam serão justos por definição. Para ilustrar essa característica de sua concepção, Rawls usa o exemplo da divisão de um bolo (*TJ*, p. 85). Em uma concepção de justiça orientada para o resultado, identificamos, primeiro, um resultado correto (estipulemos que a divisão igual seja esse resultado). Então, projetamos um procedimento que leve a esse resultado[59]. A forma de encaminhamento do julgamento penal também

---

[58] Aqui estou falando somente do modo de encaminhamento utilizado explicitamente por Rawls no *TJ*. Em outro lugar do *TJ* (pp. 40-43), o autor sugere uma análise bem distinta desta baseada no modo através do qual examinamos, socraticamente, todas as teorias e o "próprio juízo", tentando alcançar um "equilíbrio reflexivo". Não se trata, aqui, de uma explicação puramente procedimental e, nesse caso, Rawls está muito mais perto em termos de método da minha própria abordagem; ver Nussbaum (2000a), capítulo 2, para o uso de um método rawlsiano de justificação dentro do enfoque das capacidades.

[59] Não uso a terminologia rawlsiana aqui, porque penso que ela é confusa. O teórico contrasta sua própria "justiça procedimental pura" com a "justiça procedimental perfeita" (a divisão do bolo) e a "justiça procedimental imperfeita" (o julgamento penal). Mas na verdade parece-me equivocado chamar essas teorias de procedimentais. Assim, prefiro chamá-las de teorias "orientadas para o resultado", como é claramente a intenção de Rawls.

segue esse modelo. Iniciamos com a fórmula do resultado correto ("os culpados, e somente os culpados, devem ser condenados"), e, em seguida, são determinados os procedimentos que irão gerar esse resultado tantas vezes quanto for possível. Em sua própria concepção, por contraste, não há algum critério independente para determinar o resultado correto: "em vez disso, existe um procedimento correto ou justo que leva a um resultado também correto ou justo, seja qual for, contanto que se tenha aplicado corretamente o procedimento" (*TJ*, p. 86). Todo o trabalho moralmente controverso fica restrito à determinação do procedimento ele mesmo. (Como o nosso esboço histórico mostrou, as doutrinas clássicas do contrato social são só parcialmente procedimentais: a doutrina de Locke, em particular, contém uma explicação importante da dignidade humana e dos direitos naturais, em relação aos quais a justiça do resultado final será avaliada.)

O enfoque das capacidades assemelha-se a um julgamento penal. Ou seja, começa com o resultado: a compreensão intuitiva de um conteúdo particular que considera vinculado necessariamente a uma vida apropriada à dignidade humana. Em seguida, busca procedimentos políticos (uma constituição, uma separação dos poderes, certo tipo de sistema econômico) que alcancem esse resultado tanto quanto possível, uma vez que tais procedimentos provavelmente vão se modificar ao longo do tempo e de acordo com as circunstâncias e as histórias de diferentes nações[60]. A justiça é o resultado esperado, e o procedimento é considerado bom na medida em que promova tal resultado.

---

[60] Existe outra distinção na discussão de Rawls, entre teorias da justiça "orientadas para o resultado", "perfeitas" e "imperfeitas". A divisão do bolo ilustra a primeira, uma vez que podemos de modo confiável alcançar o resultado correto; o julgamento penal ilustra a última. O enfoque das capacidades parece apto a fornecer somente uma justiça imperfeita, simplesmente porque nenhuma instituição que possamos imaginar garantiria a todos os cidadãos todos os seus direitos todo o tempo – por mais correções que introduzamos para compensar aqueles que se vejam alijados de seus direitos.

Os defensores das explicações procedimentais da justiça sentem muitas vezes que concepções de justiça orientadas para o resultado não são suficientemente complexas, não possuem partes suficientemente autônomas. Por outro lado, os defensores das concepções orientadas para o resultado acreditam que as perspectivas procedimentais põem os carros na frente dos bois, pois com certeza o que importa para a justiça é a qualidade de vida das pessoas e, no final das contas, rejeitaremos qualquer procedimento, não importa o quão elegante seja, se não nos fornecer um resultado que se ajuste bem com nossas intuições sobre dignidade e equidade. (A teoria de Rawls possui um ponto de partida, por assim dizer, tão carregado [*front-laden*] e, ao mesmo tempo, possui tanto conteúdo moral empacotado no próprio procedimento, que evita, em certa medida, essa crítica; mas, mesmo assim, parece estranho que devamos ter mais confiança no procedimento do que no resultado que ele gera[61].) Ainda que a analogia possa parecer aos fãs da justiça procedimental um pouco injusta, para o teórico orientado para o resultado a justiça procedimental é como um cozinheiro que tem uma máquina de fazer massa cara e sofisticada e assegura a seus convidados que a massa feita nessa máquina será por definição boa, já que é a melhor máquina do mercado. Mas, com certeza, diz o teórico do resultado, os convidados vão querer provar a massa e verificar por conta própria se isso é verdade. Eles avaliarão a qualidade da máquina com base na massa que foi capaz de produzir[62]. Mesmo quando discuto o contratualismo ético de Scanlon no final do capítulo 2, e exprimo

---

[61] Rawls responde a tal preocupação com sua descrição geral da justificação orientada para o equilíbrio reflexivo: o resultado (e o procedimento) deve corresponder aos nossos juízos, assim como as demais teorias que considerarmos.

[62] Obviamente, isso não está bem correto, já que o cozinheiro também pode ter cozinhado demais a massa etc.

uma considerável simpatia por ele, ainda assim coloco a pergunta se na ausência de uma explicação do bem humano antecedente e independente, simplesmente a ideia procedimental de uma aceitabilidade racional pode dar conta de todo o trabalho que ele tem em mente para ela. Ao menos em teoria política parece claro que alguma explicação daquele tipo faz falta.

Tal resposta para o contratualista revela, entretanto, uma característica do enfoque das capacidades que me parece problemática. A saber, que pareça basear-se na intuição em um grau maior que as abordagens procedimentais. Somente precisamos provar a massa para verificar se gostamos dela. Isso seria realmente suficiente, ou necessitamos de um mecanismo mais poderoso no qual possamos nos fiar, considerando especialmente o fato de que nossas intuições são formadas em contextos não ideais e podem conter sérias distorções? Podemos concordar que o enfoque das capacidades, de fato, baseia-se na intuição – apesar de não ser em preferências acríticas, como a crítica que faz ao utilitarismo deixa claro. Ou seja, algumas intuições morais profundas e alguns juízos razoáveis sobre a dignidade humana possuem, de fato, um papel fundamental na teoria, mas elas jamais são imunes a críticas procedentes de outros elementos da teoria[63]. É claro, porém, que os contratualistas também se baseiam em intuições e em juízos razoáveis com vistas à determinação do próprio procedimento. Assim, não está absolutamente claro que a diferença entre as duas teorias seja significante. (Devemos lembrar que Rawls usa um método altamente intuitivo, apesar de não se apoiar em qualquer tipo de preferência, quando discute o modo mediante o qual cada um de nós acessa qualquer teoria confrontando-a com nossos juízos razoáveis.)

---

[63] Ver Nussbaum (2000a), capítulo 2.

Rawls expressa resistência ao intuicionismo por este recorrer à intuição a fim de *compatibilizar fins concorrentes*. Nesse caso, os princípios políticos jamais serão finais, mas sempre admitirão mudanças à luz da compatibilização intuicionista. Rawls acredita que uma teoria que reserve à compatibilização esse lugar central não pode oferecer princípios que sejam suficientemente estáveis, precisos ou finais. (Essa é uma das razões por que está determinado a medir as posições sociais relativas de um modo preciso, através do recurso unicamente à renda e à riqueza – um aspecto de sua teoria que provoca inúmeras dificuldades.) Podemos certamente admitir que o enfoque das capacidades contenha, e até mesmo enfatize, uma pluralidade de fins, todos qualitativamente distintos, e que suponha que um bom planejamento social deva promover todos eles, mas isso faz dela uma teoria intuicionista obscura e indefinida? Existe uma questão de princípio aqui. O enfoque das capacidades insiste desde o início que os elementos de uma vida com dignidade humana são plurais e não singulares, e, portanto, que os direitos sociais centrais também são plurais. Seria um grave erro escolher qualquer uma das dez capacidades como critério para determinar as posições sociais relativas: todas são requisitos mínimos para uma vida com dignidade, e todas elas são distintas em qualidade. De fato, reconhecer sua distinção qualitativa é um modo de ser mais, não menos preciso, e mais, não menos definitivo sobre o que uma sociedade decente deve fornecer a seus cidadãos. Uma concepção complexa do objetivo social será mais indefinida do que uma concepção simples somente se seus objetivos são eles mesmos especificados de modo indefinido, ou são os objetivos errados. Se a vida realmente contém uma pluralidade de coisas que possuem uma relação necessária com uma vida apropriada à dignidade humana, mostrar essa situação é sinal de precisão, e não o contrário.

O enfoque das capacidades impediria, então, os princípios políticos de serem suficientemente estáveis, definitivos e finais? Devemos retornar a essa questão, mas uma resposta inicial é sugerida pelos representantes desse enfoque, que insistem que *todos* os direitos devem ser assegurados às pessoas como requisitos centrais da justiça. Considera-se que todo o conjunto de tais direitos, adequadamente definidos, é necessário para haver justiça, nenhum direito pode ser substituído por outro. O enfoque não convida, e positivamente proíbe, compatibilizações e compensações quando estamos lidando com um nível mínimo de cada uma dessas condições. (Quem, por exemplo, dissesse que o enfoque aprovaria uma medida que aumentasse a liberdade de expressão à custa de oportunidades de emprego ou liberdade de associação, estaria oferecendo uma interpretação desastrosa do enfoque. Todas as capacidades são requisitos da justiça.)

Agora que apresentamos o enfoque das capacidades em suas linhas gerais, podemos fazer algumas observações preliminares sobre o seu relacionamento com as principais características da abordagem contratualista, como as esquematizamos na seção IV.

1. *As circunstâncias da justiça*. As teorias de contrato social estipulam que a justiça só faz sentido quando as pessoas estão de tal maneira posicionadas que para elas valha a pena sair do estado de natureza e estabelecer um acordo para vantagem mútua. As várias condições específicas descritas por Rawls (usando Hume) e pelos teóricos clássicos – escassez moderada, igualdade aproximada e assim por diante – emergem, todas, dessa ideia geral. O enfoque das capacidades, por contraste, parte da concepção aristotélica/marxista do ser humano como um ser social e político, que se realiza através de suas relações com os outros. Enquanto os contratualistas pensam a família como "natural" e o político como

em certo sentido artificial[64], o enfoque das capacidades não faz esse tipo de distinção. Ainda que seja um tipo de liberalismo político e evite apoiar-se em qualquer metafísica profunda da natureza humana, opera com uma concepção de pessoa que desenvolve, para propósitos políticos, uma concepção que pode, assim se espera, ser objeto de um consenso sobreposto. A concepção política de pessoa que utiliza inclui a ideia do ser humano como político "por natureza", isto é, um ser que encontra profunda satisfação nas relações políticas, inclusive, e de modo fundamental, em relações caracterizadas pela virtude da justiça. Como Aristóteles diz na passagem da epígrafe da "Introdução", seria estranho imaginar o ser humano florescendo fora de uma rede de tais relações – isso seria até uma contradição, em termos, uma vez que essas relações parecem ser uma parte do florescimento humano. Assim, enquanto os contratualistas imaginam o ser humano tipicamente como um ser cujo bem é com efeito apolítico, ainda que seja capaz de respeitar as fronteiras legais, a posição aristotélica insiste que o bem de um ser humano é tanto social quanto político. Essa ideia está presente na doutrina de Rawls da reciprocidade, apesar de, por causa da estrutura do contrato social, não poder estendê-la para os casos difíceis focados aqui.

Mas se é assim, então a justiça tem sentido onde quer que haja seres humanos. Os seres humanos querem viver juntos, e querem viver juntos bem, o que inclui, assim entendem, o viver em acordo com a justiça. Não precisam estar posicionados de maneira semelhante a fim de que tais questões surjam, tampouco precisam encontrar-se em uma situação de escassez moderada.

---

[64] Apesar de ser somente Hume a usar a palavra "artificial", todos os teóricos clássicos do contrato social parecem acreditar que podemos imaginar os seres humanos vivendo uma vida completa e reconhecidamente humana sem uma sociedade política.

Pode ser verdade que em condições desesperadoras a justiça não possa ser alcançada; isso não significa, entretanto, que ela não possa ser concebível, e que não seja possível perguntar-se sobre como surgem condições que impedem a justiça de ser concretizada. De maneira semelhante, em uma situação de grande opulência, tal qual a Idade de Ouro clássica, a justiça talvez pareça menos urgente. Ainda assim, continuaria a ser importante contemplá-la, pois a própria natureza de certos bens centrais faz que sua distribuição seja importante: alimento, propriedade e direitos políticos, por exemplo, jamais são simplesmente possessões comuns, como água e ar podem ser em algumas circunstâncias. (Até mesmo os deuses gregos necessitam de justiça, uma vez que entram em disputa por direitos de casamento, lutam por direitos, por riquezas e por várias prerrogativas e poderes.) Em resumo, as questões da justiça estão sempre sobre a mesa. Uma grande assimetria de poder, tal como existe, por exemplo, entre os humanos e os outros animais, pode tornar as questões de justiça ainda mais urgentes, em vez de, como no contratualismo, secundárias.

Note-se que essa relação mais flexível com questões de justiça está disponível no enfoque das capacidades em parte porque é uma teoria orientada para o resultados, e não uma teoria procedimental. Teóricos procedimentais precisam estruturar a situação do contrato de uma maneira fechada e relativamente determinada, de modo a gerar um conjunto determinado de resultados – daí a necessidade de especificar a situação das partes de uma forma particularmente determinada. O enfoque das capacidades vai direto ao conteúdo do resultado, o examina, e se pergunta se ele parece compatível com uma vida de acordo com a dignidade humana (ou, mais tarde, animal). Essa estrutura nos permite contemplar um amplo campo de problemas e situações nas quais questões de justiça possam estar ocultas.

2. *"Livres, iguais, e independentes."* Na medida em que o enfoque das capacidades não utiliza a descrição humiana das circunstâncias da justiça, não está obrigado a supor que as partes do acordo social são "livre, iguais, e independentes." Isso significa que está apto a usar uma concepção política de pessoa mais parecida com a vida real – uma aptidão que pode ser vantajosa no tratamento de nossos três problemas não solucionados. A concepção aristotélica vê o ser humano como um "animal político", isto é, não apenas como um ser moral e político, mas alguém que tem um corpo animal, e cuja dignidade humana, em vez de ser oposta a essa natureza animal, lhe é, assim como sua trajetória temporal, inerente. Os seres humanos começam a vida como bebês necessitados, crescem lentamente, precisando de cuidados enquanto crescem. Na plenitude de suas vidas possuem as necessidades "normais" as quais o modelo do contrato social incorpora de modo característico, mas eles também podem ter outras necessidades, provenientes de acidentes ou doenças que os põe em uma posição de dependência assimétrica por um período curto ou longo. Se vivem até uma idade avançada, necessitam de novo de uma grande quantidade de cuidado, e provavelmente sofrem de deficiências tanto físicas, quanto mentais, ou ambas. Além disso, muitos seres humanos são atipicamente deficientes ao longo de todas as suas vidas. Apesar de, em algumas espécies, impedimentos tais como cegueira, surdez, paralisia e danos cognitivos graves provavelmente condenarem a criatura a uma vida curta e miserável, com a espécie humana isso não é assim, ou pelo menos não precisa ser assim. Um dividendo do considerável controle de nossa espécie sobre seu ambiente é a habilidade de construir ambientes que permitam àqueles membros da espécie participar na vida social.

A concepção de pessoa como um animal político inclui uma ideia conectada com a ideia contratualista de "liberdade": a pessoa é imaginada como tendo um profundo interesse na escolha, incluindo a escolha de um modo de vida e de princípios políticos que a governem. Essa é uma das maneiras pelas quais o enfoque das capacidades faz parte da tradição liberal. Não obstante, oferece uma concepção de liberdade que é sutilmente diferente daquela da tradição do contrato, pois enfatiza os suportes animais e materiais da liberdade humana, e também reconhece um amplo campo de tipos de seres que podem ser livres.

Por causa de sua concepção diversificada e temporalmente complexa de pessoa, o enfoque das capacidades não inclui nada análogo à concepção contratualista de pessoas como "iguais" em poderes e habilidades. As pessoas variam enormemente com relação a suas necessidades de recursos e cuidado, e a mesma pessoa pode ter diversas necessidades dependendo do seu momento de vida. A habilidade do enfoque das capacidades em reconhecer essa diversidade foi um de seus pontos fortes que inicialmente a recomendaram diante de outras abordagens. Tampouco as pessoas são imaginadas como "independentes". Enquanto animais *políticos*, seus interesses estão completamente ligados aos interesses de outros ao longo de todas as suas vidas, e seus fins são fins compartilhados. Porque são *animais* políticos, dependem de outros assimetricamente durante certas fases de sua vida, e algumas permanecem em situação de dependência assimétrica ao longo de toda a vida.

3. *O propósito de cooperação social.* Como observamos, as teorias de contrato social insistem que a razão principal de nos reunirmos para formular princípios políticos é a vantagem mútua, e tal bem é entendido de uma forma que o separa analiticamente das obrigações de justiça e reciprocidade que as partes concordam em respeitar. Mesmo para Rawls, cujos cidadãos da Sociedade Bem Ordenada possuem um senso de justiça, e conce-

bem a justiça como uma parte de seu bem, esse sentido da justiça é ainda entendido como claramente separado da busca de cada pessoa pelo bem pessoal, e dos meios para assegurá-lo. Sem dúvida a lista dos bens primários é entendida como uma lista desses meios com vistas a projetos pessoais. Apesar de tal lista ser heterogênea, a decisão de Rawls de determinar posições sociais relativas a partir somente da renda e riqueza não é surpreendente.

Esse é um terreno no qual o enfoque das capacidades terá críticas particularmente insistentes a fazer às perspectivas do contrato social clássico, e pressionará a teoria de Rawls para que rejeite alguns aspectos-chave dessas perspectivas. O enfoque das capacidades nega que os princípios da justiça tenham de assegurar a vantagem mútua. Mesmo onde a não cooperação é possível e até mesmo habitual (porque a dominação é mais fácil), a justiça continua sendo um bem para todos. A justiça trata da justiça, e justiça é algo que os seres humanos amam e perseguem. É sempre muito bom se alguém pode mostrar que a justiça é compatível com a vantagem mútua, mas o argumento em favor de princípios de justiça não deve basear-se nessa expectativa. Muitas vezes os acordos que precisamos fazer para dar justiça a nações em desenvolvimento, e para pessoas com impedimentos graves dentro do nosso próprio país, serão muito caros e não poderão ser justificáveis como mutuamente vantajosos no sentido econômico restrito de vantagem. Isso é lamentável. A justiça é também um de nossos fins e limitamos muito a nossa busca por ela quando pensamos na justiça apenas como o resultado de um contrato para vantagem mútua, ainda que limitado e estruturado de modo moral. Também nos limitamos quando imaginamos que a reciprocidade só ocorre entre iguais, aptos a oferecer e receber benefícios uns aos outros.

A teoria de Rawls parece não incorrer nesse problema por causa do modo segundo o qual elementos morais são introduzidos na descrição do ponto de partida. Mas, na verdade, na sua determinação de quem está dentro e de quem está fora, de quem pode fazer parte do contrato e de quem só terá seus interesses atendidos em uma fase posterior, se é que serão, incide nele. Rawls está bem consciente dessa limitação. Argumentarei que é possível dar respostas a esses problemas, mas não sem alterar a descrição da situação inicial de escolha.

4. *As motivações das partes.* Teóricos clássicos do contrato social têm uma variedade ampla de descrições dos sentimentos morais que subjazem à sociedade política. Locke, em particular, como vimos, dá um papel muito importante à benevolência. Por outro lado, todo mundo acredita em alguma medida que a ideia de vantagem mútua gere princípios políticos, e todos parecem sustentar que sentimentos benevolentes são em si mesmos insuficientes para tornar uma sociedade política estável. Hume desenvolve essas ideias muito mais completa e explicitamente do que qualquer dos contratualistas. A posição de Rawls nessa questão é complexa, e aqui as diferenças entre o contratualismo de Rawls e o enfoque das capacidades são pequenas e sutis. Imagina-se tipicamente, como dissemos, o estabelecimento de um contrato como um processo de perseguir o próprio interesse, e os sentimentos das partes contratantes como correspondentes com esse objetivo. No caso de Rawls, suas partes carecem de benevolência e de um amor intrínseco pela justiça; esses sentimentos, entretanto, são representados pelo véu da ignorância. Na Sociedade Bem Ordenada, ao contrário, as pessoas desenvolvem sentimentos e motivos baseados em princípios.

O enfoque das capacidades pode incluir sentimentos de benevolência desde o começo em sua explicação da relação das pessoas com seus bens. Isso é assim porque sua concepção política de pessoa inclui a ideia de uma sociabilidade fundamental e dos fins das pessoas como incluindo fins compartilhados[65]. (Esta ideia de fins é correlativa à rejeição da "independência" como uma qualidade das partes para a formação de princípios sociais.) Entre os sentimentos morais de pessoas assim situadas estará, proeminentemente, a compaixão, que concebo incluir o julgamento de que o bem dos outros é uma parte importante do esquema de objetivos e fins de cada um[66]. Assim, quando outras pessoas sofrem com a falha ou ausência de alguma capacidade, o cidadão imaginado por mim não se sentirá simplesmente constrangido a perseguir seu autointeresse, um dos sentimentos requeridos pela imparcialidade moral. Em vez disso, terá compaixão por elas *como parte de seu próprio bem*. Essa é uma diferença bem sutil do modo como Rawls modela a benevolência, mas acredito que essa diferença exista. Tais sentimentos de benevolência são onipresentes na vida das pessoas reais; o problema é que simplesmente não os estendemos consistente ou sabiamente às vidas das pessoas reais. Mas um esquema apropriado de educação moral pública poderia apoiar adequadamente seu desenvolvimento[67].

Agora, é claro que isso não muda nada a respeito do problema mencionado por Rawls: a inclusão da benevolência pode levar à indeterminação dos resultados. Essa é a razão pela qual os princípios políticos do enfoque das capacidades apoiam-se em argumentos independentes sobre a dignidade humana. Não tentamos gerar princípios a partir somente da compaixão, mas procuramos sustentá-los e torná-los estáveis através do desenvolvimento de uma compaixão sintonizada com os princípios políticos aqui

---

[65] Sobre a concepção aristotélica da amizade e dos fins compartilhados, ver Sherman (1989).
[66] Ver Nussbaum (2001a), capítulo 6 e 8. No capítulo 8, o autor discute a relação entre compaixão e a abordagem das capacidades.
[67] Ver capítulo 7 e Nussbaum (2003c).

defendidos. Não obstante, parece ser um mérito desse enfoque o fato de poder utilizar-se do que há de bom nos seres humanos reais – da mesma forma que a abordagem de Rawls utiliza-se de suas capacidades de reciprocidade e de seus desejos por termos justos de cooperação.

ix. À procura da justiça global

Os três problemas da justiça, tópicos principais deste livro, são todos, de diferentes maneiras, problemas acerca da globalização da teoria da justiça, isto é, acerca do modo de ampliarmos a justiça para todos aqueles que devem ser tratados justamente no mundo. As teorias contratualistas da justiça fazem um ótimo trabalho quando se trata de questões tradicionais de discriminação e exclusão. Todas elas são bem adequadas para lidar com desigualdades de riqueza, classe e *status*, e podem ser de modo particularmente fácil estendidas para lidar com desigualdades de raça e, em alguma medida, de gênero – apesar de nosso esboço histórico ter mostrado como é difícil chegar à igualdade de gênero a partir de um ponto de partida que insiste na igualdade de capacidade[68].

Nossos três problemas não solucionados mostram-se, entretanto, resistentes a tal proposta, porque todos envolvem, de diferentes maneiras, grandes assimetrias de poderes e de capacidades,

---

[68] A igualdade de gênero, entretanto, não pode ser tratada adequadamente sem uma crítica exaustiva da família, a qual nenhum teórico dessa tradição tem tido vontade de fazer por razões que não são provavelmente somente acidentalmente ligadas às suas adesões à doutrina do contrato. Ver adiante no capítulo 2 e, para uma abordagem detalhada, ver Nussbaum (2000a), capítulo 4. As desigualdades resultantes da orientação sexual se mostram resistentes às teorias baseadas em negociações por duas razões bem diferentes: primeiro, porque lidar com elas requer, mais uma vez, uma crítica radical da família em sua forma atual; e porque a presença na sociedade de gays e lésbicas bem posicionados no que diz respeito à renda e riqueza, mas que não estão bem posicionados com relação às bases sociais do autorrespeito, põe muita pressão na teoria de Rawls dos bens primários e seu uso de renda e riqueza para classificar posições sociais relativas. Ver capítulo 2.

e, em alguns casos, da própria racionalidade moral. Uma explicação satisfatória da justiça humana deve estender reciprocidade e respeito às pessoas com impedimentos, inclusive com impedimentos mentais graves. Uma boa análise requer reconhecer as muitas variedades de impedimentos, necessidades e dependências que seres humanos "normais" experienciam, e, assim, a enorme continuidade entre as vidas "normais" e as dessas pessoas com deficiências mentais durante toda a vida. Começando com uma concepção de pessoa como um animal social cuja dignidade não deriva inteiramente de uma racionalidade idealizada, o enfoque das capacidades pode nos ajudar a determinar uma concepção adequada de uma cidadania completa e igual para pessoas com deficiências mentais.

As teorias do contrato social consideram o Estado-nação sua unidade básica. São obrigadas a fazer isso em função de razões internas à estrutura de suas teorias. Tais teorias não podem fornecer abordagens adequadas a problemas de justiça global, isto é, de justiça que lide com desigualdades entre nações ricas e pobres, e entre seres humanos de qualquer nação. Para solucionar esses problemas devemos avaliar a complexa interdependência de cidadãos de diversas nações, as obrigações morais tanto de indivíduos quanto de nações com relação a outras nações, e o papel das entidades transnacionais (corporações, mercados, organizações não governamentais, acordos internacionais) em assegurar às pessoas as oportunidades mais básicas para uma vida humana completa. O enfoque das capacidades, em algumas de suas versões, nos ajuda a pensar satisfatoriamente sobre qual deveria ser o objetivo das relações internacionais.

Porque as teorias de contrato social começam da alegada importância crucial da racionalidade humana, definindo tanto a reciprocidade quanto a dignidade em seus termos, negam que tenhamos obrigações de justiça para com animais não humanos, e consideram tais obrigações derivadas e posteriores. Devemos corrigir isso de dois modos: reconhecendo um nível de inteligência em animais não humanos e rejeitando a ideia de que somente aqueles que podem participar na elaboração de um contrato social são sujeitos completos de uma teoria da justiça. O enfoque das capacidades, com sua ênfase na continuidade de tipos de capacidades e funcionamentos, fornece um guia superior tanto às teorias do contrato quanto à do utilitarismo, no que diz respeito ao modo de melhor atuar com relação a essas questões urgentes da justiça.

Até aqui vínhamos aplicando o enfoque das capacidades, sem modificá-lo muito. Somente mudanças sutis da teoria já desenvolvida são necessárias, a fim de que ela possa lidar bem com as primeiras duas questões da nossa agenda. Fazer justiça às exigências dos animais não humanos requer um desenvolvimento maior do enfoque. Mas argumentarei que uma abordagem basicamente aristotélica está bem situada para dar uma boa orientação nessa área, melhor em todo caso do que a fornecida seja pela abordagem kantiana, seja pela utilitarista. A abordagem é animada pelo entendimento aristotélico de que há algo de maravilhoso e respeitável em qualquer organismo natural complexo – e assim está tudo preparado, nesse sentido, para que seja concedido respeito aos animais e reconhecida a sua dignidade.

Com essa ideia geral em mente o enfoque das capacidades pode argumentar que a noção do florescimento característico a determinada criatura deveria aclarar os debates sobre políticas públicas nesses terrenos difíceis. A mera capacidade da sensibilidade representa um foco muito unidimensional, já que exclui a variedade das capacidades e atividades animais, assim como certas áreas de danos ao florescimento que não registram dor. Muitas questões difíceis terão de ser enfrentadas; entre elas – uma vez que no caso humano há o uso problemático desde o começo de uma norma de espécie marcada moralmente, avaliando as capacidades em vez de validar tudo o que existe –, a de que é muito difícil saber como um exercício correspondente de avaliação deveria ser feito no caso de espécies não humanas. O enfoque das capacidades não fomenta adorações acríticas da natureza, pelo contrário, fomenta a avaliação das capacidades básicas de uma criatura, perguntando quais são aquelas de importância central para o seu bem. Esse é um trabalho difícil. Além disso, nessa área, nós inevitavelmente enfrentamos conflitos e compensações, evitáveis no caso humano, com nossa ênfase no conjunto coordenado de todas as capacidades como um objetivo social mínimo. Não obstante, podemos avançar no debate seguindo essa nova abordagem teórica e observando quais frutos ela pode nos oferecer.

É preciso enfatizar mais uma vez que esse projeto não almeja tirar de cena a teoria do contrato social, e menos ainda a grande teoria de Rawls, a qual de muitas maneiras segue e amplia. Seu objetivo é apreender o que é requerido para podermos estender os princípios da justiça, em si mesmos atraentes, e ideias intuitivas em si mesmas atraentes, a problemas a que Rawls não acreditou que seus argumentos poderiam enfrentar a contento. Para mim parece que essa extensão exige um novo tipo de começo e a rejeição de alguns elementos característicos da tradição do contrato social. Mas as teorias contratualistas, especialmente em sua forma kantiana moralizada, são aliadas próximas do enfoque das capacidades. Elas são teorias importantes a serem consideradas quando refletimos sobre justiça social, sejam quais forem as limitações que percebamos nelas. Os próprios defensores dessas teorias, entretanto, afirmam ou dão a entender que há alguns problemas que eles não podem resolver, ou que normalmente lhes parecem difíceis de resolver. Nessa era da história humana, esses problemas não solucionados estão adquirindo cada vez mais importância. Parece ser chegada a hora de ver o que um exame desses problemas nos mostrará sobre a justiça social, e o que uma teoria alternativa pode oferecer.

CAPÍTULO 2

AS DEFICIÊNCIAS E O CONTRATO SOCIAL

> *O problema aqui não é a assistência aos idosos, que pagaram pelos seus benefícios através de atividades produtivas pregressas. As terapias de prolongamento da vida possuem, porém, um potencial redistributivo ameaçador. O problema principal é com a assistência para os deficientes físicos. Falar eufemisticamente em permitir-lhes usufruir vidas produtivas, quando os serviços exigidos superam quaisquer possíveis produtos, oculta uma problemática a qual, compreensivelmente, ninguém quer enfrentar.*
>
> – David Gauthier, *Morals by Agreement*

i. Assistência como necessidade e problema de justiça

Sesha, filha da filósofa Eva Kittay e de seu marido, Jeffrey, é uma jovem mulher de vinte e tantos anos. Cativante e carinhosa, ama música e vestidos bonitos. Responde com alegria ao afeto e admiração dos outros. Sesha balança ao ritmo da música e abraça seus pais. Mas jamais poderá andar, falar ou ler. Por causa de uma paralisia cerebral congênita e retardo mental grave, será sempre profundamente dependente dos outros. Precisa ser vestida, lavada, alimentada e que a levem para passear pelo Central Park em cadeira de rodas. Além desses cuidados mínimos, para que tenha uma boa vida ao seu modo, precisa de companhia e de amor, e de uma clara retribuição pela sua capacidade de demonstração de afeto e satisfação, que são seus modos mais pregnantes de conectar-se com os outros. Seus pais, profissionais atarefados, ocupam-se ambos de Sesha por muitas horas e pagam uma enfermeira em tempo integral. Ainda mais ajudantes são necessários nas muitas ocasiões em que Sesha está doente ou tem ataques e não pode ajudar os pais dizendo onde dói[1].

Meu sobrinho Arthur é uma criança grande e bonita, de dez anos. Adora todo tipo de máquinas e já possui um conhecimento impressionante sobre seu funcionamento. Poderia conversar com Arthur o dia todo sobre a teoria da relatividade se a entendesse tão bem quanto ele. Minhas conversas ao telefone com Art vão sempre de "Oi, tia Martha" diretamente para a última novidade mecânica, científica ou histórica que o tenha fascinado naquele momento. Mas Art é incapaz de estudar em uma sala de aula de escola pública, e não pode ser deixado sozinho por um minuto quando ele e sua mãe estão fazendo compras. Possui poucas habilidades sociais e parece ser incapaz de aprendê-las. Afetivo em casa, fica apavorado se um estranho lhe toca. Excepcionalmente grande para sua idade, também é muito desajeitado e, por isso, incapaz de jogar os jogos que a maioria das crianças menores domina. Também possui tiques nervosos chamativos e produz sons estranhos.

Arthur tem tanto a síndrome de Asperger, que provavelmente é um tipo de autismo de alto nível funcional [*high-functioning-autism*], como a síndrome de Tourette[2]. Seus pais trabalham em

---

[1] Ver Kittay (1999). Meu retrato de Sesha aqui corresponde à época descrita nesse livro.

[2] Também possui numerosas deficiências físicas, dentre as quais se destaca um grupo de alergias alimentares muito graves.

período integral, e não podem lhe proporcionar muita ajuda. Felizmente, o trabalho de sua mãe, como organista de igreja, permite que ela pratique em casa, e os membros da igreja não se importam que ela leve Arthur para o trabalho. Ainda mais importante, o estado no qual eles vivem concordou, após uma luta, em pagar pela educação de Arthur em uma escola privada, equipada para lidar com sua combinação de talentos e deficiências. Nenhum de nós sabe se Arthur poderá algum dia viver por conta própria[3].

Jamie Bérubé ama B.B. King, Bob Marley e Beatles. Pode imitar um garçom trazendo seus pratos favoritos, e possui um arguto senso de humor verbal. Jamie nasceu com a síndrome de Down e desde seu nascimento tem recebido sempre a assistência de uma ampla variedade de médicos e terapeutas, para não mencionar o cuidado ininterrupto de seus pais, os críticos literários Michael Bérubé e Janet Lyon. Nos primeiro dias de vida, Jamie tinha que ser alimentado através de uma sonda inserida pelo seu nariz: seus níveis de oxigênio eram monitorados por uma máquina. Na época em que seu pai o descreve[4], Jamie tem três anos. Um logopedista trabalha para desenvolver seus músculos da língua; outro lhe ensina a língua norte-americana de sinais. Um massagista terapeuta alonga os músculos encurtados de seu pescoço de modo que a sua cabeça possa ficar mais reta. Cinesioterapeutas trabalham o baixo tônus muscular, o maior obstáculo tanto ao movimento quanto à fala das crianças com síndrome de Down. Igualmente importante, uma boa pré-escola local em Champaign, Illinois, o incluiu em uma sala de aula regular, estimulando sua curiosidade e lhe dando uma preciosa autoconfiança nas relações com outras crianças, que reagem bem à sua doce personalidade.

---

[3] Esta é uma descrição de Art em 2000; como veremos, as coisas mudaram bastante desde então.
[4] Em Bérubé (1996); meu retrato de Jamie deriva dessa descrição.

Acima de tudo, seu irmão, pais e amigos constituem um mundo no qual ele não é visto como "uma criança com síndrome de Down", muito menos "um mongoloide idiota". Ele é Jamie, uma criança especial. Jamie provavelmente poderá viver de alguma forma por conta própria e arrumar um emprego. Mas seus pais sabem que irá, mais do que muitas outras crianças, precisar deles por toda a sua vida.

Crianças e adultos com impedimentos mentais são cidadãos[5]. Qualquer sociedade decente deve responder às suas necessidades de assistência, educação, autorrespeito, atividade e amizade. As teorias de contrato social, no entanto, imaginam os agentes contratantes que projetam a estrutura básica da sociedade como "livres, iguais e independentes", e os cidadãos cujos interesses representam, como "membros plenamente cooperantes da sociedade

---

[5] Uma observação com relação à terminologia: na literatura sobre deficiência, "impedimento" [*impairment*] é uma perda de função corporal normal; "deficiência" [*disability*] é algo que você não pode fazer em seu meio ambiente em função de uma lesão; *handicap* é a desvantagem competitiva resultante. No que se segue, tentarei levar em consideração essas distinções, apesar da linha entre lesão e deficiência ser difícil de estabelecer, particularmente quando o contexto social não é considerado fixo, mas aberto para debates. Como argumentarei, não podemos prevenir todas as deficiências, pois alguns impedimentos continuarão afetando a funcionalidade mesmo em um ambiente social justo. O que devemos fazer é prevenir o *handicap* com relação a direitos básicos.

A literatura distingue normalmente entre "doença mental", tida como primariamente uma desordem emocional, e "impedimentos cognitivos", ou "deficiências intelectuais", tidas como envolvendo somente a razão e não as emoções. Acredito que essa divisão é equivocada: casos nucleares de doença mental, tal como esquizofrenia, envolvem tanto impedimentos cognitivos quanto emocionais. "Impedimentos cognitivos" como autismo e a síndrome de Asperger envolvem proeminentemente as emoções. Além disso, se alguém sustenta, como o faço, que as emoções envolvem a cognição, não quererá usar uma linguagem que encoraja as pessoas a separá-las. Por todas essas razões, uso a expressão "impedimento mental" e "deficiência mental" para cobrir o terreno ocupado tanto pelos impedimentos "cognitivos" quanto pelas "doenças mentais", em correspondência com as expressões "impedimento físico" e "deficiência física" (apesar de, é claro, não implicar que os impedimentos mentais não tenham uma base física).

ao longo de uma vida completa"[6]. Também, muitas vezes, os imaginam caracterizados por uma racionalidade particularmente idealizada. Tais abordagens são insatisfatórias, mesmo em casos de impedimentos e deficiências físicas graves. Está claro que essas teorias só abordarão os impedimentos mentais graves, e suas deficiências associadas, em um momento posterior, depois que as instituições básicas da sociedade já tenham sido formuladas. Na prática, isso significa que pessoas com impedimentos mentais não estão entre aquelas para as quais e em reciprocidade com as quais as instituições básicas da sociedade são estruturadas.

O fracasso em lidar adequadamente com as necessidades de cidadãos com impedimentos e deficiências é uma falha grave das teorias modernas que concebem os princípios básicos da política como o resultado de um contrato para vantagem mútua. Essa falha vai mais fundo, afetando-lhes a credibilidade como abordagens acerca da justiça humana em um sentido mais geral[7]. Uma abordagem satisfatória da justiça humana requer reconhecer a igualdade na cidadania para pessoas com impedimentos, inclusive impedimentos mentais, e apoiar apropriadamente o trabalho de sua assistência e educação, de tal maneira que também ajudem a lidar com os problemas causados pelas deficiências associadas. Além disso, requer reconhecer as muitas variedades de lesão, deficiência, necessidade e dependência que um ser humano "normal" igualmente experimenta, e, dessa forma, a grande continuidade que existe entre as vidas "normais" e as daquelas pessoas que padecem de impedimentos permanentes. Defenderei no capítulo 3 que o enfoque das capacidades pode funcionar melhor porque

---

[6] Locke é a fonte da primeira frase, Rawls da segunda (*LP*, pp. 20, 21, 183 e em outros lugares): ver a discussão na seção ii, e, sobre Locke, ver o capítulo1.

[7] Uma vez mais, falo apenas de teorias que consideram que a razão do contrato é a vantagem mútua.

começa a partir de uma concepção da pessoa como um animal social, cuja dignidade não deriva de uma racionalidade idealizada, e, além disso, oferece uma concepção mais adequada de cidadania plena e igual para pessoas com impedimentos físicos e mentais, e para aquelas que cuidam delas.

No decorrer do livro abordarei tanto o impedimento físico quanto o mental, mas me concentrarei, particularmente, no último, pois desafia as teorias em questão de uma maneira mais fundamental. Por essa razão, destacarei aqui três exemplos de impedimento mental, mas, mais tarde, apontarei para as implicações de meu argumento também para o impedimento e a deficiência físicos. Uma vez que o foco prático da minha argumentação será a educação, centrarei a discussão em crianças; mas, é claro, o argumento é completamente geral, e possui implicações práticas relacionadas ao tratamento dos adultos.

Os impedimentos e as deficiências levantam aqui dois problemas distintos de justiça social, ambos urgentes. Em primeiro lugar figura a questão do tratamento justo para pessoas com impedimentos, muitas das quais precisam de arranjos sociais atípicos, incluindo diversos tipos de assistência, se queremos que tenham vidas socialmente integradas e produtivas. Em outra época, Sesha e Jamie teriam, provavelmente, morrido na infância, ou, se tivessem sobrevivido, teriam sido internados em alguma instituição na qual receberiam os cuidados básicos, sem jamais terem a chance de desenvolver suas capacidades para o amor, a alegria e, no caso de Jamie, para conquistas cognitivas substanciais e, provavelmente, para a cidadania ativa[8]. Quinze anos atrás, antes de a síndrome de Asperger ter sido reconhecida como uma doença,

---

[8] As coisas nem sempre foram assim: a institucionalização nos Estados Unidos começou na época da Guerra Civil, e algum tempo antes na Europa e Grã-Bretanha.

Arthur teria sido, provavelmente, considerado uma criança inteligente, com problemas emocionais por causa dos pais. Ele teria sido, provavelmente, internado em alguma instituição, sem nenhuma oportunidade de aprender, enquanto seus pais teriam vivido com uma culpa esmagadora. Uma sociedade justa, em contraste, não estigmatizaria essas crianças nem impediria seu desenvolvimento; apoiaria sua saúde, sua educação, a plena participação na vida social, e mesmo, se possível, na vida política[9].

Uma sociedade justa, podemos pensar, também olharia para o outro lado do problema, a sobrecarga das pessoas que cuidam de seus dependentes. Essas pessoas carecem de muitas coisas: reconhecimento de que o que fazem é trabalho; de assistência, tanto humana quanto financeira; de oportunidades de empregos recompensadores e de participação na vida social e política. Essa questão está estreitamente ligada à justiça de gênero, uma vez que a maior parte do cuidado de dependentes é realizada por mulheres. Além disso, grande parte do trabalho de cuidar de um dependente não é remunerado nem reconhecido como trabalho pelo mercado, apesar de afetar enormemente a vida de tal trabalhador. Minha irmã não poderia manter nenhum emprego que não lhe permitisse ficar muitas horas em casa. Somente a grande flexibilidade dos horários de ensino e pesquisa universitária permite que tanto os Bérubés quantos os Kittays compartilhem suas responsabilidades de cuidado dos filhos mais equitativamente do que é comum entre profissionais ambiciosos. Também podem arcar financeiramente com muita ajuda – a maioria, como Kittay observa com incômodo, exercida por mulheres que, elas próprias, não cobram muito, e que não são respeitadas pela sociedade como

---

[9] Para um exemplo notável da participação política de dois homens com síndrome de Down, ver Levitz e Kingsley (1994) e Levitz (2003).

deveriam, já que estão fornecendo um serviço social especializado e vital[10].

Esses problemas não podem ser ignorados ou adiados sob a suposição de que afetam somente um número pequeno de pessoas. Essa seria de qualquer forma uma má razão para adiá-los, já que levantam problemas graves de desigualdade, da mesma forma que seria ruim adiar questões de discriminação racial ou religiosa sob o argumento de que afetam somente uma minoria pequena. Mas devemos, também, reconhecer que a deficiência e a dependência surgem de diversas maneiras. Não é somente a grande quantidade de crianças e adultos com impedimentos permanentes que precisam de assistência integral e constante. Os impedimentos mentais, físicos e sociais que acabei de descrever apresentam, todos, paralelos aproximados com as condições de vida dos idosos. Eles são ainda muito mais difíceis de cuidar do que as crianças e os jovens adultos com deficiências, pois são pessoas mais zangadas, defensivas e amarguradas, menos agradáveis de conviver. Lavar o corpo de uma criança com síndrome de Down parece uma tarefa muito mais fácil do que lavar o corpo incapacitado e incontinente de um pai, ou de uma mãe, que detesta estar em tal condição, especialmente quando ambos, o assistente e o assistido, se recordam dos seus melhores anos. Assim, o modo pelo qual refletimos sobre as necessidades de crianças e de adultos com impedimentos e deficiências não diz respeito apenas a uma parte atípica da vida, facilmente isolada da "média"; também

---

[10] Sobre a questão geral de respeito ao trabalho assistencial, ver Ruddick (1989), que cita um estudo do governo norte-americano de 1975 que classifica diferentes tipos de trabalho de acordo com a "complexidade" e as habilidades requeridas. A maior pontuação foi ganha pelo trabalho de cirurgia. Entre as piores pontuações ficaram as repartidas entre os trabalhos de babá e professoras de enfermagem, que foram agrupadas ao lado do "ajudante de misturador de barro" e a pessoa que joga os restos de galinha em um contêiner.

tem implicações sobre o modo como os "normais" (pessoas com defeitos e limitações medianos)[11] pensam sobre seus pais quando estes envelhecem – e sobre as necessidades que eles próprios, provavelmente, terão se viverem o bastante[12]. Quando a expectativa de vida aumenta, a independência relativa que muitas pessoas algumas vezes desfrutam parece ser cada vez mais uma condição temporária, uma fase da vida na qual entramos gradualmente e que também rapidamente começamos a deixar. Mesmo na fase áurea de nossas vidas, muitos de nós encontramos períodos curtos ou longos de extrema dependência dos outros – depois de uma cirurgia ou de um acidente grave, ou durante um período de depressão ou *stress* mental grave[13]. Ainda que uma análise teórica possa ambicionar distinguir tais fases excepcionais de uma vida "normal" de um impedimento permanente, é difícil estabelecer essa distinção na vida real, e o será cada vez mais[14].

Mas, se reconhecermos a contiguidade entre a situação de pessoas com impedimentos permanentes e certas fases excepcionais das vidas "normais", devemos também reconhecer que o problema de respeitar e incluir pessoas com impedimentos e o problema correlativo de fornecer assistência para pessoas com impedimentos e deficiências são vastos e afetam virtualmente toda família em

---

[11] O termo "normais" provém de Goffman (1963); sobre a sua teoria do estigma, ver Nussbaum (2004a).

[12] De acordo com a secretaria das mulheres do ministério do trabalho norte-americano, em maio de 1998 um número estimado de 22,4 milhões de lares – praticamente um em cada quatro – prestavam assistência doméstica para membros da família ou amigos com mais de cinquenta anos. Para esses e outros dados, ver Harrington (1999).

[13] Ainda que o aumento da expectativa de vida signifique que, apesar do alto índice de divórcios, o casamento médio dure mais do que durava no século XIX, o crescente aumento do tempo de deficiência na velhice logo excederá o que costumava ser a expectativa de vida média.

[14] Sobre essa distinção, ver *JE*, discutido na seção vi; Rawls, por sua vez, apoia-se em Daniels (1985).

cada sociedade. Há um grande número de pessoas cuja saúde, participação e autorrespeito dependem das decisões que tomemos nesse terreno. Uma das tarefas mais importantes de uma sociedade justa seria responder a essas necessidades de modo a proteger a dignidade dos beneficiários.

Ao mesmo tempo, há também uma grande quantidade de trabalho assistencial sendo feito, normalmente sem remuneração e sem o reconhecimento público de que se trata de um trabalho como outro qualquer. Providenciar essa assistência de tal maneira que não explore o assistente também parece ser tarefa central de uma sociedade justa[15]. Em outra época, pressupunha-se que todo esse trabalho seria feito por pessoas (especificamente, mulheres) que de qualquer forma não eram cidadãs de plenos direitos e não precisavam trabalhar fora de casa. As mulheres não foram indagadas se desejavam fazer esse trabalho: era simplesmente o trabalho que lhes correspondia e se presumia que o faziam por escolha, por amor, ainda que, na verdade, tivessem poucas opções de escolha nesse assunto. Hoje, consideramos que as mulheres são igualmente cidadãs e têm o direito de procurar qualquer tipo de trabalho. Também consideramos que têm, em geral, o direito verdadeiro à escolha sobre se realizarão uma quantidade desproporcional de assistência infantil ou se assumirão a sobrecarga de cuidar de algum pai ou mãe idosos. Tampouco hoje a maioria das pessoas afirmaria, se perguntada, que o acidente de dar à luz uma criança com impedimentos graves deveria destruir todas as chances, para os pais ou para um dos pais, de ter uma vida pessoal e

---

[15] Esse é um dos temas mais importantes na literatura feminista recente: ver especialmente Kittay (1999), Folbre (1999) e (2001). Trabalhos anteriores importantes nessa área incluem Fineman (1991) e (1995), Ruddick (1989), Tronto (1993), Held (1993), West (1997). Duas coleções excelentes de artigos desde diversas perspectivas feministas encontra-se em Held (1995) e Kittay e Feder (2002).

social produtiva. Mas as realidades vividas em nações que ainda assumem (tal como, em certa medida, ainda ocorre em todas as nações modernas) que esse trabalho deve ser feito de graça, "por amor", ainda colocam enormes obstáculos às mulheres ao longo de todo o espectro econômico, diminuindo sua produtividade e sua contribuição para a vida civil e política[16]. O cuidado ordinário das crianças ainda é feito desproporcionalmente pelas mulheres, uma vez que estão muito mais dispostas do que os homens a assumir trabalhos de meio período e as limitações da carreira que isso impõe. Os homens que concordam em ajudar no cuidado de uma criança que logo irá para a escola estão, em geral, muito menos dispostos a assumir a dura carga de cuidar por um longo período de um descendente ou ascendente com impedimentos graves. Em algumas nações, a mulher que realiza tal tipo de trabalho pode contar com o apoio de outros membros da sua extensa família, ou da rede comunitária; em outras, não.

ii. **Versões prudenciais e morais do contrato: o público e o privado**

O que disseram as teorias da justiça da tradição do contrato social a respeito desses problemas? Praticamente nada. Essa omissão não pode, porém, ser facilmente corrigida, pois está integrada na estrutura de nossas melhores teorias.

Algumas versões do contrato social (Hobbes, Gauthier) partem unicamente da racionalidade egoísta; a moralidade surge (na medida em que o faz) das restrições impostas pela necessidade de

---

[16] Ver também o Programa das Nações Unidas para o Desenvolvimento (1999), pp. 77-83, que argumenta que tanto em países em desenvolvimento quanto em países desenvolvidos tal trabalho não remunerado é uma das maiores fontes de desvantagem para as mulheres, e isso vale de modo cada vez maior na nova economia globalizada, a qual, em muitos casos, substituiu o trabalho doméstico por trabalho fora de casa.

se negociar com outros que estão em situação parecida com a nossa. A versão de Rawls, em contraste, acrescenta a representação da imparcialidade moral sob a forma do véu da ignorância, o qual restringe as informações das partes sobre suas posições na futura sociedade. Assim, apesar de as partes de Rawls perseguirem seu próprio bem-estar, indiferentes aos interesses dos outros[17], não se pretende que sejam modelos de pessoa completa, mas sim modelos de partes da pessoa. A outra parte, a parte moral, é fornecida pelas restrições de informações do véu. Não obstante, em ambas as versões, egoísta e moralizada, do contrato a ideia de que as partes sejam em linhas gerais iguais em poder e capacidade possui um papel estrutural muito importante na determinação da situação de negociação[18]. Como vimos, Rawls descreve a definição de Hume das circunstâncias da justiça como "as condições normais sob as quais a cooperação humana é possível e necessária" (*TJ*, p. 126). Jamais deixa de endossar a restrição de Hume, a despeito do seu enfoque kantiano nas condições justas. Sua teoria é dessa forma um híbrido[19], kantiana, em sua ênfase nas condições justas, e contratualista clássica, em sua ênfase no "estado de natureza" e no objetivo de vantagem mútua.

---

[17] As partes na posição original possuem a mesma concepção de bem-estar, definida em termos de bens primários. Elas sabem que as pessoas que representam possuem diversas concepções de bem. Algumas dessas concepções abrangentes [*comprehensive*] podem, é claro, incluir interesses pelos outros e relações afetivas, mas uma vez que as partes estabelecem o contrato sem consciência de suas próprias concepções particulares, esses interesses não podem entrar em suas considerações no momento de acordá-lo.

[18] É interessante observar aqui que não está terrivelmente claro se devemos pensar sobre essas capacidades acontextualmente (como livres de impedimentos graves) ou contra o pano de fundo de alguns contextos gerais (como livres de deficiências graves dentro de algum contexto humano "normal"). Os contratualistas clássicos não levaram em conta o grau no qual mudanças no contexto social poderia afetar o relacionamento entre o que chamo impedimento e o que chamo deficiência.

[19] Tal como a teoria política de Kant.

Uma igualdade aproximada de poder e de capacidade pode ser construída de diversas formas. Por exemplo, poderíamos imaginar todas as partes do contrato social como seres necessitados e dependentes, com laços fortes e inalienáveis entre si. No entanto, todos os maiores pensadores do contrato social escolheram imaginar suas partes como adultos racionalmente competentes, que, como diz Locke, são, em um estado de natureza, "livres, iguais, e independentes"[20]. Contratualistas contemporâneos adotam explicitamente uma hipótese próxima a essa. Para David Gauthier, pessoas com necessidades especiais ou impedimentos não tomam "parte de relacionamentos fundados em uma teoria contratualista"[21]. Da mesma forma, as partes na posição original de Rawls sabem que suas habilidades, físicas e mentais, estão dentro do âmbito "normal". E cidadãos na Sociedade Bem Ordenada de Rawls, cujos interesses são representados pelas partes na posição original, são "membros plenamente cooperantes da sociedade ao longo de uma vida completa".

Essa ênfase está embutida profundamente na lógica da situação contratual: a ideia é a de que as pessoas só se reúnem e estabelecem por contrato os princípios políticos básicos em certas circunstâncias, que podem dar lugar a vantagem mútua e segundo as quais todos esperam ganhar algo com a cooperação. Incluir na situação inicial pessoas com necessidades excepcionalmente onerosas ou que delas caiba esperar que contribuam muito menos do que a maioria para o bem-estar do grupo (menos do que a quantidade definida pela ideia do "normal", cujo uso em Rawls

---

[20] Locke (1679-1680?/1960), capítulo 8. Locke, entretanto, como vimos, concede à benevolência um grande papel em sua descrição das partes; nessa medida, sua teoria escapa das objeções que levantarei.

[21] Gauthier (1986), p. 18, falando de todas "as pessoas que baixam o nível médio" de bem-estar em uma sociedade.

examinaremos em seguida), seria contrário à lógica de todo o exercício. Se as pessoas estão estabelecendo acordos cooperativos com vistas à vantagem mútua, desejarão unir-se com aquelas de cuja cooperação esperam ganhar algo, não com aquelas que requerem atenções excepcionais e onerosas sem que contribuam suficientemente para o produto social, e que, portanto, reduziriam o nível do bem-estar conjunto da sociedade. Como Gauthier reconhece com veemência, essa é uma característica incômoda das teorias contratualistas sobre a qual as pessoas não gostam de ser lembradas[22]. Dessa forma, a própria ideia de tal contrato conduz claramente ao estabelecimento de uma distinção entre variações "normais" em meio a cidadãos "geralmente produtivos" e o tipo de variação que coloca algumas pessoas em uma categoria especial de impedimento[23], um movimento que Rawls endossa explicitamente.

Agora é exatamente aqui que queremos, é claro, afirmar de pronto que pessoas com impedimentos e deficiências associadas não são improdutivas. Elas podem contribuir para a sociedade de diversas maneiras, desde que a sociedade crie as condições sob as quais possam fazer isso. Assim, as teorias do contrato social estão simplesmente erradas com relação aos fatos; se corrigissem suas pressuposições factuais falsas, poderiam incluir plenamente pessoas com impedimentos, e suas necessidades especiais, diminuindo as deficiências associadas a esses impedimentos. Uma defesa da teoria do contrato social que siga essa linha de raciocínio está, entretanto, condenada ao fracasso.

Antes de passar a um exame mais detalhado da teoria de Rawls, permitam-me levantar uma questão que não tratarei em

---

[22] Ibid., n. 30; ver epígrafe.
[23] E a deficiência? Mais uma vez não está totalmente claro se os impedimentos são imaginados a partir de uma ideia das circunstâncias gerais da vida humana, e, portanto, como produtores de deficiências dentro desse contexto geral.

toda a sua extensão. A própria ideia de estabelecer por contrato os princípios que governarão a cultura pública tenderá sempre a ser associada com a omissão de certas questões importantes de justiça relacionadas com a assistência aos dependentes, pelas seguintes razões. Tradicionalmente, na história do pensamento político ocidental[24], a esfera do contrato tem sido vista como a esfera pública, caracterizada pela reciprocidade entre pessoas aproximadamente iguais. Essa esfera é geralmente contrastada com outra, a chamada esfera privada, ou o lar. Nela as pessoas agem por amor e afeto e não por respeito mútuo; nela as relações contratuais estão fora do lugar e a igualdade não é um valor central. Os laços familiares de amor e as atividades que deles fluem são imaginados como de alguma forma pré-contratuais ou naturais, não como componentes do que as partes, elas próprias, estão planejando. Até mesmo Rawls utiliza a expressão-padrão "afetos naturais" para caracterizar os sentimentos familiares.

Hoje, no entanto, quase todo mundo reconhece que a família é, ela própria, uma instituição política, definida e modelada, em aspectos fundamentais, por leis e instituições sociais[25]. Aliás, dever-se-ia também deixar claro (e isso já era claro para o grande John Stuart Mill) que os sentimentos familiares estão longe de ser naturais: são moldados de diversas maneiras pelas condições do ambiente social e pelas expectativas e necessidades que elas impõem à família. Nenhum dos pensadores da tradição do contrato social, entretanto, aproxima-se deste *insight* (ainda que tanto Hobbes quanto Rawls tenham, distintamente, elementos dele). Uma das razões dessa falha, acredito, está no fato de a metáfora norteadora

---

[24] Aliás, também na história do pensamento político indiano, a única tradição não ocidental que conheço suficientemente para poder comentar. Ver Nussbaum (2002a).
[25] Ver Nussbaum (2000a), capítulo 4.

que utilizam para a organização de princípios políticos ser a ideia do contrato, tradicionalmente associada à antiga distinção entre as esferas pública e privada. Mas não há nada na própria *ideia* de um contrato social que nos impeça de utilizá-la para pensar a estrutura familiar e o trabalho feito dentro da família. Abordagens sobre a família que empregam as ideias do contrato e da negociação provaram ser úteis em nos ajudar a pensar sobre questões de equidade nas relações entre membros de uma mesma família[26]. Alguém poderia pensar que Rawls iria nessa direção, pois reconhece que a família é uma das instituições que formam parte da "estrutura básica" da sociedade na medida em que influencia decisivamente as chances de vida das pessoas, desde o início da vida, e também porque repudia a distinção entre o público e o privado, ao menos oficialmente. Dessa forma, alguém poderia pensar que ele consideraria o trabalho dentro da família parte daquilo que o acordo social deveria regular, ainda que, por razões complexas, ele não o tenha feito[27]. A valorização histórica da família como a esfera privada do amor e afeto, a ser contrastada com a esfera do contrato, dificulta, no entanto, a tarefa de desenvolver, de modo consistente, o *insight* de que a família é uma instituição política. Nenhuma das teorias aqui consideradas trata a família dessa forma, como entidade política. Todas, consequentemente, fornecem muito pouca ajuda com relação aos problemas de justiça dentro da vida familiar[28].

---

[26] Ver Sen (1990); Agarwal (1997).
[27] Ver Okin (1989). Com relação à reformulação de Rawls de sua posição em *IPRR*, ver Nussbaum (2001a), capítulo 4. A família é tratada ulteriormente como uma instituição voluntária, análoga a uma igreja ou a uma universidade, de modo que a justiça política só a regula desde fora.
[28] Ver Nussbaum (2000a), capítulo 4, e (2000c).

iii. O contratualismo kantiano de Rawls: bens primários, pessoalidade kantiana, igualdade aproximada e vantagem mútua

Façamos agora um exame mais detalhado da teoria kantiana do contrato social de Rawls, que, acredito, é a melhor teoria desse tipo de que dispomos. A teoria de Rawls é excepcionalmente atraente porque não trata de extrair a moralidade da imoralidade, mas parte de um modelo da perspectiva moral muito atrativo. A combinação na posição original da racionalidade prudencial das partes com as restrições de informações impostas pelo véu da ignorância almeja nos fornecer a representação esquemática de uma situação moral que as pessoas reais podem viver a qualquer momento, se são suficientemente capazes de ignorar a pressão de seus próprios interesses. Como diz Rawls, na comovente frase final de *Uma teoria da justiça*, "A pureza do coração, caso fosse possível alcançá-la, seria ver as coisas claramente, e agir com graça e autodomínio a partir desse ponto de vista" (p. 587)[29]. A concepção de Rawls é, certamente, mais promissora do que a de Gauthier, se estamos procurando por boas respostas para os nossos problemas de justiça para as pessoas com deficiências mentais.

A teoria de Rawls, entretanto, é uma teoria híbrida. Seus elementos kantianos estão, algumas vezes, em tensão com seus elementos do contrato social clássico. Devemos estar preparados

---

[29] Ver também *LP*, p. 51: na posição original, diz Rawls, o Razoável é modelado pelas limitações de informações, colocadas claramente à parte da descrição da racionalidade das partes, conectada, por seu lado, com seus interesses em perseguir suas próprias e diversas concepções de bem. Ver também *LP*, pp. 103-105: cidadãos na Sociedade Bem Ordenada possuem duas faculdades morais: a faculdade de senso de justiça e a faculdade de uma concepção de bem. A capacidade de formar e ser guiado por uma concepção de bem é modelada na posição original pela racionalidade das partes; a capacidade para o senso de justiça, pela simetria aproximada entre as partes e por suas limitações de informações. Portanto, poder-se-ia dizer que rivalizam com outras definições de Racional e Razoável.

para identificar essas tensões e perguntar, para cada problema que encontremos, qual elemento da teoria é a sua causa, e quais elementos, em contraste, podemos utilizar para diminuir o problema. As quatro áreas problemáticas que devemos examinar são: o uso na teoria da renda e riqueza para indicar posições sociais relativas, o seu uso da concepção kantiana de pessoa e de reciprocidade, o seu compromisso com as circunstâncias da justiça e o seu compromisso com a ideia da vantagem mútua como aquilo que torna a cooperação superior à não cooperação.

Deveríamos mencionar um quinto problema: o profundo comprometimento de Rawls com a simplicidade e economia metodológica. Esse compromisso não só determina o tratamento dos bens primários, mas também afeta, de modo geral, o formato do seu contratualismo, levando-o, por exemplo, a excluir da posição original motivações de benevolência. A razão que Rawls oferece para não acompanhar Locke nesse ponto, e incluir a benevolência, é que lhe interessa "assegurar que os princípios de justiça não dependam de pressuposições fortes. Na base da teoria, busca-se assumir o mínimo possível" (*TJ*, p. 129). Voltarei a esse ponto mais tarde quando for discutir a necessidade de se introduzir a benevolência.

Retornemos, agora, ao tratamento explícito da deficiência em Rawls, perguntando-nos como cada um dos aspectos acima mencionados de sua teoria aparece na sua justificativa para adiar essa questão para um "estágio legislativo posterior", quando os princípios básicos da sociedade já teriam sido formulados.

iv. Adiando a questão da deficiência

As partes contratantes de Rawls são imaginadas, o tempo todo, como adultos racionais, com necessidades aproximadamente semelhantes, capazes de um nível "normal" de cooperação social e de produtividade. Tanto no *Liberalismo político* quanto em *Uma teoria da justiça*, Rawls estipula que as partes na posição original sabem que seus "talentos inatos, tais como força e inteligência", se situam "dentro do nível normal" (p. 25). No *LP*, entretanto, elas representam cidadãos descritos como "membros plenamente cooperativos de uma sociedade ao longo de uma vida inteira" ou "membros normais e plenamente cooperativos de uma sociedade ao longo de uma vida inteira" (p. 20, p. 21, p. 183 e em outros lugares). Mais uma vez ele insiste: "Pressupus o tempo todo, e vou continuar a pressupor, que, embora os cidadãos não possuam capacidades iguais, eles têm, sim, ao menos no grau mínimo essencial, as faculdades morais, intelectuais e físicas que lhes possibilitam ser membros plenamente cooperadores da sociedade ao longo da vida inteira" (p. 183). Em sua teoria, a "questão fundamental da filosofia política" é a de "como especificar os termos equitativos de cooperação entre as pessoas assim concebidas" (ibid.). A pressuposição acerca das capacidades normais permite-nos, assim, "chegar a uma visão clara e ordenada daquela que, para nós, é a questão fundamental da justiça política: que concepção de justiça é a mais apropriada para especificar os termos da cooperação social entre cidadãos concebidos como livres e iguais e como membros normais e plenamente cooperativos da sociedade ao longo de toda a vida?" (p. 20)[30].

Ao conceber as pessoas dessa maneira, Rawls exclui da situação política de escolha básica as formas mais extremas de necessidade e dependência que os seres humanos podem experimentar,

---

[30] Rawls justifica a afirmação de que essa é uma questão fundamental apontando para a sua centralidade na tradição do pensamento político liberal (*LP*, p. 22). Tal argumento poderia talvez ser suficiente para determinar sua importância, mas dificilmente serve para justificar que não possam existir outras questões, negligenciadas pela tradição, que seriam igualmente importantes.

tanto física quanto mental e tanto permanente quanto temporária. Não se trata de nenhum descuido, mas sim de uma delimitação deliberada. Como veremos, Rawls reconhece o problema levantado pela inclusão de cidadãos com impedimentos incomuns, mas argumenta que esse problema deve ser solucionado em uma fase posterior, depois que os princípios políticos básicos já tenham sido escolhidos.

Esse adiamento é decisivo para a sua teoria política da justiça distributiva; pois, na sua explicação dos bens primários, introduzida, da forma que é, como uma explicação acerca das necessidades dos cidadãos caracterizados pelas duas faculdades morais e pela capacidade de serem "plenamente cooperativos", não há lugar para medidas sociais incomuns, necessários a fim de conseguirmos a maior integração possível das pessoas com impedimentos físicos e mentais. Proeminente entre esses arranjos sociais está o tipo de assistência em épocas de dependência fora do comum[31]. Mas outras questões centrais também são afetadas, pois nessa teoria o entendimento da liberdade, da oportunidade e da base social do autorrespeito estão, todos, vinculados às necessidades do cidadão "plenamente cooperativo". Portanto, as necessidades es-

---

[31] Eva Kittay argumentou em uma excelente discussão (1999, pp. 88-99; ver também 1997) que há cinco pontos na teoria de Rawls nos quais ele falha em enfrentar fatos relativos a necessidades assimétricas que poderiam ter sido enfrentados naturalmente: (1) sua descrição das circunstâncias da justiça assume uma igualdade aproximada entre as pessoas; (2) sua idealização dos cidadãos como "plenamente cooperantes" etc. deixa de lado a deficiência e a dependência; (3) sua concepção da cooperação social, mais uma vez, é baseada na ideia de reciprocidade entre iguais e não possui lugar explícito para relações de extrema a dependência; (4) sua descrição dos bens primários, tal qual é introduzida, como uma descrição das necessidades dos cidadãos caracterizados pela capacidade de serem "plenamente cooperantes", não tem lugar para as necessidades de cuidado de muitas pessoas reais; (5) sua descrição da liberdade dos cidadãos em termos de sua capacidade para ser fonte autoautenticativa de exigências válidas (por exemplo, *LP*, p. 32) deixa de fora qualquer liberdade que alguém diferente pudesse desfrutar.

peciais dos cidadãos com impedimentos e deficiências associadas – necessidades de educação especial, de remodelamento do espaço público (rampas de acesso para cadeiras de rodas, acesso para cadeiras de rodas nos ônibus, e assim por diante) – não parecem estar incluídas nesse estágio inicial, quando os princípios políticos básicos são escolhidos. Rawls deixa claro que entende o conceito de "cooperante pleno" de um modo que exclui pessoas com impedimentos físicos e mentais graves. Todas as necessidades especiais das pessoas portadoras de deficiência deverão, desse modo, ser levadas em consideração apenas depois que a estrutura básica da sociedade tenha sido definida.

Ora, é claro que Rawls está plenamente consciente de que a sua teoria enfoca alguns casos e deixa outros de lado. Ele insiste que, apesar de a necessidade da assistência para pessoas não "plenamente cooperativas" ser na sua compreensão "uma questão prática importante", é mais sensato que ela seja adiada até o estágio legislativo, depois que as instituições políticas básicas tenham sido delineadas:

> Acrescentemos, portanto, que todos os cidadãos são membros plenamente cooperantes da sociedade ao longo do curso de uma vida completa. Isso significa que todo mundo tem capacidades intelectuais suficientes para assumir uma parte normal na sociedade, e ninguém sofre de necessidades fora do comum que sejam especialmente difíceis de satisfazer, como, por exemplo, necessidades médicas atípicas e onerosas. É claro que fornecer assistência para aqueles com tais necessidades é uma questão prática urgente. Mas neste estágio inicial, o problema fundamental da justiça social se coloca entre aqueles que são participantes plenos, ativos e moralmente conscientes, da sociedade, e direta, ou indiretamente, associados ao longo de uma vida completa. Por esse motivo, é razoável deixar de lado certas complicações. Se podemos elaborar uma teoria que cubra o caso fundamental,

podemos tentar estendê-la para outros caso mais tarde. É claro que uma teoria que falhe no caso fundamental não serve para nada (DL, p. 546).

De modo similar, afirma em *LP*:

> Como partimos da ideia de sociedade entendida como um sistema equitativo de cooperação, estamos supondo que os indivíduos, na condição de cidadãos, têm todas as capacidades que lhes possibilitam ser membros cooperativos da sociedade. Essa suposição tem por finalidade chegar a uma visão clara e ordenada daquela que, para nós, é a questão fundamental da justiça política: que concepção de justiça é a mais apropriada para especificar os termos da cooperação social entre cidadãos concebidos como livres e iguais e como membros normal e plenamente cooperativos da sociedade ao longo de toda a vida?
> Entendendo ser essa a questão fundamental, não pretendemos dizer, evidentemente, que ninguém jamais sofra um acidente ou padeça de uma doença. É de esperar que esses infortúnios ocorram no curso normal da vida, e é necessário tomar as devidas providências para enfrentar essas contingências. Mas em vista do nosso objetivo, deixo de lado, por enquanto, essas incapacitações temporárias e também aquelas permanentes, assim como distúrbios mentais que são severos a ponto de impedir as pessoas de serem membros cooperativos da sociedade no sentido usual (p. 20).

Pouco depois dessa passagem, refere-se novamente às pessoas como "normais e plenamente cooperativas", e, então, menciona, como um problema não tratado em sua concepção de justiça desenvolvida até ali, "a questão do que é devido àqueles que não conseguem satisfazer essa condição, quer de modo temporário (em virtude de doença ou acidente), quer permanentemente; ambas as situações abrangem grande variedade de casos" (p. 21).

Mais adiante, de modo similar, estabelece uma clara distinção entre variações em capacidade, que colocam as pessoas "acima" ou "abaixo" de uma "linha" que separa aqueles que têm "mais" daqueles que têm "menos das capacidades essenciais mínimas de que necessita para ser membro coopeador normal da sociedade" (p. 183). O tipo de variação que coloca as pessoas acima da "linha" é tratado, conforme diz, na teoria tal qual esta foi desenvolvida, e, particularmente, pelas ideias de igualdade equitativa de oportunidades e liberdade de competição; o tipo de variação que coloca algumas pessoas abaixo da "linha" será tratado apenas mais tarde, no estágio legislativo, "quando a ocorrência desses infortúnios e seus diferentes tipos pode ser conhecida e os custos de tratá-los podem ser determinados e equilibrados, com outras exigências, aos gastos públicos como um todo" (p. 184).

Assim: está suficiente claro que Rawls acredita que possamos formular adequadamente os princípios políticos básicos sem levar em consideração impedimentos "anormais", sejam eles físicos ou mentais, temporários ou permanentes, e, portanto, sem levá-los em consideração quando é feita a pergunta sobre quais bens primários devem entrar na lista de coisas que, presume-se, qualquer cidadão em posse de suas faculdades morais desejaria. Também parece claro que ele equaciona a distinção entre o impedido "normal" e o atípico com aquela entre o plenamente cooperante e os que não podem ser plenamente cooperantes – ainda que se possa argumentar que muitos impedimentos não produziriam deficiências funcionais se o contexto social pudesse ser suficientemente alterado. O terreno conceitual é, portanto, confuso. No entanto, parece razoável concluir que entre as pessoas cujas necessidades especiais Rawls gostaria de tratar posteriormente, estão as cegas, as surdas, as cadeirantes, as pessoas com doenças mentais graves (incluindo a depressão grave) e as pessoas com graves impedimentos cognitivos e outros impedimentos de desenvolvimento, tais como os de Arthur, Jamie e Sesha. Além disso, a exclusão se estende àqueles que estão nessas condições apenas temporariamente.

Devemos agora colocar duas questões. Primeiro, *por que* Rawls pensa que devemos adiar a abordagem desses casos, e que influência tem na sua decisão cada um dos quatro aspectos problemáticos da sua teoria? Segundo, tem ele razão em supor que um contrato social kantiano, como o seu, deve adiar o tratamento desse caso?

Apesar de nos concentrarmos, basicamente, nos casos de pessoas com impedimentos mentais, pois representam os maiores desafios à teoria de Rawls, é aconselhável começarmos com o caso, aparentemente mais simples, do impedimento físico: primeiro, os impedimentos permanentes, e, depois, os impedimentos temporários. Poderia parecer que Rawls comete simplesmente um erro ao dizer que a sua teoria não pode lidar com esses casos. Um defensor de pessoas com tais tipos de impedimentos poderia dizer: "pessoas cegas, surdas e cadeirantes possuem as faculdades morais descritas em sua teoria". Qualquer um poderia encontrar-se em tal situação, de modo que parece arbitrário que as partes na posição original neguem a si próprias conhecimento de sua raça, classe e sexo, mas se permitam saber que suas habilidades físicas estão dentro do assim chamado nível normal. Ademais, o caso dos cidadãos surdos, cegos e cadeirantes está muito mais próximo dos casos de raça e sexo do que as pessoas usualmente pensam. Pessoas com impedimentos desse tipo podem ser em geral membros altamente produtivos da sociedade no sentido econômico usual, realizando uma variedade de tarefas em um nível suficientemente alto, desde que a sociedade adapte as condições do ambiente a fim de incluí-los. Sua relativa ausência de produtividade sob as condições correntes não é "natural", é o produto de arranjos sociais discriminatórios. Cadeirantes podem se movimentar sem problema e realizar suas tarefas, desde que os prédios tenham rampa de acesso, os ônibus tenham acesso para cadeiras de rodas e assim por diante. Pessoas cegas podem, atualmente, graças às diversas tecnologias auditivas e à sinalização táctil, trabalhar, mais ou menos, em qualquer lugar, se o lugar de trabalho possuir tais tecnologias. Pessoas surdas podem tirar proveito do *e-mail* no lugar do telefone e de muitas outras tecnologias visuais – isso, mais uma vez, desde que os lugares de trabalho estejam estruturados de modo a incluir tais pessoas. Se negar licença-maternidade a mulheres grávidas, ainda que seja um fato biológico que apenas as mulheres podem ficar grávidas, significa discriminação sexual, então, também é discriminação contra pessoas com impedimentos não lhes fornecer tais instrumentos que lhes permitam ser produtivas, embora seja um fato biológico que apenas elas precisam deles. Assim, deixemos as partes na posição original desconhecer que tipo de impedimento físico elas poderão vir, ou não, a ter; então, e somente então, os princípios resultantes serão verdadeiramente justos com as pessoas com tais impedimentos.

Por que Rawls é incapaz de aceitar essa sugestão aparentemente tão razoável? Vejo três razões, todas profundamente entrelaçadas com sua teoria. A primeira razão deriva de sua doutrina dos bens primários. Caso aceitasse incluir as pessoas com impedimentos físicos e deficiências associadas no cálculo das necessidades de bens primários, perderia um modo simples e direto de medir quem são os mais desfavorecidos na sociedade, uma determinação que precisa fazer para poder refletir sobre a distribuição e redistribuição material, e que leva a cabo apenas por meio da referência à renda e riqueza (uma vez garantida a prioridade da liberdade). Se a condição do próprio corpo em relação ao ambiente social passar a ser vista como um bem primário altamente variável, então será possível para A ser mais desfavorecido do que B no sentido relevante para o bem-estar, apesar de A e B terem a mesma renda e riqueza. Esta, de fato, é a questão que Sen tem colocado repetidamente ao recomendar um foco nas capacidades como substituto para a lista dos bens primários: uma pessoa que usa cadeira de rodas pode ter a mesma renda e riqueza do que uma pessoa com mobilidade "normal", e, ainda assim, ser muito mais desfavorecida em termos de habilidade de ir de um lugar para o outro. Discutirei a solução proposta por Sen mais adiante, pois ela afeta mais de um aspecto da teoria de Rawls. Aqui me limitarei à relação da proposta de Sen com a doutrina dos bens primários[32].

Rawls vê claramente as vantagens de conceber os bens primários como uma lista multivalente de capacidades; trata, por isso, a proposta de Sen com simpatia. Mas, ainda assim, a rejeita no final das contas. Uma razão para a rejeição deriva claramente de seu empenho em medir posições sociais relativas segundo um critério único e linear, com referência somente a renda e riqueza. Na sua defesa do princípio da diferença atribui considerável importância à habilidade de classificar de modo definido e unidimensional quem é desfavorecido e quem não é. Se as medidas fossem plurais e heterogêneas, então não ficaria claro quem é mais desfavorecido, e todo o argumento em favor do princípio da diferença seria posto em risco.

Esse problema em particular, que poderíamos chamar de "problema deficiência/bens primários", está, portanto, estreitamente conectado com o uso específico que Rawls faz dos bens primários como indicador das posições sociais relativas ao defender o prin-

---

[32] Ver Sen (1980); outras boas descrições do enfoque estão em Sen (1993), (1995) e (1992), especialmente capítulos 1, 3 e 5.

cípio da diferença. Acredito que Rawls já cria para si dificuldades consideráveis quando opta por classificar linearmente as posições sociais relativas, segundo uma única escala. Insiste, porém, que o autorrespeito (ou melhor, sua base social) é "o mais importante" dos bens primários[33]. Quando, no entanto, é chegada a hora de medir quem é o mais desfavorecido na sociedade, Rawls ignora o autorrespeito e mede as posições sociais somente em termos de renda e riqueza. Algumas liberdades básicas e oportunidades já foram asseguradas; mas o autorrespeito não. Parece, de qualquer forma, perfeitamente possível para uma sociedade abrigar um conjunto de pessoas que estão desfavorecidas em termos desse bem primário, e ainda assim não tão mal favorecidas em termos de renda e riqueza. Poder-se-ia argumentar, por exemplo, que gays e lésbicas nos Estados Unidos estavam nessa situação na época antes de Lawrence *v.* Texas (2003), quando seus atos sexuais privados podiam ser criminalizados; talvez, devido à oposição ao casamento gay, ainda estejam em tal situação. Rawls já sugeriu que temos razão para preferir uma análise das posições sociais relativas que seja complexa e multivalente, apesar de ele próprio afinal recusar tal análise. Se ele se movesse nessa direção, teria de enfrentar dois outros problemas: primeiro, como equilibrar um desses bens contra o outro sem fazer uso do tipo de equilíbrio "intuicionista" ao qual ele resolutamente se opõe; segundo, como pensar acerca da produtividade social em novos termos multivalentes, algo que poderia ter consequências para todo o desenho da situação inicial de escolha.

Apesar de o uso de bens primários para propósitos de classificação das posições sociais relativas ser importante para Rawls, não parece ser elemento necessário para uma doutrina contratua-

---

[33] Ver *TJ*, pp. 440-446.

lista como a sua. Ele poderia, igualmente, ter argumentado que as partes na posição original favoreceriam um mínimo social amplo ao invés do princípio da diferença[34]. Nesse caso, elas não precisariam apelar para os bens primários para realizar comparações, muito menos ainda comparações baseadas em um único valor. Ainda que necessitassem de algo análogo aos bens primários a fim de saber o que os princípios sociais estariam distribuindo, poderiam empregar uma lista multivalente de direitos, e nem precisariam conceber os bens primários como itens facilmente quantificáveis, tais como renda e riqueza. (A lista das capacidades que defenderei poderia figurar como uma descrição dos bens primários em tal tipo de teoria, como Sen propôs muito tempo atrás.) Até aqui, então, não vimos nenhuma razão por que uma teoria de natureza tanto contratualista quanto kantiana poderia desconhecer o fato de que renda e riqueza não são bons substitutos para bens sociais importantes tais como mobilidade e inclusão social. Na medida em que o adiamento da questão do impedimento está associado para Rawls ao problema deficiência/bens

---

[34] É verdade que em *LP*, p. 7, Rawls considera a possibilidade de acrescentar um princípio prévio (anterior até às liberdades básicas) que estipularia que "as necessidades básicas dos cidadãos devem ser satisfeitas, pelo menos na medida em que sua satisfação for necessária para que entendam e sejam capazes de exercer de forma efetiva esses direitos e liberdades". Ele não insiste nessa questão, nem mostra como esse princípio seria produzido na posição original. Mas mesmo que um princípio desse tipo pudesse ser acrescentado, dificilmente equivaleria a um "mínimo social suficiente" no sentido requerido tanto pela minha abordagem teórica quanto pelas nações modernas que pensam desse modo sobre a distribuição, pois um cidadão pode muito bem ser capaz de exercer seus direitos políticos e liberdades ainda quando se encontre em um nível muito baixo com respeito à saúde, educação, emprego, acesso à propriedade e assim por diante. Os eleitores rurais na Índia que determinaram o resultado da eleição de maio de 2004 representavam esse tipo de cidadão: participantes ativos e efetivos em uma democracia, exercendo suas liberdades básicas com um alto nível de compromisso e efetividade. No entanto, ninguém diria que eles gozam de um "mínimo social suficiente"; na verdade, essa era justamente a razão de seu descontentamento.

primários, um contratualista que estivesse de acordo com as minhas restrições poderia facilmente rejeitar esse adiamento.

A segunda razão por que Rawls não pode aceitar a proposta aparentemente razoável de que as partes na posição original deveriam ignorar suas capacidades e deficiências físicas e mentais, surge, entretanto, diretamente de sua aderência à tradição do contrato social. As partes na posição original (tal como Rawls as descreve) sabem fatos gerais sobre o mundo; sabem, então, que alguns impedimentos, por exemplo, dores nas costas, são muito mais comuns do que outros, por exemplo, cegueira e surdez. A própria ideia de "normal" empregada na definição das partes e de suas capacidades, desde que elas as conheçam, representa apenas essa ideia de frequência estatística. E, é claro, em todas as sociedades esses fatos de frequência estatística determinam a configuração do espaço público e privado, e a natureza geral da vida diária. Não é que os "normais" não tenham impedimentos corporais, por exemplo, a mortalidade, limites de altura e de amplitude do braço, costas frágeis e ouvidos que captam apenas algumas das frequências que existem[35]. Porém, nossos lugares de trabalho não são aparelhados com equipamentos que produzem sons inaudíveis para os ouvidos humanos e audíveis somente para cachorros; nem encontramos neles escadas com degraus tão altos que somente gigantes de Brobdingnag poderiam usá-las. O espaço público está estruturado para lidar com os impedimentos do caso "normal". O diferente no caso de pessoas cegas, surdas e cadeirantes é que o espaço público não está em geral adaptado para elas porque seus impedimentos são incomuns. Quando lhes autorizam competir

---

[35] Nos termos das definições usadas na literatura sobre deficiência, esses defeitos não são, restritamente falando, impedimentos, porque não são uma "perda de funções corporais normais". De qualquer forma, o que quero capturar aqui é a ideia de que todos possuímos limites e fraquezas corporais que trazem limitação e até dor.

em condições que não lhes resultam adversas, as coisas são de fato diferentes: assim, os tempos de cadeirantes em maratonas são sempre muito menores do que os de pessoas que usam suas pernas. Se alguém objetasse que uma cadeira de rodas é uma prótese, poderíamos, então, retrucar lembrando que os "normais" já usam rotineiramente próteses, tais como carros e ônibus, e que o espaço público já está organizado para lidar com essas próteses, mas não para lidar com as que são utilizadas por deficientes não "normais". Pavimentamos estradas, criamos rotas de ônibus, mas falhamos, na maioria vezes, em criar rampas de acessos e espaços para cadeiras nos ônibus. Certamente ninguém exige que os "normais" demonstrem capacidade de realizar todas as atividades relacionadas ao trabalho sem nenhuma assistência mecânica, como condição prévia para que os consideremos "produtivos". O espaço público é uma projeção de nossas ideias sobre inclusão. Ao mantermos as ruas de um modo e não de outro, excluímos uma pessoa que é altamente "produtiva", mas que por acaso é cega, como assinalou o eminente jurista Jacobus tenBroek em seu famoso artigo, "The Right to Be in the World: the Disabled and the Law of Torts"[36].

O verdadeiro problema para o contratualista, no entanto, é a relativa baixa ocorrência dos impedimentos não normais" (definidos *como* não "normais" simplesmente por referência à sua relativa raridade); essa baixa frequência leva a que arranjos caros e difíceis tenham de ser feitos para tornar o trabalho e os lugares públicos plenamente acessíveis a pessoas que tenham tais impedimentos não normais, possibilitando-as serem "normalmente" produtivas. Tais gastos superam, em geral, em muito o retorno em produtividade econômica resultante da plena inclusão de pes-

---

[36] tenBroek (1966).

soas com impedimentos "anormais", porque isso supõe remodelar as instalações utilizadas por todos para o bem de um número bem pequeno de pessoas. Assim, como Gauthier torna explícito, tais arranjos não são mutuamente vantajosos no sentido econômico. Esse não é o caso dos arranjos que acabam com a discriminação baseada em raça e sexo, pois são economicamente eficientes, na medida em que incluem na força de trabalho, sem necessidade de remodelamento oneroso[37], um grupo grande de trabalhadores produtivos que, de outra forma, não seriam incluídos[38]. Assim, ainda que concordemos com os defensores dos deficientes que trabalhadores com impedimentos fora do âmbito "normal" possam ser altamente produtivos, é muito improvável que alguém possa mostrar que, em geral, sua produtividade econômica supere os custos de sua inclusão plena. Aqui, realmente temos uma escolha: cooperação e inclusão plena, ou não cooperação (com caridade ampla em um estágio posterior). A explicação original de Rawls da razão pela qual a cooperação é preferível à não cooperação apoia-se na ideia de vantagem mútua associada à sua noção de cooperação social "normal". Acredito que Rawls não possa explicar por que aqueles que estão abaixo da "linha" mereçam justiça em vez de caridade sem modificar fundamentalmente esse aspecto de sua teoria.

---

[37] A licença-maternidade é uma exceção, mas isso pode ser facilmente justificado em função da eficiência, dado o grande número de mulheres trabalhadoras e sua produtividade.

[38] Sobre a diferença, ver, por exemplo, Epstein (1992), p. 480: "Se, normalmente, há pouca ou nenhuma razão particular para uma empresa de transportes comum ou uma acomodação pública *querer* discriminar em função da raça ou... sexo, o mesmo não pode ser dito do ADA [*Americans with Disabilities Act*], que exige grandes gastos com relação a trens, ônibus, aeroportos, e todas as outras instalações públicas, que serão financiados pela receita geral, ao invés de por impostos cobrados a pessoas deficientes." Epstein sustenta que leis antidiscriminatórias para raça e sexo são desnecessárias, e que o mercado resolverá o problema.

Um pensador da tradição do contrato social acrescentaria aqui um terceiro ponto. Apesar de as pessoas cegas, surdas e cadeirantes poderem ser trabalhadoras altamente produtivas se os seus contextos de trabalho forem adaptados para as suas necessidades especiais, é implausível pensar que isso seja verdadeiro, em geral, para todas as pessoas com impedimentos físicos. Alguns impedimentos interferem enormemente nas atividades vitais, e, desse modo, são obstáculos para a participação em muitos, se não na maioria dos ambientes sociais. (Aliás, esse critério, interferência em uma "atividade vital importante", é empregado pela Lei dos Americanos com Deficiências a fim de definir a deficiência.) Entre os impedimentos que interferem dessa maneira, pelo menos alguns serão difíceis de acomodar ao ambiente de trabalho, de tal forma a fazer do deficiente um trabalhador plenamente produtivo no sentido ordinário. Assim, mesmo que fosse possível defender a inclusão plena de alguns trabalhadores com impedimentos recorrendo à expectativa de produtividade econômica, tal argumento certamente não cobriria todos os casos de impedimentos físicos.

Encontramos aqui a face nua da ideia do contrato. Por mais que moralizemos o ponto de partida, no final das contas o que vale é que toda a questão de sair do estado de natureza almeja alcançar benefícios através da cooperação mútua, e os benefícios são definidos por todos esses teóricos em termos tipicamente econômicos. Tal retrato da cooperação está intimamente ligado com a ideia de que devemos restringir o grupo inicial de negociadores àqueles que tenham capacidades produtivas "normais". Não é um assunto trivial para o contratualista saber quem está "dentro" e quem está "fora" desse estágio inicial, pois, como diz David Gauthier, nossa sociedade tem agora tecnologias médicas "que tornam possível uma transferência cada vez maior de benefícios a pessoas que baixam [o nível médio de bem-estar]". Dessa forma, insiste muito plausivelmente que os deficientes atípicos devem ser excluídos desde o início: "Falar eufemisticamente em permitir-lhes usufruir vidas produtivas, quando os serviços exigidos superam quaisquer produtos possíveis, oculta uma questão a qual, compreensivelmente, ninguém quer enfrentar [...]. Tais pessoas não podem fazer parte dos relacionamentos morais fundados por uma teoria contratualista."[39]

A teoria de Rawls revela uma profunda tensão nesse ponto. Por um lado, um de seus objetivos centrais é dar prioridade a questões de justiça sobre questões de eficiência. A ideia de que cada pessoa é um fim em si mesma está na base da teoria. E, é claro, essa base kantiana está profundamente imbricada na posição original, no sentido de que, uma vez iniciada a deliberação, sua própria estrutura impede que as partes possam perseguir o bem-estar coletivo de algum modo que seja injusto para algum indivíduo. Por outro lado, a explicação de por que as partes preferem a cooperação à não cooperação, e o que estão buscando, ainda é uma explicação do contrato social clássico, na qual a exposição de Hume das circunstâncias da justiça toma o lugar do estado de natureza. A característica estrutural da igualdade aproximada e o objetivo da vantagem mútua ainda moldam a determinação de quem é incluído inicialmente e o que cada parte está tentando alcançar através da cooperação. Não podemos estender a ideia central da inviolabilidade e a ideia relacionada de reciprocidade a pessoas com impedimentos físicos e mentais graves sem questionar essas características, e sem, portanto, cortar os laços com a tradição clássica do contrato social.

Rawls tem bastante clareza com relação e esse ponto. É por essa razão que assinala que uma das questões mais difíceis de re-

---
[39] Gauthier (1986), p. 18 e n. 30.

solver com a sua teoria é "o que se deve" a pessoas que não atendem à condição de serem "membros normais e plenamente cooperativos da sociedade ao longo da vida inteira..., quer de modo temporário (em virtude de doença ou acidente), quer permanentemente; ambas as situações abrangem grande variedade de casos". Lembremos o que diz a respeito desse e dos outros três problemas em discussão: "embora pudéssemos querer tratar de todas essas questões, duvido muito que isso seja possível no âmbito da justiça como equidade entendida como uma concepção política" (*LP*, p. 21). Além disso, apesar de expressar otimismo com relação a dois dos problemas (a justiça entre nações e o problema das gerações futuras), é pessimista com relação aos dois outros (a questão dos deficientes e "do que é devido aos animais e ao resto da natureza"); ele chama estes últimos de "problemas a respeito dos quais a justiça como equidade possivelmente fracassaria". Com relação a esses casos, vê duas possibilidades. Uma, "que a ideia de justiça política não cobre tudo, nem deveria se esperar que o fizesse". Outra, que os problemas são de fato problemas de justiça, "mas a justiça como equidade não é apropriada nesse caso, por mais que possa sê-lo em outros. A gravidade dessa deficiência é algo que só poderemos avaliar quando o caso específico for examinado" (ibid.). Em outras palavras, apesar de propor um modo de lidar com o problema – adiando essas questões até o estágio legislativo –, não está seguro que essa seja uma boa solução para ele. Em todo caso, não o considera um problema de justiça básica que necessite ser resolvido quando os princípios básicos da sociedade são formulados. Concordo com a segunda sugestão de Rawls – impedimento e deficiência, de fato, levantam problemas de justiça – e a minha expectativa é a de que a presente análise possa fornecer pelo menos uma parte do exame que irá mostrar como uma teoria que parte das ideias intuitivas de Rawls poderia solucionar o problema.

Nesse ponto, duas questões tornam-se prementes. Primeiro, por que Rawls não poderia simplesmente adotar uma concepção mais moralizada dos benefícios da cooperação social, uma que incluísse os bens da inclusão, do respeito pela dignidade humana e da própria justiça entre os benefícios que as partes estivessem buscando através de sua cooperação social? Segundo, por que não poderia utilizar a ideia de seguro contra acidente, dado que todo ser humano, como tenho insistido, encara a possibilidade de vir a sofrer de impedimentos e deficiências físicas extremas?

A primeira linha de resposta parece promissora. De alguma forma se parece exatamente com aquilo que um kantiano como Rawls diria. Escolhemos respeitar e incluir pessoas com impedimentos porque fazer isso é bom em si, seja ou não economicamente eficiente. O benefício não deve ser entendido puramente em termos econômicos, pois há o grande bem da justiça em si a ser considerado. Essa resposta está claramente em sintonia com uma tendência profunda no pensamento de Rawls, e representa o tipo de resposta que ele frequentemente fornece (por exemplo, *LP*, p. 208) quando está falando sobre a ideia de consenso sobreposto e sobre por que o acordo de cidadãos em uma sociedade bem ordenada não é meramente um *modus vivendi*. Mas, na verdade, não está claro se Rawls poderia introduzir essa consideração na formulação da própria posição original, dando às partes, definidas como pessoas que querem, na medida do possível, fazer avançar seus objetivos, um conjunto mais amplo de fins morais a considerar. Foi sempre um erro afirmar que a visão de Rawls da natureza humana é a de que as pessoas são maximizadoras egoístas, pois, como tenho insistido, as partes na posição original constituem apenas um aspecto da pessoa; o outro aspecto (moral) foi-lhes fornecido pelo véu da ignorância. Mas a posição original não permite às partes saber se elas se preocupam com os outros ou não. Algumas concepções do bem incluem a preocupação com os outros, e outras concepções não; elas não sabem qual concepção possuem. Presume-se que sejam capazes de um senso de justiça, mas elas nem mesmo adotam alguma concepção particular de justiça; tudo o que podem presumir é que todas compreenderão e se adequarão a quaisquer princípios que finalmente escolham (*TJ*, p. 145). Sabem menos ainda acerca de seu amor pelos outros e acerca de seus desejos de incluí-los. Presume-se que seus interesses e objetivos não sejam egoístas, mas tampouco que sejam benevolentes. Essas disposições são aspectos de sua concepção do bem que simplesmente desconhecem (p. 129). É muito importante para Rawls que isso seja assim. Afirma que "uma concepção de justiça não deve, portanto, pressupor laços fortes de sentimento naturais" (ibid.). As pressuposições devem ser tão poucas e tão fracas quanto possível, na base da teoria.

A razão da objeção explícita de Rawls à inclusão de uma benevolência ampla na posição original é de cunho teórico, relaciona-se ao seu desejo de fundamentar a teoria em um número pequeno de postulados. Um tipo diferente de contratualista incluiria a benevolência: Locke o faz. Mas até que ponto a benevolência seria compatível, afinal, com a ênfase contratualista na sociedade como um esquema de vantagem mútua? (Como sugeri no capítulo 1, seção v, há sobre esse ponto uma tensão na teoria de Locke.) A benevolência que a inclusão plena de pessoas com impedimentos requer é grande e profunda, exige a disposição de sacrificar não apenas a própria vantagem, mas também a vantagem do grupo. Significa cooperar com pessoas com as quais é tanto possível quanto vantajoso não cooperar. Muitos já questionaram inclusive se o princípio da diferença de Rawls, segundo o qual as partes estariam dispostas a sacrificar a vantagem do grupo a fim de elevar a posição dos menos favorecidos, seria, de fato, justificado pelo argumento que oferece, sem pressupor que as partes possuam uma versão incomum ao risco. Mas nesse argumento as partes pelo menos sabem que suas capacidades produtivas estão todas dentro do âmbito normal, de modo que podem esperar uma recompensa por sua disposição de abrir mão de uma vantagem do grupo. A benevolência totalmente requerida para a inclusão de pessoas com impedimentos diferencia-se quantitativa e qualitativamente desse argumento. Assim, mesmo que Rawls estivesse disposto a desistir de sua objeção teórica à benevolência, pareceria improvável que pudesse incluir o tipo certo de benevolência sem deixar de sustentar que a vantagem mútua é o objetivo da cooperação (enquanto oposta à não cooperação) na posição original.

Em resumo: Rawls incorpora da tradição contratualista sua ideia de uma cooperação para vantagem mútua e sua ideia acerca das circunstâncias a partir das quais faz sentido tal cooperação. A inclusão de uma lista mais ampla de objetivos sociais com conteúdo moral requereria uma redefinição da racionalidade das partes, uma vez que elas agora teriam de saber que se importam com os interesses de outras pessoas, não somente com os seus próprios. Essas mudanças, Rawls objetaria, complicariam enormemente e talvez tornassem toda a questão de quais princípios seriam escolhidos indeterminada. Mas, se a benevolência adicionada fosse suficientemente profunda e inclusiva, a mudança também requereria que a abordagem se distanciasse tanto da ideia de contrato para vantagem mútua que não haveria mais necessidade nenhuma de se usar a metáfora do contrato social. Se o laço com a tradição do contrato social não é abandonado, então, os interesses dos membros com impedimentos graves da sociedade podem ser levados em consideração no estágio posterior, legislativo. Mas as partes devem estar conscientes, como Rawls de fato as faz conscientes, de que elas próprias não são tais pessoas. É, com efeito, a partir de nossa caridade que esses interesses serão considerados posteriormente, não a partir da justiça básica.

E o que dizer da ideia de seguro? Até mesmo Richard Epstein, que não é a favor de leis de proteção aos direitos dos deficientes, reconhece que de certa forma ela é bastante plausível, pois todos reconhecemos que nós próprios podemos em função de um acidente vir a sofrer de algum tipo de impedimento. Temos, portanto, motivos para escolher um regime político que nos proteja contra as piores consequências dessa contingência[40]. Ao nos direcionarmos para esse ponto devemos ao mesmo tempo encarar uma questão relacionada: por que Rawls exclui do escopo da justiça como equidade não somente impedimentos permanentes, mas também os temporários, que ele insiste, uma vez mais, em abordar no estágio legislativo, depois que os princípios básicos já tenham sido formulados? Certamente tais impedimentos temporários, e suas deficiências relacionadas, constituem um paradigma do que um seguro poderia cobrir.

Há duas respostas para essa questão, estritamente relacionadas com nossa análise. A primeira resposta é dada por Rawls em sua réplica a Amartya Sen. Ele sustenta que lidar com a questão de compensação por impedimentos temporários que colocam as pessoas "abaixo da linha" complica (como diz Sen, explicitamente) o uso dos bens primários, em particular renda e riqueza, para classificar as posições sociais. Constatamos esse problema anteriormente quando analisamos impedimentos permanentes, mas ele também surge para os casos de impedimentos temporários[41]. Rawls parece conceder a Sen que uma vez que consideremos tais

---

[40] Epstein (1992), p. 481.
[41] A resposta de Rawls a Sen em *LP*, p. 183 e seg., não distingue explicitamente os dois casos, mas o argumento se aplica absolutamente de forma similar a ambos.

casos, faz sentido mensurar o bem-estar relativo por meio de capacidades, não de renda e riqueza. Assim, dados os fatos gerais da vida humana, mesmo que possa parecer que um esquema de seguro fosse natural para as partes na posição original desejarem garantir para si próprias, os custos teóricos da inclusão desse aspecto da vida humana na formulação dos princípios políticos básicos seriam muito altos. Perderíamos a clareza alcançada pelo uso de renda e riqueza para classificar posições sociais, e seríamos obrigados a mudar para uma lista muito mais trabalhosa de capacidades, que produziria, inevitavelmente, uma pluralidade de classificações a respeito dos mais e dos menos favorecidos. A escolha social pareceria ser empurrada para a área de equilíbrio intuicionista que Rawls gostaria muito de evitar. Apesar de reconhecer a importância do problema levantado por Sen, acredita que pode adiá-lo até o estágio legislativo, a fim de ter uma teoria suficientemente clara e concludente e, assim, manter o argumento em favor do princípio da diferença que havia elaborado tão cuidadosamente[42].

Tampouco é plausível tratar impedimentos temporários como casos isolados para os quais a renda e riqueza não indicam adequadamente o bem-estar. Como Sen também insistiu, variações e assimetrias nas necessidades físicas não são casos isolados ou facilmente isoláveis, são fatos generalizados da vida humana: mulheres grávidas ou lactantes precisam de mais nutrientes do que pessoas não grávidas, crianças precisam de mais proteínas do que adultos, e o muito jovem ou o muito velho necessitam de mais assistência do que os outros, na maioria das esferas de suas vidas. Mesmo no terreno claramente reconhecido dos "plenamente cooperantes" tampouco parece correto que a teoria dos bens primá-

---

[42] Esta é a minha leitura da resposta crítica a Sen em *LP*, p. 183 e seg.

rios ignore tais variações ao medir quem é e quem não é o menos favorecido [*well-off*], e determine esse *status* somente de acordo com o que a teoria recomenda, através da renda e riqueza. O problema da variabilidade das necessidades é generalizado. Assim, mesmo que o objetivo fosse avaliar as necessidades físicas daqueles cidadãos (fictícios) que jamais tiveram o tipo de impedimento que os colocaria abaixo da "linha", nem mesmo temporariamente, Rawls necessitaria de um modo de medir o bem-estar que não se apoiasse apenas em renda e riqueza, mas levasse em consideração as habilidades dos cidadãos de se envolver em uma variedade ampla de atividades humanas.

Como dissemos, essa razão particular para adiar a questão da deficiência deriva de um aspecto da teoria de Rawls importante para ele, mas não necessariamente para o seu tipo de contratualismo.

A segunda questão levantada pela ideia de "seguro contra acidente" não é mencionada por Rawls explicitamente, mas está implícita em suas afirmações cautelosas e repetidas de que estamos lidando, sempre, com pessoas cujas habilidades estão dentro do âmbito "normal". O problema é que existe de fato uma contiguidade entre os casos de impedimentos permanentes, que Rawls já havia adiado com base em argumentos contratualistas, e os períodos de impedimentos temporais impostos por doenças, acidentes ou a idade. Como diz Gauthier, vivemos em uma época na qual a medicina torna cada vez mais possível conservar pessoas que não são "produtivas". E apesar de Rawls usar o termo "normal" e falar de uma "linha", é claro que ele tem consciência de que essa linha é arbitrária, e de que há mais similaridades entre uma pessoa com impedimento permanente e uma pessoa que fica paralítica aos vinte anos e permanece assim para o resto da vida, do que há entre esta última e uma pessoa que sofre de uma doença grave por uma semana e depois retorna à funcionalidade "normal". Algumas pessoas podem viver mais tempo com um impedimento "temporário" do que vive uma pessoa com impedimentos permanentes. Assim, parece arbitrário incluir o deficiente temporário e não incluir toda a classe de pessoas com impedimentos permanentes. A continuidade entre um grupo e o outro fica ainda maior especialmente na medida em que a expectativa de vida aumenta, levando mais pessoas até uma idade alta com seus inúmeros e duradouros impedimentos e deficiências. Mas essa continuidade significa que são necessários cálculos individuais complexos para se pensar a produtividade social, mesmo que só se levem em consideração os impedimentos temporários. Como diz Epstein, pensar adequadamente sobre o seguro requer considerar fatores como a probabilidade de qualquer pessoa ficar deficiente, o uso alternativo dos mesmos recursos, o nível de apoio necessário, e, é claro, a produtividade das pessoas com diferentes tipos de impedimentos em função dos diversos tipos de assistência. A eficiência dos diversos tipos de seguro dependerá dessas questões empíricas, as quais variam ao longo do tempo. Essa parece ser uma boa razão para que Rawls postergue o problema do seguro para o estágio legislativo.

A razão desse adiamento, diferente do anterior, deriva diretamente da lógica da teoria do contrato social de Rawls. A necessidade de realizarmos cálculos individualizados derivaria da exigência de se saber se o seguro é eficiente em termos econômicos, e em que medida. Mas, se precisamos pensar sobre a eficiência no momento de estabelecimento dos princípios básicos da justiça e da inclusão, é somente porque estamos encarando a sociedade como um esquema de cooperação para vantagem mútua. Incluir um comprometimento amplo com o seguro entre os princípios escolhidos na posição original ameaçaria esse objetivo, e tornaria impossível afirmar *ex ante* se uma sociedade que incluísse um sistema amplo de seguros seria capaz de alcançar de alguma maneira aquele objetivo.

Mas, obviamente, esse adiamento não é inocente. Às partes é solicitado que se imaginem representantes de cidadãos que são "plenamente cooperantes... ao longo de uma vida completa", como se, portanto, os cidadãos não tivessem necessidade de assistência em períodos de dependência extrema. Essa ficção oblitera muito daquilo que caracteriza a vida humana, e também elimina a continuidade entre as chamadas pessoas normais e as com impedimentos permanentes. Distorce a escolha dos bens primários, ocultando o fato de que assistência médica e outras formas de assistência são centrais para pessoas reais, pois tornam possível seu bem-estar, e que, pelas razões dadas por Sen, não estão adequadamente representadas por renda e riqueza. Em um sentido amplo, a assistência infantil, aos idosos e às pessoas com deficiência mental e física correspondem à maior parte do serviço que precisa ser feito em qualquer sociedade; no entanto, são fonte de grande injustiça na maioria das sociedades. Toda teoria de justiça precisa refletir sobre esse problema desde o começo, na formulação da estrutura institucional básica e, particularmente, em sua teoria dos bens primários[43].

v. Pessoalidade kantiana e impedimento mental

Até aqui, os problemas da teoria de Rawls derivaram não de seu kantianismo, mas sim de seu uso particular da noção de bens primários e, também, de seu compromisso com o contrato social e suas ideias associadas de "igualdade aproximada" e vantagem

---

[43] Ver Kittay (1999), p. 77: "A dependência deve ser enfrentada desde o começo em qualquer projeto em teoria igualitária que espera incluir todas as pessoas em seu escopo". Os estratagemas concretos adotados para lidar com questões de deficiência (leis obrigando a construção de rampas de acesso para cadeiras de roda, leis tais como a Lei da Educação dos Indivíduos com Deficiências) poderia bem ser posto de lado até esse estágio; mas o fato de que os cidadãos experimentam tais necessidades por assistência deve ser reconhecido desde o começo, e um compromisso deve ser estabelecido para lidar com esses problemas.

mútua. Aliás, como havia sugerido, nessa área a ênfase kantiana da teoria está em tensão com a doutrina do contrato. O kantismo requer tratar toda pessoa como um fim, e não permite a subordinação de nenhum indivíduo à causa do bem-estar geral. Além disso, cidadãos kantianos, na sociedade bem ordenada, claramente pensam que a justiça e o respeito são bens intrínsecos, e seu conceito acerca dos benefícios da cooperação social é rico e multivalente. Cidadãos kantianos poderiam reconhecer, *ex post*, boas razões por terem concedido a pessoas com impedimentos pleno respeito e inclusão; o problema é que *ex ante*, na posição original, a estrutura do contrato social impede que esse caminho seja escolhido.

Agora, devemos considerar a questão do impedimento mental grave. Todos os problemas que a teoria de Rawls possui com o impedimento físico, também possui com o impedimento mental. Mas apresenta, além disso, outros problemas, os quais surgem diretamente dos aspectos kantianos de sua teoria, que, em outras áreas, parecem defender o respeito e a inclusão.

Em primeiro lugar, pessoas com impedimentos mentais graves originam problemas agudos para os aspectos da teoria rawlsiana ligados ao contrato social e à ideia de vantagem mútua. Se a ideia do cidadão como um produtor capaz de aumentar o bem-estar social é estremecida pela inclusão de pessoas com impedimentos físicos, ela se desfaz definitivamente quando a confrontamos com as vidas de Jamie, Sesha e Arthur. É pouco provável que algum dos três possa vir a ser economicamente produtivo de algum modo que possa até começar a recompensar a sociedade pelos gastos em educá-los. Jamie, provavelmente, arrumará algum tipo de emprego, e talvez participe da vida política; mas podemos estar certos de que ele não "reembolsará" no sentido econômico todos os gastos médicos e educacionais feitos com ele[44]. Se o curso de sua educação for bem, Arthur poderá arrumar um emprego que seja comensurável com sua alta inteligência, e assim ser "produtivo" no sentido econômico, mas a probabilidade desse resultado feliz é incerta. Enquanto isso, ele está custando ao estado no qual vive uma boa soma para a sua educação privada, e seus gastos médicos também representam um grande custo social. Para Sesha, nem mesmo essa chance limitada de um "retorno" pelos gastos com a sua assistência será algum dia possível.

Tais casos deixam o contratualismo despido, por assim dizer, e revelam um rosto muitas vezes escondido pelos elementos moralizados presentes em suas versões mais atrativas. É claro, porém, que existem limites para qualquer programa de benefício social. Quanto, por exemplo, o estado deveria investir na educação especial de Arthur, é uma das questões limítrofes que devem ser postas. Mas o sentido de uma cooperação que inclua Arthur, Jamie e Sesha, e que procure tanto educá-los quanto apoiar seu desenvolvimento com uma assistência adequada não deveria ser visto em termos de vantagem mútua, tal como a ideia é compreendida tradicionalmente. Essa noção da vantagem mútua não parece ser uma noção boa da qual partir, tampouco para se delimitar a base primária para a cooperação social. O benefício para a sociedade ao interagir com Jamie, Arthur e Sesha e apoiá-los plenamente é multifacetado e difuso. Inclui, em primeira instância, o que John Stuart Mill chamou "a vantagem de se ter uma das mais universais e penetrantes de todas as relações humanas regulada pela justiça ao invés de pela injustiça"[45] – aqui, porém, não estamos falando sobre casamento e família, como Mill estava, mas so-

---

[44] Ver Bérubé (1996) para uma explicação detalhada destes gastos.
[45] Mill (1850/1988), p. 86.

bre relações de cuidado, de que todos os seres humanos de alguma maneira, em algumas épocas e em alguma medida, necessitam. Em outras palavras, inclui a vantagem de respeitar a dignidade de pessoas com impedimentos mentais e de desenvolver seu potencial humano, independente desse potencial ser ou não socialmente "útil" em sentido mais restrito. Inclui, também, a vantagem de entender a humanidade e sua diversidade, que surge na associação com pessoas deficientes mentais, em termos de respeito mútuo e reciprocidade. (Bérubé argumenta de modo convincente que outras crianças que vão à escola com Jamie ganham pelo menos tanto com a sua presença em uma classe "normal", quanto ele, por estar lá.) Inclui um novo *insight* sobre a dignidade do envelhecimento e sobre nós próprios, quando envelhecemos. E, é claro, inclui o valor de todas as interações e relacionamentos anteriormente mencionados para as próprias pessoas com deficiência mental, as quais, sem o apoio social apropriado, viveriam, como já viveram antes, isoladas e estigmatizadas. Ainda que os defensores dos deficientes físicos tenham insistido a favor de um entendimento desses cidadãos como "produtivos", essa não foi uma solução totalmente adequada, mesmo para esses casos. Quando lidamos com o caso da deficiência mental, notamos com absoluta clareza o grau com que a ideia de vantagem mútua distorce nosso entendimento dos benefícios da cooperação social.

No caso da deficiência física há, como dissemos, na teoria de Rawls, uma mudança de direção na forma da sua adoção da teoria kantiana da reciprocidade. No que diz respeito a pessoas com deficiência mental, no entanto, essa mesma doutrina é articulada em termos da concepção kantiana de pessoa, a qual faz da posse das faculdades mentais e morais elementos centrais tanto da igualdade quanto da ideia-chave de reciprocidade. Em função da sua dimensão kantiana, a teoria de Rawls sugere a separação entre personalidade moral e animalidade. Por essa razão, devemos começar o seu exame crítico esclarecendo alguns aspectos problemáticos da separação kantiana, de tal modo que possamos ver em que medida a teoria de Rawls sofre com esses aspectos.

A concepção kantiana de pessoa repousa em uma longa tradição que remonta aos estoicos gregos e romanos, para quem a pessoalidade é identificada com a razão (incluindo, predominantemente, a capacidade de julgamento moral), concebida como uma característica dos seres humanos que os coloca separados dos animais não humanos e de sua própria animalidade. Para os estoicos há uma separação aguda não somente entre os humanos e os outros animais, mas também entre a vida humana quando se inicia a racionalidade moral e a vida humana em outros períodos (incluindo, em sua visão, a infância e a adolescência)[46]. Apesar de familiarizados com as teorias (platonista, aristotélica, epicurista) que admitiam uma continuidade considerável entre as capacidades humanas e as capacidades dos outros animais, eles próprios insistiram nessa separação aguda. Na verdade, o modo mais comum de articularem a ideia do caracteristicamente humano era sugerir que este seria o que nos colocava acima "das bestas". Observações pejorativas sobre os animais suplantam as justificativas em suas explicações da natureza e dignidade humanas.

A teoria de Kant leva essa separação ainda mais adiante. Os estoicos eram compatibilistas, ou seja, consideravam que o âmbito da liberdade humana pertencia, ao mesmo tempo, ao âmbito da natureza, que segue as leis determinísticas. Corretamente ou não, acreditavam que não necessitamos eximir a liberdade humana das leis naturais a fim de avaliá-la adequadamente. Kant, é claro,

---

[46] Sorabji (1993).

não concorda com isso, e, por isso, é levado a considerar o ser humano fundamentalmente separado, que habita dois reinos: o reino da necessidade natural e o reino da liberdade racional e moral. Vê todos os animais não humanos, e o lado animal da vida humana, como pertencentes ao campo determinístico da natureza. É em virtude de nossa capacidade de racionalidade moral, e somente em função dela, que nos elevamos acima deste último âmbito e existimos também no âmbito dos fins. Dessa forma, para Kant, a dignidade humana e a nossa capacidade moral, a fonte da dignidade, são radicalmente separadas do mundo natural. Na medida em que existimos meramente no campo da natureza não somos fins em nós mesmos e não temos dignidade; as coisas neste campo possuem simplesmente um preço (como diz Kant, *pretium usus*). Na medida em que entramos no campo dos fins, e somente nessa medida, temos dignidade e transcendemos qualquer preço. A moralidade possui certamente a tarefa de cuidar das necessidades humanas, mas a pessoa, vista segundo os aspectos racionais e morais do ser humano, é o alvo desses cuidados. A animalidade em si mesma não é um fim. Tendo isso em vista, Kant nega que tenhamos qualquer obrigação moral com os animais; eles não possuem valor independente, somente um "valor relativo" em relação aos fins humanos[47]. O que é verdadeiro para os animais vale para todos os seres que carecem da capacidade particularmente complexa do raciocínio moral e prudencial, que na visão de Kant é característica dos seres humanos maduros.

A separação kantiana entre pessoalidade e animalidade é profundamente problemática. Primeiro, ela nega um fato que deveria ser evidente para qualquer um que reflita claramente sobre este assunto, a saber: o fato de que nossa dignidade é somente a

---

[47] As passagens pertinentes são discutidas em Regan (1983), pp. 177-185.

dignidade de um tipo de animal. É a dignidade própria de um animal, uma dignidade que não poderia ser possuída por um ser que não fosse mortal e vulnerável, do mesmo modo que a beleza de uma cerejeira em flor não poderia ser possuída por um diamante. Se faz sentido pensar em Deus ou nos anjos (os outros seres racionais para Kant) como seres dotados de dignidade (magnificência e reverência pareceriam atributos mais apropriados), não será, certamente, a dignidade daquele tipo[48]. Colocando as coisas de forma mais mundana, se imaginarmos um ser que é puramente racional e moral, mas sem necessidades e capacidades animais (e a ficção científica nos fornece bons exemplo de tais seres), veremos, acredito, que a dignidade de tal ser, o que quer que seja, não é o mesmo tipo de dignidade humana, caracterizada ao longo da vida, como Marx coloca, por "rica necessidade humana", incluindo proeminentemente as necessidades por outras pessoas.

Segundo, essa separação nega erradamente que a animalidade possa ela própria ter uma dignidade. Dessa forma leva-nos a desprezar aspectos das nossas próprias vidas que possuem valor e a distorcer nossas relações com outros animais.

Terceiro, a separação kantiana sugere a ideia de que pelo menos o centro de nossa personalidade é autossuficiente, em vez de necessitado, e puramente ativo, em vez de também passivo. Pensando assim, distorcemos enormemente a natureza de nossa própria moralidade e racionalidade, as quais são elas próprias intei-

---

[48] Outra forma de colocar isso, comum em discussões sobre Kant, é dizer que para Kant o gênero mais relevante sob o qual classificamos o ser humano é o do Ser Racional; nossos companheiros de gênero são os anjos e quaisquer outros seres racionais que existam. Dentro desse gênero, somos a espécie animal: o animal racional, portanto, em vez de o racional animal. Esse problema é exacerbado, é claro, pelo foco de Kant em alguns aspectos de nossa humanidade, e não de outros, como o que constitui particularmente seu valor e dignidade.

ramente materiais e animais; aprendemos a ignorar o fato de que a doença, o envelhecimento e um acidente podem impedir da mesma forma tanto funções morais e racionais quanto as demais funções animais.

Quarto, ela nos faz pensar sobre o nosso próprio centro como atemporal, uma vez que a agência moral (na visão kantiana) parece-se não com algo que cresce, amadurece e declina, mas, ao invés disso, com algo que é completamente desprovido, em sua dignidade, desses eventos naturais. Pensando dessa maneira poderíamos esquecer que o ciclo usual da vida humana traz consigo períodos de extrema dependência, durante os quais nossa funcionalidade é similar àquela experimentada por pessoas com deficiência mental ou físicas ao longo de todas as suas vidas.

É importante notar que a separação erra em ambas as direções: sugere, como disse, que nossa racionalidade é independente de nossa animalidade vulnerável; e também sugere que a animalidade e os animais não humanos carecem de inteligência, são somente brutos e "burros". Ambas as implicações da separação deveriam ser questionadas: encontramos na natureza um *continuum* de tipos de inteligência e uma variedade de capacidades práticas; não podemos nos compreender sem nos situarmos bem dentro desse *continuum*.

Rawls não endossa os elementos metafísicos da posição de Kant, apesar de, em outros momentos, mostrar um profundo interesse por ela[49]. Não aprova a visão de um mundo duplo, e entende seu kantismo como empírico. No entanto, ao manter o conceito baseado em Kant de pessoa e ao definir a base da igualdade política em termos da posse da capacidade moral, depara com as mesmas dificuldades com as deficiências mentais que a teoria de

---

[49] Ver *LHE*, esp. pp. 253-290.

Kant. De fato, pessoas com impedimentos mentais graves parecem ser aqueles "poucos indivíduos" (*TJ*, p. 506) que, carecendo das faculdades morais em um nível mínimo essencial, fracassam em se qualificar para a igualdade. Mais ainda, da mesma forma que Kant e Rawls negam explicitamente que haja entre animais humanos e não humanos reciprocidade e relações de justiça, também são obrigados a assumir que não há reciprocidade, nesse sentido requerido, entre seres humanos "normais" e pessoas com impedimentos mentais graves. Rawls define a reciprocidade como uma relação entre cidadãos entendidos nos termos da concepção kantiana de pessoa (*LP*, p. 16).

Mas, se consideramos a vida das pessoas com impedimentos mentais e a vida dos que vivem com elas, é óbvio que suas vidas envolvem formas complexas de reciprocidade. Jamie interage de um modo amoroso, divertido e generoso tanto com sua família quanto com outras crianças. Sesha abraça aqueles que cuidam dela, dança com alegria quando ouve a música que gosta e demonstra reconhecimento pelo cuidado que lhe dão.

A reciprocidade é exatamente a área em que a deficiência de Arthur está localizada; no entanto, Arthur, no contexto da sua família imediata, é uma criança extremamente afetiva, troca amor e humor com seus pais, com seu cachorro amado, com seu irmão recentemente adotado e com parentes que o visitam em casa. Onde quer que não esteja amedrontado e seja capaz de sentir-se confiante, sua capacidade para a troca afetiva floresce. Fora do estreito círculo de confiança, a educação tem feito uma grande diferença ao expandir sua capacidade de reciprocidade. No começo deste capítulo descrevi um típico diálogo telefônico com Arthur quando ele tinha dez anos. Depois de dois anos de educação privada financiada pelo estado, as coisas estão bastante diferentes. Um dia, quando ele tinha doze anos, estávamos conversando e, por conta própria, ele disse, "Como você está, tia Martha? O que você está fazendo?". Estas simples perguntas me fizeram chorar, tal era o progresso que representavam. A sua festa de aniversário de doze anos com um grupo de outras sete crianças da escola, portadoras da síndrome de Asperger, em uma casa de jogos eletrônicos, foi um sucesso. Essas relações colegiais possuem reciprocidade genuína, ainda que não sejam do tipo mais comum.

Mas, provavelmente, nada disso contaria como reciprocidade no sentido kantiano de Rawls. A nenhum outro tipo de reciprocidade é reconhecida ou dada uma relevância política. Esse é um grande defeito, me parece. Além disso, provavelmente nem Rawls nem Kant dedicaram muita reflexão a essa questão. É possível que Jamie não tenha a capacidade para formar um plano de vida ou uma concepção geral do bem. Quando lhe foi perguntado o que ele queria ser quando crescesse, relata seu pai, enquanto outras crianças deram depoimentos sobre suas carreiras, Jamie disse simplesmente "grande". Havia um *insight* nessa resposta, e as outras crianças aprenderam com ela, mas não foi o tipo de resposta que demonstrasse o pertencimento de Jamie a uma comunidade moral kantiana. Arthur pode, ou não, vir a ter um senso de justiça no sentido kantiano. Sesha não terá claramente as duas faculdades morais. Além disso, porque esses três cidadãos carecem, ou carecem parcialmente, das duas faculdades morais, eles também fracassam em adequar-se à concepção social de cooperação de Rawls, também definida em termos da concepção kantiana de pessoa. Por último, também fracassam em qualificar-se para a liberdade no sentido de Rawls, porque a liberdade, em sua teoria, tem um gosto kantiano e implica o indivíduo ser uma "fonte autossuficiente de exigências válidas" (*LP*, p. 32)[50].

---

[50] Ver Kittay (1999), p. 93.

Assim sendo, as pessoas com impedimentos e deficiências mentais representam um duplo desafio para a teoria de Rawls. A doutrina do contrato parece ser incapaz de acomodar suas necessidades por atenção social especial, em função da "falta" de produtividade e do custo social que todas as pessoas com impedimentos representam. Mas elas também são desqualificadas para a cidadania em um sentido mais profundo, porque não se conformam com um retrato bem idealizado da racionalidade moral que é usado para definir cidadãos de uma Sociedade Bem Ordenada. Como os animais não humanos, elas também não são consideradas capazes da reciprocidade do tipo requerido. E, mais uma vez, como os animais, terão "certamente algum tipo de proteção", mas não o *status* de cidadãs plenas[51]. Novamente, a própria conclusão de Rawls parece apropriada: ou dizemos que estas não são questões de justiça, ou devemos dizer que a justiça como equidade não oferece uma explicação completa acerca da justiça social, e devemos imaginar o que precisaríamos alterar para fazer que a teoria avance.

Thomas Scanlon enfrenta esses problemas que afetam uma teoria do contrato kantiana mais decididamente do que Rawls. Oferece duas propostas que devem ser consideradas. Partindo do reconhecimento do problema posto a tal teoria por pessoas com vários tipos de impedimentos e por animais não humanos, Scanlon conclui que podemos com tal teoria reconhecer fatos de extrema dependência em um dos dois seguintes modos. Ou persistimos em nossa busca da doutrina do contrato e dizemos que as partes contratantes também são os guardiões [*trustees*] daqueles que são incapazes de participar do processo; ou podemos dizer

---

[51] Ver *TJ*, p. 505: "Supostamente isto [a ênfase nas duas faculdades morais] exclui os animais; eles possuem certamente alguma proteção, mas seu *status* não é o mesmo dos seres humanos".

que a doutrina do contrato oferece a explicação de apenas uma parte da moralidade e precisaremos de uma explicação diferente para lidar com as situações da extrema dependência[52].

A situação hipotética de contrato descrita pelo próprio Scanlon não inclui a ideia humiana das circunstâncias da justiça e não supõe o contrato como algo que deva explicar o bem da cooperação social apontando para a vantagem mútua das partes a ser derivada do acordo. Ele não está interessado na escolha de princípios políticos básicos, e, portanto, sua situação do contrato não é uma situação inicial a partir da qual tais princípios poderiam ser escolhidos. Em muitos sentidos, então, sua proposta é diferente da doutrina do contrato social que venho criticando. No entanto, parece-me razoável perguntar se a sua proposta de solução para o problema do impedimento mental pode ser usada por Rawls para evitar o adiamento de todas essas questões até o estágio legislativo.

Aplicada ao projeto rawlsiano de selecionar princípios de justiça que irão formar a estrutura básica da sociedade[53], a proposta disjuntiva de Scanlon é, então, que ou tomemos parte da posição original no papel de guardiões (informados) dos interesses de todos os membros dependentes da sociedade (da mesma forma que as partes já são curadoras de todos os cidadãos "normais" e das futuras gerações); ou, do contrário, devemos aceitar que a posição original, como de início concebida, não é um instrumento adequado para gerar justiça política completa, e que outros enfoques também são necessários.

---

[52] Scanlon (1999), pp. 177-187. Sou bastante agradecida a Scanlon por sua troca de correspondência comigo, a qual me permitiu esclarecer a complexidade de sua abordagem desses casos.

[53] Uma vez mais, é muito importante salientar que esse é o projeto de Rawls, não de Scanlon, e que Scanlon não aconselha aplicá-lo dessa maneira.

A primeira solução (a curadoria [*trusteeship*]) não está disponível para Rawls por causa do seu comprometimento com a parcimônia dos postulados e, portanto, com a exclusão da benevolência da posição original. Enquanto o fazer que as partes sejam guardiões [*trustees*] das gerações futuras (da mesma forma que dos cidadãos "normais"), uma vez que neste caso a curadoria [*trusteeship*] não requer que saibam algo sobre suas próprias concepções de bem, complica só um pouco o modelo; este outro tipo de curadoria exigiria que soubessem que possuem benevolência e o seu grau. A solução da curadoria seria provavelmente também incompatível com a própria doutrina do contrato, uma vez que requereria que as partes abdicassem, em larga medida, da expectativa de que o contrato, em contraste com uma situação perfeitamente possível de não cooperação (a ser combinada posteriormente com a caridade), fosse gerar vantagens mútuas. Finalmente, tal solução parece ser inviável também por razões kantianas, uma vez que Rawls entende a justiça ela própria em termos da reciprocidade kantiana, e, por isso, aparentemente nega que haja justiça entre pessoas que tenham as capacidades morais kantianas e pessoas (ou animais) que não as tenham.

A curadoria [*trusteeship*] é de fato uma solução satisfatória? Obviamente formas de tutela e de curadoria terão de ser planejadas, se quisermos proteger adequadamente os direitos legais de pessoas com deficiências graves. Mas a questão aqui não é se precisamos de tutela para resolver problemas práticos, mas, sim, se a tutela é um modo adequado de imaginar a cidadania de pessoas com impedimentos e deficiências no contexto da formulação dos princípios políticos fundamentais, *uma vez que já assumimos que aqueles que formulam tais princípios também são os sujeitos pri-*

*mários da justiça*⁵⁴. A tutela não é intrinsecamente incompatível com o tratar essas pessoas como cidadãs plenas e como sujeitos de justiça em um plano de igualdade. Não é óbvio, no entanto, que essa igualdade possa ser adequadamente modelada dentro da perspectiva da doutrina do contrato social. Já é bastante ruim que as pessoas com deficiência mental sejam todas excluídas da ação de formular os princípios, uma vez que muitas são capazes de cidadania ativa, mas mais sério ainda é o fato de que o grupo de pessoas para quem os princípios são escolhidos seja o mesmo que escolhe os princípios. A questão toda que está por trás disso é a de escolher um modo no qual "nós" vamos viver juntos em uma sociedade política. A proposta que estamos considerando acrescentaria, "vivermos juntos e darmos assistência a nossos dependentes." Mas isso não faz dos dependentes partes plenas do "nós", nem do "nosso", nem sujeitos de justiça política em um plano de igualdade. Eles são levados em consideração porque ocorre que alguns membros do "nós" se importam com seus interesses, não porque todos sejam cidadãos com direitos, fins em si mesmo.

Além disso, a solução do guardião retém, e mesmo reforça, as características problemáticas das noções de reciprocidade e de cooperação social de Rawls. Em vez de reconhecer que há diversas formas de reciprocidade neste mundo, a solução do guardião retém a separação kantiana entre a pessoa racional/razoável e todo o resto na natureza; somente pessoas com as faculdades kantianas em sua forma completa "normal" podem ser plenamente incluídas e participar do contrato social, ainda que pessoas com síndrome de Down, por exemplo, possam, na verdade, ser perfeitamente capazes de realizar muitas funções de cidadania de modo inde-

---

⁵⁴ Ou, no caso do *LP*, são *trustees* de cidadãos que possuem faculdades e capacidades similares.

pendente. Elas, como muitas pessoas com deficiência mental, são dignas de atenção somente derivativamente em relação aos interesses das partes. Além de ser um modo infeliz de refletir sobre crianças e adultos com impedimentos e deficiências mentais, essa concepção pode também prejudicar os "normais" quando eles próprios refletirem sobre a dignidade de um amplo campo de capacidades em si. Não estamos, com efeito, dizendo que um número grande de capacidades humanas e animais só receberá apoio desde que seja objeto de interesse e preocupação por seres racionais kantianos? E isso não ofende a dignidade e o valor que animais humanos necessitados seguramente possuem ainda que não sejam "cooperantes plenos"? Certamente, se não for necessário exigir tal separação, devemos evitá-la.

Assim, mesmo que Rawls fosse capaz de aceitar a solução da curadoria [*trusteeship*], o que, na minha opinião, não ocorre, prefiro (no que diz respeito a princípios políticos) a segunda solução de Scanlon, similar à própria segunda proposta de Rawls em uma importante passagem em *LP*, p. 21, a saber, reconhecer que a doutrina do contrato não é completa. Mas essa resposta, que parece ser boa para Scanlon porque ele está desenvolvendo uma teoria da ética, não emprega uma situação hipotética de contrato, e não faz nenhuma reivindicação de completude; cria, no entanto, grandes problemas para a doutrina do contrato na área da teoria política. Qualquer aproximação com a formulação de instituições políticas deve almejar certo grau de abrangência que tente cobrir o maior número de direitos dos cidadãos. A teoria de Rawls almeja explicitamente a completude e a conclusividade [*finality*][55]. Mesmo que uma teoria (por exemplo, minha teoria

---

[55] Ver, por exemplo, *TJ*, p. 135, no qual a conclusividade é uma condição formal dos princípios políticos; e pp. 175-178, sobre o argumento a favor dos dois princípios, no qual fica claro que o acordo "é final e perpétuo" e que "não há uma segunda

das capacidades) não almeje a completude, deve demonstrar que nenhum dos direitos fundamentais e mais importantes dos cidadãos foi ignorado. Estamos desenhando a estrutura básica da sociedade, a qual Rawls define como representada por aquelas instituições que influenciam as chances de vida dos cidadãos desde o início e em todos os sentidos. Os princípios que escolhermos afetarão todo o formato da sociedade, inclusive seus direitos constitucionais e o entendimento de como esses direitos são fundamentados. É muito importante para Rawls (assim como para Gauthier) que os princípios emirjam de uma situação montada na base das circunstâncias da justiça, à luz das propostas de vantagens em função da cooperação social. Parece que Rawls está certo em julgar que não haja solução plausível para o problema do impedimento mental que possamos extrair dessa situação inicial de contrato. Mas, ainda assim, parece inadequado adiar esse problema no contexto da teoria política básica, pois não estamos livres para dizer: "fizemos nossa parte da tarefa, mas é claro que outras partes igualmente básicas, calcadas em princípios completamente diferentes, virão mais tarde". Tal adiamento deixaria grandes áreas da justiça política sem regulamentação e exigiria o reconhecimento de mais indeterminação na teoria atual da justiça política.

O problema, além disso, não é o da incompletude, é o da má direção. A lista dos bens primários selecionada pelas partes de Rawls omite itens (sobretudo assistências, mas, mais em geral, um campo amplo das capacidades humanas) que parecem absolutamente centrais tanto para humanos dependentes reais, dotados de capacidades "normais", quanto para os deficientes físicos e men-

---

chance" (p. 176). A oposição de Rawls ao intuicionismo foca nessa questão; ver, por exemplo, *TJ*, pp. 35-36.

tais. A teoria da cooperação social e de seus benefícios também é prejudicada tanto pela doutrina do contrato quanto pela descrição kantiana de pessoa.

vi. O cuidado e a deficiência: Kittay e Sen

Eva Kittay e Amartya Sen propuseram maneiras de reformular a teoria de Rawls de modo que ela pudesse responder às questões de impedimento e deficiência. Já sugeri, discutindo tanto a proposta de Kittay quanto a de Sen, que Rawls tem razões profundas para resistir a soluções desses tipos, e também analisei o debate entre Rawls e Sen sobre a questão dos bens primários. Mas precisamos agora analisar mais uma vez suas propostas, uma vez que afetam mais de uma área da teoria de Rawls.

A sugestão central de Kittay é a de acrescentarmos a necessidade de cuidado durante períodos de dependência extrema e assimétrica à lista rawlsiana dos bens primários, pensando o cuidado como parte das necessidades básicas dos cidadãos[56]. Essa proposta parece bastante razoável se estamos pensando no projeto como simplesmente fazer uma lista dos mais importantes benefícios sociais que qualquer sociedade deve distribuir. Certamente Kittay tem razão, uma concepção viável de justiça política deve fazer da distribuição apropriada de assistência um de seus objetivos centrais.

Mas, como agora deve estar claro, não se trata simplesmente de acrescentar o cuidado à lista de Rawls. Um problema comum é o da classificação heterogênea *versus* classificação linear, pois duas pessoas podem ocupar posições favoráveis com relação à renda e riqueza, mas não com relação à assistência (seja porque executam obrigações desgastantes de cuidado ou porque suas pró-

---

[56] Kittay (1999), pp. 102-103.

prias necessidades de assistência não são reconhecidas). A concepção de Rawls acerca dos bens primários o impede de aceitar a proposta de Kittay, pela mesma razão que o impediu de aceitar a de Sen.

Mas as razões para a rejeição da proposta de Kittay não derivam apenas dessa fonte (se o fosse poderiam ser resolvidas com um tipo diferente de contratualismo kantiano, menos comprometido com uma classificação única e linear das posições sociais relativas), pois a lista dos bens primários é uma lista das necessidades dos cidadãos tal qual esses são caracterizados pelas duas faculdades morais; isso já deixa de lado pessoas com impedimentos mentais graves e quaisquer pessoas que fiquem semelhantes a elas por longos períodos de suas vidas. Essa omissão, como dissemos, origina-se do modelo kantiano de pessoa de Rawls. Sem a modificação ampla da concepção política de pessoa, Rawls não pode conceber que entre os bens primários figurem as necessidades de assistência que caracterizam cidadãos com impedimentos mentais graves, sejam estes permanentes ou temporários.

Finalmente, a omissão da assistência na lista dos bens primários deriva, também, do comprometimento contratualista de Rawls com a vantagem mútua/igualdade aproximada. As partes são imaginadas como aproximadamente iguais e como a procura da vantagem mútua. Já havia argumentado que esse compromisso elimina até mesmo um reconhecimento limitado das necessidades de cuidado durante períodos de não produtividade, pelo menos quando estamos pensando sobre o que as partes na posição original levariam em consideração quando formulassem os princípios básicos da sociedade. A ficção idealizada de pessoas "plenamente cooperantes... ao longo de uma vida completa" de Rawls não é um erro que possa ser corrigido por uma lista maior de bens primários.

A proposta mais radical de Sen, a qual já examinamos rapidamente, é a de que a lista inteira de bens primários seja vista como uma lista de capacidades em vez de como uma lista de coisas[57]. Sua análise começa com o fato de que a lista de Rawls dos bens primários já possui uma estrutura bastante heterogênea. Alguns dos seus componentes são itens semelhantes a coisas, tais como renda e riqueza; mas alguns já são mais semelhantes às capacidades humanas de realizar [*function*] certas atividades de várias maneiras, tais como as liberdades, oportunidades e faculdades [*powers*], que formam também a base do autorrespeito. A mudança proposta por Sen não só nos permitiria lidar melhor com as necessidades diferenciadas das pessoas por amor e cuidado, ao colocá-las como elementos da lista, mas também responderia à questão que o próprio Sen colocou repetidamente sobre a falibilidade da renda e riqueza como índices do bem-estar. As posições sociais relativas não seriam agora medidas pela mera quantidade de renda e riqueza que as pessoas possuem, mas pelo grau com que possuem as várias capacidades da lista. Uma pessoa pode estar bem em termos de renda e riqueza, e, no entanto, ser incapaz de atuar bem no seu local de trabalho por causa das sobrecargas das tarefas de cuidado em casa.

A proposta de Sen, como veremos, é produtiva como forma de atender às necessidades dos cidadãos com impedimentos. Assim como a proposta de Kittay, não representa uma modificação pequena, mas uma mudança que afeta o próprio coração da teoria, seu comprometimento com um entendimento econômico dos benefícios da cooperação e consequentemente o seu compromisso com renda e riqueza como classificadores da posição social

---

[57] Kittay também expressa simpatia por essa proposta.

relativa⁵⁸. Rawls é mais esperto do que Sen, e não mais teimoso e limitado quando diz que não pode aceitar esta sugestão, a despeito de ser obviamente meritosa. Em grande medida, o mesmo poderia ser dito sobre a minha própria sugestão anterior, de que Rawls poderia ter acrescentado outros itens, mais próximos às capacidades, à lista dos bens básicos, tais como as bases sociais da saúde, da imaginação e do bem-estar emocional⁵⁹. Rawls já tem dificuldade suficiente em função da sua adição das bases sociais do autorrespeito, que criam, por um lado, uma forte tensão com a doutrina do contrato, apesar de, por outro lado, preencher algumas de suas aspirações mais profundas. Provocaria ainda maiores dificuldades, nos termos que colocou para sua concepção, se aceitasse essa lista altamente heterogênea de "bens primários", todos altamente relevantes para a determinação das posições sociais relativas. O desejo de simplicidade, tanto na classificação das posições sociais quanto na descrição da cooperação social, estaria em risco.

Aquele que foi provavelmente o último escrito de Rawls sobre esse assunto, *Justiça como equidade: uma reformulação*, enfrenta algumas dessas dificuldades mais diretamente do que em qualquer outra discussão⁶⁰. Nele, Rawls faz a maior concessão ao tipo de crítica que Sen levantou e que eu desenvolvi: ele aceita a ideia de seguro contra acidente para impedimentos *temporários*, e concede que o modo correto de as partes refletirem sobre a vida humana é como uma sucessão de estágios temporários, incluindo a infância e a velhice. Ele admite que supôs que "a validade da pre-

---

⁵⁸ Não entendia isto assim em Nussbaum (2000c).
⁵⁹ Ver Nussbaum (2000a), capítulo 1; e (2000c).
⁶⁰ *JE*, pp. 168-176. Apesar de este livro ser o último a ser publicado, não está claro que de fato corresponda ao último estágio do pensamento de Rawls; parece ser baseado largamente em anotações de aula da década de 1980. Ver o comentário de Samuel Freeman em *Fordham Law Review* 72 (2004), p. 2028, n. 19.

missa básica importante de que, no que concerne ao tipo de necessidades e exigências que a justiça política deveria levar em conta, as necessidades e exigências dos cidadãos são suficientemente semelhantes para que um índice de bens primários sirva de base equitativa e adequada para comparações interpessoais em assuntos de justiça política" (p. 170). Ele se concentra, como antes, no papel de renda e riqueza para a classificação das posições sociais. Uma vez mais, coloca de um lado "os casos mais extremos de pessoas com deficiências tão graves que nunca poderão ser membros da sociedade que contribuam normalmente para a cooperação social" – continuando aparentemente a entender essa noção em termos de contribuição econômica, e a exigir a exclusão de todos os impedimentos graves permanentes, mentais e físicos. Por último, repete simplesmente sua concepção, introduzida no *LP*, acerca da existência de uma "linha", que separa aqueles cujas habilidades estão situadas dentro do âmbito "normal" dos demais. Todos esses aspectos de sua teoria não são modificados.

Com relação aos impedimentos temporários que sucedem com aqueles cujas capacidades estão situadas dentro do âmbito do "normal", Rawls agora argumenta que o índice dos bens primários (focado na renda e riqueza) é mais bem interpretado como um índice de *expectativas* de bens primários ao longo do "curso normal de uma vida completa"[61]. Dessa forma, os indivíduos podem ter expectativas iguais *ex ante*, ainda que os bens que de fato recebem *ex post* sejam diferentes, porque alguns se acidentaram e outros não. Em outras palavras, devemos ver os bens

---

[61] Este vocabulário estava, na verdade, presente na teoria desde o começo: por exemplo, em *TJ*, pp. 90-95, comparações para o propósito do princípio da diferença são estabelecidas em termos de "expectativa de bens sociais primários" (p. 92). Mas somente em sua obra tardia este *insight* é usado para solucionar o problema da deficiência temporária.

primários como uma apólice de seguro: todos os cidadãos podem ter a mesma apólice de seguro, ainda que recebam benefícios diferentes de acordo com os diferentes acidentes da vida. Rawls acrescenta agora explicitamente ao índice dos bens primários a ideia de uma "uma expectativa de certo nível (calculada segundo o custo estimado) de assistência médica assegurada", e continua insistindo que renda e riqueza são nesse sentido indicadores adequados das capacidades dos cidadãos. Ao planejar o seguro de saúde, as partes se veem forçadas explicitamente a considerar todas as fases de uma vida normal, perguntando-se como as pessoas que se imaginam percorrendo todas essas etapas equilibrariam as demandas que surgem nessas diferentes fases.

Em certa medida, admitir tão francamente que a vida possui diferentes fases representa um aperfeiçoamento importante; e a ideia de seguro que Rawls introduz com ela certamente cobre alguns dos problemas que levantei. Não está claro, entretanto, que Rawls tenha respondido a todos os aspectos do desafio de Sen. Não foi dada atenção suficiente à questão sobre se uma medida monetária é realmente um bom indicador para todas as diversas capacidades físicas e mentais dos cidadãos em áreas de saúde, mobilidade e saúde mental. Tampouco foi dada atenção à afirmação de Sen de que a diversidade de necessidades por bens primários não é apenas uma questão deste ou daquele acidente, mais uma característica dominante da vida diária, que afeta o cotidiano. Uma coisa é usar o seguro para lidar com acidentes isolados que requerem atendimento médico; outra, bem diferente, é usá-lo para lidar com as necessidades nutricionais diárias de crianças e adultos, ou de mulheres grávidas e não grávidas. Por fim, Rawls não responde à questão da continuidade entre casos "normais", com seus períodos de impedimentos, e a situação de pessoas com impedimentos permanentes. Uma pessoa idosa "normal" pode ficar incapacitada durante trinta ou quarenta anos, talvez mais tempo (como observamos) do que o total de expectativa de vida de algumas pessoas portadoras de deficiência permanente. Portanto, persistir no uso de uma "linha" parece altamente problemático, mesmo do ponto de vista da reflexão acerca das necessidades de pessoas "normais".

Além disso, a reafirmação da "linha" continua a trazer consigo todas as dificuldades que provocou o tempo todo como um modo de refletir sobre a cidadania de pessoas com impedimentos e deficiências. De fato, a sensação desagradável de que essas pessoas estão sendo postas de lado é, na verdade, aumentada pela nova vontade de Rawls de refletir acerca das necessidades médicas temporárias de cidadãos "normais". E quando ele descreve o modo como as partes ponderarão sobre as necessidades médicas ao longo das fases da vida, nos damos conta de até que ponto o objetivo de vantagem mútua, entendida em termos econômicos, ainda possui um papel fundamental na sua teoria, complicando os seus compromissos com a equidade e o respeito igual para todos. Pois os que primeiro recebem atenção médica, cujas necessidades são tratadas como de "grande urgência" (*JE*, p. 174), são aqueles que possuem a capacidade de voltar ao local de trabalho e reassumir sua atividade produtiva. Esse modo de pensar sobre as fases de uma vida "normal" em relação às necessidades médicas possui claramente implicações no modo como as partes eventualmente consideram as necessidades daqueles que estão fora da "linha" da normalidade.

Assim, apesar de ter enfrentado corajosamente essa questões difíceis, Rawls não conseguiu resolver as suas dificuldades (e foi o primeiro a reconhecer isso). Parece-me que todos os principais problemas com seu tipo de abordagem continuam sem solução.

vii. Reconstruindo o contratualismo?

As questões de impedimento e deficiência se mostram bastante reveladoras de toda a estrutura da teoria do contrato de Rawls e, em geral, do projeto de fundamentar os princípios de justiça na reciprocidade entre pessoas aproximadamente iguais (em capacidade), reunidas com a finalidade de colher o benefício mútuo. A despeito dos elementos morais que estão bastante profundos em sua teoria – e, em certo sentido, também por causa deles, ou da forma particular kantiana que tomam –, Rawls não supera completamente as limitações particulares da doutrina do contrato social, que derivam de sua justificativa básica de por que as pessoas vivem juntas e o que esperam ganhar com isso.

Recapitulemos. Muitos dos problemas que a teoria de Rawls enfrenta na área da deficiência derivam de seu interesse pela simplicidade teórica, pois é o que marca a sua posição sobre o papel dos bens primários na avaliação das posições sociais relativas. Um contratualista poderia reformular, argumentei, a teoria dos bens primários, aceitando as propostas de Kittay e Sen. Mas para Rawls se transformar em tal contratualista requereria uma revisão maior de sua teoria, particularmente da teoria da justiça econômica. Essa revisão poderia levar a algum outro princípio distributivo em vez do princípio da diferença. Pelo menos, seriam necessários novos argumentos para defendê-lo.

Outras limitações derivam do kantianismo da teoria, o qual coloca problemas para a inclusão plena e igual de pessoas com impedimentos mentais graves. Essas limitações não colocam nenhum problema para um contratualista como Scanlon, uma vez que ele não está escolhendo princípios políticos básicos e não encara seu contrato como algo em que "nós" decidimos a respeito dos princípios mediante os quais "nós" iremos viver juntos em uma comunidade política. No contexto de seu contratualismo ético, as duas soluções que propõe (tutela ou uma teoria ética misturada) parecem ser adequadas. No contexto da teoria política, essas soluções são, entretanto, mais problemáticas. A explicação kantiana a respeito da base da igualdade política exclui desde o início pessoas com impedimentos mentais graves. A doutrina kantiana de pessoa, quando colocada dentro de uma estrutura do contrato social tradicional, ressalta as ideias-chave de reciprocidade, liberdade e as outras razões para a cooperação social. Se a teoria possui uma estrutura completamente diferente – por exemplo, uma que comece dos direitos humanos e sua realização e então desenvolva uma explicação dos deveres sociais –, os elementos kantianos da teoria iriam causar menos estragos, apesar de que seria importante que a noção-chave de "humano" em "direitos humanos" não fosse exaustivamente esgotada em termos das faculdades morais kantianas[62]. Certamente as ideias kantianas de que cada ser humano é um fim, e de que não se pode violar nenhum ser humano em nome de um benefício social maior, são ideias profundamente válidas, que qualquer teoria de justiça para pessoas portadoras de deficiência deveria empregar, desde que em uma versão adequadamente ampliada.

Assim, o problema deficiência/ bens primários pode ser corrigido, ainda que com alguns custos teóricos. O kantismo precisa ser modificado, mas alguns de seus aspectos guiam adequadamente o pensamento político sobre essas questões. Os maiores e mais insolúveis problemas para questões de impedimento e deficiência derivam do comprometimento de Rawls – progressiva-

---

[62] Assim, a teoria kantiana dos direitos humanos de Alan Gewirth, apesar de não possuir os problemas estruturais das teorias do contrato social, possui, no entanto, dificuldades com questões de deficiência, assim como com questões dos direitos animais, por causa de seu entendimento altamente kantiano do humano, como discutirei mais adiante, no capítulo 5; ver Gewirth (1978) e (1996).

mente tenso, mas suficientemente real – às ideias relacionadas de "igualdade aproximada" (circunstâncias humanas da justiça) e a vantagem da cooperação social. Essas ideias parecem realmente situar-se no coração de todas as doutrinas do contrato político na tradição clássica do contrato social. (Elas estão, além disso, bastante ligadas a um compromisso metodológico com a simplicidade: a rejeição das motivações benevolentes deriva de um compromisso com a simplicidade, conclusividade e a recusa de uma equiparação intuicionista.)

Seria possível desenvolver uma doutrina política do contrato social que abolisse o ponto de partida humiano-contratualista e a noção kantiana idealizada de racionalidade, e que focasse apenas nas ideias centrais de imparcialidade, inviolabilidade e reciprocidade (adequadamente modificadas a fim de incluir pessoas com deficiências mentais graves) e que permitisse às partes diversificar os poderes e as habilidades a fim de buscarem um conjunto mais rico de objetivos para a cooperação social? Talvez, de fato possamos fazer isso se também, como Locke, provermos as partes com uma benevolência rica e ampla. Mas, então, teríamos de abandonar a ideia clássica de que as pessoas escolhem sair do estado de natureza porque a cooperação é mais vantajosa do que a não cooperação. A ideia do estado de natureza poderia ainda ser usada como modelo da igualdade moral, mas haveria de ter um papel secundário, e teríamos de propor novas razões para a escolha de cooperar com pessoas que, por causa de sua fraqueza assimétrica, não ameaçam e podem ser dominadas ou tratadas com caridade.

Por que, então, se essas pessoas não são aproximadamente iguais, deveríamos ver nossas relações com elas envolvendo questões de justiça básica e não questões que possam ser resolvidas mais tarde por outros princípios morais, tais como a caridade? A doutrina do contrato social não possui nenhum *insight* para nos oferecer sobre esse ponto. As ideias de Kant acerca da inviolabilidade e reciprocidade, porém, podem nos oferecer orientação, assim como as ideias de Locke acerca da dignidade humana, direitos naturais e os deveres da benevolência. Mas estas ideias são conceitualmente separadas da descrição da situação de escolha feita pela tradição do contrato social.

Um tipo de contratualismo que poderia atender a essas críticas seria uma concepção lockiana modificada que trabalhasse com as ideias associadas de acordo e benevolência, e com uma descrição lockiana dos direitos naturais ou básicos. Tal concepção poderia desenvolver uma tendência já presente em Locke de interesse pela ideia de uma vida apropriada à dignidade humana. É claro que tal contratualismo estaria, na verdade, distante dos contratualismos políticos correntes, tanto porque possuiria uma concepção independente de bem, ou de direitos, quanto porque possuiria uma psicologia moral baseada na compaixão e na benevolência. Em muitos aspectos, se pareceria com a concepção das capacidades baseada no bem que estarei desenvolvendo, que, como veremos, ainda preserva algum papel para a ideia de um acordo razoável. É muito provável que careceria da simplicidade metodológica, a economia de princípios, que Rawls pretende obter, de qualquer jeito, de sua aliança com a tradição do contrato social. Se, então, nos abstemos das ideias de estado de natureza, vantagem mútua, e o *status* das partes como "livres, iguais e independentes", parece justo dizer que tal concepção não poderia mais ser incluída no rol das teorias clássicas do contrato social.

Por outro lado, poderíamos também tentar aproveitar as ideias kantianas de respeito e de acordo razoável em um contratualismo que seja kantiano em espírito, mas que não envolva os aspectos problemáticos da teoria clássica do contrato social. Começaríamos, então, como faz o contratualismo ético de Scanlon, com partes que não estão situadas em nada parecido com o estado de natureza e cujas deliberações estão centradas em ideias associadas de imparcialidade, respeito mútuo e acordo. Rawls poderia ter mantido as bases intuitivas de sua teoria se tivesse tomado esse caminho, e assim poderia também ter ampliado seus princípios de justiça a pessoas para as quais, tal como as coisas estão agora, não oferece nenhum princípio de justiça. Mas ele precisaria modificar sua concepção da igualdade, tornando-a menos kantiana; e teria que fornecer à benevolência um papel em sua teoria que ele agora lhe nega. A visão que vou desenvolver realiza muitos desses movimentos, mas de uma perspectiva um pouco diferente. Finalmente, ele precisaria modificar sua teoria do bem para acomodar as críticas de Sen e a importância do cuidado como um bem primário.

Nesse ponto, a teoria de Rawls oferece uma orientação melhor do que a oferecida pelo contratualismo ético de Scanlon, porque de fato possui uma teoria dos bens primários, ainda que incompleta. Aliás, mesmo no contratualismo ético de Scanlon sentimos falta de uma descrição independente do bem. Uma vez que Scanlon rejeita (plausivelmente) o desejo como uma fonte dos bens que as partes estão perseguindo, de onde se origina a ideia de bem, e por que o bem é importante? Scanlon vê claramente que a mera ideia de acordo por si mesma é insuficiente para gerar uma concepção de bem, e mesmo assim ele tem esperança de que possa fazer sua teoria ética funcionar sem oferecer nenhuma concepção independente do bem, simplesmente aplicando as ideias do contratualismo como um teste para qualquer bem que as partes queiram perseguir. Ainda assim nesse ponto ele enfrenta uma objeção: se o bem é importante, não podemos olhar para o seu valor diretamente? Por que precisamos chegar a ele pela via da ideia do acordo? Ou, como Scanlon descreve a objeção:

"Mas alguém pode aceitar que o que ocorre com essas pessoas é importante moralmente, e no entanto negar que nossa preocupação com elas seja no fundo uma preocupação pela justificação de nossas ações ante elas. Por que não é mais plausível dizer simplesmente que suas vidas possuem valor e que o que move uma pessoa moral é o reconhecimento desse valor?"[63]

A resposta de Scanlon a esse desafio é, em certa medida, de grande eficácia: ele estabelece convincentemente que não se pode valorizar as pessoas como tais, vê-las em seu valor *distintivo*, sem apelar para ideias de justificação, que (em minhas palavras, não as dele) nos fornecem um bom modo de capturar as ideias indispensáveis de respeito e da pessoa como um fim. Minha dificuldade com a resposta é que, quando ele estabelece que o contratualismo é um bom modo de se capturar *parte* do que é valioso sobre os seres humanos e suas vidas, não me parece estar respondendo a um desafio mais moderado e plausível, que diria, sim, esses valores fazem de fato parte do que é valioso, mas não são tudo o que importa. Isenção de dor e doença, integridade física, amor e conforto – pareceriam ter um valor que não deriva inteiramente da ideia de justificação. (Esse ponto está bastante ligado a minha crítica anterior da concepção de pessoa de Kant.) Posso garantir a Scanlon que "a ideia de justificação ante outros pode parecer ter um papel importante na ação de moldar nosso pensamento sobre o certo e o errado"[64] sem deixar de achar que esses e outros bens possuem um valor independente. Talvez Scanlon não pretenda negar isso.

---

[63] Scanlon (1999), p. 168; e ver o relato das objeções de Frances Kamm e Judith Thomson na p. 391, n. 21, em que Scanlon parece conceder que o sofrimento (por exemplo) possui uma importância independente e é o que explica por que os atos que o causam seriam razoavelmente rejeitados.

[64] Ibid., p. 170.

Quando nos movimentamos do âmbito da ética para o domínio da justiça política, a necessidade de uma teoria independente do bem torna-se, no entanto, evidente. Como diz Rawls, temos de saber o que estamos distribuindo, e temos de saber que essas coisas são boas[65]. Uma teoria do bem pode estar bastante ligada a ideias de acordo e justificação, mas parece ser improvável que a mera ideia de acordo razoável gere por si uma teoria desse tipo. Assim, nesse ponto tendemos a ter no máximo uma contratualismo parcial, com a necessidade de uma explicação independente dos bens ou dos direitos políticos. Scanlon concorda com isso[66].

Além disso, quando removemos os instrumentos do estado de natureza, da igualdade (em capacidade) das partes, do objetivo de vantagem mútua e de classificação das posições sociais através da avaliação da renda e riqueza – como argumentei que deveríamos, se quiséssemos lidar adequadamente com as questões das deficiências –, a mera ideia de acordo pareceria demasiadamente vazia: restariam bem menos dispositivos do que em Rawls, e aumentaria a probabilidade de que uma descrição do bem independente e multivalente acabasse no fim fazendo grande parte do trabalho importante[67].

A tentativa mais promissora até a presente data de se criar um contratualismo político usando as ideias centrais da teoria de Scanlon é o *Justice as Impartiality*, de Brian Barry. Barry faz objeções contundentes à ideia de vantagem mútua do contrato social clássico[68]. Enquanto suas objeções a Rawls não são exatamente as

---

[65] Em correspondência, Scanlon também asseverou este ponto.
[66] Em correspondência.
[67] Assim, não causa surpresa que falando sobre os objetivos do desenvolvimento internacional, Scanlon defenda uma visão que ele chama de uma teoria de "bem substantivo" ou "lista substantiva"; ver Scanlon (1993).
[68] Barry (1995), capítulo 2.

mesmas que levantei, elas são complementares, e Barry entende por que a dificuldade que o problema da deficiência colocava para Rawls não é nada superficial e fácil de ser removida[69]. Como o meu argumento, o de Barry vê Rawls muito preso à ideia de reciprocidade do contrato social clássico – ainda que ele não mencione aquilo que para mim é fundamental, a aceitação de Rawls das circunstâncias da justiça humianas como seu equivalente para o estado de natureza. E, como o meu argumento, o de Barry vê uma profunda tensão entre os elementos kantianos da visão de Rawls e os elementos do contrato social clássico. O propósito pessoal de Barry é o de produzir uma visão que siga apenas a ideia kantiana, na forma dada por Scanlon, mas no campo da teoria política.

Essa tentativa importante quando combinada com a proposta ética mais detalhada de Scanlon mostra, acredito, que as ideias contratualistas de rejeição e de acordo razoáveis ainda são poderosas na teoria política, ideias que podem iluminar a estrutura dos princípios políticos. O recurso da posição original é uma expressão dessas ideias; quando livre das suas amarras humianas/contratualistas, ela também pode iluminar muito as ideias políticas centrais. No entanto, o caráter esquemático da teoria de Barry nos mostra muito claramente a importância de se dispor de uma concepção plenamente desenvolvida descrição do bem, se tal teoria pretende oferecer uma concepção política ainda que parcial. Tampouco sua teoria responde às preocupações que levantei a respeito das dificuldades para a inclusão de cidadãos com impedimentos mentais, inerentes à ideia de acordo razoável e à concepção kantiana de pessoa. Ainda não está claro para mim como exatamente a noção de Barry de acordo hipotético incluiria pessoas com deficiência mental grave. Barry não fornece nenhuma

---

[69] Ibid., pp. 60 e 272, n. 28.

explicação detalhada sobre as habilidades psicológicas de suas partes contratantes nem fornece uma explicação de como sua própria teoria lida com esse problema, depois de dizer, corretamente, que a teoria de Rawls não faz isso de modo adequado. Há razão para se pensar que há uma tensão nesse ponto em qualquer teoria construída sobre a ideia de respeito mútuo *entre as partes de um acordo hipotético*; a confluência do "por quem" e o "para quem" é construída na estrutura do argumento de tal forma que o respeito em questão é somente derivativamente estendido a cidadãos com impedimentos mentais graves.

Tentativas nessa linha argumentativa devem seguramente continuar sendo perseguidas. O que observamos, no entanto, é que tais teorias tendem a ter êxito em responder a questões de deficiência como problemas de justiça somente na medida em que jogam fora alguns elementos característicos das teorias do contrato e, ao mesmo tempo, adotam uma teoria independente do bem (como Rawls, com efeito[70], já fizera). Ao fazer isso elas convergem em grande medida com a teoria que irei recomendar. Pelas razões dadas por Sen, e admitidas na maior parte por Rawls, uma teoria do bem nos termos de uma lista de coisas não serve, e uma lista das capacidades humanas parece ser o tipo certo de lista a se almejar. Além disso, tal teoria terá êxito somente se contiver uma psicologia política mais complexa que deixe claro como uma cooperação não entendida somente em termos de vantagem mútua pode ser sustentada, assim como uma concepção política da pessoa que contenha uma descrição mais ampla que a mera racionalidade kantiana, que inclua o maravilhoso e o digno nas pessoas.

---

[70] "Com efeito" porque em *LP* a descrição do bem está estreitamente associada com a descrição kantiana de pessoa.

Rawls e eu estamos plenamente de acordo sobre quais partes uma teoria deve ter: ela precisa de psicologia política, uma teoria política da pessoa, uma teoria política do bem e uma teoria da justificação. Exprimi algumas dúvidas a respeito de suas soluções particulares para alguns desses problemas, e sugeri que ele poderia responder às dúvidas somente desenvolvendo uma teoria que rompa seus laços com a doutrina do contrato social clássico. Mas ao mesmo tempo acredito que o *tipo* de estrutura multipartida que ele procura é crucial, e que a teoria de Barry, apesar de representar em alguns aspectos um aperfeiçoamento, deixa essas outras partes de fora; pelo menos elas não são muito desenvolvidas.

Nesse ponto, pode ser esclarecedor tentar se aproximar da questão de um diferente ponto de vista privilegiado, começando com uma descrição dos direitos políticos ou bens centrais, e de uma descrição diferente, não kantiana, da pessoa. Como logo veremos, minha própria teoria não se afasta completamente do contratualismo. Adotando as ideias rawlsianas de liberalismo político e consenso sobreposto, deixa espaço para o acordo razoável. Mas, em outros aspectos, organiza as partes da teoria diferentemente e concebe algumas das partes de modo bem diferente. Em particular, considera primário o valor das oportunidades das pessoas de viverem boas vidas, e a explicação da justificação política como posterior à explicação do que coloca as vidas em acordo com a dignidade humana possível (uma explicação ela própria estreitamente ligada à concepção política não kantiana de pessoa e da dignidade humana). A minha esperança é que essa tentativa complementará e informará tentativas futuras de desenvolver um contratualismo político, e que a conversação entre as duas irá enriquecer a estrutura dos princípios políticos.

CAPÍTULO 3

CAPACIDADES E DEFICIÊNCIAS

> *Pois Jamie veio ao mundo com uma pergunta mais básica do que qualquer uma com que tivesse me deparado anteriormente, neste livro ou em minha vida: supondo que pudéssemos imaginar uma forma de organização social na qual cidadãos como James encontrassem assistência, apoio e estímulo para desenvolver todo seu potencial humano, por que haveríamos de querer criá-la?*
>
> – Michael Bérubé, *Life as We Know It*

i. O enfoque das capacidades: uma teoria não contratualista do cuidado

O enfoque das capacidades não é uma doutrina política sobre os direitos básicos, nem uma doutrina moral abrangente. Não pretende sequer ser uma doutrina política completa, somente especifica certas condições necessárias para que uma sociedade seja dignamente justa, na forma de um conjunto de direitos fundamentais para todos os cidadãos. A falha em assegurar esses direitos aos cidadãos constitui uma violação particularmente grave da justiça básica, pois se considera que estejam implícitos nas próprias noções de dignidade humana e de uma vida segundo a dignidade humana. Uma forma de pensar sobre a lista das capacidades é considerando-a incorporada na lista das garantias constitucionais, algo análogo à seção dos Direitos Fundamentais da Constituição Indiana ou à (versão resumida) da Carta dos Direitos da Constituição norte-americana. Tais direitos deveriam ser subsequentemente implementados pela ação tanto legislativa quanto judicial. De fato, que a lista das capacidades comece a partir de uma ideia intuitiva, a da dignidade humana, que já é básica para o ordenamento constitucional de muitas nações (incluindo, particularmente, Índia, Alemanha e África do Sul), é intencional. Na medida em que essa noção tem, por trás de si, uma longa história de interpretação judicial, podemos avaliar seu potencial prático vendo o que a jurisprudência inventiva tem sido capaz de fazer com ela em diversas áreas da vida humana[1].

Comentei anteriormente que meu enfoque contém algumas convergências com o contratualismo de tipo ético de Scanlon, mas também algumas divergências claras, e divergências ainda mais claras com a forma rawlsiana de contratualismo político. Façamos, agora, uma análise mais detalhada dessas diferenças.

ii. As bases da cooperação social

Para a tradição do contrato social, a ideia de vantagem mútua é central: as partes saem do estado de natureza a fim de obter uma vantagem mútua. Rawls aceita essa ideia e, com ela, a noção estreitamente associada de igualdade aproximada das capacidades

---

[1] Esta avaliação prática tem, entretanto, somente um valor aproximado, uma vez que as diversas tradições constitucionais não detalham a noção de dignidade humana, e ficam, portanto, divididas entre uma interpretação racionalista kantiana e minha interpretação mais inclusiva – a não ser que consideremos o veredito da Suprema Corte de Kerala no caso da justiça animal, que examinaremos no capítulo 6, como uma interpretação definitiva do artigo 21 da Constituição Indiana (considero que essa questão esteja em aberto).

entre as partes. Apesar de alguns contratualistas – Locke, por exemplo – entenderem a vantagem de um modo que inclui um interesse benevolente pelos interesses dos demais, esse não é o caso de Rawls; da sua perspectiva, as partes buscam a realização de suas próprias concepções de bem, dentro dos limites de imparcialidade impostos pela posição original. Dessa forma, apesar de os cidadãos de uma Sociedade Bem Ordenada possuírem, como já argumentei, um conjunto mais amplo de fins moralizados, podendo por isso ter, *ex post*, boas razões para a plena inclusão de pessoas com impedimentos, a situação do contrato impede uma resolução *ex ante* adequada para essa questão.

No enfoque das capacidades, a explicação dos benefícios e objetivos da cooperação social possui desde o princípio uma dimensão moral e social. Apesar de o enfoque não empregar uma situação original hipotética (pois é orientado para o resultado e não procedimental), entende que os seres humanos cooperam motivados por um amplo campo de ensejos, entre eles o amor pela própria justiça e, em especial, por uma compaixão moralizada por aqueles que possuem menos do que precisam para levar vidas decentes e dignas. Não há razão para pensar que tal sociedade seria instável; aliás, como argumentei, ela pode atender a condições aceitáveis de estabilidade ao longo do tempo[2].

Um aspecto crucial do meu enfoque é que não pressupõe, aberta ou tacitamente, a premissa de que a justiça só é relevante onde se deem as circunstâncias da justiça humianas. Em outras palavras, não assumo que a justiça só possa surgir em uma situação de igualdade aproximada, na qual as pessoas são motivadas a fazer acordos na expectativa de uma vantagem mútua. O endosso de Rawls à tese de Hume acerca das circunstâncias da justiça está

---

[2] Nussbaum (2000a), capítulo 2.

em séria tensão com outros elementos de sua teoria. Ele, porém, jamais a abandonou; acredita, evidentemente, que ela oferece uma boa explicação para as circunstâncias a partir das quais a justiça entre as pessoas faz sentido.

A visão humiana dos seres humanos é muito sombria. (Inclusive, é um pouco estranho que tal visão seja justamente a de Hume, visto que demonstra uma compreensão extraordinária das capacidades humanas de simpatia e benevolência.) Os seres humanos estão unidos por vários laços: por laços de amor e compaixão tanto quanto por laços de vantagem mútua, por amor à justiça tanto quanto pela necessidade de justiça[3]. Pessoas reais muitas vezes respondem às necessidades dos outros de forma estreita ou arbitrariamente desigual. Mas a educação pode ajudar muito a tornar esses laços ainda mais profundos, mais amplos e mais imparciais. Rawls concorda; por isso, é lastimável que endosse a teoria de Hume acerca das circunstâncias da justiça e aspectos da tradição do contrato social clássico a elas relacionados. Da minha parte, diria que a mudança que percebemos nos anos recentes em direção a uma inclusão social maior de pessoas com impedimentos representa uma clara evidência de que a decência faz que os seres humanos busquem a justiça em si mesma, e tão frequentemente de modo que produza uma grande diferença política. Se isso é assim até mesmo nas sociedades ocidentais, dominadas como são, caracteristicamente, pelos motivos econômicos e considerações de eficiência, quanto mais não poderíamos esperar dos seres humanos em uma sociedade que verdadeiramente apoiasse as capacidades humanas de todos os cidadãos, e que planejasse um sistema de educação voltado para reproduzir esses valores ao longo do tempo.

---

[3] Ver Nussbaum (2001a), capítulos 6-8.

A recusa de Rawls em incluir motivações benevolentes na posição original não é acarretada por uma visão de que essas motivações não existam ou não sejam poderosas. Em vez disso, é provocada pela ideia (semelhante à de Hume) de que essas motivações são desiguais e parciais, e que, portanto, não auxiliam a determinação dos princípios políticos. Aceito até certo ponto essa crítica, e, por isso, defendo somente uma concepção parcial baseada na ideia de um mínimo social, em vez de uma concepção mais ambiciosa e completa como a de Rawls. Acredito, entretanto, que a acusação de confiança excessiva na intuição pode ser, até certo ponto, respondida (ver seção v).

Assim, o enfoque das capacidades se sente livre para empregar uma explicação da cooperação que trate a justiça e a inclusão desde o começo como fins de valor intrínseco, e para a qual os seres humanos estão unidos por muitos laços altruísticos, e não só de vantagem mútua. Além disso, o enfoque emprega uma concepção política de pessoa que a vê, da mesma forma que Aristóteles, como um animal político e social, cujo bem é irredutivelmente social, e que compartilha fins complexos com outras pessoas em muitos níveis. O bem dos outros não é apenas um limite à busca dessa pessoa pelo próprio bem; faz parte de seu próprio bem. Assim, ao invés de ser um tema restrito às concepções individuais de bem, como na teoria de Rawls, um forte compromisso com o bem dos outros faz parte desde o começo da concepção *pública* compartilhada de pessoa. A pessoa deixa o estado de natureza (se, de fato, resta algum uso para essa ficção) não porque seja mais mutuamente vantajoso fazer um acordo com os outros, mas porque não pode imaginar-se vivendo sem fins compartilhados e sem uma vida compartilhada. Viver com e para os outros, tanto com benevolência quanto com justiça, faz parte da concepção pública compartilhada de pessoa que todos subscrevem para propósitos políticos.

É claramente mais difícil introduzir uma grande medida de benevolência e um compromisso com justiça nas bases de uma teoria do que manter-se cético sobre essas questões. Rawls tem razão sobre esse ponto. Mas se pressupostos fracos não resolvem o problema, precisamos de pressupostos mais fortes. Além disso, não está completamente claro para mim que a parcimônia seja sempre uma boa coisa nessas questões. Rawls fez bem em rejeitar a demanda *à la* Gauthier pelo tipo de parcimônia que deixa os compromissos morais fora do ponto de partida. Meu enfoque simplesmente vai um pouco mais adiante nessa mesma direção.

iii. Dignidade: aristotélica, não kantiana

Um segundo distanciamento fundamental do contratualismo pertence à noção de dignidade, e assim à concepção kantiana de pessoa em Rawls, para a qual a dignidade é uma noção básica. Kant contrasta a humanidade dos seres humanos com a sua animalidade. Apesar de Rawls não colocar isso tão explicitamente, considera, de fato, que a pessoalidade reside na racionalidade (moral e prudencial), e não nas necessidades que os seres humanos compartilham com outros animais. O enfoque das capacidades, ao contrário, considera a racionalidade e a animalidade completamente unificados. Partindo da noção aristotélica do ser humano como um animal político, e da ideia de Marx de que o ser humano é uma criatura "que necessita de uma pluralidade de atividades vitais", considera a racionalidade simplesmente um aspecto da animalidade, e, certamente, não como o único aspecto pertinente à noção de funcionalidade verdadeiramente humana. Em termos mais gerais, o enfoque das capacidades considera que há muitos tipos diferentes de dignidade animal no mundo, e que todas merecem respeito e um tratamento justo. O tipo especificamente humano é, de fato, caracterizado, em geral, por um tipo de racionalidade, mas a racionalidade não é idealizada, contraposta à animalidade; consiste somente em uma variedade de formas de raciocínio prático, que é um dos modos de funcionalidade dos animais. A sociabilidade, por outro lado, é igualmente fundamental e igualmente abrangente. E a necessidade corporal, incluindo a necessidade por cuidado, é uma característica da nossa racionalidade e da nossa sociabilidade; trata-se, portanto, de um aspecto de nossa dignidade, e não algo que lhe deva ser contrastado.

Assim, na delimitação da concepção política de pessoa, a partir da qual derivamos os princípios políticos básicos, introduzimos um reconhecimento de que somos seres animais necessitados e temporários, que começamos como bebês e terminamos, muitas vezes, em outras formas de dependência. Chamamos a atenção para essas áreas de vulnerabilidade, insistindo que racionalidade e sociabilidade são elas próprias temporais, possuem crescimento, maturidade e (se o tempo permite) declínio. Reconhecemos também que o tipo de sociabilidade plenamente humana inclui relações simétricas, tais como as que são centrais para Rawls, mas também relações de mais ou menos extrema assimetria; insistimos que relações não simétricas podem ainda conter reciprocidade e verdadeira funcionalidade humana.

Podemos agora vincular os dois distanciamentos fundamentais do contratualismo, dizendo que essa nova concepção do que é digno e valioso no ser humano justifica a ruptura com as circunstâncias humianas/rawlsianas da justiça. Não somos obrigados a ser produtivos para ganharmos o respeito dos outros. Temos o direito ao respeito em função da dignidade mesma de nossas necessidades humanas. A sociedade se une em função de um amplo campo de afetos e compromissos, somente alguns dos quais dizem respeito à produtividade. A produtividade é necessária, e mesmo boa, mas não é o fim principal da vida social.

iv. A prioridade do bem e o papel do acordo

Tal como argumentei a propósito do tipo básico de contratualismo desenvolvido por Thomas Scanlon no campo da ética, não é possível derivar princípios políticos a partir da mera ideia de respeito mútuo e reciprocidade, sem uma teoria do bem. (Como mencionei, Scanlon concorda com isso.) Para Rawls, a teoria dos bens primários está estreitamente ligada a uma concepção kantiana de pessoa: bens primários são introduzidos como bens que qualquer pessoa dotada das duas faculdades morais desejaria a fim de levar adiante seu plano de vida. Qual a relação, então, que há entre minha própria teoria do bem e minha concepção (não kantiana) da dignidade humana? Se as capacidades são vistas simplesmente como meios para uma vida com dignidade humana, não como válidas por conta própria, então minha teoria não é, afinal, muito diferente de uma teoria contratualista: a noção aristotélica da dignidade ocupa o lugar da noção de Rawls das faculdades morais (ou da noção de Scanlon de reciprocidade), mas a ideia de bem ainda é encarada como (instrumentalmente) dependente da concepção de racionalidade moral e, com efeito, gerada por ela. Portanto, a teoria do bem teria um papel muito similar ao papel que possui em uma teoria contratualista, e a diferença entre as duas ficaria, pelo menos, reduzida. Alguém pode, então, perguntar se o enfoque das capacidades não sofre do problema que imputei ao tipo básico de contratualismo, a saber, pretender derivar muita coisa de uma noção moral frágil.

Não nos surpreende naturalmente, acharmos nesse ponto convergências entre o contratualismo e o enfoque das capacidades, já que ambos são fundamentalmente moldados por algumas intuições similares a respeito dos seres humanos como iguais do ponto de vista moral, e uma vez que ambos sustentam que a igualdade política requer o apoio a um amplo campo de atividades e de escolhas vitais. Tal convergência é bem-vinda para mim, uma vez que dentro das teorias políticas existentes a teoria contratualista é, na minha visão, a melhor teoria de justiça social básica desenvolvida até o momento. Mas, ainda assim, acredito que persistam diferenças importantes e sutis entre os dois enfoques. As capacidades não são instrumentos para uma vida com dignidade humana: são entendidas, isso sim, como maneiras efetivas de se ter uma vida com dignidade humana nas diferentes áreas das atividades humanas vitais. A ideia central por trás da lista é a de nos movimentarmos entre essas diferentes áreas (vida, saúde etc.) e perguntar, para cada uma dessas áreas de vida e ação, qual seria o modo de viver e agir minimamente compatível com a dignidade humana? A dignidade não é definida antes e independentemente das capacidades, mas sim de um modo imbricado com elas e com suas definições. (Naturalmente, as capacidades arquitetônicas de sociabilidade e raciocínio prático ocupam o tempo todo um papel central, da mesma forma que ocupavam para o jovem Marx, como indicadoras de quando o modo de comer, se movimentar, ou interagir é compatível com a dignidade humana.) A noção central, portanto, não é a da própria dignidade, como se esta pudesse ser separada das capacidades de viver uma vida, mas, em vez disso, a de uma vida com, ou apropriada à, dignidade humana, na medida em que é constituída, pelo menos em parte, pela posse das capacidades da lista. Deste modo, o justo e o bom parecem estar completamente entrelaçados.

O mesmo não ocorre com o contratualismo ético de Scanlon, como vimos: a ideia de reciprocidade tem precedência, e Scanlon espera derivar uma teoria ética relativamente completa a partir apenas dessa ideia, sem articular alguma ideia independente de bem (apesar de jamais rejeitar a alegação mais modesta de que tal concepção de bem poderia oferecer uma parte da explicação do que há de valioso nos seres humanos e em suas vidas). No caso de Rawls, apesar de ele abandonar sua concepção inicial dos bens primários como meios para qualquer concepção de bem que as partes busquem, continuou a encará-los como instrumentais para o planejamento de vida kantiano, ou seja, como bens que partes concebidas em termos das faculdades morais kantianas poderiam querer. Persiste, portanto, uma diferença sutil entre a minha abordagem da lista das capacidades e ambas as formas de contratualismo. Se a ideia da precedência do bem parece ser de alguma forma equivocada, dado o papel representado por uma ideia de dignidade na concepção do próprio bem, ela deixa de ser equivocada se reconhecermos que o enfoque das capacidades não separa o justo do bom do modo kantiano, mas, em vez disso, opera com uma concepção mais rica e moralizada do bem.

Há outro ponto, entretanto, no qual o enfoque das capacidades coincide com o contratualismo. O enfoque das capacidades é articulado em termos da ideia rawlsiana de *liberalismo político*: isto é, a concepção dos direitos vista como uma concepção parcial de bem, para propósitos políticos, à qual os cidadãos podem associar diferentes concepções abrangentes do bem. Ele é articulado, pelo menos assim esperamos, em termos somente de ideias éticas independentes, sem depender de doutrinas metafísicas e epistemológicas (como a doutrina da alma, da revelação ou a da negação de ambas), que pudessem dividir os cidadãos segundo suas correntes religiosas ou suas doutrinas éticas abrangentes. Espera-se, portanto, que possa ser objeto de um *consenso sobreposto* entre cidadãos que, com relação ao resto, possuem posições abrangentes diferentes.

Diferentemente de Rawls, e igual aos autores da Declaração Universal dos Direitos Humanos, considero que tal consenso é inteiramente possível em nível internacional, para além das diversas tradições e religiões. Nossa esperança em um consenso sobreposto não requer uma premissa adicional de que todos os elementos de nosso argumento sejam retirados das tradições das democracias ocidentais (ver capítulo 5, seção vi). Continuo ainda reservando um papel para a noção de consenso sobreposto e para a noção relacionada de acordo, pois elas fazem parte do que justifica essa concepção: que possa estar justificada ao longo do tempo para pessoas que possuam distintas concepções abrangentes acerca do bem da vida. A justificação envolve, portanto, uma ideia de aceitabilidade de todas, ou, pelo menos da maioria das concepções de valor. A aceitabilidade é relevante para a justificação, tanto por razões de estabilidade – uma concepção aceita por todos pode manter-se estável ao longo do tempo – quanto por razões de respeito.

Com isso surge mais uma vez uma medida de convergência com o contratualismo, pelo menos com o do tipo ético de Scanlon. Exigir a aceitabilidade como condição de justificação introduz a ideia de que uma teoria do bem não independe do acordo humano, ao contrário, só pode ser justificada como concepção política correta do bem somente diante da possibilidade de tal acordo (e isso por boas razões, não como mero *modus vivendi*). Assim, poderia parecer que a minha concepção contém os mesmos elementos que a de Scanlon (desde que esta fosse traduzida para os termos políticos através da adição de uma teoria do bem), apesar de organizá-los de um modo ligeiramente diferente e usar uma concepção política diferente de pessoa.

v. Por que capacidades?

Sen propôs que Rawls substituísse a lista heterogênea de bens primários, com seu emprego proeminente dos recursos (renda e riqueza) como indicadores de bem-estar, por uma lista de capacidades, e todas elas seriam, então, empregadas para medir a qualidade de vida. Uma das justificativas básicas para essa mudança era a inadequação de renda e riqueza como indicadores do bem-estar de pessoas portadoras de deficiência: uma pessoa cadeirante pode ter a mesma renda e riqueza que uma pessoa com mobilidade "normal" e, no entanto, possuir capacidade desigual de mover-se de um lugar para outro[4]. Rawls foi incapaz de aceitar essa proposta por causa de seu compromisso com o uso de renda e riqueza como indicadores das posições sociais relativas para os propósitos do argumento do princípio da diferença[5], e também, provavelmente, por causa da estrutura da sua doutrina do contrato social. Além disso, sua oposição a uma avaliação intuicionista de fins plurais sugere que seria incapaz de aceitar qualquer índice de posições relativas baseado em uma pluralidade de valores.

Meu enfoque das capacidades subescreve a proposta de Sen; utiliza alguns dos seus argumentos e alguns argumentos adicionais. Sen baseia sua defesa das capacidades na variabilidade da necessidade de recursos entre os indivíduos e, também, na variabilidade de suas habilidades em converter esses recursos em funcionalidades. Variações nas necessidades, insiste, são características generalizadas da vida humana: as crianças precisam de mais proteínas (um nutriente caro) do que adultos, por exemplo, e mulheres grávidas ou lactantes precisam de mais nutrição do que mulheres não grávidas. Assim, a questão da variação não pode ser adiada; ela é onipresente.

---

[4] Sen (1980).
[5] Uma vez mais, temos de ter em mente que Rawls já estabeleceu a prioridade lexical da liberdade. Mas essa prioridade não nos deve satisfazer, por duas razões: primeiro, a liberdade por si só é dependente da distribuição e redistribuição econômicas, assim toda a estratégia de estabelecer questões de liberdade antes de lidar com questões materiais é problemática; segundo, há numerosas capacidades que não são cobertas pela lista das liberdades de Rawls para as quais renda e riqueza não são bons substitutos. Por exemplo, o próprio bem do autorrespeito de Rawls, tanto quanto as capacidades de saúde, educação, mobilidade e assim por diante.

Sen também enfatiza que a necessidade de focar as capacidades fica especialmente clara quando consideramos os casos em que os indivíduos se encontram limitados de diversas formas atípicas em função da própria estrutura de suas sociedades. Uma cultura que tradicionalmente desencoraja as mulheres a se educarem precisa destinar mais recursos para o letramento das mulheres do que dos homens. Apesar de Sen não dizer isso, e apesar de tender a tratar a deficiência como envolvendo uma assimetria natural, seu famoso exemplo de uma pessoa na cadeira de rodas tem uma estrutura similar. A razão pela qual essa pessoa tem menos capacidade do que a pessoa "normal" para se movimentar no espaço público é completamente social, a saber: a sociedade não construiu rampas de acesso para cadeiras de rodas nos espaços públicos.

Esse argumento, entretanto, pode ser ampliado ainda mais, visto que a crítica de Sen a Rawls sugere que renda e riqueza *poderiam* ser bons representantes para o que é verdadeiramente relevante, se fôssemos capazes de definir as quantidades de modo a levar em consideração aquelas assimetrias; assim, se déssemos a uma criança uma quantidade adequadamente maior de dinheiro para comida do que para um adulto, e a um cadeirante uma quantidade apropriadamente maior de dinheiro para sua mobilidade, então, a princípio, renda e riqueza poderiam ser ainda medidas apropriadas da posição social relativa. Naturalmente, só poderíamos determinar a quantidade certa por levarmos as capacidades em consideração, e, assim, as capacidades ainda seriam primárias; mas, dessa forma, continuaríamos considerando-as fungíveis em termos de renda e riqueza, ao menos para o propósito do cálculo social. Essa é, ao menos, uma leitura possível da crítica de Sen.

O enfoque das capacidades, no entanto, pode produzir uma crítica muito mais radical do enfoque baseado na renda e na riqueza. Pertence à essência do enfoque das capacidades insistir que os bens primários a serem distribuídos na sociedade são plurais e não singulares, e que não são comensuráveis em termos de uma única medida quantitativa padrão.

Para que possamos desenvolver tal crítica de forma convincente, precisamos adotar antes alguma lista das capacidades, por mais experimental e aberta que seja; as capacidades desta lista serão consideradas direitos humanos centrais, em função dos quais a justiça social básica é definida. Sugeri, em outro lugar, que a relutância de Sen em elaborar tal lista dificulta seu projeto de usar as capacidades para definir uma teoria de justiça social. Algumas capacidades (a habilidade de votar) são importantes, e algumas (a habilidade de dirigir uma motocicleta sem o capacete) são relativamente triviais; uma constituição justa protegeria as importantes, não as triviais. Algumas capacidades são, na verdade, ruins, e deveriam ser inibidas pela lei (a habilidade de discriminar em função de raça, sexo ou deficiência, a habilidade de poluir o meio ambiente)[6]. Nenhuma constituição protege a capacidade *qua* capacidade. Deve haver uma avaliação prévia que estabeleça quais são boas, e, entre as boas, quais são as mais centrais, isto é, as mais claramente envolvidas na definição das condições mínimas para uma vida humana digna.

Uma vez que tenhamos nos comprometido com alguma lista provisória das capacidades centrais, ao menos para os propósitos de elaborar uma constituição e uma estrutura institucional, levantamos, então, a questão de se renda e riqueza podem ser bons representantes das capacidades, uma vez estabelecido que serão levadas em consideração as necessidades incomuns das pessoas em posições sociais desvantajosas. Aqui colidimos com um obs-

---

[6] Para meu debate detalhado com Sen sobre esse ponto, ver Nussbaum (2003a).

táculo muito sério. Como defendi, todas as capacidades são direitos fundamentais dos cidadãos, todas são necessárias para uma vida humana decente e digna. Essa é parte da explicação do que justifica a inclusão de uma capacidade na lista. Tal explicação exige que as capacidades sejam radicalmente não negociáveis: a carência em uma área não pode ser resolvida simplesmente oferecendo às pessoas uma quantidade maior de outra capacidade. Isso limita o tipo de negociação razoável a fazer, e, assim, limita a aplicabilidade da análise quantitativa custo-benefício. Todos os cidadãos têm direito, baseado na justiça, a todas as capacidades, até um nível mínimo adequado. Se as pessoas estão abaixo desse nível mínimo em qualquer das capacidades, isso é uma falha de justiça básica, não importa quão avançadas estejam em todas as outras[7]. Assim, o que está errado com o uso de renda e riqueza como medidas de posição social não pode ser plenamente capturado ao insistir-se na variabilidade da necessidade de recursos: o problema já está no tratamento das capacidades como fungíveis de acordo com uma medida única. Os seres humanos são caracterizados pelo que Marx chamou de "riqueza da necessidade humana", quer dizer, pela necessidade de uma pluralidade irredutível de oportunidades para a realização de atividades vitais.

Além disso, a ênfase rawlsiana em renda e riqueza sugere que os recursos relevantes são itens que podemos distribuir entre indivíduos. A crítica de Sen não discorda explicitamente disso. Dê a um cadeirante dinheiro suficiente, parece dizer, e ele será capaz de se movimentar para onde quer que queira; o único problema é determinar a quantidade de dinheiro. Essa resposta é insuficiente. Não importa quanto dinheiro dermos a um cadeirante, ele ainda não terá acesso adequado ao espaço público, a não ser que o

---

[7] Ver Nussbaum (2000d).

próprio espaço público seja remodelado. Talvez uma pessoa muito rica possa custear um motorista em tempo integral e um conjunto de profissionais que possam carregá-lo nas escadas de prédios sem rampa de acesso. Ainda que enriquecer as pessoas com impedimentos pudesse ser um objetivo sensato de política pública, o que, de fato, não é, não teríamos atingido a raiz do problema, a saber: essa pessoa não deveria *ter* de depender de um chofer ou de cuidadores. Deveria haver rampa de acesso em ônibus e calçadas, e todos os prédios deveriam ter rampas de acesso e elevadores acessíveis a cadeirantes. Esse remodelamento do espaço público é essencial para a dignidade e o autorrespeito de pessoas impedidas. Em resumo, a tarefa de integrar essas pessoas no espaço público é pública, requer planejamento público e um uso público dos recursos. A pergunta relevante a ser feita não é quanto dinheiro indivíduos com impedimentos possuem, mas o que eles são de fato capazes de fazer e de ser. E, então, uma vez clarificado isso, devemos perguntar quais são os obstáculos que impedem suas habilidades de chegar a um nível mínimo apropriado de funcionalidade?

vi. O cuidado e a lista das capacidades

Agora é bem fácil transformar o papel do cuidado em uma concepção de justiça tão fundamental quanto dever ser. Em primeiro lugar, entendemos que o cuidado em épocas de dependência aguda ou assimétrica está entre as necessidades primárias dos cidadãos, cuja satisfação, até um nível mínimo será uma das marcas de uma sociedade dignamente justa. Como este *insight* pode ser incorporado na lista de capacidades? Tratarei dessa questão de modo geral antes de me dirigir ao caso especial das pessoas portadoras de deficiência mental. Diria que o cuidado não é uma coisa única, e que, portanto, não deveria, ou, pelo menos, não precisaria ser[8] introduzido como uma capacidade única separada e extra em adição às outras. Refletir bem sobre o cuidado significa refletir sobre um campo amplo de capacidades do lado tanto do que cuida quanto daquele que é cuidado. A boa assistência aos dependentes, sejam eles crianças, idosos ou deficientes, coloca o apoio às capacidades no âmbito da vida, da saúde e da integridade física no centro de suas ações. Também provê estímulo para os sentidos, imaginação e pensamento. Encoraja laços emocionais e remove "medo e ansiedades excessivos"; de fato, o bom cuidado constitui uma forma valiosa de relação. O bom cuidado também apoia a capacidade dos assistidos para o raciocínio prático e escolha; encoraja a afiliação de muitos tipos, inclusive a afiliação social e política, onde for apropriado. Protege o bem crucial do autorrespeito. O bom cuidado também apoia a capacidade de divertir-se e aproveitar a vida. Apoia o controle sobre o próprio ambiente material e político: em vez de serem vistas como meras propriedades de outros, as pessoas com impedimentos e deficiências precisam ser vistas como cidadãos dignos que têm o direito à propriedade, emprego e assim por diante. Cidadãos com impedimentos possuem muitas vezes poucas oportunidades de desfrutar da natureza; uma boa assistência também apoiaria essa capacidade[9]. Em resumo, dado o papel íntimo e básico que o cuidado tem na vida daqueles que são assistidos, devemos dizer que abarca, ou deveria abarcar, todo o campo das capacidades humanas centrais.

---

[8] Obviamente, as capacidades podem ser individualizadas em mais de um modo; não deve haver dogmatismo sobre a forma precisa que a lista assume, conquanto seu conteúdo seja preservado.

[9] Na Noruega, quando fazia uma caminhada em áreas florestais montanhosas próximas à costa, encontrei um grupo de pessoas com deficiências que foram levadas para lá para aproveitar as trilhas florestais. Empurradas em suas cadeiras de rodas, elas eram conduzidas pelo revigorante ar da montanha.

Pessoas com impedimentos mentais graves, assim como outros seres humanos, têm necessidades em todas as áreas abrangidas pelas capacidades. Uma boa assistência irá tratar de todas essas necessidades. Fora isso, pouco pode ser dito, de modo geral. Um bom assistente para uma pessoa com lesão mental – e boas políticas públicas que apoiem o cuidado – deve conhecer e adequar-se à natureza particular do impedimento da pessoa. Um bom cuidado para Sesha é aquele centrado em afeto, equilíbrio emocional e saúde. Sua grande capacidade para afeição e prazer deve ser sempre central em qualquer relacionamento com ela. Um bom cuidado também vai alimentar a sua necessidade de estímulo cognitivo – seu amor por música e movimento, por exemplo, ou seu grande interesse em não estar confinada em um único ambiente físico[10]. Mas o estímulo cognitivo deve ser mantido em um nível que seja apropriado para as suas capacidades. Emprego, participação política e a escolha de um modo de vida parecem ser menos pertinentes a sua situação.

O caso de Arthur é completamente diferente: suas enormes capacidades cognitivas precisam ser alimentadas em uma atmosfera que não lhe cause trauma emocional, seja por causa de *bullying* ou de seu medo geral de grupos. Ele precisa de apoio constante e em acordo com as suas capacidades de relacionamento; uma assistência nessa área que seria ótima para a maioria das crianças, seria inadequada para ele. Relações com animais e a natureza desempenham um papel valioso em seu desenvolvimento. Com boa assistência e sorte, ele será capaz de manter um emprego e participar de um mundo social mais amplo. Aliás, com doze anos já possui um entendimento altamente sofisticado da política, que

---

[10] Sesha saiu agora da casa da sua família; mudou-se para uma residência coletiva. A mudança foi muito revigorante para ela.

combina de forma estranha com sua rigidez afetiva. Por exemplo, decidiu que um bom modo de expressar sua aversão sobre a eleição disputada em 2000 era referir-se a Bush como "o residente", ao invés de "o presidente". A partir do momento que inventou essa piada bastante sofisticada, ficava extremamente chateado se qualquer pessoa, incluindo professores da sua escola, se referisse a Bush de outra maneira. Um bom cuidado para Arthur deveria ser aquele que se adequasse bem a essas disparidades bruscas em seu desenvolvimento.

Resumindo, um bom cuidado para uma pessoa com impedimento mental (incluindo pessoas idosas com demência ou Alzheimer) é um cuidado individualizado. Retornarei a essa questão na seção x, em que investigarei como as políticas públicas e disposições constitucionais podem capturar essa individualidade. Mas tratemos agora das necessidades gerais de capacidades dos cuidadores.

Do lado dos cuidadores, deparamos, novamente, com um campo amplo de questões. Os cuidadores frequentemente ficam de diversas maneiras em desvantagem por causa de benefícios sociais ruins. A saúde sofre, seu equilíbrio emocional fica gravemente comprometido e perdem muitas outras capacidades que teriam, de outra forma, desfrutado. Uma sociedade digna não pode assegurar que todos os cuidadores tenham vidas felizes, mas pode lhes proporcionar um nível mínimo de capacidade em cada uma das áreas-chave. Por exemplo, na área do equilíbrio emocional, que parece particularmente intangível, boas assistências sociais públicas e uma cultura pública digna podem tornar possível que o cuidado de um idoso ou de um dependente deficiente não envolva a ansiedade constante sobre como o trabalho será feito, e com quais recursos; tais benefícios sociais também suspenderiam a sobrecarga esmagadora de culpa em membros da família que são simplesmente incapazes de prover o cuidado necessário. De novo, por razões práticas, um bom apoio nessa área seriam políticas públicas que fizessem do cuidar de um dependente uma escolha real, não uma imposição nascida da indiferença social. As mulheres teriam, então, a oportunidade de estabelecer um plano de vida para si e decidir que papel o cuidado de dependentes teria nele. E também teriam um pouco de tempo para o lazer. Novamente, não se trata aqui de um fenômeno isolado, mas de um modo de se pensar sobre todos os itens da lista. Mais tarde, retornarei às implicações dessa análise para as políticas públicas.

vii. Capacidade ou funcionalidade?

Quando refletimos sobre o impedimento e a deficiência, assim como em outros contextos políticos, surge, naturalmente, a seguinte pergunta: deve-se promover apenas a capacidade em cada uma dessas áreas, ou a efetiva funcionalidade? Em *Women and Human Development* argumento que em certas áreas da vida humana essa questão é, certamente, controversa. Com itens tais como participação política, atividade religiosa e lazer, parece óbvio que a capacidade ou oportunidade de ocupar-se com tais atividades é o objetivo social apropriado. Forçar todos os cidadãos a realizar essas funcionalidades seria ditatorial e antiliberal. Mas em outras áreas as coisas se tornam um pouco diferentes. Richard Arneson sustenta, por exemplo, que é apropriado para o planejamento político promover a saúde efetiva como um objetivo social, em vez de meramente promover a capacidade de escolher uma vida saudável[11]. Eu mesma sigo aqui uma linha mais libertária; isso quer dizer que não favoreço políticas que tornariam ilegais atividades insalubres tais com o boxe, o sexo não seguro, o

---

[11] Arneson (2000).

futebol americano e o fumo, apesar de considerar que seja altamente apropriado alertar as pessoas sobre os riscos dessas atividades, e que seria justo penalizar o dano infligido a outrem (por exemplo, não revelar o *status* de HIV positivo a um parceiro sexual). Do mesmo modo, penso que os pacientes têm um amplo campo de direitos com relação a tratamento médico, e esses direitos devem ser expandidos (com mais acesso a informação e escolhas de assistência) ao invés de restringidos. Com relação ao equilíbrio emocional e ao raciocínio prático, surgem, seguramente, grandes dificuldades conceituais ao se distinguir a capacidade da funcionalidade; mas, novamente, acredito que, a princípio, é correto promover a oportunidade de planejar a vida por conta própria, e de procurar conquistar a saúde emocional, mas não acho correto excluir escolhas de condução de vida que os cidadãos possam fazer que inspirem medo ou envolvam deferência à autoridade. (Por exemplo, pode parecer que a escolha por uma carreira militar signifique o abandono de alguns usos do raciocínio prático, e que também signifique colocar o equilíbrio emocional em risco; mas, ainda assim, não creio que haja alguma razão para excluí-la. Há, na verdade, fortes razões para que esteja disponível, bem diferentes da óbvia necessidade social de uma força armada forte.)

Somente na própria área de autorrespeito e dignidade, acredito que a funcionalidade real seja o objetivo apropriado das políticas públicas. Suponha um Estado que diga "damos a opção de você ser tratado com dignidade. Aqui está um centavo. Se você nos devolvê-lo, trataremos você com respeito, mas, se preferir, pode ficar com ele e humilharemos você". Esta seria uma nação bizarra e desafortunada, dificilmente compatível, parece-me, com a justiça básica[12]. Queremos que princípios políticos ofereçam respeito a todos os cidadãos, e que, nesta instância específica, não lhe fosse fornecida a oportunidade de escolha.

Para crianças, no entanto, a funcionalidade pode ser com efeito o objetivo em muitas áreas. Assim, defendi educação compulsória, assistência médica compulsória e outros aspectos da funcionalidade compulsória. (Por exemplo, defendo uma idade mínima de consentimento para o intercurso sexual, de modo que a integridade física das crianças seja protegida, quer gostem ou não.) A funcionalidade compulsória é justificada tanto pela imaturidade cognitiva das crianças quanto pela importância dessas funcionalidades para o desenvolvimento posterior das capacidades adultas.

Essas ideias têm implicações óbvias para o tratamento de pessoas com impedimentos mentais graves. Parece claro que, em muitas instâncias, várias dessas pessoas não possam fazer escolhas sobre sua assistência de saúde, ou consentir em relações sexuais, ou fazer uma avaliação do perigo de um trabalho ou ocupação. Assim, haverá muitas áreas para muitas dessas pessoas nas quais a funcionalidade, em vez da capacidade, deverá ser o objetivo apropriado. Na seção ix tratarei disso com mais detalhe. Abordarei, de modo geral, a questão de como a lista, a ideia de um nível mínimo e a ideia de objetivo social devem todas ser ajustadas para atender às necessidades de pessoas com impedimentos cognitivos.

viii. A acusação de intuicionismo

O compromisso de Rawls com uma única medida linear de qualidade de vida envolve um aspecto metodológico: ele rejeita a avaliação de princípios plurais e diversos como condenavelmente intuicionista (*TJ*, pp. 34-40). É fácil imaginá-lo dirigindo essa acu-

---

[12] Ver Nussbaum (2000a), capítulo 1.

sação contra o enfoque das capacidades: por causa de seu compromisso com uma pluralidade de direitos heterogêneos, todos fundamentais para a justiça social, o enfoque basearia a justiça social em um fundamento condenavelmente intuicionista, que requer avaliação e que não produz uma ordem definitiva. Investiguemos agora a acusação hipotética. Penso que concluiremos que é, em todos os aspectos importantes, equivocada.

A acusação, como a imagino, tem duas partes: primeiro, que o enfoque deposita uma dependência inaceitável na intuição para a geração de princípios políticos básicos; segundo, que a natureza multivalente da lista das capacidades torna inevitável uma dependência da avaliação intuicionista, o que, por seu turno, tornaria os princípios políticos indeterminados e jamais conclusivos. À primeira acusação, responderíamos (como já o fiz no capítulo 1) que não há mais ou menos dependência na intuição no enfoque das capacidades do que há na justiça como equidade – a dependência apenas está situada em um lugar ligeiramente diferente. Em justiça como equidade, as intuições e os juízos ponderados são consultados na formulação da posição original; no enfoque das capacidades, eles são consultados no ato de fazer a lista das capacidades. Essa diferença não surpreende, uma vez que a justiça como equidade é uma abordagem procedimental e o enfoque das capacidades é uma abordagem orientada para o resultado. Mas ambas as abordagens seguem o método geral de Rawls de avaliar uma estrutura teórica contra o pano de fundo de "juízos ponderados", não deixando nenhum ponto sem revisão, mas, sim, buscando a consistência e a adequação entre as teorias e os juízos considerados conjuntamente[13]. De fato, não é nenhuma

---

[13] Ver *TJ*, pp. 48-51, e Nussbaum (2000), capítulo 2, sobre o meu próprio uso do método de Rawls.

surpresa que essas similaridades metodológicas ocorram, uma vez que Rawls associa seu método explicitamente a Aristóteles, que também é o precursor do método usado em meu enfoque das capacidades.

O papel aparentemente distinto das intuições origina-se, acredito, de uma diferença mais geral entre as abordagens procedimentais e as orientadas para o resultado, já tratada no capítulo 1. Os seguidores da abordagem procedimental ficam normalmente incomodados com o apelo direto do enfoque das capacidades à ideia de dignidade humana, mas não veem problema com um papel similar desempenhado pela ideia de inviolabilidade humana e pela ideia intuitiva relacionada de respeito pelas pessoas na teoria de Rawls – isso ocorre simplesmente porque há tantos elementos interpostos entre essas ideias intuitivas e o resultado final que falhamos em notar quanto trabalho elas realizam. Não acredito que Rawls argumente dessa maneira. Na verdade, ele insiste, plausivelmente, que são necessários princípios políticos para que seja dado um conteúdo determinado a ideias de respeito e dignidade humana (*TJ*, p. 586). Mas acredito que o enfoque das capacidades evita esse problema, uma vez que não considera a concepção dos direitos derivada das ideias de dignidade e respeito, mas sim uma maneira de dar conteúdo a essas ideias. Seguramente, as ideias de dignidade e respeito são bastante básicas na teoria de Rawls, como Charles Larmore insistiu corretamente[14]. Por isso, acredito que a objeção mais significativa de Rawls ao uso da intuição está no terreno da segunda acusação.

O que, então, podemos responder à ideia de que o enfoque das capacidades, com sua lista de dez finalidades, estaria condenado à avaliação intuicionística dos casos particulares de uma

---

[14] Larmore (2003).

maneira que torna seus princípios políticos irremediavelmente indeterminados? Essa acusação, que podemos muito bem imaginar correta quando aplicada a algumas teorias, é completamente incorreta quando aplicada ao enfoque das capacidades. O que a teoria diz é: *todos esses dez fins plurais e diversos representam a exigência mínima de justiça*, pelo menos até o nível mínimo. Em outras palavras, a teoria *não* aprova avaliação intuicionista ou comércio entre eles. A estrutura constitucional (uma vez que os fins são introduzidos em uma constituição ou em algum conjunto similar de conceitos básicos) exige que *todos* sejam assegurados para todo e qualquer cidadão, até certo nível mínimo. Em circunstâncias de desespero, pode ser que não seja possível a uma nação assegurá-los até um nível mínimo, mas, então, a questão neste caso passa a ser puramente prática, sobre o que fazer em seguida, não uma questão de justiça. A questão de justiça já está respondida: aqui a justiça não foi plenamente alcançada[15].

Agora, é claro que frequentemente a intuição pode estar envolvida quando refletimos sobre onde estabelecer o nível mínimo para dada capacidade, e em *Women and Human Development* imaginei que o processo judicial seria um lugar onde esse tipo de trabalho adicional seria feito. Mas Rawls não pensa diferente: na verdade, sua própria discussão sobre liberdade de expressão em *Liberalismo político* é um embate perfeitamente corrente de raciocínio jurídico, que não almeja deduzir o nível mínimo apropriado para cada caso de primeiros princípios infalíveis. É verdade que insisto que um modo de estabelecer adequadamente o nível mínimo de uma capacidade seria olhar para as outras capacidades afetadas: assim, um tribunal que tivesse que decidir sobre os limites da liberdade de expressão religiosa poderia levar legitimamen-

---

[15] Ver Nussbaum (2000d).

te em consideração o direito fundamental de todas as crianças à educação, e assim por diante. Mas isso dificilmente significaria realizar compensações inaceitáveis: e, sim, apenas o que se segue a partir do fato de que as capacidades são entendidas como um conjunto coerente completo, não como conflitantes entre si[16]. Em outras palavras, é para *evitar* a necessidade de realizar compensações que devemos olhar em direção às outras capacidades, assegurando-nos de que o conjunto completo é coerente e pode ser realizado como um todo.

O único ponto em que a teoria de Rawls parece ser menos intuicionista do que o enfoque das capacidades é em sua medição das posições sociais relativas, na qual apenas renda e riqueza são usadas. É claro que essa medida é precisa e muito mais objetiva do que a medição através do autorrespeito, inclusão política, educação, saúde e assim por diante. Mas é uma precisão adquirida com custo: pois, como Sen argumentou e eu argumentei aqui, Rawls simplesmente deixou de fora muitas coisas altamente pertinentes a qualquer interpretação do bem-estar e da posição social relativa, coisas para as quais renda e riqueza não são bons representantes. Na vida real, as pessoas podem estar bem situadas com relação a algumas capacidades, e muito mal colocadas com relação a outras.

ix. O enfoque das capacidades e os princípios da justiça de Rawls

Rawls, como vimos, salienta que sua teoria tem duas partes independentes: os princípios da justiça (junto com as ideias intuitivas de dignidade, inviolabilidade e reciprocidade que eles expressam e tornam precisos) e a situação da escolha inicial. Pode-

---

[16] Aristóteles define cada virtude de modo semelhante: ao fazer isso, ele considera suas implicações para a descrição das outras virtudes.

mos, ele diz, aceitar uma parte e rejeitar a outra. Sugeri que, a fim de lidar com os problemas de deficiência como problemas de justiça, Rawls teria de fazer grandes modificações em sua descrição da situação inicial de escolha, rejeitando certas características das quais a tradição clássica do contrato social dependia. (Nesse ponto, dependendo da natureza das modificações introduzidas, poderia haver uma convergência considerável entre a sua teoria e o enfoque das capacidades, apesar de que as outras questões que levantei – a ausência de motivações benevolentes na situação de escolha inicial, as limitações de uma teoria do bem descrita em termos das necessidades de pessoas racionais, a dificuldade mais geral do equacionamento das partes deliberantes com os sujeitos primários da justiça – continuariam nos levando a preferir o último. Mas, antes de uma avaliação final, é preciso examinar com atenção tais modificações.) Ele também disse que as ideias intuitivas de dignidade e reciprocidade são guias excelentes, particularmente ao refletirmos sobre o modo no qual *cada pessoa* é um fim e não pode ser sacrificada em nome de um bem social maior. Precisamos reformular essas ideias a fim de livrá-las do racionalismo kantiano que torna difícil estendê-las a pessoas com impedimentos mentais graves; mas creio que podemos fazer isso sem perder a sua base intuitiva.

O que dizer, então, dos próprios princípios da justiça? Rawls, ele próprio, não sugere nenhum princípio sequer para o caso de pessoas com impedimentos mentais graves e nem mesmo se compromete em tratá-lo como questões de justiça. Ele certamente nega que sejam questões de justiça *básica*, que influenciem a escolha dos princípios políticos mais fundamentais da sociedade. Assim, a questão não deve ser o que pensamos a respeito dos princípios que Rawls propôs para esse caso, mas, sim, como seria estender os princípios que ele propôs para o padrão "normal" para este caso, que ele não trata? Os famosos dois princípios que garantem uma forte prioridade para um grupo de liberdades e oportunidades básicas, e, então, propõem lidar com as desigualdades econômicas através do princípio da diferença (as desigualdades são permitidas desde que aumentem o nível de renda e riqueza dos menos favorecidos), fornecem um bom guia para mais este caso?

Partindo de outro ponto de vista, o enfoque das capacidades chegou a princípios que convergem visivelmente, de diversas formas, com os dois princípios de Rawls. A motivação filosófica é profundamente similar, uma vez que em ambos os casos os princípios são tentativas de capturar e tornar politicamente concreta a ideia de uma vida em conformidade com a dignidade humana. Para além desse ponto a comparação não pode ser precisa, porque minha teoria fala apenas de um mínimo social e não trata das desigualdades acima dessa base social (muito ampla). Mas essa é uma posição que o próprio Rawls teria tomado, caso tivesse aceitado a sugestão de Sen de que a lista de capacidades heterogêneas substitui a lista dos bens primários com seu foco na classificação das posições relativas com referência à renda e à riqueza. A ideia de que cada cidadão tem direito a uma quantidade ampla de cada um desses diversos bens, vistos como capacidades, e que a sociedade não pode buscar o benefício geral de um modo que desconsidere o direito de qualquer cidadão a elas, é uma ideia que possui, pelo menos, relação estreita com os dois princípios.

Por considerarmos o caso da deficiência, somos levados a focar na importância do cuidado como um direito social primário. Essa diferença substantiva da visão de Rawls é altamente significativa, uma vez que sua pressuposição de que os cidadãos são "plenamente cooperativos" o impede de dar ao cuidado um papel suficientemente central. Mas essa é a maior diferença em termos de conteúdo entre os princípios de Rawls (estendido para este novo caso) e os meus próprios para este caso; fora isso há uma convergência considerável.

Talvez possamos continuar a defender algo como o princípio da diferença – certamente o princípio mais atraente –, reformulando a desigualdade econômica em termos de capacidade. Mas é muito difícil defender tal princípio, uma vez que admitimos bens heterogêneos e plurais, definidos como capacidades. Devemos ter um princípio da diferença para toda e qualquer uma das capacidades? Essa sugestão parece excessivamente barroca, e difícil de conceber. Mas qualquer outra abordagem requer agregar as capacidades, quando a atração da ideia das capacidades é sua habilidade em reconhecer a heterogeneidade e a incomensurabilidade dos bens. Minha conclusão é que capturamos o centro moral dos princípios de Rawls nessa nova estrutura, pelo menos até certo ponto, ao insistirmos em um mínimo amplo para todas as capacidades. Talvez mais tarde possamos desenvolver outros princípios para lidar com o caso, até agora sem precedente, de uma sociedade que tenha concretizado esses direitos.

Apesar de Rawls argumentar a favor de uma ordem lexical para os dois princípios, ele também estipula que algumas necessidades econômicas básicas devam ser satisfeitas antes que o primeiro princípio entre em ação. Exprimi insatisfação com algumas de suas formulações, mas seria certamente errado dizer que Rawls não vê a interpenetração de questões de liberdade como questões de direitos econômicos. Sua discussão a respeito da reforma do financiamento eleitoral em *LP* mostra claramente o quão importante considerava as questões econômicas para o valor justo das liberdades políticas. Assim, meu enfoque das capacidades, o qual insiste que todas as capacidades têm um aspecto material e requerem condições materiais, leva o argumento simplesmente um passo adiante, ao rejeitar a ordem lexical sob o argumento de que essas questões são muito interdependentes para que não seja senão um equívoco sugerir que liberdades e oportunidades possam ser estabelecidas antes dos assuntos econômicos. No entanto, minha posição assume algo da separação que Rawls sugere, ao insistir que alguns direitos devem ser distribuídos sob a base de estrita igualdade, enquanto em outros (de natureza mais estreitamente econômicos) buscamos a adequação. As minhas razões para insistir na estrita igualdade de liberdade religiosa, liberdade de expressão e liberdade política são de natureza rawlsiana, relacionadas com considerações de respeito e reciprocidade.

No fim, então, o espírito dos princípios sobrevive, apesar das grandes mudanças introduzidas no ponto de partida e em detalhes de sua formulação.

x. Tipos e níveis de dignidade: a norma da espécie

O enfoque das capacidades opera com uma mesma lista para todos os cidadãos, e usa a noção de um nível mínimo para cada uma das capacidades, isto é, um mínimo abaixo do qual não há uma vida decentemente digna para os cidadãos. Segundo minha concepção filosófica do enfoque das capacidades, este especifica um nível mínimo apenas de modo geral e aproximado, tanto porque considero que o nível mínimo possa variar ao longo do tempo, como porque considero que o nível mínimo de uma capacidade possa ser estipulado de maneiras diferentes por diferentes sociedades, de acordo com suas histórias e circunstâncias. Assim, um direito à livre expressão que pareça apropriado para a Alemanha (que permita a proibição de discurso antissemítico e de organização política antissemítica) seria muito restritivo no clima diferente dos Estados Unidos: ambas as nações parecem ter feito escolhas razoáveis nesta área, à luz de suas histórias. De modo semelhante, exatamente até onde o limite deve ir com relação ao nível de educação que deve ser fornecido gratuitamente pelo Estado pode de alguma maneira variar de acordo com o tipo de economia e de mercado de trabalho de cada país, ainda que o nível não devesse variar tanto como de fato ocorre. Assim, dada a estrutura de oportunidades de emprego e os pré-requisitos de atividade política no mundo contemporâneo, cabe discutir, por exemplo, se a idade apropriada de deixar a escola é aos dezessete ou aos dezenove anos, mas não se deveria ser aos doze anos. Em tais casos, o enfoque considera que o melhor modo de tornar uma especificação mais precisa e apropriada é incrementando-a; o legislativo, os tribunais e as agências administrativas desempenharão os papéis que parecerem mais apropriados a cada país à luz do caráter específico das suas instituições e de suas competências institucionais.

Por que afinal o enfoque delimita uma única lista de capacidades e um único nível mínimo? É preciso abordar esta questão agora, porque ela é obviamente crucial para o tratamento do assunto das capacidades de pessoas com impedimentos mentais. O enfoque das capacidades parte de uma concepção política do ser humano, e da noção de uma vida de acordo com a dignidade do ser humano. Uma concepção das espécies e das atividades características de cada espécie, portanto, o permeia. Mas devemos ter cuidado e dizer o que o uso de uma ideia da natureza humana permite e o que não permite, porque existem outras abordagens no pensamento ético e político que se utilizam da ideia de natureza humana de modo bem diferente[17].

Antes de mais nada, a noção de natureza humana em minha teoria é explicitamente, e desde o começo, *avaliatória* e, em particular, *eticamente avaliatória*: entre as muitas características concre-

---

[17] Ver Nussbaum (1995b).

tas de uma forma de vida humana típica, selecionamos algumas que parecem tão normativamente fundamentais que uma vida sem nenhuma possibilidade de exercer alguma delas, em qualquer nível, não pode ser considerada uma vida plenamente humana, uma vida de acordo com a dignidade humana, mesmo que as outras estejam presentes. Se for impossível exercer uma quantidade suficiente dessas características (como no caso de uma pessoa em um estado vegetativo persistente), devemos talvez julgar que esta já não é mais uma vida humana. Então, uma vez identificado esse limite (extremo), procuramos um limite mais alto, aquele acima do qual não apenas a mera vida, mas a *boa vida* torna-se possível.

Em outras palavras, certos estados de um ser, por exemplo, um estado vegetativo permanente de um ser (que era antes) humano, nos leva a dizer simplesmente que esta não é uma vida humana de alguma maneira significativa, uma vez que as possibilidades de pensamento, percepção, relação e assim por diante estão completa e irrevogavelmente ausentes. (Notem que não diríamos isso se apenas uma ou mais das modalidades perceptivas estivessem ausentes; mas somente se a integridade de um grupo de capacidades humanas básicas estivesse inteira e irrevogavelmente ausente. Assim, há uma relação estreita entre este limite e a definição médica da morte. Tampouco diríamos isso se alguma capacidade aleatória estivesse ausente: teria de ser um grupo suficientemente significante delas para constituir a morte de qualquer coisa com a forma caracteristicamente humana da vida. Dois exemplos seriam a pessoa em uma condição vegetativa persistente e a criança anencefálica.)[18] Procuramos, então, intuitiva e aproximadamente, um ponto mais alto acima do qual uma boa vida está ao alcance

---

[18] Assim, modifiquei algumas afirmações feitas em artigos dos anos 1980 e dos anos 1990, que foram lidos como sugerindo que se qualquer uma das capacidades está ausente, a vida não é mais uma vida humana.

de um ser humano, focalizando nas condições sociais dessa vida. Tais condições também podem ser naturais, mas, uma vez que as pesquisas biológicas ampliam nossas possibilidades médicas, devemos contar com a possibilidade de que algo que normalmente pertencia ao campo do acaso ou da natureza pode agora pertencer ao campo social, ou seja, ao campo regulado pela justiça[19]. A tarefa de uma sociedade digna é dar a todos os cidadãos as (condições sociais das) capacidades, até um nível mínimo apropriado.

Nessa teoria, as noções do humano e das capacidades humanas centrais são, portanto, avaliativas e éticas. Algumas coisas que os seres humanos podem ser e fazer (crueldade, por exemplo) não aparecem na lista. A lista é projetada para ser a base de um consenso sobreposto em uma sociedade pluralista, por isso é explicitamente não metafísica. É projetada para evitar conceitos que pertençam a uma visão metafísica ou epistemológica ampla do ser humano e não a outra, tal como os conceitos de alma, ou de teologia natural, ou de verdade autoevidente. O enfoque parte de uma ideia altamente geral da realização humana e de suas possibilidades, não de uma ideia única de realização, como na teoria normativa de Aristóteles, mas, sim, de uma ideia de um espaço para diversas possibilidades de realização. A alegação que é feita pelo uso de uma única lista, então, não é a de que só há um único tipo de florescimento para o ser humano, mas, sim, que os cida-

---

[19] Sobre a sorte e justiça, ver Buchanan *et al.* (2000). Sobre o social e o natural, ver a discussão de Rawls sobre os bens primários sociais e naturais em Nussbaum (2000a), capítulo 1. Da mesma forma que Rawls define a justiça em termos da "base social de autorrespeito", a qual pode, é claro, ter outros determinantes, assim também defino a tarefa relevante nas áreas de saúde, imaginação e assim por diante: prover as condições sociais dessas capacidades. Entendo "social", entretanto, de alguma forma mais geral do que Rawls, uma vez que incluo a estrutura familiar na descrição do que é "social". Assim, na medida em que os limites das capacidades derivem de algum aspecto da estrutura familiar e que seja possível evitar isso mediante medidas legais, caberá ao Estado promover uma estrutura mais adequada.

dãos razoáveis podem concordar que essas capacidades são pré-requisitos importantes de concepções razoáveis de florescimento humano, na medida em que levem em consideração a concepção política de pessoa como um animal político, tanto digno quanto necessitado; e, dessa forma, elas são boas bases para definir os direitos políticos básicos em uma sociedade justa.

Só há portanto uma lista, não porque as ideias dos cidadãos a respeito da sua própria realização sejam únicas, mas porque parece ser razoável para as pessoas concordar com um grupo de direitos constitucionais fundamentais que forneçam a base para muitos modos diferentes de vida, direitos que parecem inerentes à ideia de dignidade humana. Mas agora uma questão difícil deve ser confrontada. Imaginemos um cidadão que na realidade não irá usar uma das capacidades da lista: por exemplo, um cidadão Amish, que acredita que é errado participar na política. É suficientemente razoável esperar que essa pessoa possa ainda assim apoiar a inclusão do direito de votar como um elemento na lista porque ela escolheu estar em uma sociedade democrática, e pode acreditar que a possibilidade de votar é, em geral, uma coisa valiosa de se ter em tal sociedade, mesmo que ela própria não vote. Presume-se que membros de grupos religiosos que proíbam a seus membros o acesso à imprensa e a outras mídias possam, ainda assim, apoiar a ideia de liberdade de imprensa como um valor importante para uma sociedade democrática, ainda que não esteja relacionada com a sua própria concepção de florescimento humano[20]. De modo similar, ateus, agnósticos e mesmo pessoas que odeiam ou desdenham a religião podem ainda assim apoiar a ca-

---

[20] A questão de saber se devemos permitir esta restrição à informação com relação às crianças é bastante problemática, e a abordo em Nussbaum (2000a), capítulo 4. Aqui discuto somente o caso de adultos que escolheram viver em tais comunidades, desde que aí estejam presentes o contexto de uma educação adequada e a existência de possibilidades de evasão.

pacidade do livre exercício religioso como parte importante da sociedade, porque podem constatar a partir do estudo da história que a opressão religiosa representa um grande perigo para todas as sociedades, e que esse tipo de opressão prejudica muitas outras possibilidades humanas. Apoiarão com razão uma concepção da liberdade religiosa que inclua direitos iguais para ateístas e agnósticos; mas provavelmente favorecerão essa capacidade, em vez do ateísmo compulsório, porque aceitaram as ideias centrais da dignidade humana e do respeito mútuo por razões práticas.

Agora a questão é: qual papel exatamente as noções de ser humano e de dignidade humana desempenham com relação ao que se pede a esses cidadãos que aquiesçam? Pedimos ao cidadão Amish que concorde que o florescimento humano e uma vida compatível com a dignidade humana não são possíveis sem o direito ao voto? Pedimos ao cidadão ultraortodoxo que concorde que o florescimento humano e uma vida compatível com a dignidade humana não são possíveis sem a liberdade de imprensa, mas a sua religião pode muito bem negar isso? Pedimos ao ateísta que afirme que o florescimento humano e a vida compatível com a dignidade humana não são possíveis sem a liberdade religiosa? Essas pessoas estão dispostas a concordar que é bom para uma sociedade garantir esses direitos, porque reconhecem que outras pessoas os exercem, e elas respeitam tais pessoas. Mas elas podem não querer ser forçadas pela concepção política a dizer que esses direitos estão implícitos na noção de dignidade humana e de realização humana. Assim, pareceria que estamos pedindo-lhes que digam algo mais, e mais controverso, do que aquilo que lhes propusemos, e que, no fim, é a noção do humano que está criando o problema.

Deixe-me tentar responder do seguinte modo. Essas pessoas escolheram viver em uma democracia pluralista e a respeitar os seus valores. Devemos acreditar que não pensam que os valores da cultura pública sejam simplesmente aqueles que apoiam porque lhes proporcionam estabilidade e proteção para suas formas de vida, mas sim porque subscrevem efetivamente esses valores. Dessa forma, são diferentes de outros membros que poderiam existir em seu grupo religioso[21]. Assim, no final, consideram que são valores políticos muito importantes, ainda que não venham a fazer uso efetivo deles, ou seja, consideram que há algo bom sobre ter escolha nesses assuntos: a escolha de votar ou não votar, a escolha de ler uma imprensa livre ou não, a escolha de praticar uma religião ou não. Poder escolher é bom em parte por causa da realidade do pluralismo razoável: outros concidadãos fazem escolhas diferentes, e respeitá-los inclui respeitar o espaço dentro do qual essas escolhas são feitas. Os cidadãos em questão podem também acreditar que essa escolha é boa *para eles*: ser um não votante em uma nação que não tem eleições não expressa muito sobre os valores humanos; praticar a não religião em um Estado que persegue a religião não expressa nada sobre os valores da pessoa não religiosa. Se colocarmos o acento firmemente na capacidade em vez de na funcionalidade, não seria uma reconstrução implausível de seu modo de refletir atribuir-lhes o pensamento de que uma vida digna para um ser humano requer essas *capacidades* – que incluem, é claro, o direito de não usá-las. Da mesma forma que uma pessoa que escolhe arruinar sua saúde e não aproveitar-se de qualquer assistência médica disponível, pode ainda assim endossar consistentemente a assistência pública de saúde como uma condição mínima essencial para uma vida humana digna, as pessoas também podem apoiar de modo consistente um

---

[21] Estes outros poderiam, é claro, existir dentro de uma sociedade pluralística e democrática, e suas escolhas seriam protegidas; mas suas visões não seriam consideradas abrangentes e razoáveis, uma vez que não expressam respeito pelas visões diferentes de seus concidadãos.

espaço para escolhas nessa área, ainda que também acreditem que elas próprias só possam fazer acertadamente uma escolha (a negativa)[22].

Suponhamos que digamos o seguinte a tais pessoas: "Vocês não têm grande consideração pela participação política (ou uma imprensa livre) porque a funcionalidade associada a ela é proibida pela concepção abrangente de valor de vocês. Se é assim, por que devemos dar a vocês essas capacidades, pedindo que as aceitem como implícitas na ideia de uma vida humana digna? Por que, em vez disso, nós simplesmente não estabelecemos uma lista diferente de capacidades para vocês, que inclua somente aquelas que de fato figuram em suas concepções compreensivas de uma vida realizada?". O que estaria errado com a solução de listas plurais para concepções plurais?

Para começar, tal solução seria, é claro, impraticável do ponto de vista prático. Além disso, uma das razões por que ela seria impraticável é, ela própria, ser profundamente normativa: tal solução fracassaria em oferecer às pessoas opções de trocar completamente uma concepção abrangente por outra. Judeus ortodoxos do Brooklyn têm uma possibilidade imensamente maior de deixar sua comunidade, ainda que por escolha própria não leiam jornais seculares, do que teriam em um Estado sem liberdade de imprensa. Mas uma característica ainda mais problemática dessa ideia é o próprio fato de que criaria ordens separadas de cidadãos, algumas com direitos básicos que as outras não possuiriam. Haveria uma hierarquia, em vez de igualdade plena. Presumivelmente, os Amish rejeitariam essa ideia, e o fariam porque querem ter os mesmos direitos que seus concidadãos; consideram

---

[22] Essa estratégia é similar à de Rawls em *LP*, p. 139, e em outros lugares. Uma vez mais, aceito a estrutura básica de seu liberalismo político.

isso algo que faz parte das bases sociais de autorrespeito para si e suas crianças. Eles também querem igualdade. Por essa razão, dão importância à ideia de unanimidade social sobre direitos básicos na perspectiva da capacidade, da mesma forma que dão importância à ideia de espaço para o pluralismo na perspectiva da funcionalidade.

Tampouco é suficiente dizer que valorizam a igualdade, pois penso que é justo dizer que valorizam não apenas qualquer velha igualdade, mas *esta* igualdade. Quer dizer, esses cidadãos não considerariam a si próprios afortunados em uma ditadura benevolente que negasse a todas as pessoas o direito de votar. Também escolheram reconhecer na cultura pública algo mais do que um *modus vivendi* conveniente; assim sendo não é, afinal, tão implausível afirmar que consideram essas capacidades pré-requisitos para uma vida humana digna em uma comunidade política. Da mesma maneira, o ateísta que odeia religião e espera que ela algum dia desapareça da vida humana, ainda preferirá a liberdade religiosa a um Estado, digamos, marxista, que não deixa às pessoas nenhuma escolha sobre esse assunto, pois consideraria que permitir às pessoas a escolha livre nessas questões é um aspecto do respeito pela dignidade humana. Assim, novamente, tampouco é implausível dizer acerca deles que, ainda que não gostem da religião, pensam que o livre exercício religioso é um pré-requisito para uma vida humana digna. A distinção entre capacidade e funcionalidade é, portanto, crucial.

Há, então, boas razões para que a lista das capacidades seja única, ainda que as concepções de realização sejam plurais. Tampouco parece que o apelo à noção do humano cause dificuldade ao tipo de pluralismo que o enfoque se compromete em respeitar. Podemos aceitar, sem a necessidade de uma metafísica profunda, a ideia de que a vida humana tem um aspecto e uma forma característicos, e que certas habilidades, entendidas como espaços de escolha, sejam, geralmente, consideradas muito importantes para seu sucesso – ainda que, por razões pessoais ou religiosas, alguém possa, em alguns casos, renunciar à funcionalidade concreta em questão.

Agora chegamos à questão em direção à qual esta discussão tem sido conduzida. A lista das capacidades deve permanecer igual quando consideramos a vida de cidadãos com impedimentos mentais? E o nível social mínimo deve também permanecer o mesmo? Nosso foco aristotélico na funcionalidade característica do ser humano parece causar uma confusão neste ponto[23]. Sesha não irá votar, não porque ela tenha uma concepção abrangente de valor que a proíbe votar, mas porque suas capacidades cognitivas jamais alcançarão um nível em que ela tenha uma possibilidade significativa de votar. De modo similar, a liberdade de imprensa não significa nada para ela, não pelas razões dos ultraortodoxos, mas porque o seu nível cognitivo torna a leitura e a comunicação verbal impossíveis. Tente o que quiser, a sociedade não vai trazê-la para um nível em que ela tenha tais capacidades em qualquer sentido significativo. Agora pareceria que a visão que enfatiza a norma da espécie nos forçaria a escolher: ou dizemos que Sesha tem uma forma completamente diferente de vida, ou dizemos que ela jamais será capaz de ter uma vida humana realizada, a despeito de nossos melhores esforços[24].

A primeira resposta parece ser correta para alguns impedimentos muito extremos. Alguns tipos de privação mental são tão agudos que parece sensato dizer que a vida, neste caso, simples-

---

[23] Ver McMahan (1996).
[24] Como McMahan observa corretamente, esta é a posição implícita em alguns dos meus artigos anteriores sobre este assunto.

mente não é de algum modo uma vida humana. Somente o sentimento nos leva a chamar a pessoa em um estado vegetativo persistente, ou uma criança anencéfala, humanas[25]. O que, então, nos faz querer chamar a vida de Sesha de humana e que diferença isso faz? É claro que o fato de ela ter um corpo humano e ser a filha de duas pessoas humanas desempenha um grande papel aqui e pode distorcer o nosso pensamento. Não devemos rejeitar sumariamente a possibilidade de que a coisa certa a dizer seja a de que a sua vida é algum outro tipo de vida, mas não suficientemente próxima de uma forma de vida caracteristicamente humana para o termo "humano" ser mais do que uma metáfora. Essa é a coisa certa a se dizer nos dois casos que mencionei, porque neles toda a possibilidade da percepção da consciência e de comunicação com os outros está ausente. Se, ao contrário, pensamos na vida de Sesha como uma vida humana, e eu acho que não estamos enganados quando o fazemos, isso provavelmente ocorre porque pelo menos algumas das capacidades humanas mais importantes estão manifestas nela, e essas capacidades conectam-na com a comunidade humana e não com outra: a habilidade de amar e de relacionar-se com os demais, a percepção, o prazer no jogo e no movimento. Nesse sentido, o fato de ser uma filha de pais humanos é importante: a sua vida está ligada a uma rede de relações humanas, e ela é capaz de participar ativamente de muitas dessas relações, apesar de não em todas.

---

[25] Assim, *pace* McMahan, minha "concepção da norma de espécie" não exige que se diga que uma criança anencéfala é o ser humano em pior estado porque é o que está mais distante da norma da espécie (ver McMahan [1996], pp. 12-13). Concordo que seria errado dizer que tal criança está em uma situação pior do que uma criança com as capacidades de Sesha. Mas penso que não precisamos desistir da ideia de que uma norma de espécie possa pelo menos nos ajudar sem que leve a essa conclusão; pois, certamente, seria somente dogmatismo insistir que a vida de tal criança é uma vida humana, enquanto a de Sesha é certamente uma vida humana.

Ainda assim, parece implausível dizer que mesmo o melhor cuidado irá produzir todas as capacidades da lista, até um nível mínimo socialmente apropriado. Devemos, então, introduzir uma lista diferente para Sesha, como nosso objetivo social? E devemos introduzir um limite diferente para os itens da lista, como nosso objetivo político para o que ela deve atingir?

Os casos de Arthur e Jamie mostram que, partindo de um ponto de vista prático, qualquer reparo desse tipo na lista é muito perigoso. A tendência persistente de todas as sociedades modernas é a de denegrir a competência das pessoas com impedimentos, assim como seu potencial de contribuição para a sociedade. Em parte porque o apoio total para suas habilidades é muito custoso, é mais fácil evitar a evidência de que pessoas com impedimentos graves podem, na verdade, em muitos casos, chegar a alto nível de funcionalidade. O uso de termos que sugerem a inevitabilidade e "naturalidade" de tais impedimentos mascara a recusa em se gastar o suficiente para mudar em amplamente a situação das pessoas com impedimentos. Há não muito tempo teria sido presumido que uma pessoa cega ou surda simplesmente não poderia participar da educação superior ou da vida política, que uma pessoa em cadeira de rodas não poderia praticar algum esporte, ou realizar algo em um amplo campo de tarefas. Impedimentos que eram completamente sociais pareciam ser naturais[26]. Dessa forma, parecia possível evitar os altos custos de remodelar as instalações públicas para acomodar essas pessoas.

A estratégia para descartar os gastos necessários consistia em caracterizar as pessoas com impedimentos como permanente e inevitavelmente dependentes dos outros: assim, o espaço público

---

[26] A cronologia aqui não é linear: muito tempo atrás, a cegueira e a surdez eram tão comuns que pode ter havido menos marginalização das pessoas nessas condições.

para pessoas com impedimentos visuais era imaginado de tal forma que elas teriam de sair sempre acompanhadas de um guia. As leis civis foram designadas como se as pessoas cegas não tivessem o direito de ocupar o espaço público como adultos independentes[27]. Essa situação deveria nos fazer refletir bastante quando falamos sobre a necessidade de cuidado, pois, algumas vezes, a ideia de que uma pessoa precisa de cuidado (especial ou assimétrico) é um ardil que mascara a possibilidade de independência adulta plena para muitas pessoas com impedimentos, desde que o espaço público seja adequadamente modelado para apoiá-los. Assim, disponibilizar o cuidado quando as pessoas querem e precisam dele deve ser claramente distinguido de forçar as pessoas a uma situação na qual terão de depender dos outros, ainda que isso não seja o que querem. Pessoas portadoras de deficiência querem assistência médica para as suas necessidades, da mesma forma que todos nós queremos. Mas também querem ser respeitadas como cidadãs iguais com opções para diversas formas de escolha e funcionalidade na vida comparáveis às dos outros cidadãos. Mas também não podemos evitar o problema das preferências adaptadas; assim, mesmo que as pessoas digam que a dependência é o que elas preferem, esse fato não deveria nos impedir de oferecer alternativas.

O problema da incapacidade fantasiada de realizar o potencial humano é ainda mais agudo no caso de pessoas com impedimentos mentais. A descrição de Jamie feita por Michael Bérubé mostra que muitos dos problemas das crianças com síndrome de Down, considerados limitações cognitivas inalteráveis, são, na verdade, limitações físicas tratáveis; particularmente os músculos fracos do pescoço que impedem a exploração do ambiente em

---

[27] Ver tenBroek (1966).

um período crucial e os fracos músculos da língua que impedem o desenvolvimento da fala. O preconceito segundo o qual essas crianças seriam simplesmente "burras" e ineducáveis impediu um entendimento correto do que poderiam alcançar. É precisamente porque os pais e outros defensores dão importância ao desenvolvimento cognitivo e continuam insistindo nele que essas descobertas foram feitas e programas para implementá-las foram desenvolvidos. Arthur também poderia ter sido julgado prematuramente como uma criança que simplesmente não poderia formar bons relacionamentos com outras crianças e que jamais poderia ser capaz de ser um membro da sociedade. Mas porque pais, educadores e, por último, a lei (como discutirei mais tarde) colocaram grande ênfase na sociabilidade na concepção pública de educação, Arthur foi lotado, à custa do dinheiro público, em uma escola com outras crianças com Asperger, onde aprendeu boas habilidades sociais e fez amigos.

Resumindo, é perigoso, do ponto de vista prático, usar uma lista diferente de capacidades ou mesmo um limite mínimo de capacidades diferente como o objetivo social apropriado para pessoas com impedimentos, porque assumir desde o início que não podemos ou não devemos alcançar um objetivo que seria difícil e caro de alcançar é um modo fácil de escapar do risco. Do ponto de vista estratégico, a direção correta parece ser manter-se firme com uma lista única como um conjunto não negociável de direitos sociais, e trabalhar sem descanso para trazer todas as crianças com deficiência até os mesmos limites mínimos de capacidade que estabelecemos para outros cidadãos. Os tratamentos e os programas deveriam, de fato, ser individualizados, como na verdade deveriam ser para todas as crianças, deficientes ou não. Mas, para propósitos políticos, é em geral razoável insistir que as capacidades centrais são muito importantes para todos os cidadãos, e justificam, portanto, os gastos que porventura tenham de ser feitos para essas pessoas com impedimentos especiais. Um bom modo de insistir nisso é usar a linguagem da realização humana, e dizer que Jamie e Arthur merecem todos os pré-requisitos de uma vida humana boa, e que eles podem alcançá-los com uma assistência e uma educação adequadas.

Tal ênfase na singularidade da lista não é importante apenas do ponto de vista estratégico, mas também do ponto de vista normativo, pois nos faz lembrar do respeito que devemos a pessoas com impedimentos mentais enquanto cidadãs plenamente iguais, membros da comunidade humana e detentores da habilidade de conduzir uma boa vida. Também nos lembra da continuidade entre a assim chamada pessoa normal e as pessoas com impedimentos. Todos têm impedimentos que a educação deve tratar, de um modo individualizado quando for possível; e todos, dado o cuidado adequado, podem tornar-se capazes de realizar as funções centrais da lista. Em vez de pôr de lado pessoas com impedimentos, como se elas pertencessem a um tipo diferente (e inferior), insistimos em seu direito igual aos meios para uma boa vida.

De fato, insistir na singularidade da lista para propósitos políticos, uma estratégia que parece à primeira vista ignorar as situações individuais de cada pessoa com impedimento mental, parece ser um bom modo de respeitar justamente a individualidade dessas mesmas pessoas. Pois o que estamos dizendo (retornando à nossa preocupação teórica sobre a igualdade de respeito) é que elas são tão indivíduos quanto qualquer outra pessoa, não *tipos*, não uma espécie inferior que separamos da espécie humana. Essa tipificação tem sido um dos modos mais difundidos através dos quais as pessoas portadoras de deficiência são estigmatizadas. O estudo clássico de Erving Goffman sobre o estigma social mostra repetidas vezes que uma característica central da operação do estigma, especialmente com relação a pessoas com impedimentos e deficiências, é a negação da individualidade: todo encontro com uma tal pessoa é articulado em termos do trato estigmatizado, e acabamos acreditando que a pessoa com o estigma não é plenamente ou realmente humana[28]. Quando tal pessoa realiza as ações mais normais da vida humana, os "normais" muitas vezes expressam surpresa, como se estivessem dizendo, "Imagine só! Em certa medida, você é exatamente igual a um ser humano!"[29]. Se tivéssemos de adotar uma lista de capacidades para os "normais" e outra para "as crianças com síndrome de Down", como se elas fossem de espécies diferentes, esta tendência destrutiva seria reforçada: a conclusão infeliz seria que os "normais" são indivíduos (pois sabem que são, e ninguém pode negar isso), e crianças com síndrome de Down são um tipo sem individualidade e diversidade significante, definidas inteiramente por suas características típicas.

Além disso, a ênfase na norma da espécie faz sentido mesmo quando estamos considerando uma mulher como Sesha, que talvez jamais seja capaz de atingir a lista completa das capacidades por conta própria, e que poderá precisar atingir algumas delas (participação política, por exemplo) por meio da representação de seus guardiões. Pois o que a norma da espécie nos diz é que a vida de Sesha é nessa medida desafortunada, de um modo que a vida de um chimpanzé satisfeito não é desafortunada. Pessoas com impedimentos mentais graves são muitas vezes comparadas com animais superiores. Em certa medida, essa analogia pode ser reveladora, lembrando-nos das complexas habilidades cognitivas dos animais. Mas sob outros aspectos é bastante equivocada, pois

---

[28] Goffman (1963), pp. 5 e seg.
[29] Ibid., p. 15.

sugere que Sesha pertence a uma espécie que possui uma forma normal de vida que é a sua própria; que tem companheiros de espécie com capacidades similares às suas com quem pode estabelecer relacionamentos sexuais e familiares; que está cercada por membros da mesma espécie com habilidades semelhantes às suas com quem ela pode jogar e conviver. Mas isso é falso: Sesha está cercada por humanos que não possuem os seus impedimentos. Ela carece da relativa independência que a maioria dos adultos membros de sua comunidade de espécie possui (e que os animais de outras espécies normalmente atingem). Ela vive com uma boa dose de dor e doença. Considerando tudo isso, ela tem, portanto, uma expectativa pequena de desfrutar o gozo espontâneo da sexualidade e da criação de filhos, e talvez nenhuma perspectiva de uma vida com atividade política significativa, iniciada por ela própria. Em todos esses sentidos, ela é bem diferente de um chimpanzé médio. Além disso, a vida de um animal com habilidades típicas de sua espécie se caracteriza por uma harmonia orgânica, independentemente de o animal ser humano ou não: as diversas habilidades se inter-relacionam de um modo mais harmonioso do que desarmonioso. Sesha, ao contrário, tem habilidades para amar, brincar e sentir prazer que não estão bem relacionadas com seu nível cognitivo e suas habilidades motoras; além disso, ela tem incapacidades físicas de alta escala que a deixam com muita dor. Assim, o que temos claramente de dizer, me parece, é que algumas das capacidades na lista não serão atingíveis por ela, mas que isso é extremamente lastimável, não um sinal de que ela esteja florescendo em uma forma diferente de vida. A sociedade deveria se esforçar para lhe dar diretamente tantas capacidades quantas forem possíveis: e onde a outorga direta de poder não é possível, a sociedade deve lhe oferecer as capacidades por meio de um acordo adequado de tutoria. Mas a tutoria, a despeito de quão bem designada ela seja (e iremos falar mais sobre isso adiante), não é tão boa para Sesha quanto seria ter as capacidades por conta própria. Temos de enfatizar as capacidades na lista porque elas possuem importância humana: avaliamos essas opções de funcionalidade, e afirmamos que elas são realmente muito importantes e boas. Quando alguém não as alcança, essa é uma ocorrência infeliz, seja ou não culpa de alguém; o único modo em que Sesha pode vir a florescer é como ser humano.

Tudo isso não significa dizer que a vida de Sesha não possa ser julgada boa e bem-sucedida em muitos aspectos. Mas sim que, se pudéssemos remediar a sua condição e trazê-la até um nível mínimo, isso seria o que faríamos, porque é bom e, na verdade, importante para um ser humano ser capaz de funcionar dessas maneiras. Se surgisse um tratamento, a sociedade deveria ser obrigada a pagar por ele, e não poderia oferecer uma desculpa de que ela é deficiente "por natureza". E, além disso, se pudéssemos interferir nos seus aspectos genéticos já no útero, de modo que ela não nascesse com impedimentos tão graves, então, de novo, isso seria o que uma sociedade digna deveria fazer[30]. Notem que não dizemos isso de Jamie ou Arthur porque há uma perspectiva realística de que eles atingirão as capacidades que avaliamos como humanamente centrais. Assim, o nosso enfoque não propõe eliminar a síndrome de Down, a síndrome de Asperger, a cegueira ou a surdez através da engenharia genética, apesar de tampouco se opor a isso.

---

[30] É claro que isso suscita questões de identidade pessoal; mas as adio para outra ocasião. Aqui, penso, estou de acordo com a "Teoria das Possibilidades Individuais" de McMahan: julgamos o padrão da boa ou má fortuna para alguém olhando para a melhor vida que "poderia ter sido provida desde seu nascimento" (p. 14). Assim, ele concorda que uma criança com o nível de deficiência de Sesha é desafortunada, mesmo que um animal não humano com um nível semelhante de habilidade cognitiva não o fosse.

O papel principal da lista na reflexão sobre as políticas públicas a favor de Sesha será colocar a pergunta: o arranjo político público sob o qual ela vive estende a ela a *base social* de todas as capacidades da lista? Caso sim, então a concepção pública fez o seu trabalho, ainda que seus próprios impedimentos impeçam uma escolha plena pela funcionalidade em uma ou mais áreas. Até agora, é óbvio que a maioria do trabalho realizado para dar a Sesha muitas das capacidades da lista tem sido feito por seus pais, na falta de uma concepção política pública (o foco primário do livro de Kittay). A cultura pública foi gradualmente tornando-se mais receptiva às necessidades de crianças como Jamie e Arthur. Sesha, todavia, ainda recebe pouca ajuda do Estado e de suas políticas públicas assistenciais. Ainda assim, a vida de Sesha é de diversas formas uma vida humana digna e fértil, mas isso por causa dos seus pais e de outros cuidadores. O seu sucesso depende, em alguma medida, do fato de que seus pais são altamente educados e relativamente bem situados economicamente. Uma sociedade justa não permitiria que um tema tão crucial dependesse da sorte dessa maneira.

Em termos mais concretos, ao refletir sobre como a lista e seus níveis mínimos deve direcionar as políticas públicas em direção a Sesha, devemos dar mais importância aos grandes itens da lista do que às suas subseções mais específicas. Assim, mesmo que Sesha não possa se tornar um eleitor em potencial, devemos perguntar que outras maneiras pode haver para garantir-lhe a participação política e a possibilidade de alguma atividade política (ainda que também a permitíssemos votar[31] por meio de um guardião, como um sinal de igualdade política plena). Está claro que cidadãos com síndrome de Down participam com sucesso

---

[31] Ver Levitz e Kingsley (1994); Levitz (2003).

em seu ambiente político. Devemos agora perguntar como devemos organizar as coisas de modo que Sesha também possa ter a sua disposição algumas dessas funcionalidades. Por outro lado, cidadãos com impedimentos mentais são capazes de arrumar um emprego. Se Sesha não pode arrumar um trabalho, então, quais outros modos podem haver que lhe garantam alguma medida de controle sobre o seu ambiente? Novamente, se ocorre que Sesha não seria capaz de criar e cuidar de uma criança por conta própria, mesmo com assistência (isso não está de modo algum claro), então, quais relações alternativas às crianças poderiam lhe ser oferecidas a fim de tornar a sua vida mais rica? Manter uma lista singular de capacidades suscita todas essas questões, e todas elas são vitais se consideramos que as pessoas com impedimentos mentais e deficiências devem ser cidadãs plenamente iguais.

xi. Políticas públicas: a questão da tutela [*guardianship*]

É impossível que uma discussão como esta possa fazer algo mais do que esboçar algumas implicações que esse tipo de enfoque possa ter para a situação de pessoas com impedimentos mentais em relação às políticas públicas. Nesta seção focalizarei a questão da tutela; na próxima focalizarei a educação das crianças com impedimentos mentais; no final, esboçarei uma abordagem geral sobre a questão do cuidado e de seu reconhecimento social.

A maioria dos países protege (pelo menos algumas) as capacidades de pessoas com impedimentos mentais através de formas de tutela. Mas toda essa relação precisa ser refletida cuidadosamente à luz da ênfase no raciocínio prático e na sociabilidade, centrais para o enfoque das capacidades. O sistema norte-americano de tutela varia de estado para estado, mas a abordagem geral tem sido especialmente amorfa e as questões têm sido poucas vezes apresentadas com a mesma imaginação e clareza de outros países. Proteger os direitos a um processo justo no caso das pessoas com impedimentos mentais favorece a tutela limitada, por razões constitucionais[32]. Não obstante, muitas pessoas com impedimentos mentais não podem votar, mesmo quando não há nenhum tipo de impedimento cognitivo que faria do votar um objetivo social irreal. Ainda que os estados ofereçam formas de tutela parcial ou temporária, há uma carência geral de clareza "sobre quais opções maximizam uma autonomia" que "pode levar a um desempoderamento [*disempowerment*] desnecessário de algumas pessoas portadoras de deficiência[33]". Quarenta e dois estados e três territórios proíbem pelo menos alguns indivíduos com deficiência intelectual de votar[34].

Por outro lado, inúmeras outras nações, inclusive europeias, além de Israel e Nova Zelândia, revisaram recentemente essa relação e propuseram alternativas criativas nas quais o foco na dignidade humana e na capacidade de escolha ocupam um lugar central[35]. Por exemplo, a Lei de Igualdade de Direitos para Pessoas Portadoras de Deficiência de Israel, aprovada em 1999, estabelece que pessoas com deficiência têm o direito à "participação igual e ativa em todas as principais esferas da vida" e o direito à assistência para as necessidades humanas de tal maneira que "permita a ele/ela viver com o máximo de independência, em privacidade e em dignidade, realizando plenamente o seu potencial". A lei estabelece que "uma pessoa com deficiência tem o direito a tomar

---

[32] Ver, por exemplo, *In re* Nelda Boyer, 636 P. 2d 1085, 1091 (Utah, 1982): "Ainda que o poder conferido a um guardião possa ser muito amplo, a corte está autorizada a adequar os poderes do guardião às necessidades específicas da guarda... O processo deve ser individualizado e baseado em consideração cuidadosa das necessidades particulares de supervisão". Sou grata a Leslie Francis por esta referência.

[33] Herr (2003), p. 431.

[34] Ibid., p. 435.

[35] Herr (2003).

decisões que pertençam a sua (dele/dela) vida de acordo com seus desejos e preferências". As disposições da lei se aplicam a um grupo amplo de pessoas com impedimentos e deficiências, inclusive aquelas com deficiências físicas, intelectuais e emocionais graves[36].

Uma abordagem particularmente criativa da estrutura assistencial e legal da tutela pode ser encontrada na recente lei sueca[37]. Em vez de uma única relação de assistência, a Suécia, desde 1994, tem estabelecido uma pluralidade flexível de tais relações. A forma preferida de serviço assistencial para pessoas com deficiência mental é a do mentoreamento [*mentorship*] (na Suécia o mentor é chamado de "*god man*", o "homem bom"). O relacionamento de mentoreamento não altera os direitos civis do mentoreado. O *god man* age somente com o consentimento da pessoa e tem direitos e deveres quase similares aos de alguém com uma procuração. O tribunal que nomeia um *god man* pode adaptar a relação às necessidades do indivíduo. A solicitação desses serviços pode ser feita pela própria pessoa em questão, um parente ou os seus guardiões públicos. Esses mentores são pagos por seus serviços pelo Estado. O maior contingente de pessoas com mentores é constituído por idosos.

Onde o mentoreamento parece insuficiente por causa da natureza da deficiência da pessoa, algum tipo de controle mais decisório é fornecido pela relação de administrador ou guardião (*forvaltare*). Quando outras formas de assistência são insuficientes e uma pessoa com deficiência parece estar sofrendo graves riscos, um guardião [*trustee*] pode ser nomeado e, diferente do mentor, pode tomar decisões no lugar da pessoa assistida. Uma

---

[36] Ibid., p. 445.
[37] Esse material, assim como a descrição das leis israelense e alemã, foi retirado de Herr, Gostin e Koh (2003).

função primária dessa categoria é a de proteger a pessoa dos efeitos econômicos de transações imprudentes. Mas ela ainda detém os direitos civis, inclusive o direito de votar.

Tampouco é essa toda a extensão de variedades de tutela e assistência; outros serviços sociais incluem: as "pessoas de contato" (*kontakt*), pagas pelos fundos públicos, que fazem companhia a pessoas que de outra forma estariam isoladas ou inativas; o "assistente pessoal", contratado e demitido pela pessoa com deficiência, mas paga pelo governo, que assiste à pessoa em muitas transações; e, a "pessoa de escolta", que acompanha a pessoa com deficiência a atividades culturais, de esporte e de lazer, também pagas pelo governo nacional, em combinação com as municipalidades[38].

A proposta da Suécia pode ser complementada pela reforma de 1992 da lei alemã de tutela (*Betreuungsgesetz*) que oferece uma abordagem procedimental do problema, com uma ênfase nos princípios gerais de proteção à liberdade das pessoas portadoras de deficiência. O "princípio da necessidade" barra a tutela se a pessoa pode administrar sua vida com a assistência de outros serviços sociais. Um "princípio de flexibilidade" limita o escopo da autoridade do guardião, obrigando à alternativa menos restritiva: o *Betreuer* deve "seguir os desejos do indivíduo assistido desde que isso não signifique um risco provável ao bem-estar da pessoa *handicapped*", e a lei reconhece que o bem-estar inclui "a possibilidade de levar uma vida autodeterminada no mais alto grau possível". Um "princípio de autodeterminação" permite a substituição de um guardião por uma autoridade por procuração legal duradoura. Um "princípio de proteção dos direitos" enfatiza o subsídio financeiro para a assistência a necessidades práticas e para "evitar

---

[38] Herr (2003), pp. 431-438. Para outros serviços de assistência e uma discussão detalhada da definição de "pessoas portadoras de deficiência", ver ibid., pp. 438-439.

a interdição legal", de tal forma que a nomeação de um guardião não retira automaticamente da pessoa com lesão mental os direitos ao voto, ao casamento e ao de fazer um testamento. A lei ainda estabelece uma variedade de proteções procedimentais, incluindo entrevistas pessoais, apelação em processos judiciais e duração limitada para a tutela[39].

Se combinarmos a visão subjacente de dignidade e igualdade humanas da lei israelense com os princípios gerais expressos na lei alemã e a estrutura legal flexível e as categorias sociais expressas na lei sueca, teremos um bom exemplo do que o enfoque das capacidades favoreceria como um modelo de reforma nessa área. É claro, no entanto, que ainda faltaria uma boa quantidade de trabalho prático-legal e político para dar mais conteúdo a tudo isso.

Todas essas reformas legais, perseguidas por pessoas com impedimentos e deficiências mentais e seus defensores, no marco de um crescente movimento internacional pela plena igualdade dos direitos, enfatizam a importância de um enfoque que veja as pessoas portadoras de deficiência como detentoras de direitos plenamente iguais, merecedoras de um amplo campo de serviços sociais que lhes garantam que possuem a chance de exercer seus direitos. Como Mary Robinson escreve em sua introdução a um novo estudo sobre esses avanços internacionais:

> É intolerável que qualquer homem, mulher ou criança siga a sua vida de maneira segregada e privada de seus direitos por qualquer razão, menos ainda porque nasceram em um corpo ou mente que nosso sistema global possa considerar muito diferente para acomodá-lo. Que sua segregação ocorra devido a uma deficiência física ou mental, como opostas a uma das classificações

---

[39] Ibid., pp. 441-442.

mais "tradicionais" ou visíveis como raça ou religião ou gênero, não torna a violação de seus direitos menos grave. A verdadeira igualdade para os deficientes significa mais do que rampas de acesso aos prédios e meios de transporte. Ela ordena uma mudança da atitude na fábrica social maior – da qual todos nós fazemos parte –, a fim de garantir que eles não sejam mais vistos como problemas, mas como detentores de direitos que merecem ser cumpridos com a mesma urgência com que esperamos para os nossos próprios. A igualdade põe um fim em nossa tendência de perceber "defeitos" no indivíduo, e direciona nossa atenção para as falhas nos mecanismos sociais e econômicos que não acomodam as diferenças.[40]

Na abordagem que, assim como Robinson, favoreço, a tutela torna-se não um problema de lidar com a "incompetência" de uma pessoa, mas um modo de facilitar o acesso dessas pessoas a todas as capacidades centrais. A norma deve ser sempre pôr a pessoa ela própria em uma posição de escolher a funcionalidade em questão. Onde isso não é possível, temporária ou permanentemente, o tipo de tutela a se lutar deve ser estreitamente adaptado para atender a pessoa onde a assistência for necessária, de um modo que convide a pessoa a participar o tanto quanto for possível nas tomadas de decisão e de escolha.

xii. Políticas públicas: educação e inclusão

Todas as sociedades modernas têm mostrado graves desigualdades em seu tratamento das crianças com deficiências mentais atípicas. Muitas vezes essas crianças não recebem o cuidado médico e a terapia de que precisam. (Aliás, muitas vezes, suposições de incompetência cognitiva impediram as pessoas de reco-

---

[40] Herr, Gostin e Koh (2003), p. vi.

nhecer que elas careciam de formas de terapia física que podiam aumentar enormemente seus potenciais cognitivos. Por exemplo, a terapia muscular para crianças com a síndrome de Down pode tornar possível relacionarem-se com seus mundos de um modo que promova a aprendizagem ativa.) As crianças com impedimentos mentais têm sido segregadas e estigmatizadas ainda mais do que as pessoas com diversos impedimentos físicos. Muitas delas têm sido relegadas a instituições que não fazem nenhum esforço em desenvolver o seu potencial. Além disso, elas são persistentemente tratadas como se não tivessem o direito de ocupar o espaço público. Nas audiências do congresso preparatórias para a Lei dos Americanos com Deficiências (*Americans with Disabilities Act* (ADA) foram citados muitos exemplos dessa segregação. Um dos casos dizia respeito a crianças com síndrome de Down que não foram admitidas em um zoológico sob a alegação de que iriam aborrecer os chimpanzés[41].

Uma lacuna especialmente chocante tem se dado na área da educação. Estigmatizadas tanto como ineducáveis ou como indignas de dispêndios, às crianças com deficiências mentais têm sido negado o acesso à educação adequada. Adultos da minha geração ainda podem se lembrar de salas de aula para crianças "especiais", escondidas caracteristicamente nos porões das escolas de modo a que as crianças "normais" não tivessem de olhar para elas. E, em muitos casos, crianças com deficiências mentais eram sumariamente mandadas embora das escolas públicas.

Casos judiciais antigos confirmam essas exclusões. Por exemplo, em 1892, o Supremo Tribunal de Massachusetts sancionou a exclusão de John Watson, nascido com retardamento mental, das escolas públicas de Cambridge. O parecer menciona o efeito per-

---

[41] Francis e Silvers (2000), p. xix.

turbador de sua aparência e comportamento incomum (que, foi admitido, não era nocivo ou desobediente) sobre as outras crianças. Um caso semelhante foi o de Merritt Beattie, cuja paralisia produzia sintomas considerados "deprimentes e repugnantes para os professores e para as crianças da escola"[42].

A luta contra esses problemas nos Estados Unidos ilustra tanto as dificuldades enfrentadas por todas as sociedades modernas quanto algumas estratégias que tendem, em geral, a se mostrar mais férteis. No início dos anos 1970, os porta-vozes das pessoas com deficiência mental inauguraram uma tentativa de desafiar sistematicamente a exclusão dessas crianças da educação e alcançaram duas vitórias importantes. Em Associação para Crianças Retardadas da Pensilvânia v. Pensilvânia, um tribunal do distrito federal emitiu uma medida cautelar obrigando as escolas a fornecer "educação gratuita apropriada" a crianças com deficiência mental. Os autores da ação alegaram que a educação é um direito fundamental, e que o sistema escolar precisava, portanto, demonstrar um "interesse imperativo do Estado" (*Compelling State Interest*) se quisessem excluir legalmente as crianças com deficiência[43].

No mesmo ano, em Mills v. Ministério da Educação, o tribunal distrital norteamericano do distrito de Columbia julgou a fa-

---

[42] Watson v. Cambridge, 157 Mass. 561 (1893). Foi dito que Watson era "incapaz de cuidar do seu corpo de maneira decente e ordinária"; State ex Rel Beattie v. Board of Education of the City of Antigo, 169 Wisc. 231 (1919). A suprema corte de Wisconsin indeferiu a sua exclusão. Beattie aparentemente não era mentalmente incapacitado, no entanto seu caso tipifica o estigma que muitas vezes afeta as vidas dos mentalmente incapacitados.

[43] 343 F. Supp. 279 (1972). O tribunal, entretanto, aliviou o ônus dos que moveram a ação, ao sustentar que haviam estabelecido a constitucionalidade de seu pleito ainda que baseados em um critério menos rigoroso de fundamentação racional: em outras palavras, eles não precisavam mostrar que a educação é um direito fundamental a fim de fazer sua exigência de proteção igual. Prevaleceu a tese de que as exclusões violavam tanto o direito a processo justo quanto o direito a igualdade.

vor de um grupo de crianças com deficiência mental que foram contra sua exclusão das escolas públicas do distrito. Esse grupo era maior do que o grupo de impetrantes no caso da Pensilvânia: ele incluiu crianças com um campo amplo de deficiências de aprendizagem, não somente o retardo mental. Em uma análise que pretendia ser explicitamente uma aplicação de Brown v. Ministério da Educação, o caso histórico que estabeleceu que a segregação racial nas escolas públicas era uma violação à cláusula da igualdade de proteção, o tribunal considerou que a negação de uma educação pública gratuita e adequada aos deficientes mentais era uma violação da igualdade de proteção. Além disso, muito importante para o nossos propósitos, o tribunal considerou que a violação da igualdade de proteção não poderia ser justificada com o argumento de que o sistema não possuía fundos suficientes e que era excepcionalmente caro incluir essas crianças. "As falhas do sistema público escolar do distrito de Columbia, ainda que tenham sido ocasionadas por causa da insuficiência dos fundos ou pela ineficiência administrativa, certamente não podem pesar mais sobre a criança 'excepcional' ou incapacitada do que sobre a criança normal", argumenta o parecer[44]. É significativo neste ponto que o parecer cite Goldberg v. Kelly, um caso de direitos sociais, no qual a Suprema Corte sustentou que o interesse do Estado no bem-estar de seus cidadãos "supera claramente" seus outros interesses em "prevenir qualquer aumento dos encargos fiscais e administrativos". De modo similar, o tribunal distrital argumentou que o interesse do distrito de Columbia na educação

---

[44] 348 F. Supp. 866 (D.C.C. 1972), p. 876. Tecnicamente, por causa da situação legalmente anômala do Distrito, seu argumento foi que era uma violação do direito ao processo justo de acordo com a Quinta Emenda (*Fifth Amendment*) e que a cláusula da igualdade de proteção aplicada à educação é "um componente do direito ao processo justo vinculado ao Distrito".

dessas crianças excluídas "deve claramente superar seus interesses em preservar seus recursos financeiros"[45].

Goldberg v. Kelly e seu eco em Mills são casos altamente significativos para os propósitos do enfoque que defendo aqui. Eles articulam uma concepção de cooperação social e dos propósitos dos princípios políticos que vai profundamente contra os admitidos no tipo de contratualismo de vantagem mútua que tenho criticado, e apoiam os princípios articulados pelo enfoque das capacidades. No caso Goldberg, em um parecer escrito pelo juiz Brennan, o tribunal sustentou que:

> Desde a sua fundação o compromisso da Nação tem sido encorajar a dignidade e o bem-estar de todas as pessoas que se encontram dentro de suas fronteiras. Acabamos reconhecendo que forças que não estão dentro do controle do pobre contribuem para a sua miséria (....) A assistência social, por responder às demandas básicas de subsistência, pode ajudar a trazer para dentro do alcance dos pobres as mesmas oportunidades que estão disponíveis para os outros, de participar significativamente na vida da comunidade (...) A assistência pública, então, não é mera caridade, mas significa "promover o bem-estar geral, e assegurar as Bênçãos de Liberdade a nós próprios e a nossa posteridade".[46]

Em outras palavras, o propósito da cooperação social não é ganhar uma vantagem, é incentivar a dignidade e o bem-estar de todo e qualquer cidadão[47]. Esse objetivo é interpretado como significando que gastos com a pobreza, apesar de, talvez, custosos, são requeridos pela própria natureza de nosso compromisso so-

---

[45] 397 U.S. 254 (1969), p. 266.
[46] Ibid., pp. 264-265.
[47] Podemos escutar aqui um eco do tratamento de Locke à dignidade que mencionei no capítulo 1, que está conectado a sua teoria dos direitos naturais e que não está incluído nas formas modernas de contratualismo.

cial. Agora, é claro que Rawls concordaria com isso no caso do pobre; mas o que parece desanimador sobre a sua abordagem da dignidade humana e inclusão social é que ele recusa a comprometer o Estado em apoiar plenamente as pessoas com impedimentos físicos e mentais a partir dos próprios princípios políticos básicos, adiando essa questão até a hora em que os princípios já tenham sido fixados. O caso Mills diz que tal distinção é inaceitável: devemos apoiar esses cidadãos como iguais, nos e através de nossos princípios políticos básicos, mesmo que isso seja caro. Isso está pressuposto em nossos princípios políticos básicos.

Agora, é claro que a sentença do tribunal no caso Goldberg não pede às pessoas que façam o impossível. Não pede, por exemplo, que o Estado forneça a todos os cidadãos uma educação universitária gratuita. O que exige é assistência em uma base de igualdade, mesmo quando isso signifique mudanças que possam ser caras. De modo similar, a justificação da sentença no caso Mills sustenta que a justiça exige tal apoio, e que nosso princípio fundamental de igualdade de proteção pressupõe isso. Se a justiça o exige, devemos unir todos os nossos esforços para assegurarmo-nos de que isso será feito, ainda que se mostre oneroso. O tribunal também observou que os custos podem ser aumentados pela ineficiência administrativa, e que esse resultado é muito comum com relação à educação de crianças com impedimentos, dadas a ignorância pública generalizada e a falta de treinamento de professores. Devemos acrescentar que em relação a qualquer mercadoria rara, existe uma tendência geral ao aumento artificial dos preços, que podem ser alterados sem grandes perdas (como o preço dos remédios para tratamento da aids na África, que tiveram seus preços aumentados artificialmente). No caso da educação de crianças com deficiências mentais, as mudanças principais requeridas são na atitude e no treinamento dos professores, não seriam terrivelmente caras uma vez introduzidas e entrelaçadas ao currículo.

A firme articulação deste *insight* fundamental em ambos os casos provocou um debate nacional, centrado tanto na igualdade de acesso quanto no financiamento. Em 1975, o Congresso aprovou a Lei de Educação para Todas as Crianças Incapacitadas (*Education for All Handicapped Children Act* – EAHCA), que transformou a decisão do caso Mills em lei federal, dando a um número grande de crianças deficientes mentais[48] direitos obrigatórios a uma educação pública gratuita e adequada, e disponibilizando aos estados fundos para ajudá-los a cumprir com suas obrigações constitucionais[49]. Essa lei foi levemente mudada e reelaborada em 1997 na forma da Lei da Educação de Indivíduos com Deficiências (*Individuals with Disabilities Education Act* – Idea).

Antes, entretanto, de nos voltarmos para a nova lei da educação, há um caso importante dentro deste quadro que precisamos considerar, porque incide diretamente sobre a questão do estigma e da exclusão. No caso Cidade de Cleburne v. Residência coletiva de Cleburne, uma cidade no Texas negou permissão para a instalação de uma residência para retardados mentais, baseando-se em uma lei de zoneamento que exigia permissão especial para tais residências. (As permissões não eram exigidas para casa de repouso, lar de idosos e sanatórios – somente para "residências para os insanos com debilidade mental, ou para os alcoólatras, ou para os viciados em drogas.") A negação da permissão foi claramente motivada pelo medo que as pessoas com deficiência men-

---

[48] Hoje os termos "impedimento" e "deficiência" são normalmente usados para descrever a condição, por assim dizer, pré-social de tais crianças; o termo *"handicap"* é usado para descrever sua situação de desvantagem social.

[49] Gostaria de agradecer John Brademas, um dos autores desta legislação, pela discussão proveitosa sobre o contexto e a história desta lei.

tal provocavam, e outras atitudes negativas expressas por proprietários residentes na área em que seria instalada a residência. A cidade alegou, além disso, que os ocupantes da residência poderiam correr perigo, já que a residência estaria localizada em uma "planície por quinhentos anos ameaçada de inundação" e no caso de uma inundação eles poderiam ser muito lentos em escapar do prédio[50].

Em uma decisão surpreendente, a Suprema Corte sustentou que a negação da permissão não tinha base racional, baseando-se somente em "odiosas discriminações", "um preconceito irracional contra os retardados mentais", e "medos vagos e indiferenciados"[51]. Esse julgamento é surpreendente porque, até então, virtualmente qualquer lei que tivesse sido aprovada em algum lugar era considerada como tendo uma base racional, e o padrão de base racional era extremamente fraco[52]. Pelo menos nesse caso, o tribunal levou esse padrão muito pouco em consideração: o mero estigma e o desejo de excluir uma minoria impopular não podiam ser considerados uma razão. Aqui, a ideia de igualdade de respeito pela dignidade, que está no coração mesmo do enfoque das capacidades,

---

[50] 473 U.S. 432 (1985), p. 449.

[51] Ibid., pp. 446, 450, 449.

[52] Uma questão parecida, entretanto, foi levantada em um caso de igualdade de proteção no ano anterior, Palmore v. Sidoti, 466 U.S. 429 (1984). O caso dizia respeito à custódia de uma criança cuja mãe, a quem foi dada a custódia, casou de novo com um americano afrodescendente. O pai da criança exigiu a custódia alegando que a criança sofreria preconceito por fazer parte de uma família estigmatizada. Porque o caso concernia à questão da raça, envolvia uma análise mais exata do que a sua mera base racional. A análise do tribunal foi pertinente: foi dito que a lei deve negar-se a transformar um preconceito privado em uma desvantagem pública sistemática: "Preconceitos privados podem estar fora do alcance da lei, mas a lei não pode, direta ou indiretamente, efetivá-los". Esta parte do caso Palmore foi citada pela corte no caso Cleburne em conexão com o julgamento de que "a cidade pode não escapar do rigor da cláusula [de igualdade de proteção] em função dos desejos e objeções de alguma fração do corpo político" (473 U.S. 448).

é articulado, novamente, de um modo que parece constituir um rompimento importante com os valores implícitos no modelo da vantagem mútua do contrato social. Devemos observar que de acordo com significado de "razão" desse modelo, os residentes de Cleburne tinham muito boas razões para negar a permissão: o valor de suas propriedades iria certamente baixar, e, sem dúvida, eles também sofreriam emocionalmente. Manter pessoas com impedimentos mentais na periferia da sociedade política, ou pelo menos relegá-las a uma posição derivativa e de cidadania de segunda classe, faz muito sentido econômico à luz de tais considerações, que são muito importantes para qualquer abordagem de vantagem mútua, a não ser que considerações independentes de justiça e respeito intervenham. O tribunal decidiu que essas razões não valem para propósitos de escolha política[53].

Uma vez estabelecida esta concepção de cooperação social, ou pelo menos posta de forma destacada na mesa, havia chegado a hora para um novo avanço na área da educação. Em 1997, o congresso aprovou a Lei da Educação de Indivíduos com Deficiências (*Individuals with Disabilities Education Act*). A Idea parte de uma ideia simples, mas profunda: a individualidade humana. Já disse que essa é uma das ideias liberais centrais que devemos reter enquanto criticamos a tradição do acordo, e agora seremos capazes de ver mais claramente o papel que ela pode desempenhar neste terreno. Em vez de considerar os diversos tipos de portadores de deficiências como classes de pessoas sem rosto, a lei assume que elas são, na verdade, indivíduos com diferentes necessidades, e que, portanto, qualquer prescrição dirigida a grupos seria inapro-

---

[53] A mesma abordagem foi utilizada no caso Romer *v.* Evans (2000), o famoso caso no qual a segunda emenda de Colorado, que negava às comunidades locais o direito a aprovar leis que protegiam gays e lésbicas contra a discriminação, foi declarada inconstitucional. De novo, essa lei foi considerada sem base racional, e de sustentar-se somente em uma "animosidade" contra um grupo impopular.

priada. A ideia central da lei é a do Programa de Educação Individualizada (*Individualized Education Program*, IEP), "uma avaliação escrita de cada criança com deficiência, que será, então, trabalhada, examinada e revisada". A Idea exige que os estados assumam positivamente a tarefa de identificar e localizar todas as crianças com deficiência cujas necessidades ainda não tenham sido cobertas. Também exige que as varas distritais promovam tanto a ampla garantia processual para que os pais possam participar nas decisões relacionadas à avaliação e alocação de seus filhos, quanto o acesso aos registros e o direito à participação em audiências previstas em um processo justo [*due process*] e revisões judiciais. (Outras seções da lei tratam do serviço de intervenção precoce para bebês e crianças em idade pré-escolar, e do financiamento de fundos de pesquisa e treinamento profissional.)

De maneira geral, a Idea obriga os estados a educar as crianças com deficiência em um "ambiente o menos restritivo", apropriado para atender as suas necessidades. Encoraja, portanto, a "integração" dessas crianças. Essa prática pode ser defendida em função do benefício que representa para a criança deficiente mental, a quem serão dados mais incentivos para seu desenvolvimento cognitivo e, talvez, menos riscos de ser estigmatizada como um tipo à parte. Também pode ser defendida em função do benefício que oferece às assim chamadas crianças normais, cuja convivência em sala de aula com uma criança que possui impedimentos atípicos lhes ensine algo sobre a humanidade e sua diversidade. Aprendem a refletir sobre si mesmas, suas próprias fraquezas e a variedade das capacidades humanas de um modo novo, como mostra de modo eloquente a descrição de Bérubé sobre a experiência de Jamie na escola pública.

Mas, para os propósitos da lei, o reconhecimento básico da individualidade está acima de tudo: assim, quando uma criança parece beneficiar-se mais de uma educação especial do que de uma educação corrente, exige-se que o estado apoie tal alocação especial. Quando deve ser assim? Primeiro, pode haver casos nos quais o nível cognitivo de uma criança está tão fora do ritmo daquele das outras crianças da sua idade que poderá ser alcançado mais progresso através de uma educação especial. Segundo, há casos nos quais os problemas da criança incluem dificuldades de comportamento que levariam provavelmente à estigmatização e ao ostracismo. Crianças com a síndrome de Down são normalmente dóceis e fáceis de conviver. Em contrapartida, a síndrome de Asperger de Arthur, combinada com os tiques nervosos da síndrome de Tourette, incomoda as outras crianças, mesmo quando são encorajadas a ser compreensivas.

Uma razão de a integração no caso de Arthur ser tão difícil é o fato de ele não parecer tão diferente: as pessoas, por isso, esperam dele um comportamento "normal". E suas deficiências sociais muitas vezes assumem a forma de grosserias e explosões de raiva que parecem inapropriadas a um garoto da sua idade que aparenta ser normal. Na verdade, seus dons cognitivos tornam mais fácil às pessoas pensar, quando ele diz algo que parece ser grosseiro, que ele deva ser uma criança má. Vejam este exemplo da combinação, em Arthur, de avanço cognitivo com rigidez comportamental. Depois da eleição de 2000, Arthur decidiu que Bush não havia sido devidamente eleito, e deveria, portanto, ser chamado "o residente" em vez de "o presidente". Após ter inventado essa piada bastante sutil e impressionante, ele simplesmente não podia mais largá-la, e sempre que a professora fazia alguma referência a Bush como "Presidente Bush" ele insistia em corrigi-la. Tal comportamento obviamente não cai bem na sala de aula de uma escola pública de um estado particularmente conservador. É difícil para crianças, e mesmo para professores, acreditar que alguém que pode pensar dessa forma tenha uma deficiência. Eles acham mais fácil acreditar que ele tem um mau caráter, e/ou maus pais.

Depois de alguns anos de fracasso no sistema público de ensino, inclusive com um monitor especial, o estado aceitou financiar a educação de Arthur em uma escola especial privada para crianças com essa deficiência. Ele está agora fazendo rápidos progressos cognitivos, comportamentais e afetivos. Ele dá festas e tem amigos. Ele simplesmente não é mais estigmatizado. Seus dons cognitivos estão progredindo rapidamente também. Desenvolveu um grande interesse pela cultura japonesa e está começando a estudar japonês. (Ainda que não encontre tal respeito e inclusão se for para lá!)

Resumindo, o respeito pela individualidade tem de estar acima de tudo se os objetivos inerentes ao enfoque das capacidades devem ser realizados. Além disso, esse respeito pelos cidadãos é o *respeito igual* em um sentido muito forte: a lei inclui uma política de "rejeição zero". Em um importante caso de 1989, Timothy W. v. Escola do Bairro de Rochester, New Hampshire, a Primeira Vara Civil de Apelação enfatizou que o Idea exigia a inclusão de *todas* as crianças com deficiência, não somente aquelas que podem provar que irão se beneficiar da educação. "A linguagem da lei em sua inteireza deixa claro que uma política de 'rejeição zero' é o centro da lei"[54]. Assim, a inclusão ela própria é um tipo de respeito adquirido pelo Idea e compreendido, afinal, em termos da igualdade dos cidadãos. Na prática, crianças tão gravemente impedidas como Timothy W. (que tem impedimentos perceptivos, motores e cognitivos graves, semelhantes aos de Sesha Kittay) não

---

[54] 875 F. 2d 954, 960 (1st Cir. 1989), cert. denied 493 U.S. 983 (1989). Para este caso e para uma discussão valiosa sobre a política de rejeição zero estou em dívida com Ladenson (2004). Uma discussão valiosa sobre toda essa questão encontra-se em Minow (2002), pp. 80-86.

será sempre enviada para escola pelos seus pais; Sesha alcançou vários progressos graças a um tipo diferente de cuidado. Mas a questão é que não há nenhuma exigência de se mostrar um conjunto específico de dons e habilidades a fim de se ter o direito à educação como qualquer outro cidadão. O reconhecimento subjacente da dignidade humana (no meu sentido, em que a dignidade não é vista como baseada em um conjunto específico de habilidades) é a pedra de toque.

A Idea está longe de ser perfeita, seja na teoria, seja na prática. Na prática sofre, antes de tudo, com a falta de verbas: pois, apesar de a lei fazer referência ao financiamento federal, a quantia contemplada jamais foi, na verdade, suficiente[55]. Além disso, sua implementação prática raramente é individualizada como deveria ser: continua sendo habitual o uso de fórmulas para as desordens mais comuns. Arthur beneficiou-se do fato de a síndrome de Asperger ser um distúrbio identificado há pouco tempo, que não possuía um largo histórico: quando isso ocorre, os educadores preferem observar e verificar o que parece funcionar com uma criança em particular. Finalmente, a implementação prática da lei é muitas vezes desigual, resultando em melhores resultados para pais que estão bem informados sobre a desordem da criança e

---

[55] Tanto em 1975 quanto em 1997 foi autorizado ao governo federal pagar até 40% do custo excedente de cada Estado com a educação de crianças com deficiência; em 2004, não mais do que 16% tinha sido destinado. Durante as deliberações do Senado acerca da reautorização da Lei na primavera de 2004, a emenda bipartidária Harkin-Hagel propôs um aumento gradual das verbas ao longo de seis anos para alcançar a marca de 40%. Na medida em que não incluía cortes compensatórios para pagar os incrementos que ela requeria, constituía uma violação das regras orçamentária, e os sessenta votos necessários para alcançar uma exceção a tais regras não foram alcançados: a emenda deixou de passar por apenas quatro votos. O Senado, entretanto, autorizou por 95 a 1 uma emenda semelhante que autoriza, mas não exige, aumentos discricionários no financiamento até alcançar a marca dos 40% em 2011.

ativos na cobrança do sistema escolar local. Assim, não é um acidente que os Bérubés, ambos professores universitários, e minha irmã, uma musicista profissional, com curso superior, tenham tido sucesso em usar o sistema a seu favor, enquanto muitos pais não tiveram o mesmo sucesso. A internet é uma fonte muito válida de informações e troca para pais de crianças com deficiência; mas a "desigualdade digital" também suscita preocupações legítimas sobre a desigualdade do resultado.

Há também sérios problemas com a Idea no plano teórico. Ela estende a mão para abarcar não somente as deficiências cognitivas conhecidas que temos discutido aqui, mas também uma ampla variedade de "deficiências específicas de aprendizagem", cuja etiologia e natureza são pouco conhecidas. As "deficiências específicas de aprendizagem" são muito diferentes da síndrome de Down e do autismo, na medida em que são conceitualizadas como impedimentos específicos que normalmente dissimulam a verdadeira habilidade do estudante: assim o diagnóstico "deficiente de aprendizagem" (*learning disabled* – LD) é feito sob a base da evidência de uma discrepância entre a "habilidade verdadeira" (medida muitas vezes através de um teste de Q.I.) e o rendimento escolar em uma ou mais matérias.

A princípio, estar atento para essas discrepâncias parece ser uma boa coisa. Tal estratégia parece ser o que o enfoque das capacidades recomendaria. Mas, na prática, é muito difícil distinguir uma criança com deficiência de aprendizagem de outra que simplesmente é mais lenta ou menos talentosa que as demais. Tampouco a base conceitual de deficiências de aprendizagem está garantida: a teoria sugere uma causa orgânica de um impedimento específico, mas ainda assim não está claro que tais causas existam para o amplo número de impedimentos reconhecidos. Não obstante, os incentivos financeiros criados pela Idea deram às escolas de bairro razões para correr em direção a classificar crianças como deficientes de aprendizagem, a fim de se qualificar para verbas federais. Tais classificações podem simplesmente não ajudar a criança: elas podem estar estigmatizando, a seu modo próprio, e nem sempre apontam para um curso de tratamento adequado. Além disso, possuem a tendência a ser injustas com crianças que têm problemas na escola, mas que não podem ser razoavelmente classificadas apropriadamente como deficientes de aprendizagem. Sentimos que todas as crianças deveriam ser ajudadas a alcançar seu potencial cognitivo; o sistema promove, porém, algumas crianças em detrimento de outras, de modo bastante arbitrário[56]. Na prática, esse defeito tem sido de alguma forma mitigado pela frouxidão do sistema classificatório, já que as escolas de bairro procuram incluir quanto mais crianças for possível entre os candidatos ao financiamento[57].

Do ponto de vista conceitual, o maior problema com essas leis é que elas ainda separam crianças com impedimentos mentais como uma classe à parte, e dizem que para elas a educação deve ser individualizada e direcionada a promover as capacidades humanas. Obviamente, esse deveria, na verdade, ser o objetivo de qualquer sistema escolar bom para todas as crianças. Assim, é possível entender a irritação de pais cujas crianças não estão apren-

---

[56] Ver Kelman e Lester (1997). Eles citam um educador especial do Mississipi: "Se há crianças prejudicadas pelas falhas do sistema? Sim... Penso que isso ocorre a cada ano. Avaliamos novamente a criança para ver se podemos colocar essa discrepância em algum lugar. 'Nós já conseguimos isso? Será que ele chegou perto das expectativas e agora podemos torná-lo elegível para a educação especial?'... Penso que de alguma forma, algum dia iremos todos ter de dizer "esta é nossa criança e o que precisamos fazer é educá-la". Não importa se é o professor de educação regular que vai fazer isso na aula de certas matérias, ou se é o educador especial, ou alguém do capítulo 1, ou quem quer que seja, mas é necessário que se faça" (p. 100).

[57] Esta é a conclusão de Kelman e Lester, baseados em seu amplo estudo sobre a aplicação da Idea em crianças com deficiência de aprendizagem.

dendo bem, mas que não possuem nenhuma deficiência classificável, pois a lei protege a educação de crianças classificáveis, enquanto as outras "mofam" por causa da pouca atenção que recebem. As crianças com impedimentos mentais precisam de fato de atenção especial, uma vez que todos os sistemas escolares são moldados para a criança "normal". Mesmo assim, seria um progresso se pudéssemos reconhecer que não existe tal coisa como "a criança normal": em vez disso, há crianças, com diversas capacidades e diversos impedimentos, e todas precisam de atenção individualizada na medida em que suas capacidades se desenvolvem.

Podemos, entretanto, defender a lei, mostrando que as crianças "normais", que hoje são consideradas, em geral, indivíduos, com muitas diferenças de personalidade, no passado eram tidas como membros de uma classe de pessoas sub-humanas, sem rosto, sem individualidade significante. Quando as pessoas pensam na síndrome de Down, elas tendem a imaginar um conjunto de pessoas com características faciais idênticas e sem diferenças humanas significantes. Quando pensam no autismo, a imagem de uma pessoa batendo a cabeça na parede vem à tona, e a possibilidade de que tal criança possa ter uma personalidade própria não é sequer cogitada. Como diz Goffman, o estigma tende a fazer a individualidade submergir: toda a interação com essas pessoas tem um traço da estigmatização. Nesse caso faz sentido que a lei foque na proteção daquilo que mais urgentemente precisa de proteção: a exigência de que crianças estigmatizadas sejam vistas e educadas como indivíduos.

A despeito de todas essas e outras dificuldades, a lei se mostrou um grande avanço. Hoje, no entanto, ela está sob ameaça. Na primavera de 2004, tanto a Câmara dos Representantes quanto o Senado apoiaram a renovação da Idea, mas com diferentes projetos de lei, cada qual envolvendo pelo menos algum retrocesso dos objetivos da Lei de 1997. O projeto do Senado (Senado, 1248), aprovado em uma votação de 93 contra 3, é relativamente próximo da Lei de 1997. Infelizmente, uma emenda que designava a obrigação do financiamento total não alcançou os quatro votos necessários para atingir a marca de 60 votos. Algumas outras disposições da nova versão são problemáticas: por exemplo, uma emenda proposta pelo senador da Pennsyvania, Rick Santorum, permite a quinze estados obterem concessões para "reduzir o trabalho burocrático" conectado com a administração da Idea; essa emenda pode erodir seriamente a supervisão requerida para uma administração bem-sucedida da lei. Outra emenda permite o ressarcimento de escolas de bairro dos gastos com advogados quando os pais movem "frivolamente" uma ação contra a escola, alegando que sua criança deficiente não recebeu o ensino adequado. Dada à falta de clareza sobre a definição de "frivolamente", essa emenda também pode inibir os atos de implementação da lei. Finalmente, o projeto de lei (assim como a sua contraparte da Câmara dos Representantes) omite a exigência da Lei de 1997, que estabelece que os padrões públicos para "serviços de pessoal de apoio" (incluindo orientadores pedagógicos) devem estar baseados "nos mais altos requerimentos dos estados aplicáveis a uma profissão ou disciplina específica". No conjunto, entretanto, a versão do Senado é razoavelmente boa. A versão da Câmara (Câmara dos Representantes, 1350), aprovada por 251 contra 171, representa o maior revés. (A maioria das organizações nacionais de deficientes se opuseram à nova redação dessa lei, e ela recebeu mais votos contrários do que qualquer projeto de lei de educação especial na história recente.) Enquanto o projeto de lei do Senado exige uma avaliação comportamental para determinar se a violação de um código de conduta escolar pela criança é o resultado de uma deficiência sua ou uma falha da escola em implementar o

IEP, a versão da Câmara omite essa garantia. Ela também omite garantias relacionadas à mudança de escola por razões disciplinares. O projeto também gera preocupação por omitir objetivos de curto prazo no IEP. Em dezembro de 2004, o presidente assinou uma versão de compromisso da Lei que retém algumas das proteções para estudantes deficientes previstas na versão do Senado, especialmente as que dizem respeito à expulsão por transgressões disciplinares, e também reafirma o objetivo de 40% de financiamento federal até o ano de 2011. Está claro, no entanto, que a Idea continua vulnerável à política, e que não está nem mesmo próxima de obter o financiamento necessário.

xiii. Políticas públicas: o trabalho de assistência

Precisamos voltar agora ao problema geral da assistência e perguntar quais políticas públicas são sugeridas pelo enfoque das capacidades nesse terreno. Argumentei que a assistência tem implicações para mais ou menos todas as capacidades centrais, tanto do assistente quanto do assistido, e que a lista das capacidades fornece um conjunto altamente útil de critérios sociais a fim de avaliar quais políticas públicas queremos adotar. A questão das políticas públicas tem então duas faces: a do assistido (crianças e adultos com deficiência)[58] e a vida de seus cuidadores (normalmente adultos e, na maioria dos casos, mulheres, sejam ou não parentes, sejam ou não remuneradas). Além disso, elas têm três "locações": o setor público, o sistema educacional e o lugar de trabalho.

Como observei, o enfoque das capacidades rejeita a distinção liberal comum entre as esferas pública e privada, e vê a família

---

[58] É claro que isso é apenas uma parte da grande questão acerca da assistência infantil; mas abarca a maioria das questões do cuidado do idoso, porque a maioria das pessoas idosas requer cuidado somente na medida em que possuem uma ou mais deficiências.

como uma instituição social e política que forma parte da estrutura básica da sociedade[59]. A distribuição de recursos e oportunidades dentro da família torna-se assim um objeto de profunda preocupação. A liberdade de associação do adulto continua estabelecendo limites substanciais à interferência do Estado na família. Assim, não seria aceitável para o Estado simplesmente obrigar maridos e esposas a dividir equanimemente o trabalho de assistência. Mas o reconhecimento da natureza política da instituição da família é o começo do avanço, pois nos leva imediatamente a perguntar: quais leis estão implicadas nos problemas que enfrentamos atualmente, e como a lei poderia fazer melhor o seu trabalho?

Um defeito óbvio da situação legal corrente é que o trabalho das mulheres na família não é reconhecido como tal. Eva Kittay sugeriu que o melhor modo de remediar essa situação seria o pagamento direto a membros da família que realizam o trabalho de assistência. Tal pagamento, diz ela, não deveria depender da emissão de um comprovante de baixa renda [*means-tested*], uma vez que a ideia é tratá-lo como um salário, e dar assim dignidade social e reconhecimento ao trabalho em questão; e salários não são *means tested*[60].

Apesar de, inicialmente, tal estratégia poder parecer irreal, medidas similares foram, de fato, adotadas em um número grande de países. Para dar apenas alguns exemplos: na Finlândia e na Dinamarca as municipalidades contratam um assistente para realizar certos serviços, e o assistente (doméstico) é pago pela municipalidade. França, Áustria, Alemanha e Holanda têm programas que fornecem pagamento em dinheiro pelos menos para alguns serviços assistenciais[61]. Alguns estados americanos estão testando

---

[59] Ver Nussbaum (2000a), capítulo 4.
[60] Kittay (1999).
[61] Ver o apêndice de Nussbaum (2002c).

programas dentro dessas linhas. Outras nações fornecem compensação pela perda de renda durante um período de assistência a um parente deficiente; outros ainda dão apoio à comprovação de baixa renda a membros da família cujo salário é baixo por causa do trabalho de assistência. (Exemplos da última abordagem seriam a Pensão para Assistência ao Inválido e o Prêmio do Assistente no Reino Unido, e a Pensão do Assistente na Irlanda.)

Ao falarmos em remuneração monetária e apoio à renda, já estamos falando sobre o papel do setor público. Mas o setor público desempenha aqui um conjunto maior de papéis. Programas de apoio à licença remunerada de trabalho dos pais são comuns na Europa, e nos Estados Unidos ainda existe um programa bem limitado desse tipo, a Lei de Licenças Familiares e Médicas de 1993, apesar de um programa semelhante, Ajuda a Famílias com Crianças Dependentes, ter sido cancelado. Outra área que merece muito mais consideração é a do serviço nacional da juventude. Na Alemanha, por exemplo, os jovens podem escolher entre fazer o serviço militar por dois anos ou um serviço civil por três anos. Muito do trabalho feito pelo serviço civil é de assistência. Parece-me que os Estados Unidos (e outras nações) poderiam colher muitos benefícios desse tipo de programa, além, é claro, do benefício evidente de conseguir que muitos desses trabalhos assistenciais sejam feitos por jovens cheios de vitalidade e com um custo relativamente baixo. Os jovens, tanto homens quanto mulheres, aprenderiam sobre esses trabalhos, o quão importante e o quão difícil eles são; poder-se-ia esperar que essa experiência influenciasse suas atitudes nos debates políticos e na vida em família. Eles também conheceriam partes diferentes do país, diferentes classes sociais e uns aos outros – algo que se tornou bastante raro na experiência da maioria dos americanos desde a abolição do serviço militar obrigatório. Se o serviço nacional incluísse uma opção militar, isso também reestabeleceria o controle civil das forças armadas. É um comentário triste ao legado da tradição do contrato social que as pessoas estejam logo prontas a proclamar a importância dos valores morais e religiosos, mas pouco desejosas de apoiar esse tipo de política, que para mim pareceria representar o mínimo básico que tais valores advogariam. Em vez disso, os jovens e seus pais parecem mais preocupados em "progredir", e a ideia de doar dois ou três anos de suas vidas aos demais é considerada absurda – não obstante o fato de que esse trabalho é feito todos os dias, normalmente por pessoas que são muito menos capazes do que os jovens de classe média de arcar com o gasto de tempo e energia que ele impõe.

Ao mesmo tempo, é altamente desejável que a educação pública enfatize a importância da assistência como parte da vida tanto dos homens quanto das mulheres, e tente assim romper com a relutância que os homens têm em fazer tais trabalhos. Obviamente essa relutância não é inata. Ela é ensinada através das concepções sociais de masculinidade e sucesso, que poderiam ensinar algo diferente. Se adotarmos o enfoque das capacidades, sua concepção política da pessoa, em que a necessidade da assistência é um aspecto saliente, pode e deve ser ensinada a crianças de todas as idades. Tal ensino deve modificar de diversas maneiras sutis a concepção de masculinidade que tantas vezes torna os homens relutantes em assumir a tarefa do cuidado ou sequer em considerar isso seriamente. Essa mudança traria mais respeito pelo trabalho envolvido na assistência, e, assim, mais vontade pública em se investir nela e em deliberar-se seriamente sobre ela como uma questão pública. Também conduziria a uma menor relutância em se assumir alguma parte desse trabalho em casa.

Mas outra transformação é necessária, se qualquer dessas coisas deve ter um impacto sério. É a transformação do local de trabalho. Como Joan William enfatiza em seu estudo recente sobre as políticas de licenças familiares e suas relações com as normas do trabalho, mesmo boas assistências sociais públicas farão pouco se a estrutura das carreiras ainda envia mensagens para as pessoas de que elas serão consideradas trabalhadoras de segunda classe se elas próprias se aproveitam das políticas públicas tais como as licenças familiares e dos pais. Através de análise comparativa dos dados, Williams mostra que, mesmo em países com uma série promissora de políticas públicas (a Suécia, por exemplo), as mulheres ainda fazem a maioria do trabalho de cuidado dos dependentes[62]. A razão disso, ela argumenta plausivelmente, é a de que os homens não querem ameaçar o progresso de suas carreiras ou serem percebidos como trabalhadores marginais de meio expediente. Eles não são avessos a dividir as responsabilidades domésticas, mas não estão dispostos a pagar o preço em termos de carreira que tal decisão iria exigir-lhes. No momento, em muitos tipos diferentes de trabalho, a expectativa é a de que os trabalhadores ou trabalhem em tempo integral e tenham oportunidades normais de promoção, ou trabalhem meio expediente, com oportunidades de promoção bastante diminuídas. Em alguns locais de trabalho (por exemplo, em grandes escritórios de advocacia norte-americanos) as coisas são ainda piores: há uma competição viril por longas horas de permanência no trabalho, e qualquer pessoa que se recuse a fazer horas extras é visto como um concorrente marginal.

Esse é um problema onipresente tanto em países desenvolvidos quanto em desenvolvimento, e em todos os níveis de prestígio e salário. E parece estar ficando cada vez pior, com a escalada da

---

[62] Em 1986, 46% das mulheres trabalhadoras na Suécia trabalhavam meio expediente e tiravam 52 dias de licença para cada dia tirado por um homem; Williams (2000), p. 51, e as referências.

pressão por lucro e a crescente centralização do trabalho nos grandes conglomerados de empresas, muitos com alcance global. Ainda que um empregador local tenha simpatia pelos empregados que cuidam de um pai, ou de uma criança, ou de um parente deficiente, muitos agora não têm alternativa nesse assunto: eles têm de seguir as normas da estrutura da empresa remota[63]. As novas tecnologias tornaram possível aumentar a flexibilidade do tempo e do local de trabalho, mas essas possibilidades são muito raramente usadas de maneira humana. O enfoque das capacidades sugere que o objetivo da política pública deve ser a transformação do local de trabalho através de novas normas éticas e de flexibilidade. Essas mudanças e as que proponho para a educação pública são veementemente complementares: quando jovens trabalhadores aprendem a pensar sobre o cuidado como parte de suas vidas, eles se tornam menos dispostos a aceitar locais de trabalho rígidos, e empregadores que oferecem opções de tempo flexível e de meio expediente atrairão os trabalhadores mais hábeis. Williams argumenta que isso já está em alguma medida acontecendo, mesmo no clima muito rígido de local de trabalho norte-americano.

xiv. O liberalismo e as capacidades humanas

Argumentei que todas as capacidades, incluindo o raciocínio prático e o controle sobre o próprio ambiente político e material, são objetivos humanos e políticos importantes. Além disso, minha versão do enfoque das capacidades há muito tempo insiste em um *princípio básico de que cada pessoa é um fim*[64]: em outras palavras, a pessoa, não o grupo, é o sujeito primário da justiça política, e as políticas que aumentam a fortuna de um grupo de-

---

[63] Sobre este assunto, ver Ehrenreich (2001).
[64] Ver Nussbaum (2000a), capítulo 1.

vem ser rejeitadas a não ser que forneçam as capacidades centrais a *toda e qualquer pessoa*. Sendo assim, meu enfoque sobre a questão do cuidado se situa claramente dentro da tradição liberal. O enfoque das capacidades critica algumas tendências dentro dessa tradição por considerar que não prestam a devida atenção aos pré-requisitos materiais e institucionais da liberdade genuína. Mas tampouco faz da liberdade um fetiche, como um bem social para todos os fins: algumas liberdades são importantes, e outras não; algumas (a liberdade do rico de fazer grandes contribuições para campanhas eleitorais, a liberdade da indústria de poluir o meio ambiente, a liberdade dos homens de molestar as mulheres no local de trabalho) são categoricamente prejudiciais, e devem ser reguladas pela lei[65]. Finalmente, o meu enfoque utiliza uma concepção de liberdade flexível e diversificada que estima a capacidade de liberdade de cidadãos com impedimentos mentais, rejeitando as concepções políticas de pessoa fundadas em uma racionalidade idealizada. Sob esses aspectos, seu neoaristotelismo o distancia de algumas tendências dentro da tradição neoliberal. Não obstante, e ainda que alguém possa, é claro, desenvolver um tipo aliberal ou mesmo antiliberal de neoaristotelismo, como alguns filósofos o fizeram[66], minha própria versão do enfoque das capacidades é enfaticamente liberal. Individualidade, liberdade e escolha são ainda bens, e bens muito importantes nesse assunto.

Kittay, no entanto, sugere que quando refletimos sobre questões de deficiência e cuidado devemos ser conduzidos a fazer críticas profundas aos modelos dominantes liberais de justiça, distanciando-se, no final das contas, completamente dessa tradição. Ela sugere que a teoria política ocidental deve ser radicalmente

---

[65] Ver minha a crítica a Sen sobre este ponto em Nussbaum (2003b).
[66] Ver Nussbaum (1998).

reconfigurada para que o fato da dependência seja acrescentado ao seu cerne. O fato, ela diz, de que todos nós somos "a criança de alguma mãe", existindo em uma rede de relações de dependência, deveria ser a imagem central do pensamento político[67]. Tal teoria baseada no cuidado, ela pensa, tenderia a ser bem diferente de qualquer teoria liberal, uma vez que a tradição liberal está profundamente comprometida com os objetivos de independência e liberdade. Apesar de Kittay fornecer poucos detalhes para esclarecer o significado prático da diferença, sua ideia parece ser a de que a teoria baseada no cuidado apoiaria um tipo de política pública que fornecesse apoio abrangente para as necessidades dos cidadãos ao longo de toda vida, como em alguns ideais conhecidos do Estado do bem-estar social – mas um Estado do bem-estar social no qual a liberdade é bem menos importante do que a segurança e o bem-estar.

Kittay não é completamente consistente nesse ponto. Algumas vezes ela própria usa argumentos liberais clássicos, dizendo que precisamos nos lembrar de que os cuidadores [*care-givers*] têm suas próprias vidas para levar, e por isso devemos apoiar políticas que lhes deem mais chances[68]. Mas, no geral, rejeita soluções, em abstrato, que enfatizam a liberdade como um objetivo político central. As medidas concretas que ela favorece, no entanto, não parecem ter tais implicações antiliberais radicais. A renovação e a expansão do Ajuda a Famílias com Crianças Dependentes (*Aid to Families with Dependent Children*); a expansão da Lei de Licenças Familiares e Médicas (*Family and Medical Leave Act*) de 1993; diversas medidas educacionais que promovam a

---

[67] Kittay (1999), capítulo 1. Parte III, sobre estratégias políticas, intitulado "Criança de alguma mãe".
[68] Para passagens que focam na necessidade do indivíduo de escolha e independência, ver, por exemplo, ibid., pp. 34-35, 53, 98, 192, n. 32.

dignidade de pessoas com impedimentos e deficiências através de uma combinação criteriosa de educação "inclusiva" e especial[69] – todas essas são conhecidas políticas liberais, que podem ser combinadas com uma ênfase na escolha e liberdade como objetivos sociais importantes. A proposta mais controversa de Kittay – aquela do pagamento direto sem necessidade de comprovante de baixa renda àqueles que cuidam de dependentes familiares em casa – tem claramente, ou deveria ter, uma justificativa racional: a de assegurar que essas pessoas sejam vistas como trabalhadores ativos e dignos, em vez de contribuintes passivos.

Sua proposta teórica, entretanto, vai, de fato, em uma direção antiliberal sob aspectos que possuem implicações concretas para as políticas públicas para o tratamento de crianças como Jamie e Arthur. Provavelmente o Estado de Kittay daria muito menos importância do que um Estado liberal em estimular a independência, a participação política e a habilidade de fazer escolhas com relação a emprego e a um modo de vida. Na medida em que ser assistido é a imagem central da relação do Estado com o cidadão, então a cidadania plena e igual não requer a independência ou um número grande de opções para uma funcionalidade ativa. Em contrapartida, apesar de a minha visão insistir que os seres humanos são inevitavelmente dependentes e interdependentes, e considerar que a dignidade pode ser encontrada em relações de dependência, os cidadãos gozam de igualdade plena somente quando são capazes de exercer todo o âmbito das capacidades. Algumas vezes isso somente poderá ser alcançado através de um guardião (ver seção xi *supra*), mas o objetivo é sempre o de colocar a própria pessoa em uma posição de capacidade plena. Assim, a sociedade é construída para tornar possível às pessoas que elas

---

[69] Ibid., capítulo 5.

tenham todas as capacidades da lista – não por causa da produtividade social, mas porque isso é humanamente bom. Todos os cidadãos deveriam ter a chance de desenvolver o âmbito total das faculdades humanas, em qualquer nível que sua condição lhes permitir, e de gozar o tipo de liberdade e independência que sua condição lhes permite.

Seria melhor rejeitar esse objetivo em favor da ideia de Kittay? Rejeitar a independência como o objetivo social principal e conceber o Estado com uma mãe universal? Ninguém, seguramente, é autossuficiente; a independência de que gozamos é sempre tanto temporária quanto parcial, e é bom ser lembrado deste fato pela teoria, que também salienta a importância do cuidado em épocas de dependência. Mas ser "criança de uma mãe" é uma imagem suficiente do cidadão em uma sociedade justa? (E o cuidado é uma imagem suficiente para a maternidade?) Penso que precisamos de muito mais coisas: liberdade e oportunidade, a chance de formar um plano de vida, a chance de aprender e imaginar por conta própria, a chance de formar amizades e outros relacionamentos políticos que são escolhidos e não meramente dados.

Esses objetivos são tão importantes para pessoas com deficiência mental quanto são para as outras, apesar de muito mais difíceis de serem alcançados para as primeiras. Ainda que a filha de Kittay, Sesha, jamais possa viver por conta própria (e apesar de Kittay estar certa em dizer que a independência não deveria ser vista como uma condição necessária da dignidade para todas as pessoas com deficiência mental)[70], mesmo assim, encontrou prazer em um novo ambiente, fora de casa, onde não estava sempre assistida

---

[70] Ver ibid., capítulo 6.

diretamente por seus pais[71]. Muitas outras pessoas com deficiência mental aspiram arrumar um emprego, votar e contar sua própria história. Michael Bérubé termina sua descrição cativante da vida do filho com a esperança de que Jamie também um dia escreva um livro sobre si mesmo, como fizeram, recentemente, dois adultos com síndrome de Down[72]. Lembrem-se de que quando perguntaram a Jamie o que ele queria ser quando crescesse, ele não disse as coisas comuns, tais como bombeiro, dançarina de balé, estrela do basquete. Ele simplesmente disse "grande". E sua resposta literal, contou o professor, ensinou a todos algo sobre a questão: apenas vir a ser "grande", um adulto na sociedade, é, em si mesmo, uma conquista. Bérubé também quer simplesmente uma sociedade na qual seu filho seja capaz de ser "grande": saudável, educado, amoroso, ativo, visto como uma pessoa particular com algo próprio a contribuir, em vez de como uma "criança retardada".

Para que isso ocorra, as dependências de Jamie precisam ser entendidas e assistidas, mas, da mesma forma, a sua necessidade de ser distinto e um indivíduo; neste ponto, Bérubé refere-se com simpatia à tradição liberal. Ele argumenta que a ideia no coração da reforma educacional que levou à inclusão de Jamie na sala de aula de uma escola pública regular é no final uma ideia liberal, uma ideia sobre a importância da individualidade e liberdade para todos os cidadãos. Um dos tipos mais importantes de apoio que crianças com deficiência mental precisam é aquele requerido para serem adultos que escolhem livremente, cada um de sua maneira. Como escreve Bérubé: "Meu trabalho, por enquanto, é o de representar meu filho, determinar seu lugar em nossa mesa coletiva. Mas eu sei que apenas estou tentando fazer o melhor para

---

[71] Eva Kittay, em comunicação pessoal, março de 2003.
[72] Bérubé (1996), p. 264; Levitz e Kingsley (1994).

preparar o dia em que ele determine o seu próprio lugar. Pois eu não tenho sonho mais doce do que imaginar – estética e eticamente, e como pai – que Jamie irá algum dia ser seu próprio defensor, seu próprio autor, seu próprio melhor representante"[73]. Por essa razão, Bérubé começa a narrativa da vida de seu filho com uma descrição prolongada de atividade e individualidade: Jamie imitando o garçom trazendo suas comidas favoritas, de um modo característico dele enquanto um indivíduo. Na medida em que Kittay propõe que subestimemos ou marginalizemos tais noções liberais em favor de uma concepção de Estado que o torne o patrocinador maternal das necessidades de "suas crianças", penso que ela vai muito longe, distorcendo o que a justiça seria tanto para pessoas portadoras de deficiência quanto para pessoas idosas. Mesmo para Sesha, que jamais vai votar ou escrever, uma vida plenamente humana não envolve um tipo de liberdade e individualidade, a saber: um espaço no qual possa troca amor e gozar da luz e do som, livre do confinamento e da zombaria?

Meu argumento propôs que a teoria liberal precisa questionar alguns de seus pontos de partida tradicionais – incluindo a noção kantiana de pessoa, a descrição humiana das circunstâncias da justiça e a ideia contratualista da vantagem mútua, como o propósito da cooperação social. Há alguns problemas muito profundos no liberalismo devido a sua confiança no contrato para vantagem mútua. A aprovação de Kant de tal modelo parece estar em alguns aspectos profundamente em divergência com o *insight* central de sua teoria moral, a saber: de que cada pessoa deve ser tratada como um fim, e não como um mero meio para os fins de outros. Rawls acrescenta muito mais da ética kantiana em sua teoria política do que o próprio Kant: a pessoa como um fim é uma

---

[73] Bérubé (1996), p. 264.

das ideias centrais de toda a estrutura rawlsiana. Não obstante, no final, sua própria capacidade em levar adiante este *insight* com sucesso para o caso dos deficientes é comprometida por sua aderência à descrição humiana das circunstâncias da justiça e a sua imagem consequentemente empobrecida dos propósitos da cooperação social. Além disso, o próprio uso de Rawls da ética kantiana não está livre de problemas, como quando, por exemplo, consideramos o modo através do qual sua ênfase em uma racionalidade deveras idealizada torna difícil um tratamento político adequado das necessidades e capacidades de pessoas com impedimentos mentais.

Se, no entanto, considerarmos que os *insights* mais importantes do liberalismo dizem respeito ao valor igual das pessoas e de suas liberdades, devemos concluir que essas críticas não desqualificam o liberalismo; em vez disso, elas nos pedem para rejeitar algumas estratégias liberais comuns em nome de objetivos liberais mais profundos e mais centrais. Elas nos desafiam a produzir uma nova forma de liberalismo, o qual rejeita o feudalismo e a hierarquia de um modo ainda mais completo do que o liberalismo clássico o fez, rejeitando a hierarquia entre homens e mulheres na família e a hierarquia, em toda a sociedade, entre cidadãos "normais" e cidadãos com deficiências atípicas. Tal concepção vê as bases da cooperação social como complexas e múltiplas, e que incluem o amor, o respeito pela humanidade e a paixão pela justiça, tanto quanto a busca por vantagens. Sua concepção política da pessoa sustenta que os seres humanos são criaturas vulneráveis e temporárias, tanto capazes quanto necessitadas, deficientes de muitas maneiras diferentes e "necessitadas de uma rica pluralidade de atividades de vida".

Esse tipo de liberalismo revisado tem bastante a oferecer a pessoas com deficiência mental e a seus defensores. Os objetivos liberais centrais parecem até mais insistentemente importantes para pessoas com impedimentos mentais do que para os "normais", porque são as suas individualidades, não as dos "normais", que são negadas persistentemente; são suas liberdades que são tipicamente reduzidas através de preconceitos, falta de educação e falta de apoio social; e são seu direito igual aos pré-requisitos a uma vida realizada que têm sido ignorados na medida em que as sociedades perseguem concepções empobrecidas dos benefícios e obrigações da cooperação social.

As vidas dos cidadãos com impedimentos mentais e as dos que cuidam deles continuarão sendo vidas extraordinariamente difíceis. Pois, como argumentei, devemos reconhecer que tais pessoas encontram barreiras extraordinárias no seu caminho de realização, as quais nem todas podem ser removidas necessariamente por uma ação social inteligente. A vida dos que cuidam de tal criança ou de tal adulto pode conter a tristeza que tal impedimento permanente traz, em adição às obrigações diárias de cuidar de alguém que é deficiente atípico. Quando lidamos com o idoso, a tristeza está sempre de sobreaviso na forma da perspectiva de morte. Mas a vida tanto de pessoas portadoras de deficiência como de seus cuidadores não precisa conter o estigma, o insulto e a sobrecarga incomum que as acompanhavam por toda parte, e que, todavia, ainda em muitos casos as acompanham. Uma sociedade digna organizará o espaço público, a educação pública e outras áreas relevantes das políticas públicas para apoiar tais vidas e incluí-las plenamente, dando aos cuidadores todas as capacidades da lista, e aos deficientes muitas delas, e tão completamente quanto for possível.

Por que as pessoas criariam tal sociedade? A pergunta de Bérubé, citada como epígrafe deste capítulo, faz sentido, em um mundo no qual, como ele observa, nem mesmo apoiamos o desenvolvimento pleno das crianças "normais". Argumentei que não pode ser porque pensamos em ganhar com isso, em um sentido econômico restrito ou autointeressado de "ganhar", mas sim só pode ser a partir de nossa relação com a justiça e nosso amor pelos demais, nossa compreensão de que nossas vidas estão entrelaçadas com as dos demais e que compartilhamos fins com eles. Mas isso significa que nossas teorias dominantes do contrato social nos enviam a mensagem errada. Por séculos elas têm nos contado uma história incompleta de por que as pessoas se unem para formar uma sociedade. Porque aceitamos essa mensagem e a encerramos profundamente em nosso autoentendimento é o que temos dificuldade em responder à pergunta de Bérubé. As teorias do contrato social, que um dia já expressaram as coisas que as pessoas pensavam e sentiam, reforçaram através de seu sucesso e prestígio essas visões da sociedade, e as geraram em pessoas que não as tinham antes. As teorias são somente uma influência na vida das pessoas, mas *são* uma influência. Imagens de quem somos e por que nos unimos uns com os outros têm o poder de moldar nossos projetos. Está na hora, então, de ver o que uma nova concepção da cooperação social e de seus objetivos pode contribuir para fazer avançar a busca pela justiça em uma das áreas mais difíceis da vida humana.

CAPÍTULO 4

VANTAGEM MÚTUA E DESIGUALDADE GLOBAL:
O CONTRATO SOCIAL TRANSNACIONAL

> *As desigualdades globais de renda cresceram no século XX em ordens de magnitude até então desconhecidas. A distância entre as rendas dos países mais ricos e dos países mais pobres era cerca de 3 para 1 em 1820, de 35 para 1 em 1950, 44 para 1 em 1973 e 72 para 1 em 1992.*
>
> – Programa de Desenvolvimento das Nações Unidas, *Relatório sobre o Desenvolvimento Humano* 2000

i. Um mundo de desigualdades

Uma criança hoje, na Suécia, tem, ao nascer, uma expectativa de vida de 79,9 anos. Uma criança nascida em Serra Leoa tem uma expectativa de vida, ao nascer, de 34,5 anos[1]. Nos Estados Unidos, o Produto Interno Bruto (PIB) *per capita* é de 34.320 dólares; em

---

[1] Todas as informações contidas neste parágrafo foram retiradas do Programa de Desenvolvimento das Nações Unidas (2003), pp. 237-240. Os dados são de 2001. Serra Leoa jamais conseguiu chegar a uma expectativa de vida acima de quarenta anos, mesmo antes do advento do HIV/aids, mas nos últimos anos sua expectativa de vida declinou de 38,9 para 34,5 anos, em grande parte por essa razão. Os Estados Unidos, em geral, ocupa o 7º lugar na avaliação do Índice de Desenvolvimento Humano (IDH), atrás da Noruega, Islândia, Suécia, Austrália, Holanda e Bélgica. Ocupa a 25ª posição em expectativa de vida, atrás da maioria das nações geralmente bem classificadas, mas também atrás da Costa Rica, Malta, Singapura e Hong Kong.

Serra Leoa, é de 470 dólares. Vinte e quatro nações entre as 175 avaliadas pelo Programa de Desenvolvimento das Nações Unidas têm um PIB *per capita* acima de 20 mil dólares. Dezesseis nações têm um PIB *per capita* abaixo de mil dólares. Oitenta e três nações têm o PIB *per capita* abaixo de 5 mil dólares e 126 nações, abaixo de 10 mil dólares. A taxa de alfabetização de adultos nas vinte melhores nações está em torno de 99%. Em Serra Leoa a taxa de alfabetização é de 36%. Em 24 nações a taxa de alfabetização é abaixo de 50%.

O mundo contém desigualdades moralmente alarmantes, e a distância entre as nações ricas e as nações pobres está aumentando. A sorte de nascer em uma nação e não em outra determina fortemente as chances de vida de cada criança que nasce. Qualquer teoria da justiça que proponha princípios políticos que definam os direitos humanos básicos deve ser capaz de confrontar essas desigualdades e o desafio que elas representam, em um mundo no qual o poder do mercado global e das empresas multinacionais erodiram consideravelmente o poder e a autonomia das nações.

A simples compilação desses dados, entretanto, não nos diz tudo o que precisamos saber sobre como estão vivendo as pessoas mais pobres do mundo. As mulheres, por exemplo, ficam notoriamente atrás dos homens nos critérios educação, oportunidades de emprego e até mesmo em oportunidades básicas de vida[2]. Outras desigualdades influenciam as oportunidades básicas: desigualdades de classe, casta, raça, religião, etnia e entre populações rurais e urbanas. As privações impostas por essas desigualdades são, em certa medida, independentes da pobreza geral, apesar de comumente a prosperidade geral aumentar o alcance

---

[2] Veja a discussão em Nussbaum (2000a), introdução. Sobre educação, ver Nussbaum (2004b).

dos direitos à educação, assistência médica e outras oportunidades básicas. Qualquer teoria da justiça que tem por objetivo fornecer uma base para oportunidades de vida dignas e oportunidades para todos os seres humanos deve reconhecer tanto as desigualdades internas a cada nação quanto as desigualdades entre as nações, e deve estar preparada para tratar da interseção complexa dessas desigualdades em um mundo de interconexão crescente e global.

Em nosso mundo de mercado global, as corporações multinacionais e a natureza do sistema econômico global influenciam amplamente as chances de vida das crianças de todas as nações. Outros atores globais também são importantes: organizações não governamentais e movimentos sociais, muitos dos quais são multinacionais; tratados internacionais e outros documentos; agência e instituições internacionais ou multinacionais. Novamente, uma teoria viável de justiça para o mundo contemporâneo deve de algum modo enfrentar as transformações dos centros de influência e de vantagem que tornam o nosso mundo muito diferente do mundo dos Estados republicanos livres da *Paz perpétua* de Kant.

A teoria dominante da justiça, utilizada geralmente para pensar sobre assuntos globais – quando um realismo amoralista puro não predomina –, é alguma forma de teoria do contrato social, uma teoria que vê os acordos globais como resultado de um acordo entre as pessoas, visando à vantagem mútua, em virtude da qual aceitam deixar o estado de natureza e governar a si mesmas pela lei. Tais teorias têm influenciado o pensamento sobre a justiça global desde o tempo de Kant, e receberam recentemente bastante atenção graças ao importante trabalho de John Rawls. A despeito de suas virtudes como instrumento para pensar a justiça, as teorias do contrato social têm alguns defeitos estruturais que as fazem produzir resultados imperfeitos quando as aplicamos ao mundo como um todo. Primeiro descreverei as duas estratégias diferentes usadas pelos contratualistas para tratar os problemas da justiça entre as nações: a estratégia do que chamarei de *contrato em dois níveis* e a estratégia do que chamarei de *contrato global*. Considerando *O direito dos povos* de John Rawls como o melhor caso da primeira estratégia, argumentarei que esta abordagem não pode fornecer uma teoria adequada da justiça global. A estratégia de um *contrato global* parece ser mais promissora; mas não pode defender a redistribuição das nações ricas para as nações pobres sem afastar-se, em vários aspectos importantes, da abordagem contratualista.

Meus argumentos são contra as abordagens contratualistas da justiça global, porém as escolhi porque são melhores do que outras que temos – melhores, em particular, do que os modelos de desenvolvimento global baseados no utilitarismo econômico contemporâneo. O "enfoque do desenvolvimento humano" que favoreço pode, inclusive, fazer em certa medida uma aliança com os contratualistas perante essa outra forma de abordar a questão. O debate sutil entre esses dois grandes adversários é o que me interessa aqui. Minha tese principal será a de que não podemos chegar a uma teoria adequada da justiça global encarando a cooperação internacional como um contrato para vantagem mútua entre partes que se encontram em situação semelhante entre si no estado de natureza. Podemos produzir tal teoria somente se refletirmos sobre o que todos os seres humanos precisam para ter uma vida humana rica – um conjunto de direitos básicos para todas as pessoas – e desenvolvendo uma concepção para o propósito de cooperação social centrada tanto na solidariedade quanto na vantagem mútua. Os modos contratualistas de pensar, especialmente a ideia de que devemos esperar benefício da cooperação com os outros, exercem uma enorme influência sobre o debate público.

Meu objetivo é oferecer algo tanto novo quanto velho, ressuscitando as concepções mais valiosas de solidariedade humana transnacional que encontramos em Grotius e outros expoentes da tradição da lei natural.

Antes de começarmos, precisamos ter claramente a nossa frente três características proeminentes das concepções do contrato social em suas análises dos assuntos globais. (Apesar de isso envolver certa recapitulação dos capítulos 1 e 2, esses temas precisam ser mencionados de novo, no contexto de um novo conjunto de problemas.) Todas elas são características de que Rawls continua se valendo ao longo de seu trabalho – a despeito do fato de sua teoria híbrida, como vimos, misturar elementos morais kantianos com a ideia de um contrato social[3]. Primeiro, devemos continuar a dar atenção crítica ao endosso de Rawls à ideia de que o contrato social é estabelecido entre partes que são aproximadamente iguais em poder e recursos, de modo que ninguém pode dominar os outros – ideia que ele associa tanto à descrição de Hume das circunstâncias da justiça quanto à doutrina do contrato social clássico. Devemos ter em mente, quando nos voltarmos para o plano global, que essa igualdade aproximada das partes é o análogo de Rawls para a ideia do estado de natureza na doutrina do contrato social clássico (ver, *TJ*, p. 12).

Segundo, um ponto intimamente conectado com o anterior, o contrato social é imaginado como um acordo para a vantagem mútua, em que a vantagem é definida caracteristicamente em termos econômicos familiares. Apesar de o véu da ignorância introduzir constrangimentos morais no modo como as partes alcançam seus próprios interesses, as partes ainda são imaginadas

---

[3] Ver, também, *LP*, p. 4: "Esta ideia de justiça está baseada na ideia familiar de contrato social."

como saindo do estado de natureza, antes de mais nada, porque é de seu interesse fazer isso, já que tentam promover seus projetos de vida. Por mais que o véu limite bastante o papel desempenhado pelos interesses quando as partes se encontram na posição original, os interesses em promover suas próprias concepções de bem continuam a desempenhar um papel central ao determinar quem está dentro e quem está fora do estágio inicial. Rawls acredita que um contrato para a vantagem mútua só faz sentido entre partes aproximadamente iguais. A despeito de seu kantismo, permanece um contratualista nesses dois aspectos.

Finalmente, as teorias do contrato social consideram o Estado-nação sua unidade básica e entendem que as partes contratantes escolhem princípios para tal Estado. Essa característica é ditada pelo seu ponto de partida: imaginam as pessoas escolhendo sair do estado de natureza somente quando encontram princípios através dos quais possam viver uma vida cooperativa juntas sob a lei. Esse ponto de partida é uma limitação grave quando consideramos acordos transnacionais, como veremos.

Duas outras características da teoria de Rawls a que dei atenção no capítulo 2 não me interessarão aqui. Primeiro, o seu uso da riqueza e renda como um modo de classificar as posições sociais relativas, apesar de central para a sua própria concepção de vantagem mútua, é menos importante ao discutirmos seu tratamento de assuntos globais do que a ideia mais geral de um contrato para a vantagem mútua. Segundo, o uso que Rawls faz de uma concepção kantiana de pessoa, baseada na razão, para propósitos políticos não desempenha nenhum papel em sua análise das relações internacionais.

Antes de começarmos, precisamos enfrentar uma questão. Tanto Kant quanto Rawls salientam a simetria entre o primeiro e o segundo nível do contrato, e ambos acreditam nitidamente que o contrato entre nações estabelece os fundamentos morais essenciais para as relações internacionais. Podemos, no entanto, tentar argumentar que o projeto de Rawls jamais foi o de pensar sobre a justiça global em geral; em vez disso, seu objetivo é somente o de descrever a política externa correta para sociedades liberais decentes. Ele certamente descreve seu objetivo dessa maneira, tanto na *TJ* quanto no *DP*. Dessa forma, um interlocutor poderia dizer, não é uma surpresa que as relaçõs internas [*domestic arrangements*] sejam tratadas como fixas e que a investigação trate somente de assuntos de guerra e paz, pois Rawls não está de forma alguma tentando falar sobre a justiça global.

Podemos ter algumas dúvidas sobre se esses dois aspectos da teoria realmente derivam da ideia de formular uma política externa para uma sociedade liberal, pois, talvez, uma política externa decente para tal sociedade deveria levar em consideração o bem-estar dos outros de modo abrangente e firme. Em termos mais gerais, devemos duvidar se esses dois projetos podem ser separados do modo que o interlocutor sugere. Uma vez que garantimos, como os contratualistas modernos, que a política externa está corretamente fundada em princípios morais e não somente em considerações (hobbesianas) sobre a segurança nacional e o poder, pode-se, então, duvidar que as relações internas possam ficar isoladas da análise, já que podem tornar impossível às pessoas de outras nações viverem dignamente. A própria ideia de que nossos deveres transnacionais dizem respeito somente a assuntos de guerra e paz, e não a assuntos de justiça econômica, pode ser questionada tanto como inadequada quanto, possivelmente, insensata (no sentido de que uma busca adequada pela paz global envolve, quase certamente, a redistribuição econômica). É claro que não podemos dar por pressuposto que uma política externa justa para uma sociedade liberal decente seja realmente a que adota esse tipo de descrição limitada do terreno da política externa, protegendo as relações internas do escrutínio.

Seria, todavia, o projeto de Rawls, limitado a falar somente sobre política externa liberal, sob uma definição bem restrita do que a política externa envolve? A discussão deste tópico na *TJ* pode sugerir tal leitura; mais uma análise mais próxima mostra que seu projeto é claramente o de estender sua própria concepção normativa de justiça como equidade para o plano internacional, e não simplesmente descrever a política externa de uma nação (ver o resumo em *LP*, p. 21). Rawls deixa claro que o véu da ignorância impõe constrangimentos morais nas relações internacionais que são análogos às exigências de equidade na esfera nacional: o contrato em dois níveis é formulado para "anular as contingências e as tendências da fatalidade histórica" (*TJ*, p. 378). Quando, então, chegamos à discussão mais pormenorizada do contrato em dois níveis no *DP*, fica extremamente claro que a justiça internacional é um tema de Rawls. Segundo a sua própria definição, logo na primeira frase do livro, o "direito dos povos" é "uma concepção política particular do direito e da justiça que se aplique aos princípios e normas do direito e da prática internacional", e, também, o projeto consiste em descrever uma "utopia realista", um mundo que preencha certas condições morais. O foco nos direitos humanos em *DP* mostra, também, que Rawls está interessado na ideia de um mundo que é, em alguns aspectos cruciais, justo para todos. Assim, ainda que Rawls continue a caracterizar o seu projeto como uma reflexão sobre a política externa de uma sociedade liberal, está claro que entende esse projeto em um sentido largo, que implica um conjunto de entendimentos justos e até mesmo utópicos com todos.

ii. *Uma teoria da justiça*: apresentação do contrato em dois níveis

A tradição pré-contratualista da lei natural, representada pelos estoicos gregos e romanos, e pelos seus sucessores do começo da Idade Moderna, como Hugo Grotius e Samuel Pufendorf, sustenta que as relações entre Estados, como o resto do mundo dos negócios humanos, são reguladas pela "lei natural", isto é, leis morais compulsórias que impõem limites normativos aos Estados, independente de essas normas estarem ou não incorporadas em um sistema de lei positiva. A versão de Grotius dessa abordagem teve enorme influência na história do pensamento sobre os princípios globais. Para Grotius, todos os direitos na comunidade internacional, inclusive a própria soberania nacional, derivam, no final, da dignidade e da sociabilidade do ser humano. Essa é a abordagem que estarei, afinal, favorecendo.

A tradição do contrato social, ao contrário, entende a condição entre os Estados como se fosse semelhante a do estado de natureza, e imagina que os princípios da justiça são acordados como se tivessem lugar entre pessoas virtuais. Todos os principais pensadores do contrato social compreendem que estado de natureza envolve alguns direitos e deveres naturais; a insegurança desses direitos é que torna um contrato necessário. Assim, seu pensamento, de diversas maneiras, é contínuo àquele de Grotius e Pufendorf. Os contratualistas modernos, no entanto, abandonam qualquer concepção de direitos naturais (pré-políticos), e consideram que os direitos são gerados durante a própria organização do contrato. Dessa forma, seu pensamento distancia-se bem mais radicalmente do pensamento de Grotius e Pufendorf do que de seus predecessores contratualistas do início da Idade Moderna. É importante que não percamos de vista essa diferença quando examinarmos a ideia do segundo nível do contrato.

O modelo mais nítido desse tipo de abordagem em dois níveis, e o mais importante para Rawls, é o de Kant, que escreve no "Princípios metafísicos da doutrina do direito" (a primeira parte da *Metafísica dos costumes*) que um Estado é como uma casa situada ao lado de outras. Sob a Lei das Nações, continua, um Estado é "uma pessoa moral vivendo com e em oposição a outro Estado em uma condição de liberdade natural, que é, ela própria, uma condição para guerra contínua". Essa situação dá aos Estados o direito "de compelir uns aos outros a abandonar o estado de guerra e estabelecer uma constituição que irá garantir uma paz perpétua". O Postulado da Lei Pública no estado de natureza diz: "se você está situado de tal forma de modo a ser inevitável estar lado a lado com outros, tem que abandonar o estado de natureza e entrar, com todos os outros, em um estado de coisas jurídico, isto é, um estado de justiça distributiva legal"[4]. Esse postulado é aplicado, em primeira instância, a pessoas e impõe que abandonem o estado de natureza e entrem em um Estado politicamente constituído. Ele é, então, aplicado uma segunda vez aos próprios Estados[5], obrigando-os a entrar em algum tipo de ordenação jurídica[6].

A visão de Kant sobre essa ordenação jurídica muda ao longo do tempo. Em "Ideia para uma história universal" e "Teoria e prá-

---

[4] Kant (1797/1999), p. 343, p. 307 (paginação da edição da Akademie).
[5] Kant diz, acertadamente, que "Direito das Nações" é um nome inadequado: deveria ser "Direito dos Estados" (em seu latim, *ius publicum civitatum*).
[6] Ver também, "Idea for a Universal History" em que Kant fala sobre a "liberdade cruel dos Estados estabelecidos" (Kant [1970], p. 49); "Teoria e prática", em que fala sobre um "estado de direito internacional, baseado em leis públicas compulsórias, às quais cada Estado deve se submeter, por analogia com um Estado de direito civil ou político entre homens individuais" (ibid., p. 92); À paz perpétua, em que fala de "do Estado sem lei da guerra pura" entre os Estados, e continua, "da mesma forma que os homens individuais, [os Estados] devem renunciar a sua liberdade selvagem e sem lei, e adaptar-se a leis públicas coercitivas" (ibid., p. 105). (Todas as traduções dessas obras foram retiradas de Kant [1970]. As páginas correspondem a esta edição, que não inclui a paginação da Akademie.)

tica", favorece um sistema de leis coercitivas que uniriam os Estados federativos do mundo. Em *À paz perpétua*, mesmo que mencione essa ideia como racional, não leva tão longe a analogia entre as pessoas e os Estados. Os Estados, sustenta, "já possuem uma constituição interna legítima, e, por isso, se livraram do direito coercitivo dos outros de submetê-los a uma constituição legítima mais ampla de acordo com suas concepções do justo". Favorece um acordo voluntário para que ingressem em um *foedus pacificum*, uma federação comprometida com a paz, que não teria, entretanto, a força de uma lei pública ou de seu poder coercivo[7]. Não obstante, os princípios internacionais de direito, sejam eles concebidos como leis compulsórias ou somente como regras morais de uma federação, ainda são considerados aplicados, em primeira instância, a Estados, não diretamente a seus habitantes, e são entendidos como o modo pelo qual os Estados abandonam, na medida do possível, o estado de natureza que existe entre eles.

Em *Uma teoria da justiça*, Rawls dá continuidade a essa abordagem kantiana. Assume que os princípios da justiça que se aplicam a cada sociedade já foram fixados: cada qual tem uma "estrutura básica" cuja forma é determinada por esses princípios (p. 337). A "estrutura básica" de uma sociedade é definida como "o modo no qual as principais instituições sociais distribuem direitos e deveres fundamentais, e determinam a divisão de vantagens de uma cooperação social" (p. 7). É dito que ela é equivalente a essas estruturas que têm efeitos "profundos e presentes desde o começo", afetando "as perspectivas de vida iniciais dos homens" (ibid.).

Imaginemos agora uma posição original de segundo nível, cujas partes são "representativas de diferentes nações que devem escolher juntas os princípios fundamentais para julgar reivindi-

---

[7] Ibid., p. 104.

cações conflitantes entre os Estados" (*TJ*, p. 378). (As partes também são chamadas de "Representantes de Estados.") Elas sabem que representam nações "que vivem sob as circunstâncias normais da vida humana," mas não sabem nada sobre as circunstâncias particulares de suas próprias nações, seu "poder e força em comparação com outras nações". Só lhes é permitido "conhecimento suficiente para fazer uma escolha racional para proteger seus interesses, mas não tanto de modo que os mais afortunados entre elas possam levar vantagem de sua situação especial". Esse contrato de segundo nível é elaborado para "anular as contingências e as tendências da fatalidade histórica" (ibid.).

Rawls não fala muito sobre os princípios que seriam escolhidos nessa situação, mas indica que incluiriam os princípios mais familiares das leis correntes das nações: os tratados devem ser cumpridos; cada nação tem o direito à autodeterminação e à não intervenção; as nações têm o direito à autodefesa e a alianças defensivas; a guerra justa é limitada à guerra em autodefesa; a conduta na guerra é governada pelas normas tradicionais da lei de guerra; o objetivo da guerra deve ser sempre uma paz justa e duradoura (*TJ*, pp. 378-379).

Consideremos, agora, a analogia entre os Estados e as "pessoas morais" (termo de Kant), que Rawls recria ao tratar os representantes dos Estados como análogos das partes na posição original. Um dos problemas dessa analogia é que muitas nações do mundo não têm governos que representem os interesses de todo o povo. Mesmo quando uma nação tem um governo que não é uma mera tirania, grandes segmentos da população (mulheres, minorias raciais) podem estar excluídas completamente da governança. Assim, o instrumento de representação de Rawls é indeterminado. Em tais casos, se o representante representa o Estado e suas estruturas básicas, como Rawls sugere fortemente, ele tende, em função desse mesmo fato, a *não* representar os interesses da maioria das pessoas. Se, ao invés disso, o imaginamos como alguém que representa de alguma forma os reais interesses das pessoas, isso é idealismo levado até um ponto em que perde o importante contato com a realidade: pois nos pedem que imaginemos a possibilidade de que a estrutura básica injusta da sociedade produza de algum modo um representante capaz de representar verdadeiramente os interesses reais do povo.

Um segundo problema diz respeito ao caráter fixo da estrutura básica interna. Rawls parece conceder legitimidade ao *status quo*, mesmo quando este não responde plenamente à vontade das pessoas. Uma das coisas que as pessoas poderiam, na verdade, querer das relações internacionais é que estas as ajudassem a derrubar um regime injusto, ou a conseguir a plena inclusão em um que as exclui. (Por isso, as mulheres, por exemplo, muitas vezes se voltam para agências e acordos internacionais em busca de reforma interna.) Não há lugar para isso no esquema inicial de Rawls.

Mas o problema mais grave com essa analogia é a sua concepção de Estados autossuficientes. Ao formular seus princípios no primeiro estágio, a sociedade é considerada "um sistema fechado, isolado das outras sociedades" (*TJ*, p. 8). (Assim, não é uma surpresa que as relações entre os Estados sejam encaradas como ocupantes de um terreno muito pequeno, aquele da lei tradicional da guerra e da paz.)

Esse isolamento e autossuficiência estão tão distantes da realidade do mundo no qual vivemos que parecem ser pouco prestativos. A estrutura de Rawls não tem espaço sequer para uma estrutura econômica e política supranacional tal como a da União Europeia, e muito menos ainda para a complexa interdependência que caracteriza o mundo contemporâneo como um todo. Alguns Estados são mais influenciados do que outros por assuntos "externos", e os mais poderosos algumas vezes agem como se fossem *cowboys* solitários da fronteira. Todos, entretanto, estão longe de ser autossuficientes. Para os Estados pobres, as políticas econômicas do Fundo Monetário Internacional (FMI) e do Banco Mundial, os acordos internacionais de comércio, e, em geral, a ordem econômica global, têm, todos, influências decisivas no seu bem-estar. Em quase toda nação, a presença de empresas multinacionais influencia tanto a vida econômica quanto política. As organizações políticas, mas não governamentais, como a Organização Internacional do Trabalho (OIT), as diversas organizações que constituem o movimento internacional das mulheres e muitos outros, são instrumentos importantes através dos quais os cidadãos dos diversos Estados lutam por seus direitos. Tribunais internacionais podem julgar os culpados de certos tipos de conflitos internos. Questões ambientais necessariamente cruzam as fronteiras nacionais. Por tais razões, não ajuda olhar as estruturas básicas dos Estados como fixas e fechadas à influência externa. Ainda que utilizada apenas como ferramenta idealizada, tal concepção nos leva tão longe do mundo real que não nos ajuda a delimitar bem seus problemas-chave.

A concepção do caráter fixo e completo dos Estados faz que o contrato de segundo nível assuma uma forma muito fraca e restrita, eliminando qualquer consideração séria sobre redistribuição econômica, ou mesmo ajuda substancial, das nações ricas para as nações pobres[8]. Rawls deixa, na verdade, esse problema de fora desde o início por pressupor uma igualdade aproximada entre as partes, ou que nenhuma parte é capaz de dominar as outras. É claro que em nosso mundo essas condições não são preenchidas:

---

[8] Em alguma medida esse enfoque fraco se explica (não se justifica, penso) pelo subsequente interesse de Rawls pela questão da objeção da consciência, com relação à qual a discussão do direito internacional seria apenas uma preliminar.

um Estado pode, provavelmente, dominar todos os outros. De qualquer maneira, o G8, efetivamente, domina todos os outros. Assumir uma igualdade aproximada entre as partes é adotar algo tão grosseiramente falso sobre o mundo que torna a teoria resultante dessa assunção incapaz de tratar dos problemas mais urgentes do mundo.

Ainda que Rawls não tivesse adotado uma igualdade aproximada entre as partes, a própria assunção do caráter fixo e completo do Estado excluiria por conta própria qualquer consideração séria sobre a distribuição dos bens primários entre os Estados. Dentro dos Estados, as partes são descritas como almejando e necessitando de todo um campo de bens primários, incluindo liberdades, oportunidades, renda, riqueza e as bases sociais de autorrespeito. O contrato diz respeito à distribuição desse amplo campo de bens. Parece plausível pensar que um contrato entre nações iria falar sobre esses recursos também: pois certamente os representantes das nações, não sabendo qual será a sua nação, iriam querer assegurar que a distribuição de bens primários entre as nações fosse justa, e que nenhuma nação fosse prejudicada pela pobreza ou humilhada diante das outras. À primeira vista, parece como se Rawls tivesse somente cometido um erro ao limitar os tópicos do contrato a assuntos tradicionais de guerra e paz. Por que o contrato não deveria tratar, como no primeiro estágio, de todo o campo dos bens primários? Uma vez, no entanto, feita esta pergunta, detectamos claramente sua resposta: porque, nesse caso, o Estado não poderia ser considerado um sistema fixo e fechado. Redistribuir renda e riqueza para outros Estados implicaria ter de repensar as prioridades internas. E isso é algo que Rawls já descartou de antemão.

Ao assumir o caráter fixo dos Estados como seu ponto de partida, Rawls efetivamente evitou qualquer consideração séria sobre as desigualdades econômicas e de poder entre eles. Dessa maneira, ratificou filosoficamente o que as nações poderosas do mundo, especialmente os Estados Unidos, já gostam de fazer de qualquer maneira: fingem que seu sistema é fixo e completo, e resistem com todas as forças a qualquer demanda de que se modifiquem internamente, seja em questões de direitos humanos, de meio ambiente ou de políticas econômicas, seja em resposta à situação do resto do mundo ou em resposta a tratados e acordos internacionais. A demanda por mudança nas prioridades internas é comumente recebida como uma imposição ilícita: quem é você para nos pedir para organizar nossos assuntos internos de outra forma? Esses são assuntos nossos, e já os fixamos antes de entrar em relação ou discussão com você. No mundo real, entretanto, percebemos o que, na verdade, está por trás dessa tática: uma mentalidade arrogante, indiferente a problemas graves. Não se deveria conceder-lhe nenhuma respeitabilidade filosófica.

Observe-se também que a premissa acerca da existência e completude dos Estados não nos oferece nenhuma resposta interessante à pergunta de por que o Estado é considerado importante, ou por que deveria ser importante assegurarmos que a soberania nacional não se torne fatalmente erodida pelo poder da globalização econômica. Aqui, de novo, o problema está com a analogia entre Estados e pessoas. Existe uma boa razão para partirmos das pessoas e darmos-lhes preponderância na teoria da justiça: nascemos e vivemos como pessoas, cada qual com seu corpo separado de todo outro corpo no nascimento, morte, nutrição, dor e prazer. O utilitarismo comete a imprudência de ignorar essa separação ao pretender que nossas vidas não são mais do que locais de satisfações e que a questão mais relevante para a ética é a totalidade dessas satisfações no sistema como um todo. Assim, a grande dor ou miséria de uma pessoa pode ser compensada pelo aumento de boa fortuna para uma pluralidade de outras pessoas. Aqui, um fato moral de enorme importância – que cada só pessoa possui uma vida para viver – foi eliminado.

Não podemos dizer o mesmo do Estado, isto é, que seja um ponto de partida moral necessário. É certo que as pessoas vivem sempre dentro das fronteiras de algum Estado, mas, por outro lado, podem migrar de Estado para Estado, algo impossível de realizar com seus corpos, migrar de um para outro. Além disso, como mostrei, outras estruturas, além do Estado, exercem uma influência fundamental em suas vidas. Podemos acrescentar que o Estado-nação moderno é um fenômeno historicamente situado: dessa forma, não está nem mesmo claro, nos termos do próprio argumento de Rawls, que as partes na posição original, que desconhecem o seu tempo na história, devam estar pensando desde o começo em termos de nação-Estado. De qualquer forma, precisamos de uma explicação de por que os Estados são importantes para as pessoas e qual é o seu papel apropriado. Por que as pessoas podem preferir o Estado, em vez de corporações ou agências internacionais, para fornecer grande parte da estrutura básica de suas vidas? Simplesmente por considerar o Estado um ponto de partida fixo, Rawls elimina qualquer resposta esclarecedora para essa questão.

De acordo com Rawls, "a filosofia política é realisticamente utópica quando amplia o que ordinariamente pensamos serem os limites da possibilidade política prática" (*DP*, p. 6). Os defeitos que descrevi sugerem que a abordagem contratualista em dois níveis não é, para o mundo contemporâneo, uma extensão útil do nosso pensamento prático ordinário. A confirmação dessa suspeita deve, entretanto, esperar que examinemos detalhadamente o tratamento que Rawls dá aos problemas internacionais no *O direito dos povos*. Acredito que esse livro faz um pouco de progresso com relação a alguns destes problemas, mas nenhum em outros; e introduz por conta própria novos problemas.

iii. *O direito dos povos*: o contrato em dois níveis reafirmado e modificado

O direito dos povos "constitui a expansão a uma Sociedade dos Povos de uma concepção liberal de justiça doméstica" (p. 9). Sua intenção é a de desenvolver "os ideais e princípios da *política externa* de um povo *liberal* razoavelmente justo" (p. 10)[9]. Também está bastante claro que este objetivo não exclui, para Rawls, outro objetivo amplo: descrever uma "utopia realista", um mundo no qual, através da extensão da justiça como equidade, alcança-se uma estrutura internacional decentemente justa. O livro tenta, então, responder à questão colocada no *Liberalismo político* (p. 21) sobre se a concepção política de Rawls pode ser estendida para dar boas respostas a questões de justiça no campo das relações internacionais. Mesmo que o seu projeto verse sobre política externa, não há razão para se pensar que ela deva tratar somente de assuntos de guerra e paz; no *DP* está claro que o próprio Rawls não sustenta tal definição limitada de seus objetivos.

Da mesma forma que em *Uma teoria da justiça*, no *O direito dos povos*, Rawls considera os princípios e as políticas internas das sociedades liberais, inclusive suas políticas econômicas, como fixas, e investiga somente suas políticas externas. Os pontos de partida são o caráter fixo e a importância básica da "estrutura básica" interna – ainda que, como veremos, a sua distinção entre os Estados e os povos introduza alguma ambiguidade neste ponto.

---

[9] Apesar de, como veremos, também ser levados em consideração povos não liberais razoáveis, o propósito dessa consideração, Rawls enfatiza, é o de "assegurar a nós mesmos que os ideais e princípios da política externa de um povo liberal também são razoáveis de um ponto de vista não liberal decente" (*LP*, p. 10).

Os problemas tradicionais do direito internacional constituem o tema central do livro; não contém nenhuma discussão sobre as configurações mutáveis da ordem econômica global, o papel que desempenham os acordos, as instituições e as agências multinacionais e internacionais, ou as organizações não governamentais, os movimentos políticos e outras entidades que influenciam a política, atravessando, frequentemente, as fronteiras nacionais.

Ao mesmo tempo, Rawls mostra um interesse fora do comum em assegurar ao seu leitor que sua análise é realista. De um modo incomum para ele, dedica, excepcionalmente, uma parte substancial do livro a problemas de teoria não ideal. Além disso, argumenta que uma teoria utópica ou ideal pode ser um guia valioso para a prática no mundo contemporâneo, desde que ela seja "realisticamente utópica". Sempre que sua estrutura em dois níveis depara com dificuldades, Rawls faz de tudo para sustentar que o problema em questão pode realmente ser solucionado através de um procedimento que fixe primeiro a estrutura básica interna e, em um segundo estágio, os problemas entre as nações.

Assim, ele menciona a imigração somente para nos assegurar que a sua necessidade "desapareceria" (*DP*, p. 9) se todas as nações possuíssem uma estrutura política interna decente. Entre as causas da imigração menciona a perseguição religiosa e étnica, a opressão política, a fome (que acredita ser evitável meramente através de medidas políticas internas)[10] e crescimento populacional (de novo, acredita ser controlável exclusivamente por meio de modificações na política interna). Na "sociedade de pessoas libe-

---

[10] Neste ponto, ele cita Sen (1981). Mas descreve erroneamente a sua conclusão. Sen sustenta que a liberdade de imprensa e a democracia política são ingredientes extremamente importantes na prevenção da fome, mas não que sejam sempre suficientes. Além disso, a análise de Rawls se aplica somente à fome e não à subnutrição, à saúde fraca em função da má nutrição e assim por diante.

rais e decentes" essas causas não existiriam. Ausente da sua lista, entretanto, está uma das maiores causas da imigração, a desigualdade econômica – junto com a má nutrição, as condições de saúde ruins e a falta de educação, que acompanham normalmente a miséria.

De maneira semelhante, discutindo os "povos onerados", que por causa de sua miséria não farão parte da sociedade dos povos, justifica a sua opção em não discutir a desigualdade econômica entre as nações, insistindo que a extrema pobreza pode ser erradicada por políticas internas razoáveis:

> Acredito que as causas da riqueza de um povo e as formas que assume encontram-se tanto em sua cultura política e nas tradições religiosas, filosóficas e morais que sustentam a estrutura básica de suas instituições políticas e sociais, quanto nos talentos diligentes e cooperativos de seus membros, todos fundados em suas virtudes políticas. Conjecturaria, além disso, que não há nenhuma sociedade no mundo – exceto em casos marginais [a nota de pé de página menciona "os esquimós do Ártico"] – com recursos tão escassos que não poderia, caso fosse organizada razoável e racionalmente, tornar-se bem ordenada. Exemplos históricos parecem indicar que países pobres em recursos podem se sair muito bem (por exemplo, o Japão), enquanto países muito ricos em recursos podem ter sérias dificuldades (por exemplo, a Argentina). Os elementos cruciais que fazem a diferença são a cultura política, as virtudes políticas e a sociedade civil do país, a probidade e diligência dos seus membros, sua capacidade para inovação e muito mais. [Menciona o controle populacional.] (*DP*, p. 108)

Essa análise expressa uma verdade parcial. Mas ignora muitas questões importantes. Ainda que ignoremos o dano feito pelo colonialismo tanto aos recursos quanto à cultura econômica e política de muitas nações contemporâneas, devemos reconhecer o fato de que o sistema econômico internacional e as atividades das empresas multinacionais causam ônus pesados e desproporcionais às nações pobres, que não podem solucionar os seus problemas somente por meio de políticas internas inteligentes. É evidente que na esfera interna Rawls não consideraria adequado afirmar que as famílias pobres podem sobreviver praticando a poupança e a virtude, em um Estado cuja estrutura básica impusesse desvantagens injustas aos pobres. Ainda que fosse verdade que a poupança e a virtude pudessem superar tais obstáculos, isso não descartaria o problema da justiça.

Investiguemos agora o argumento central de Rawls. Como em *TJ*, o instrumento da posição original é aplicado em dois níveis: primeiro, internamente, dentro de cada sociedade liberal, e, então, externamente, entre essas sociedades. Entretanto, uma característica principal desse livro é que Rawls também sustenta que uma sociedade dos povos decentes inclui como membros respeitáveis certos povos não liberais que constituem "sociedades hierárquicas decentes". Mas essas sociedades, sendo não liberais, não adotam a posição original internamente. Elas possuem outros modos de estabelecer seus princípios políticos (*DP*, p. 70). Assim, existem três aplicações para o instrumento da posição original: internamente, por povos liberais, então, internacionalmente, por povos liberais, e, em um passo além, internacionalmente pelos povos não liberais que decidiram se unir à Sociedade dos Povos.

Por que existem duas aplicações separadas para o segundo nível da posição original? Por que não colocar simplesmente todas as sociedades decentes juntas em um único contrato de segundo nível? A razão parece ser que os princípios são *derivados* de uma *extensão* do primeiro nível do contrato liberal, e, então, ratificados, mas em sociedades hierárquicas decentes os princípios não são derivados da mesma maneira. Portanto, sociedades liberais sabem que são sociedades liberais, e, de maneira semelhante, sociedades hierárquicas decentes sabem que não são liberais, porém, decentes, ainda que em outros assuntos ignorem em grande medida a sua situação. Rawls acredita claramente que não é razoável esperar delas que derivem os princípios que ratificam de procedimentos liberais internos, pois, afinal de contas, não são sociedades liberais. Rawls parece acreditar que elas são mais respeitadas se lhes é solicitado que primeiro entrem em acordo com outras sociedades semelhantes, usando quaisquer princípios que comumente favoreçam, do que se fossem jogadas diretamente em uma estrutura que em essência deriva do liberalismo. Mas, então, não fica claro por que ele acredita que essas sociedades irão, de fato, ratificar o mesmo Direito dos Povos selecionado pelas sociedades liberais. Toda essa parte do argumento precisa ser mais trabalhada. Rawls parece reconhecer isso ao concluir que podemos também "pensar em povos liberais e decentes juntos em uma posição original quando reunidos em associações regionais ou federações de algum tipo" (*DP*, p. 70).

Da mesma forma que na *TJ*, os focos de ambos os contratos de segundo nível são os problemas tradicionais em política externa, e uma paz estável está no centro de suas aspirações. Assim, entre os oito princípios do Direito dos Povos (*DP*, p. 37), seis lidam com tópicos familiares do direito internacional, como a independência e a autodeterminação, a não agressão, a força vinculante dos tratados, a não intervenção, o direito à autodefesa e as restrições à conduta na guerra. Mas Rawls expande sua enumeração para incluir o acordo sobre alguns direitos humanos essenciais e o dever de assistir outros povos que vivam em condições desfavoráveis "que as impedem de ter um regime político e social justo ou decente" (ibid.). O objetivo a longo prazo de sua cooperação é uma "paz democrática" do tipo visada por Kant, em que regimes democráticos decentes progressivamente cheguem ao poder em todas as sociedades, e, dessa forma, eliminar-se-ia a perseguição religiosa, a guerra (Rawls insiste que as democracias jamais declaram guerra umas às outras), e outros grandes males da era moderna. Aqui, Rawls segue Kant: o estabelecimento de uma federação de Estados republicanos livres pode produzir uma paz perpétua.

O objetivo assim descrito parece, então, de alguma forma, mais rico do que a concepção da vantagem mútua esboçada na *TJ*, ainda que, como veremos, a recusa de Rawls em levar em consideração a redistribuição substancial de bens materiais para fora das fronteiras nacionais, limite a sua interpretação desse objetivo. Mas, o quanto esse objetivo se distancia realmente da ideia contratualista de um contrato justo para vantagem mútua? É evidente que a paz democrática traria um grande benefício a cada sociedade. É, por isso, um tanto difícil determinar em que medida Rawls compreende o objetivo como sendo o de incorporar um bem que transcenda às vantagens das partes (em termos justos), ligando--as todas em uma nova sociedade global. Para entender isso melhor, precisamos entender o tratamento no *DP* da analogia Estado/pessoa, e perguntar em que medida Rawls diverge aí de seu tratamento anterior da estrutura básica.

Como na *TJ*, Rawls trata os princípios internos da justiça, tanto de povos liberais quanto de não liberais, como fixos e não disponíveis no segundo nível do contrato. O contrato de segundo nível, portanto, não questionará a nenhum desses Estados acerca de seu compromisso com as liberdades e as oportunidades, tampouco, um aspecto importante, sobre suas disposições econômicas internas. Dessa forma, nenhum tratado internacional que incida sobre essas disposições internas das nações, em áreas que vão além desse cardápio limitado de direitos humanos que as nações assumem respeitar, terá a permissão de alterar a estrutura básica de qualquer nação. Muitos tratados internacionais no mundo de hoje, têm, entretanto, implicações para as disposições econômicas internas das nações em assuntos concernentes à estrutura básica das sociedades. (Por exemplo, as disposições da Convenção sobre a Eliminação de Todas as Formas de Discriminação Contra as Mulheres – Cedaw – que tratam do estupro marital, da determinação da nacionalidade e do casamento e divórcio, requerem modificações da lei local de muitas nações, e, já que tratam da família, tais mudanças afetam a estrutura básica.) Portanto, a posição de Rawls poderia parecer ser a de que as nações não deveriam ratificar esses tratados, e de fato não ratificam. Ele evita ostensivamente exigir que elas já tenham alcançado, internamente, as normas dos direitos humanos pronunciadas nesses tratados. Somente nas áreas cobertas pelo pequeno número de normas de direitos humanos, Rawls reconhece (como mostraremos em breve) que as normas transnacionais têm o poder de afetar as estruturas internas; mas já foi assumido desde o começo que todas as nações envolvidas já incorporaram essas normas dos direitos humanos. Qualquer ampliação da reflexão sobre os direitos humanos, no qual as nações decidam mudar suas estruturas em resposta a um debate internacional, é eliminado em função dos pressupostos de que a teoria Rawls parte.

Tal como mostrei, em *TJ* o pressuposto do caráter fixo e da completude determina que não alcancemos nenhuma explicação interessante de por que os Estados e suas estruturas básicas são importantes. Esse problema, que persiste em *DP*, se torna mais agudo pela distinção entre Estados e povos que Rawls torna agora central para o seu argumento. Vale a pena dedicarmos algum tempo a essa distinção, uma vez que aparece várias vezes na reflexão sobre a esfera internacional. Apesar de Rawls, em um primeiro momento, parecer tratar o Estado e suas estruturas básicas como seu ponto de partida, um exame mais aprofundado mostra que, na verdade, não faz isso. Em vez disso, insiste que os princípios das relações internacionais se aplicam em primeira instância entre "povos" e não entre em Estados. O que é um "povo", e por que Rawls faz essa distinção? Se um "povo" é um grupo de seres humanos que compartilham uma concepção abrangente de bem[11], ou pelo menos um conjunto de tradições que chegam perto disso, então é um conceito reconhecível, mas não devemos imaginar que encontraremos tantas vezes alguma coincidência entre um povo e as fronteiras nacionais. Mesmo em uma nação com uma tradição religiosa forte, como a Itália, existem religiões minoritárias e cidadãos não religiosos. As religiões elas mesmas possuem importantes diferenças internas[12]. Além disso, em qualquer grupo, as mulheres podem muito bem não compartilhar da doutrina abrangente dos homens em todos os aspectos. O que se apresenta como a tradição ou a doutrina de um grupo é, muitas vezes, um construto masculino, de cuja formulação as mulheres não participaram.

Se nos afastarmos de Estados pequenos e relativamente homogêneos em direção a nações maiores, como Índia, Peru, Turquia e os Estados Unidos, encontraremos diferenças bastante pronunciadas de doutrinas abrangentes dentro de cada nação, da mesma forma que as encontramos no interior da sociedade projetada por Rawls em *LP*. De acordo com o próprio Rawls, essa he-

---

[11] Rawls introduz o termo "concepção abrangente" ["*compreehensive conception*"] em *LP* para distinguir a concepção política das concepções abrangentes religiosas e seculares dos cidadãos acerca do significado da vida, das exigências éticas e assim por diante.

[12] Como argumentou Fred Kniss (1997), mesmo os menonitas, muitas vezes citados como um exemplo de uma religião pequena e homogênea, possuem numerosos e intensos desacordos sobre os elementos básicos da concepção de bem.

terogeneidade não é um mero acidente, pois o desacordo moderado sobre doutrinas abrangentes é uma característica da modernidade em condições de liberdade de pensamento, conforme afirma Charles Larmore (ver *LP*, pp. 54-58). *DP* parte do pressuposto de que pelo menos algum grau de liberdade de pensamento é observado em todas as sociedades participantes, o qual permitiria à concepção de *DP* prever um pluralismo moderado de doutrinas abrangentes em todas as sociedades em questão. Assim, não deveríamos esperar que algumas dessas sociedades preencheriam essas condições necessárias para serem um povo, se considera-se que entre essas condições está a exigência de uma doutrina abrangente compartilhada.

Rawls sugere, entretanto, que as condições para ser um povo são, de algum modo, menos rígidas do que as de compartilhar uma doutrina abrangente: somente são requeridas "simpatias comuns"; e "simpatias comuns", por seu lado, não requerem uma cultura comum, com linguagem e histórias comuns, apesar desses, diz, serem certamente úteis para a constituição um povo (*DP*, p. 24). Cabe nos perguntarmos: todas as sociedades que ele está considerando representam povos assim definidos? E, então, esse conceito torna-se muito vago para que possa oferecer qualquer ajuda. É provável que as mulheres do mundo todo tenham "simpatias comuns" com mulheres em outras nações em um grau maior do que as mulheres têm com homens em nações marcadas pela hierarquia sexual. Aliás, quando as pessoas vivem juntas em condições de desigualdade, observa-se mais comumente a tendência ao ressentimento e à falta de simpatia mútua do que quando vivem a distância e só raramente se veem. A maioria das vezes em que nos sentimos inclinados a dizer que o povo de uma nação têm "simpatias comuns," normalmente, é porque conseguimos fazer vista grossa a tais fatos de subordinação e aceitar a palavra do grupo dominante sobre como as coisas são. Rawls não tem problema em reconhecer tais fatos em outro lugar. No *LP*, seu próprio conceito de um Estado, e de uma comunidade dentro dele, é construído a partir desses fatos relativos ao pluralismo e ao desacordo. É por essas razões que Rawls insiste repetidamente que a pessoa individual é o único sujeito apropriado para uma teoria da justiça[13].

Se deixarmos as "simpatias comuns" de lado, ficamos com a outra condição necessária de Rawls para constituir um povo, o desejo de viver juntos sob o mesmo conjunto de instituições democráticas. Mas isso nos traz de volta para o Estado, e alude ao que Grotius e outros escritores da tradição caracterizariam como o laço fundamental entre os cidadãos e a estrutura básica dentro da qual eles vivem. Não precisamos de um conceito extra para descrever melhor esse laço, e o conceito de "povo," com sua vaga sugestão de homogeneidade social, não oferece nenhuma clarificação útil. Por que, então, Rawls expressa ceticismo sobre o conceito de Estado, e sustenta que as relações internacionais devem ser vistas primariamente como relações entre povos e não relações entre Estados?

Nesse ponto, sua argumentação faz uma mudança estranha: pois ele não fala do Estado *simpliciter*, mas de "Estados como tradicionalmente concebidos" (*DP*, p. 25), e os caracteriza de um modo que lhes atribui poderes tradicionalmente atribuídos, tal como o poder de fazer guerra. Porque quer negar que os Estados

---

[13] Ver, por exemplo, *TJ*, pp. 264-265: "Queremos explicar os valores sociais, o bem intrínseco das atividades institucionais, comunitárias e associativas, através de uma concepção de justiça que em sua base teórica é individualista. Por razões de clareza, entre outras, não queremos depender de conceitos indefinidos de comunidade, ou de supor que a sociedade é um todo orgânico com uma vida própria distinta de e superior àquela de todos os seus membros... A partir dessa concepção, por mais individualista que ela pareça ser, devemos eventualmente explicar o valor da comunidade".

possuam legitimamente tais poderes, em uma sociedade internacional adequadamente funcional, conclui que o Estado não pode ser o sujeito de uma teoria internacional de justiça. Por que não concluir, em vez disso, que a concepção tradicional do Estado é, em parte, errada, prescrevendo ao Estado certos poderes que os Estados, corretamente entendidos, não possuem verdadeiramente? Essa linha de argumento serviria melhor ao propósito geral de Rawls.

Uma vez mais, Rawls argumenta que os Estados são atores racionais perseguindo apenas o autointeresse (*DP*, p. 28); aqui ele se refere a concepções realistas tradicionais de política externa. Mas, uma vez mais, por que não dizer simplesmente que essas concepções do Estado, como as concepções econômicas limitadas de pessoa, estão erradas: Estados são tanto autointeressados quanto morais? Tal linha de argumento teria servido bem ao propósito geral de Rawls. Se Rawls tivesse criticado a concepção tradicional do Estado e proposto uma concepção mais moralizada, similar à de Grotius, não teria tido nenhuma necessidade de estruturar o seu argumento a partir da ideia de respeito por povos supostamente homogêneos, uma ideia que parece confusa e que provoca confusão.

De certa maneira, então, as formulações no *DP* são mais confusas e menos adequadas do que as do *TJ*.

Com relação, entretanto, a algumas das questões problemáticas que sobraram de *TJ*, *DP* representa um avanço. Lembrem-se de que a analogia entre Estados e pessoas sugere que os Estados representam, de algum modo, os interesses das pessoas que vivem dentro de suas fronteiras; isso, no entanto, como já comentamos, não é verdadeiro para muitas nações do mundo. Rawls agora reconhece explicitamente esse fato e lhe dá importância estrutural. A posição original de segundo nível inclui somente Estados que respeitem os direitos humanos e possuam seja uma Constituição democrática-liberal seja um arranjo "hierárquico decente", que inclui uma "boa concepção de justiça" e uma "hierarquia consultiva decente". Do lado de fora da sociedade dos povos estão os "Estados fora da lei," que não respeitam os direitos humanos, e as "sociedades oneradas", definidas não somente como pobres, mas também mal organizadas politicamente. Rawls sustenta que uma tarefa importante da sociedade dos povos é a de controlar os Estados fora da lei. Dessa maneira, sua teoria tem pelo menos alguma intervenção nas oportunidades de vida das pessoas oprimidas nesses tipos de sociedades. Todos os membros da sociedade dos povos, além disso, têm deveres de dar assistência às sociedades oneradas. Para Rawls, tal assistência obriga-lhes, principalmente, a ajudá-las a desenvolver instituições democráticas estáveis, que consideram o ingrediente principal de sua eventual prosperidade. Trata-se de uma concepção limitada do que devemos às outras nações, mas pelo menos é algo[14].

O avanço mais importante com relação à abordagem do *TJ* está no reconhecimento de Rawls da força transnacional dos direitos humanos. A afiliação à sociedade dos povos requer respeito a uma lista de tais direitos, que limitam a soberania nacional. O respeito por esses direitos é suficiente para excluir intervenção militar por outras nações (*DP*, p. 80). A lista é entendida somente como um subgrupo dos direitos que as sociedades liberais comumente protegem internamente, "uma classe especial de direitos

---

[14] Quais são as "sociedades oneradas"? A falta de realismo de Rawls aparece mais uma vez na especificação fraca desse conceito. Essas sociedades são ditas "carecerem de tradições políticas e culturais, do capital humano do *know-how*, e, muitas vezes, dos recursos materiais e tecnológicos necessários para serem bem ordenadas" (*LP*, p. 106). Esse enunciado é muito vago. Para outras observações extremamente interessantes sobre a assistência econômica, ver a carta de Rawls em Rawls e Van Parijs (2003).

urgentes, tais como a liberdade da escravidão e servidão, liberdade (mas não igual liberdade) de consciência e a segurança de grupos étnicos contra assassinato em massa e genocídio" (p. 79). Apesar de esse compromisso com os direitos humanos marcar um avanço claro com relação à *TJ*, é importante notar quão limitada essa lista de direitos é: ela omite explicitamente mais da metade dos direitos enumerados na Declaração Universal, inclusive a plena igualdade perante a lei (já que, ao contrário, permite uma liberdade desigual), a liberdade de expressão e pensamento, a liberdade de assembleia, a livre escolha de emprego, o direito à remuneração igual por um trabalho igual e o direito à educação[15]. Além disso, o caráter fixo da estrutura básica exige que nenhum acordo internacional na área de direitos humanos que vá além desse cardápio limitado terá o poder de alterar as instituições internas.

Assim, Rawls faz somente um pequeno progresso em direção a uma concepção mais rica da sociedade internacional. Na medida em que ele, de fato, faz algum progresso, podemos agora observar que esse avanço não foi propiciado pela própria abordagem contratual, mas por alguns distanciamentos bem dramáticos dela, em direção a uma abordagem mais parecida com a que irei favorecer, que define uma concepção mínima de justiça social em termos do alcance de certos resultados positivos, do que as pessoas são, de fato, capazes de fazer e ser. Os critérios usados para julgar quem faz e quem não faz parte da sociedade dos povos incluem critérios éticos orientados para o resultado: respeito pelos direitos humanos[16]. O respeito pelos direitos humanos coloca as bases

---

[15] Isto deixa claro por que Rawls se refere à Declaração Universal, e diz que seu grupo de direitos inclui os artigos 3 a 18 (apesar de, na verdade, não poder incluir a versão completa do artigo 7, a igualdade perante a lei), mas exclui os direitos enumerados nos artigos subsequentes da Declaração.

[16] Esta estipulação também limita o grau de ignorância que as partes podem ter na posição original.

para um uso limitado da abordagem contratual. Nesse sentido, *DP* deixa de ser, em alguns aspectos cruciais, uma abordagem contratualista por completo: alguns assuntos especialmente importantes são abordados de outra maneira, antes mesmo que o contrato entre em cena.

Além disso, ficamos com a impressão de que Rawls poderia ter se desfeito do critério humiano de igualdade aproximada, entendido em termos de circunstâncias econômicas similares. É evidente que as nações que apoiam os direitos humanos e são liberais ou "decentes" não são aproximadamente iguais de nenhuma forma. Rawls parece imaginar que o contrato tem lugar entre os Estados Unidos, o Canadá e as nações da Europa e da Australásia (talvez com o acréscimo do Japão e da Coreia do Sul?), nações que podem ser chamadas de aproximadamente iguais. Mas onde devemos posicionar nações como Índia, Bangladesh, Turquia e África do Sul, democracias liberais que respeitam os direitos humanos, mas que são bastante desiguais em termos econômicos da Austrália e dos outros países mencionados? O PIB *per capita* dos Estados Unidos, lembremos, é de 34.320 dólares, o de Bangladesh, 1.610 dólares, o da Índia, 2.840 dólares, o da Turquia, 5.890 dólares, o da África do Sul, 11.290 dólares. (As diferenças reais são provavelmente maiores do que as sugeridas por esses números.) Assim, essas nações estão bem distantes de serem aproximadamente iguais às nações da América do Norte, Europa, Australásia e (partes) da Ásia Oriental, e também muito distantes de serem aproximadamente iguais entre si.

A consequência disso é a seguinte: ou Rawls terá de admitir que os princípios e as circunstâncias que unem as sociedades a fim de que estabeleçam o contrato de segundo nível são muito diferentes das circunstâncias de justiça humianas, com seu foco na igualdade aproximada e na vantagem mútua, ou terá de se apegar firmemente a essas condições. Se Rawls se afastasse de Hume e abrisse mão das exigências de igualdade aproximada e da concepção associada acerca da motivação das partes (que todas possam ganhar algum benefício com a cooperação), então poderia incluir todas as nações que mencionei, com suas incríveis desigualdades. Mas, então, terá de oferecer uma nova explicação de por que as partes cooperam umas com as outras, tendo em vista que o contrato não pode mais ser motivado pelo interesse na vantagem mútua. A paz, é claro, está entre os interesses de todos os seres humanos, mas, tal qual ocorre com os "países fora da lei", ela pode ser promovida externamente, por assim dizer; não precisa, para ser promovida, que as democracias pobres sejam incluídas no próprio contrato. Precisamos, portanto, de uma explicação mais substancial dos propósitos que essas distintas nações perseguem juntas. Se, por outro lado, Rawls se mantém firme ao lado de Hume e da doutrina do contrato social clássica, então, terá de dizer que Índia, Bangladesh, Turquia e África do Sul não pertencem ao contrato de segundo nível, mesmo que seu outro critério tenda a favor de sua inclusão. Elas são simplesmente muito pobres para que as nações ricas ganhem alguma coisa por tratá-las como aproximadamente iguais. Elas terão de ser agrupadas ao lado das "sociedades oneradas" – mas esse próprio agrupamento mostraria que há um problema com essa categoria, pois não se pode afirmar plausivelmente que o que aquelas sociedades precisam é de ajuda para desenvolver as instituições democráticas.

Se Rawls seguisse esse curso e excluísse as nações pobres do contrato de segundo nível, ficaria bem de acordo com a ordem mundial corrente, na qual a maioria das decisões sobre assuntos econômicos importantes são feitas sem que se escutem suficientemente as nações pobres, e, mesmo quando são ouvidas, não o são certamente como iguais[17]. Rawls não refletiu suficientemente sobre essa questão; sua falta de clareza sobre este ponto torna *DP* uma obra insatisfatória.

Há um paralelo impressionante entre a situação das nações mais pobres e a situação das pessoas portadoras de deficiência. Em ambos os casos, ignora-se a dignidade humana de algumas pessoas que são plenamente humanas em um estágio crucial do contrato político no qual são escolhidos os princípios básicos, isso por considerar-se que não são "aproximadamente iguais", em poder e capacidade, às partes contratantes. Por essa razão, um contrato para vantagem mútua não pode incluí-las como participantes iguais. Elas são uma carga para todo o sistema, e princípios diferentes terão de ser escolhidos para lidar com elas. Além disso, porque a abordagem contratualista funde os contratantes com os sujeitos primários da justiça, as pessoas não "aproximadamente iguais" não são consideradas sujeitos da justiça.

Uma estratégia desse tipo é censurável tanto para nações quanto para pessoas: as nações (ou os cidadãos) são iguais em dignidade humana e, se possuem problemas especiais, esses problemas precisam ser tratados desde o começo, na formulação do sistema completo de justiça global, não como uma reflexão tardia e um assunto de caridade. Mas incluí-los completamente desde o começo requer uma explicação diferente dos propósitos da cooperação social. Rawls dá uma virada na direção de uma nova explicação com sua inclusão das exigências dos direitos humanos; mas essa virada é tímida, e não leva à completa reformulação da estrutura contratual como parece ser necessário.

---

[17] Ver Stiglitz (2002), que descreve uma fotografia notória na qual um representante francês do FMI se posiciona com os braços cruzados acima de um líder indonésio sentado, em uma postura de alta condescendência colonial, expressando a sabedoria das nações ricas e suas agências.

Ainda falta abordar mais um aspecto da inadequação de *DP*. Como dissemos, a sociedade dos povos de Rawls admite "sociedades hierárquicas decentes"[18]. Rawls justifica esse movimento apelando para um princípio de tolerância que emprega a analogia Estado-pessoa de modo altamente questionável. Rawls argumenta da seguinte forma:

> Certamente regimes tirânicos e ditatoriais não podem ser aceitos como membros respeitáveis de uma sociedade razoável de povos. Tampouco pode ser razoável exigir que todos os regimes sejam liberais, pois sendo assim o próprio direito dos povos não expressaria o próprio princípio de tolerância por outras maneiras razoáveis de organizar a sociedade além do liberalismo, nem sua busca por uma razoável base compartilhada de acordo entre povos. Da mesma forma que o cidadão de uma sociedade liberal deve res-

---

[18] Um problema inicial ao entrarmos em contato com a teoria de Rawls nesta área é sua imprecisão histórica. Rawls não tem nada a dizer sobre as sociedades hierárquicas atuais no mundo contemporâneo. (Seus exemplos literários derivam do Império Otomano.) Em "LP", como em escritos anteriores, Rawls apresenta seus próprios princípios liberais como fundamentados em uma herança especificamente "ocidental", e caracteriza o próprio liberalismo como "ocidental", até mesmo baseado no "individualismo ocidental". No livro, as referências ao ocidente são abandonadas em favor de uma distinção esquemática entre sociedades liberais e não liberais. Mas Rawls ainda parece estar pensando primariamente em democracias ocidentais, não na Índia, Bangladesh e assim por diante. A omissão dessas sociedades é impressionante quando chegamos ao princípio da tolerância, pois se o argumento para essa atitude acrítica com relação às "sociedades hierárquicas decentes" envolve a ideia de que elas possuem um conjunto diferente de tradições históricas e não podem plausivelmente ter a expectativa de serem liberais, esse argumento é destruído pelo fato, se for reconhecido, de que muitas nações não ocidentais adotaram constituições liberais. (É claro que a própria distinção entre "ocidente" e "não ocidente" é ela mesma uma construção do ocidente, e não um modo muito útil de se pensar sobre essas diversas sociedades com suas tradições heterogêneas.) Além disso, as ideias centrais da teoria política de Rawls são conhecidas por terem raízes profundas em outras tradições políticas: a Índia, por exemplo, tinha uma ideia bem desenvolvida e politicamente efetiva de tolerância religiosa bem antes da Europa; ver Sen (1997). Na medida em que Rawls justifica seu tratamento indulgente de certas sociedades não liberais recorrendo a diferenças históricas, essa tese então não é nem pode ser confirmada.

peitar as doutrinas abrangentes religiosas, filosóficas e morais das outras pessoas, desde que praticadas em acordo com uma concepção política de justiça razoável, uma sociedade liberal deve respeitar outras sociedades organizadas por doutrinas abrangentes, desde que suas instituições políticas e sociais alcancem certas condições que conduzam sua sociedade a aderir a um razoável direito dos povos. ("LP", pp. 42-43)

Em outras palavras: da mesma forma que é exigido dos americanos que respeitem as doutrinas abrangentes de católicos apostólicos romanos, budistas e muçulmanos, desde que estes respeitem a concepção política de justiça razoável defendida em *LP*, também é necessário que uma sociedade liberal mostre respeito tanto por outras sociedades liberais quanto por sociedades hierárquicas decentes, desde que estas respeitem os compromissos e os padrões expressos no Direito dos Povos. O que se afirma é que a tolerância requer não somente evitar o aplicar sanções militares, econômicas ou diplomáticas contra um povo, mas também reconhecer as sociedades não liberais como membros iguais da Sociedade dos Povos.

Vamos agora examinar de perto esta analogia. Na verdade, existe tanto uma analogia quanto uma disanalogia. Dentro de uma sociedade liberal existem muitas concepções hierárquicas do bem. Essas concepções são respeitadas como razoáveis, desde que seus aderentes aceitem, como parte constituinte ou "módulo" dentro de sua doutrina abrangente, os princípios da justiça que moldam a estrutura básica de suas sociedades[19]. Em outras palavras, as concepções religiosas devem incluir os princípios da jus-

---

[19] Para esta linguagem, ver *LP*, pp. 144-145: "a concepção política é um módulo, uma parte constituinte essencial, que de diferentes modos se ajusta e pode ser defendida por várias doutrinas razoáveis abrangentes que sobrevivem na sociedade regulada por ele".

tiça de Rawls, ainda que originariamente não tenham feito isso. Doutrinas abrangentes que promovem ensinamentos que estão em conflito com tais princípios não terão suprimida a liberdade de expressão de seus membros, exceto nas condições excepcionais que Rawls especifica em sua doutrina do discurso da liberdade de expressão política (uma crise constitucional grave). Não obstante, tais doutrinas abrangentes não razoáveis não serão respeitadas na estrutura constitucional da sociedade, pois os princípios com que entram em conflito formam parte da Constituição do país; por essa razão suas propostas não poderão submeter-se diretamente ao voto da maioria.

Na esfera transnacional, as coisas são muito diferentes. A doutrina religiosa ou tradicional é permitida, no sentido de ser reconhecida em termos positivos e igualitários dentro da comunidade de povos, sempre que certas condições moderadas forem cumpridas. Ainda assim, segue-se exigindo o respeito por uma pequena lista de direitos humanos. Mas está claro que um povo pode ganhar igualdade de respeito na comunidade de povos, ainda que os direitos a propriedade[20], ao voto e à liberdade religiosa sejam distribuídos desigualmente entre diferentes atores dentro dessa sociedade – os homens e as mulheres, por exemplo[21]. As exigências da democracia política, liberdade igual e sufrágio universal[22] são substituídas pela exigência mais fraca de uma "hierarquia

---

[20] *LP*, p. 65, estipula que o direito à propriedade é parte da lista básica de direitos humanos, mas Rawls é cuidadoso ao evitar insistir nos direitos iguais à propriedade.

[21] *LP*, p. 65, nota 2: "esta liberdade de consciência pode não ser tão extensiva nem tão igual para todos os membros da sociedade: por exemplo, uma religião pode predominar legalmente no governo do Estado, enquanto a outras religiões, apesar de toleradas, pode ser negado o direito de sustentar certas posições".

[22] Ver *LP*, p. 71: "todas as pessoas em uma sociedade hierárquica decente não são consideradas cidadãs livres e iguais, nem como indivíduos separados necessitados de representação igual (de acordo com a máxima: um cidadão, um voto)".

consultiva razoável"²³. Nem mesmo a liberdade de expressão no campo da política precisa ser distribuída entre todas as pessoas, ainda que certas "associações e corporações" ("LP", p. 62) lhes permitam expressar qualquer tipo de discordância, e que seus pontos de vistas sejam levados a sério. Além disso, a uma sociedade decente também é permitido que distribuam desigualmente as posições nos locais de trabalho entre diferentes grupos²⁴.

Na esfera nacional, o princípio de tolerância de Rawls é centrado nas pessoas: envolve respeitar as pessoas e suas concepções de bem. Na esfera transnacional, apesar de Rawls descrever-se aplicando o mesmo princípio, ele é fundamentalmente diferente: respeita grupos em vez de pessoas, e mostra respeito deficiente pelas pessoas, permitindo que seus direitos sejam ditados por um grupo dominante em sua vizinhança, independentemente de elas gostarem ou não de tal grupo. Rawls, todavia, ainda focaliza as pessoas na medida em que insiste em uma lista pequena de direitos humanos urgentes. Mas permite que grupos tenham um poder na esfera transnacional que não possuem na esfera nacional²⁵.

Essa assimetria é especialmente peculiar à luz do fato de que a objeção central de Rawls ao utilitarismo em *TJ* é que essa teoria não é suficientemente centrada no sujeito: ao tratar a comunidade

---

[23] Este é o termo padrão em "LP". Em *LP* ele é substituído pelo termo "hierarquia consultiva decente".

[24] A exigência de *LP* de "igualdade formal... (isto é, que casos semelhantes sejam tratados de modo semelhante)" (p. 65) sabidamente não é suficiente para a não discriminação, uma vez que algumas diferenças alegadamente relevantes entre mulheres e homens podem sempre ter sido produzidas: ver "Diferença e dominação", in MacKinnon (1987). Ao descrever o Casanistão, Rawls estabelece que as minorias não estão "sujeitas à discriminação arbitrária", mas essa mesma frase permite que alguns tipos de discriminação sejam meramente arbitrários e outros justificados pela diferença.

[25] Para uma versão mais longa deste argumento, ver Nussbaum (2002b).

como uma superpessoa e todas as satisfações como fungíveis dentro de uma única estrutura, ela negligenciaria a separação fundamental entre as pessoas e suas vidas, como se se tratassem meramente de "tantas distintas linhas para as quais direitos e os deveres são determinados" (*LP*, p. 27)[26]. A teoria de Rawls acerca da justiça internacional negligencia a inviolabilidade de cada pessoa, chave da sua teoria sobre a esfera nacional. Mas pessoas são pessoas, e violação é violação, quando quer que ocorra.

Além disso, na esfera interna, quaisquer concessões feitas ao grupo o serão contra o pano de fundo de opções de saída: as pessoas são livres para sair de uma religião e entrar em outra, ou para não ter nenhuma religião. Por outro lado, Rawls sabe bem que a estrutura básica de uma nação oferece nenhuma, ou poucas opções de saída[27]; essa é a razão por que pensa ser tão importante que as instituições integrantes da estrutura básica devam ser justas. A estrutura básica determina as chances da vida das pessoas de um modo profundo e desde o começo. Na esfera transnacional, no entanto, Rawls perde de vista este *insight* ao aceitar que uma tradição local determine de modo profundo as chances de vida da população de maneira alheia aos princípios da justiça e sem que haja opções de saída para aqueles que não endossam tal tradição. Aliás, ao assumir que não haverá imigração na Sociedade dos Povos, Rawls removeu de sua teoria ideal até aquelas opções de saída que a realidade oferece algumas vezes. (Somos aqui lembrados de mais um motivo para a imigração, o qual não é adequadamente tratado na discussão de Rawls sobre esse tópico.)

Rawls poderia responder que esse argumento contra a sua analogia pressupõe um interesse tipicamente ocidental pelo in-

---

[26] Cf. *TJ*, pp. 27, 29, 185-189.
[27] De acordo com sua formulação, nenhuma, uma vez que se assume que a sociedade está fechada.

divíduo. Em "LP", por exemplo, ele escreve: "Muitas sociedades possuem tradições políticas que são diferentes do individualismo ocidental em suas muitas formas" (p. 69)[28]. Já mostrei que não há nada de particularmente ocidental na ideia de que toda e qualquer pessoa possui certos direitos básicos, da mesma forma que não há nada de particularmente ocidental nas concepções corporativistas ou associacionistas dos direitos – um ponto em que Rawls parece fazer concessão em *DP* ao citar Hegel como exemplo dessa última posição. Na Índia, por exemplo, a situação se inverteu: as tradições coloniais ocidentais com forte elemento corporativista (por exemplo, dando poder político às igrejas estabelecidas) se encontram cada vez mais inibidas pelas ideias sobre dignidade humana que derivam da longa tradição de pensamento indiano sobre as pessoas e sua dignidade. Essas ideias podem até ter alguma semelhança com algumas ideias ocidentais, mas as decisões judiciais citam frequentemente fontes locais a fim de tornar claras suas múltiplas origens. O que ocorre no argumento de Rawls, então, é que as mesmas tradições, ocidentais ou não, são tratadas diferentemente por terem sido acidentalmente instituídas em um Estado separado, e não por causa de qualquer fenômeno mais profundo de unidade orgânica ou de consentimento universal. Se ocorre que uma tradição corporativista domina em um Estado separado, ela acaba pre-

---

[28] Não é chegada a hora de declarar uma moratória para o uso da palavra "individualismo", com suas múltiplas ambiguidades? Se ela significa egoísmo (psicológica ou eticamente) ou mesmo a crença de que a autossuficiência é a melhor coisa que existe, poucos pensadores ocidentais sustentariam tais pontos de vista. Se significa que cada pessoa deve ser tratada como um fim, muitos pensadores ocidentais sustentariam esse ponto de vista (assim como muitos pensadores "não ocidentais"), e parece ser uma boa posição de se sustentar; e seria muito improvável vermos a expressão "a ideia de cada pessoa é um fim" utilizada abusadamente, como se apenas o fato de se fazer referência a ela tornasse desnecessária qualquer argumentação. Ver "The Feminist Critique of Liberalism", in Nussbaum (1999a).

valecendo; se é apenas um elemento em um Estado liberal, ela não prevalece.

Mas podemos ir mais além: parece extremamente improvável que haja alguma tradição em algum lugar, ou que jamais tenha havido, na qual seus membros subordinados ou minorias simplesmente aceitem a menor parte na vida que lhes é oferecida. As mulheres, por exemplo, são muitas vezes intimidadas, isoladas, incapazes de efetivamente resistir. Mas suas "resistências diárias" têm sido amplamente documentadas em todo o mundo[29]. Assim, a própria ideia de que as mulheres (ou outras minorias) *não* se vejam como pessoas distintas que possuem projetos de vida separados dos homens (ou do grupo dominante) com quem vivem é uma ideia extremamente difícil de demonstrar, e que provavelmente não pode ser demonstrada.

Concluo que a analogia de Rawls é profundamente falha. Até onde vai a sua argumentação, não oferece nenhum obstáculo moral para a aceitação para um conjunto único e bem mais amplo de direitos humanos ou capacidades humanas como as normas fundamentais para todas as pessoas.

iv. Justificação e implementação

Há outro problema, entretanto, que preocupa Rawls e que também deveria nos preocupar. Rawls pensa claramente que se chegarmos à conclusão de que outra Nação tem normas imperfeitas iremos intervir de alguma maneira, seja militarmente ou através de sanções econômicas e políticas. Normalmente, ele trata a questão "esta nação é digna de respeito como um membro da Sociedade dos Povos?" como se fosse equivalente à questão, "devemos nos abster de intervir naquela nação com a finalidade de

---

[29] Ver, de novo, Agarwal (1994).

procurar a implementação de nossos próprios padrões morais?". De fato, é em grande parte porque, por razões kantianas, ele acredita que a intervenção nos negócios soberanos de outra república é moralmente problemática, que está ansioso por concluir que podemos respeitar as nações hierárquicas como membros respeitáveis da Sociedade dos Povos.

Mas é claro que essas duas questões não precisam estar ligadas dessa maneira. Podemos crer que os padrões morais de dada nação são deficientes, e que podemos justificar a aplicação a essas nações de um cardápio mais amplo de direitos e liberdades básicas do que o reconhecido até agora, e endereçar-lhes, dessa forma, críticas justificadas, sem que concluamos que por isso temos o direito de intervir em seus negócios, seja militarmente, seja através de sanções econômicas ou políticas. Podemos tomar esse caminho desde que acreditemos que existam fundamentos independentes para abstermo-nos de intervir em outras nações sob certas condições, fundamentos que não dependem de nossa crença de que devemos exprimir respeito pelas hierarquias em torno das quais tal sociedade se organizou.

Quais poderiam ser esses fundamentos independentes? Acredito que eles são os próprios fundamentos sugeridos por Kant na *À Paz Perpétua*: uma abominação moral da dominação colonial e uma crença relacionada de que devemos respeitar a soberania de qualquer nação organizada de forma suficientemente responsável, caso, ou não, suas instituições sejam plenamente justas. O reconhecimento da importância moral do Estado como expressão da autonomia humana já é uma característica predominante da discussão de Grotius acerca da intervenção humanitária em *De Iure Belli ac Pacis* (*Sobre o direito de guerra e paz*): ao formar Estados soberanos e estabelecer suas leis, os seres humanos afirmam sua autonomia moral[30]. Porque respeitamos os cidadãos de uma nação, e porque acreditamos que a nação, se em muitos aspectos imperfeita, está ainda acima de certo limite de inclusão e responsabilidade, devemos abster-nos de intervir militarmente nos assuntos dessa nação, e negociar com seu governo devidamente eleito como legítimo.

Esse reconhecimento de uma distinção importante entre justificação e implementação é típico do movimento moderno dos direitos humanos, que usa a persuasão na maioria dos casos, e somente em um número muito restrito de casos encoraja o uso da força. Os Estados Unidos recebe críticas internacionais severas por sua legitimação da penalidade de morte, mas não há nenhuma campanha generalizada a favor da intervenção militar ou econômica contra os Estados Unidos por causa disso. Mas casos de genocídio, tortura e outras violações graves dos direitos humanos despertam sim a discussão sobre a intervenção militar ou sanções econômicas (como foi, por exemplo, no caso do *apartheid* na África do Sul).

Qual é a razão dessa deferência pelo Estado, se acreditamos que podemos justificar certos princípios morais como obrigatórios para todos? Pode, é claro, haver argumentos prudenciais fortes contra o estímulo à intervenção humanitária generalizada. Tais intervenções podem desestabilizar o mundo; além disso, os Estados mais poderosos tendem a aproveitar qualquer prática robusta de intervenção moralista como desculpa para tiranizar o

---

[30] Ver meu tratamento de Grotius em Nussbaum (no prelo). Assim expressa, a visão se parece com uma doutrina abrangente, e Grotius não distingue entre autonomia política e moral, como eu (com Rawls) gostaria de fazer. Assim, minha versão do argumento grotiano diria, em vez disso, que ao dar a si mesmos leis, os seres humanos asseguram uma autonomia política que pode ser aceita como importante mesmo por cidadãos que diferem sobre o valor de uma autonomia moral abrangente.

mais fraco. Kant já apontava que a dominação colonial em seu tempo agia por trás da máscara de aperfeiçoamento moral.

Mas as reflexões de Grotius sobre a soberania nacional sugerem um argumento mais profundo contra a intervenção generalizada, o qual deriva da dignidade do ser humano individual. A habilidade de reunir-se com outros para determinarmos as leis de todos é um aspecto fundamental da liberdade humana. Ser autônomo nesse sentido não é um assunto trivial, mas faz parte da perspectiva de viver uma vida humana plena. Nos nossos dias, como na época de Grotius, a unidade fundamental através da qual as pessoas exercitam esse aspecto fundamental da liberdade humana é o Estado-nação; este continua sendo a maior e mais alicerçadora unidade de que ainda se pode esperar uma responsabilidade decente pelas pessoas que vivem nela. Agências internacionais e instituições como as Nações Unidas simplesmente não são (ou ainda não) responsáveis dessa maneira; mesmo a União Europeia como atualmente constituída levanta sérias dúvidas sobre responsabilidade. Nem os exercícios locais de autonomia da cidade, vilarejo ou mesmo estado são suficientes, pelas razões dadas por Rawls: a "estrutura básica" do Estado-nação influencia de modo penetrante as chances de vida das pessoas, e desde o começo. Assim, o Estado-nação e sua estrutura básica são, como Grotius já argumentou, um lugar-chave para o exercício pelas pessoas de suas liberdades.

Esse argumento diz respeito ao Estado e às instituições que formam sua estrutura básica. É um argumento sobre as leis e as instituições. Não tem nada que ver com a questão obscura dos "povos" com "simpatias comuns," uma noção que eu já havia criticado como não muito útil no contexto de nossas questões. Esse argumento é tanto aplicável à Índia, heterogênea e poliglota, quanto a Bangladesh, bem menor e pelo menos um pouco mais homogênea.

Seguindo Grotius e Kant, estamos trabalhando o nosso caminho em direção ao que a abordagem contratualista foi incapaz de fornecer: um argumento *moral e político* para a importância da soberania nacional. Rawls começa simplesmente de um Estado (deixemos de lado, por um momento, seu desvio com o conceito de um "povo"). No mundo de hoje, entretanto, não podemos assumir um Estado como dado (se é que alguma vez o fizemos), já que a soberania nacional é ameaçada por todos os lados, e, acima de tudo, pela influência de corporações multinacionais e da estrutura econômica global. Rawls não pode nos dar nenhum *insight* sobre por que podemos nos importar com a soberania do Estado ou tentar sustentá-la contra os seus competidores; nosso argumento grotiano nos dá pelo menos o gérmen de tal *insight*.

Consideremos, à luz desse argumento, o caso de uma nação que falhe, por exemplo, em oferecer às mulheres direitos iguais à propriedade. (A Índia é um exemplo deste tipo de nação.)[31] Na medida em que tal nação se situe acima de certo limite em termos da legitimidade democrática, não seria certo intervir de forma coercitiva, não importa o quanto se deplorem as desigualdades das mulheres sob a constituição desse Estado. Essas condições mínimas seriam mais modestas do que as requeridas para se ser uma sociedade plena e igualmente respeitada como justa na Sociedade dos Povos. A maioria das nações no mundo, hoje, são injustas em um ou mais aspectos, e a comunidade internacional

---

[31] Ver Agarwal (1994). As leis variam de estado para estado e de religião para religião. A lei de propriedade cristã (que atribui às filhas um quarto do que é atribuído aos filhos) foi declarada inaplicável às mulheres cristãs de Kerala; mas em muitos estados a lei da propriedade hindu ainda contém grandes desigualdades, dando às mulheres uma parte menor e em alguns casos vinculando a propriedade a consórcios familiares de tal maneira que uma mulher que deixa sua família não pode retirar e controlar separadamente sua parte. Um trabalho subsequente de Agarwal mostrou uma estreita correlação entre propriedade de terra e a habilidade de resistir à violência doméstica: assim, esse é um assunto importante para mais de uma capacidade.

tem razão em assinalar essas injustiças e confrontá-las com padrões de plena igualdade e dignidade que se podem recomendar como aplicáveis a elas. Mas não seria certo impor-lhes sanções econômicas, muito menos uma intervenção militar, ainda que elas passem em um teste muito mais fraco de responsabilidade, um teste em que os Estados Unidos e a Índia de hoje, por exemplo, passariam, apesar de ambos estarem bem abaixo dos padrões de proteção plena dos direitos humanos que possamos justificar e recomendar apropriadamente. O caso da África do Sul sob o regime do *apartheid* era diferente: uma grande maioria da população era completamente excluída da governança. A Índia adquiriu um *status* problemático depois do genocídio e estupros em massa em Gujarat, em março de 2002, e antes da derrota eleitoral da direita hindu em maio de 2004[32]. Gujarat se configuraria como um caso claro de intervenção humanitária, ainda que tivessem sido levados em consideração critérios os mais restritos e os mais tradicionais de intervenção humanitária. O argumento contra a intervenção nesse caso foi em parte prudencial: a intervenção teria certamente criado muito mais problemas do que os teria solucionado, e hoje sabemos, em retrospecto, que os processos eleitorais internos funcionaram muito bem. Mas existe um outro argumento a ser feito com base em uma ideia de autonomia do cidadão: na medida em que os processos democráticos na Índia foram, e continuam sendo, saudáveis, devemos preferir lhes permitir tomar o seu curso, por respeito a esses processos em si e por respeito aos cidadãos neles envolvidos, na esperança de que ao longo do tempo os representantes legitimamente eleitos e os tribunais legitimamente estabelecidos castigarão aos culpados e impedirão novos abusos, tal como parece estar ocorrendo na sequência das

---

[32] Ver Nussbaum (2003c).

eleições de maio de 2004. Em um caso como esse, é adequado limitar a intervenção a esforços diplomáticos e persuasão pública – apesar de ter podido haver um pouco mais de ambos.

Qual é o nível mínimo da legitimidade? Uma submissão razoável do governo a seu povo: e aqui a concepção de Rawls sobre "hierarquia consultiva razoável" pode oferecer uma boa orientação. Devemos notar, entretanto, que o caso das mulheres é extremamente difícil nesse aspecto. Se na África do Sul o *apartheid* reuniu os critérios para intervenção, há muitos casos desses no mundo com relação às mulheres. Muitas vezes não lhes são garantidos direitos iguais de voto, e, algumas vezes, até, não possuem simplesmente nenhum direito a voto e seus direitos à propriedade são desiguais. Tais violações dos direitos humanos seriam suficientes para justificar sanções econômicas? Em termos morais há boas razões para dizer que sim, e é chocante que se escute tão pouco sobre isso no debate internacional[33]. A discriminação brutal e opressiva com base no sexo é, muitas vezes, considerada expressão legítima de diferença cultural. É claro que podemos justificar as mesmas normas para todas as nações, mas a exclusão completa ou virtualmente completa das mulheres do processo político faz surgir, igualmente, um caso moral para sanções econômicas ou alguma outra forma de coerção. Os argumentos contra tais procedimentos serão primariamente prudenciais.

Alguém poderia perguntar se realmente mostramos respeito por um Estado e seu povo quando o criticamos e afirmamos que violou normas morais importantes, justificadas para todos. É importante abordar essa questão salientando desde o começo que nenhum Estado é completamente justo. Todos encerram impor-

---

[33] Catharine MacKinnon desenvolveu ideias similares muito convincentemente em "Women's 9/11", uma Conferência Dewey pronunciada em outubro de 2004 na Faculdade de Direito da Universidade de Chicago.

tantes violações de princípios morais. Sem dúvida não é sinal de respeito por outra nação quando os representantes do Estado ou cidadãos engajados criticam somente a outra nação e deixam de criticar a sua própria. Por exemplo, se os Estados Unidos continuam a bater na tecla das violações dos direitos humanos no exterior e deixam de reconhecer o fato de que sua própria postura com relação à pena capital é inaceitável para a comunidade internacional, e que sua situação com relação aos direitos sociais e econômicos está bem atrás do das maiorias das nações desenvolvidas, essa conduta parece ser desrespeitosa. Por outro lado, é perfeitamente possível expressar críticas no contexto de um reconhecimento das próprias falhas na hora de viver de acordo com os princípios da justiça.

O que devemos fazer quando há uma lacuna entre o que podemos justificar moralmente para todos e o que temos o direito de implementar moralmente? Uma coisa óbvia que podemos e devemos fazer é elaborar nossos tratados internacionais de modo que protejam aqueles direitos humanos que acreditamos poder justificar e, então, trabalhar para conseguir que as nações do mundo os adotem e implementem. Além disso, parece-me que as nações têm, muitas vezes, o direito de oferecer ajuda de modo a reforçar as causas que acreditam ser importantes. Assim, seria legítimo para os Estados Unidos direcionar a ajuda para a educação, assistência médica e a autonomia das mulheres pobres, como fez Clinton na Índia, e tentar assegurar que a ajuda seja usada para essas coisas e não para construir mais bombas nucleares ou para "hinduizar" os livros escolares[34]. Também seria legítimo usar

---

[34] Um dos pilares da política governamental sob o governo BJP [Bharatiya Jamata Party] foi a revisão dos livros didáticos para colocá-los em linha com a visão da história e da cultura sustentadas pela direita hindu; o ministro da educação, Murli Manahar Joshi, foi um dos veementes partidários de uma visão supremacista hindu da sociedade. Essa política lastimável está sendo revertida pelo novo governo.

a diplomacia para chamar a atenção para essas questões, como quando Clinton usou a ocasião de sua visita à Índia para citar a situação das mulheres pobres das áreas rurais que lutavam por crédito e direitos à propriedade. No caso da Índia, a legitimidade desse modo de proceder é incontestável, dado que a luta pela autonomia e igualdade feminina é uma parte profunda da própria tradição constitucional indiana. Na medida, porém, em que uma nação falha em endossar pública e constitucionalmente tais objetivos, teríamos razão em proceder de modo mais cauteloso, mas provavelmente ainda teríamos o direito de concentrar a ajuda em projetos que nos parecessem moralmente bons. E, é claro, os indivíduos são sempre livres para concentrar sua ajuda em projetos que os favoreçam pessoalmente[35].

Nesse ponto, Rawls poderia dizer que admito seu ponto de vista básico: que devemos tratar as nações como membros decentes e respeitáveis da Sociedade dos Povos mesmo que façam uma exibição bem mais fraca de liberdade e igualdade liberal do que esperaríamos de uma sociedade liberal. E, de fato, Rawls e eu convergimos, em alguns aspectos, em um conjunto de princípios práticos. Por acaso eu não estaria cedendo em nos abster de imposições por respeito a um povo e suas tradições?

Não, não estou. Antes de mais nada, minha teoria não possui nenhum uso para o conceito de um povo. Estou mostrando que devemos respeitar o Estado, isto é, as instituições da estrutura básica da sociedade que dado grupo de pessoas aceitou e pelas quais se responsabiliza. O Estado é visto como moralmente importante porque é uma expressão da escolha e autonomia humanas; e, é claro, é o Estado, e não o "povo", que representa os desejos dos seres humanos de viver sob as leis feitas por eles e para eles. Não faz

---

[35] Sobre esses assuntos, ver, além disso, Nussbaum (2001b).

nenhuma diferença ao meu argumento que os habitantes do Estado possam ser chamados para constituir um povo no sentido de Rawls, isto é, compartilhando tradições e uma concepção de bem relativamente extensa. Meu argumento tampouco requer que relaxemos de alguma forma os julgamentos morais que fazemos sobre os erros das ações de outra nação, como o argumento de Rawls claramente faz. Não se baseia em nenhum reconhecimento do direito de grupos, como o de Rawls parece fazer, e continua a sustentar que a pessoa é o sujeito básico da teoria da justiça. Simplesmente reconhece o laço fundamental entre os cidadãos e a estrutura básica do Estado, que é a deles, e mostra respeito por esse laço, como um modo de respeitar as pessoas. Posto de modo mais simples, é um argumento sobre implementação, não justificação, e nele insisto que há uma distinção básica entre esses dois assuntos.

v. Avaliação do contrato em dois níveis

Nosso exame detalhado do contrato em dois níveis de Rawls nos colocou em condições de avaliar, de modo geral, as perspectivas e os defeitos de uma estrutura contratual desse tipo. A abordagem de Rawls tem sérias dificuldades em responder aos problemas de justiça global. Partindo do Estado-nação como sua unidade básica, falha em tomar conhecimento da ordem econômica global e das desvantagens que ela impõe às nações pobres. Supõe que as nações possam resolver seus problemas só com poupança e bom caráter, como se não houvesse obstáculos estruturais transnacionais ao seu progresso. O pressuposto do caráter fixo e completo da estrutura básica interna impede uma consideração séria sobre a redistribuição econômica fora das fronteiras nacionais, e também exclui dos tratados e acordos internacionais o papel de estimular a mudança política interna. Tampouco o contrato em dois níveis pode sequer oferecer uma explicação atraente de por que deveríamos dar à soberania nacional alguma relevância moral; simplesmente a toma como um pressuposto.

A analogia de Rawls entre pessoas e Estados, sustentada em seu princípio de tolerância de segundo nível, tampouco mostra respeito suficiente pelos grupos desfavorecidos dentro de cada nação. Seu argumento da tolerância justifica sistemas que violam muitos dos direitos humanos reconhecidos atualmente pela ordem internacional como plenamente justos e igualitários. Não oferece nenhum argumento convincente sobre o motivo pelo qual não poderíamos justificar um conjunto mais rico e mais profundo de normas válidas para todas as pessoas do mundo, e que tomasse a pessoa como sujeito básico da justiça[36]. A entrada em cena dos direitos humanos representa na teoria um distanciamento da abordagem contratualista em direção a uma abordagem orientada para o resultado.

De modo ainda mais fundamental: a abordagem contratualista, baseada como é na ideia de vantagem mútua, requer que todas as partes acreditem que têm algo a ganhar ao distanciarem-se do estado de natureza e entrarem no contrato. Elas precisam ser aproximadamente iguais, de acordo com as circunstâncias de justiça humianas (supondo que Rawls continue aceitando essa exigência): ninguém pode dominar a todos os demais, e ninguém pode ser tão incapaz de modo a ser uma carga para o projeto cooperativo. Essa não é a situação do mundo. A tentativa de Rawls de resolver esse problema excluindo as "sociedades sobrecarregadas" do contrato supõe, uma vez mais, um distanciamento da abor-

---

[36] Rawls nunca chega a dizer claramente que um conjunto mais pleno de normas não possa ser justificado, mas dá a entender que é sim por essa razão que deveríamos nos concentrar não no conjunto da Declaração Universal, mas somente em apenas alguns poucos direitos urgentes.

dagem contratualista, pois permite às partes, na formulação do contrato, o uso de informação empírica sobre as desigualdades globais. Além disso, mesmo essa exclusão é insuficiente: pois as desigualdades existentes *entre* Estados democráticos liberais são extremamente graves, com alguns PIB *per capita* aproximadamente 34 vezes maior que os outros. Assim, o problema não é resolvido – a não ser que simplesmente decidamos por decreto que a África do Sul, Bangladesh, Índia e outros não são membros respeitáveis de uma Sociedade dos Povos e, assim, não participam do contrato. Mas por que deveríamos dizer isso? Não nos foi oferecida nenhuma boa razão para excluí-los. Até mesmo a suposição de que haveria um problema em incluí-los expõe a crença contratualista na vantagem mútua como o cimento do grupo contratante.

vi. O contrato global: Beitz e Pogge

Um uso bem mais interessante da abordagem contratualista é feito por Charles Beitz e Thomas Pogge[37]. Para ambos os autores, o modo correto de usar os *insights* rawlsianos na construção artesanal de uma teoria de justiça global é pensar na posição original aplicada diretamente ao mundo como um todo. Segundo o *insight* central dessa estratégia, a nacionalidade é equiparável à classe, família, raça e sexo, ou seja, um fato contingente que não deveria ser capaz de deformar a vida de ninguém[38]. As oportunidades básicas na vida das pessoas não deveriam ser violadas por hierarquias injustas, sejam elas baseadas em raça, sexo, classe ou no nascimento em determinado país.

Pogge e Beitz argumentam de modo convincente que a única maneira de respeitar suficientemente o indivíduo como sujeito da justiça, dentro do esquema rawlsiano, consiste em imaginar

---

[37] Beitz (1979); Pogge (1989).
[38] Pogge (1989), p. 247.

que o sistema global completo está indefinido, e que as partes estabelecem o contrato como indivíduos para criar uma estrutura global justa. Ambos argumentam, de maneiras diferentes, que a estrutura resultante será aquela que otimize a posição dos menos favorecidos. Para Beitz, os recursos naturais não serão mais vistos como a propriedade do país em cujo território estão. Em vez disso, um princípio de redistribuição global será criado para governar os direitos sobre esses recursos. Para Beitz, os recursos naturais são como os talentos naturais, e ele interpreta que Rawls sustentou que os indivíduos não possuem direitos de propriedade sobre seus talentos naturais (pp. 136-142). Pogge observa, corretamente, que a visão de Rawls é ligeiramente diferente: os indivíduos podem manter e usar seus talentos naturais, mas não possuem um direito irrestrito ao lucro derivado desses talentos. O sistema completo irá assegurar que as vantagens derivadas desses talentos sejam usadas de modo a otimizar a posição dos menos favorecidos.

Afora isso, a perspectiva de Pogge (que ele chama de "somente uma especulação ilustrativa"; p. 273) prevê um acordo inicial global sobre a lista dos direitos humanos, que irá, ao longo do tempo, tornar-se mais robusta até incluir um sistema de regulações econômicas globais. A lista dos direitos humanos é consideravelmente maior do que a defendida por Rawls: ela inclui toda a Declaração Universal, mais um direito efetivo à emigração (p. 272). Os recursos naturais também estão sujeitos à redistribuição. Pogge não exige que todos os países satisfaçam internamente o princípio da diferença de Rawls, conquanto promovam a otimização da situação das pessoas menos favorecidas do mundo.

A proposta de Pogge-Beitz representa um grande avanço em relação ao contrato em dois níveis. O véu da ignorância global é um modo inteligente de capturar a ideia de que uma ordem global justa não será baseada em hierarquias de poder existentes, mas terá de ser justa para todos os seres humanos, que são sempre iguais do ponto de vista moral. A proposta também incorpora uma ideia atraente de liberdade humana, na medida em que descreve todas as partes como eleitoras iguais da ordem global resultante.

Uma dificuldade significativa dessas propostas é sua natureza vaga e especulativa. Não nos é dito em detalhe como a formulação de uma posição original global vai funcionar. Por exemplo: que tipos de informação geral as partes terão ou não terão? Obviamente não se supõe que saibam qual é o seu próprio país; mas se a ideia de Rawls é seguida com exatidão literal, elas também não deveriam saber qual era o seu século, e isso significa que não deveriam saber se seu mundo tem ou não tecnologia, se contém Estados-nações ou não, se contém corporações multinacionais e acordos de comércio global ou não. Mas isso é muita imprecisão. Se você não sabe que uma corporação multinacional existe, você provavelmente não a imaginará como parte de uma estrutura ideal de justiça global; mas, então, você não terá nada útil a dizer sobre como controlar tais entidades, como relacioná-las aos Estados-nações e como assegurar que levarão em consideração alguns compromissos morais importantes no trato com os outros. Se você ignora a existência da internet, não será fácil imaginá-la; mas, então, não será capaz de tratar das desigualdades criadas pelo acesso diferenciado a ela. E assim por diante.

Em resumo, o mundo em que vivemos exibe configurações mutáveis de poder no próprio nível da estrutura básica; mesmo há um século teria sido difícil predizer como seriam essas estruturas. As novas estruturas governam as chances de vida das pessoas de modo decisivo e desde o começo. Contar com tanta ignorância é transformar o projeto em utopia em um sentido ruim e irreal; isso assegura que os problemas urgentes de justiça serão ignorados. Mas se queremos que fatos sociais gerais como esses devam ser conhecidos pelas partes, então precisamos de uma concepção que especifique o que elas sabem e o que não sabem.

Outra imprecisão infeliz diz respeito ao papel do Estado-nação. Pogge e Beitz se propõem a questionar o caráter final e fechado das estruturas domésticas do Estado. Mas não nos dizem até onde querem realmente ir. Não estaríamos nos distanciando demais dos acontecimentos correntes de tal forma que o próprio conceito de Estado terá de ser reinventado, e posicionado contra outras opções para organizar a vida das pessoas? Mas é difícil organizar as vidas humanas em um completo *vacum*. Como poderemos dizer se o Estado é ou não uma boa estrutura sem primeiro avaliar sua relação com outros aspectos da vida, tais como o comércio, o fluxo de informação, a presença de agências internacionais e acordos? As justificativas morais que glorificam o Estado como expressão importante de autonomia humana não surgem em um *vacuum*. Além disso, parece um exercício vazio querer justificar o Estado, a não ser, e até que tenhamos uma compreensão de quais são as forças reais que podem solapá-lo ou providenciar alternativas a ele. Sem esse conhecimento não podemos escolher bem. Se as partes possuem esse conhecimento histórico a sua disposição, Pogge precisa ser explícito a respeito desse distanciamento da teoria de Rawls.

Finalmente, precisamos saber mais sobre quais bens primários imagina-se que as partes estejam buscando. Pogge se descreve como seguindo Rawls de perto, e no entanto acredita que suas partes concordaram com uma longa lista de direitos humanos, que vai bem além da lista rawlsiana de bens primários e, também, bem além da lista limitada de direitos reconhecida em *DP*. Seguindo a Declaração Universal dos Direitos Humanos, e diferente tanto do Rawls de *TJ* quanto do Rawls de *DP*, Pogge coloca as esferas da liberdade e econômica muito próximas uma da outra, mediante a justificativa de que a maioria das liberdades tem um aspecto material. E assim como a Declaração Universal, Pogge parece medir as posições sociais relativas pelo preenchimento dos direitos, em vez de por renda e riqueza. Uma vez mais, Pogge precisa nos dizer o quão ele realmente pretende distanciar-se da concepção de Rawls. Se seus bens primários são os direitos humanos, entendidos de um modo que associa liberdade com seus fundamentos materiais, então sua visão irá convergir substancialmente com o enfoque das capacidades de uma maneira que parece distanciá-la da própria visão de Rawls.

Todas essas questões precisam ser respondidas, mas, para responder de modo adequado, provavelmente será necessário o distanciamento da estrutura rawlsiana no terreno da informação e na concepção dos bens primários. Nesse ponto, entretanto, chegamos à dificuldade mais séria da proposta de Pogge-Beitz: do que se trata o contrato? O contrato social rawlsiano tem lugar nas circunstâncias de justiça humianas, e é um contrato para vantagem mútua. Pogge centraliza-se na exigência de equidade construída pelo véu da ignorância de Rawls e simplesmente não faz menção ao endosso de Rawls às circunstâncias da justiça humianas como ponto de partida do contrato. Como Rawls insiste, a exigência de igualdade entre as partes é o seu análogo ao estado de natureza na doutrina do contrato social clássico, o que significa que Pogge também parece ter omitido o estado de natureza. Pogge não nos diz claramente que está se afastando dessa tradição: por exemplo, não endossa o contratualismo puramente kantiano de Scanlon ou a sua versão política de Barry. Foca em Rawls, e aparentemente recusa-se a modificar a teoria de Rawls na direção de um puro contratualismo kantiano do tipo de Barry/Scanlon[39]. Claramente mantém o véu da ignorância de Rawls e a igualdade moral que ela impõe. Mas é como se ele simplesmente não se posicionasse sobre a questão da igualdade aproximada e as circunstâncias da justiça humianas, apesar de esse assunto ser crucial para a interpretação de sua teoria.

Já vimos que quando o contrato é encarado como tendo lugar entre países, não pode ser disposto na forma padrão do contrato social, a não ser que omitamos não somente os Estados não liberais, mas também quase todo mundo, com exceção do G8. Se imaginarmos o contrato ocorrendo entre pessoas individuais, as coisas são de fato diferentes: pois as pessoas individuais do mundo são pelo menos moralmente iguais, e de alguma maneira elas – pelo menos todas aquelas que não são deficientes – são aproximadamente iguais em produtividade econômica básica e chances de vida, antes que as contingências da vida comecem a afetá-las. Mas quando isso se dá? Certamente não em qualquer época depois do nascimento, pois cada criança nasce em um mundo que começa a afetar suas chances de vida direta e dramaticamente através de nutrição diferenciada, estímulo cognitivo diferenciado, exposição diferenciada a carinho ou violência e assim por diante. Como vimos, a expectativa de vida ao nascer nas nações mais pobres é menos da metade do que nas nações ricas; esses números totais derivam de todos os tipos de diferenças no nível das vidas individuais.

Os indivíduos são iguais nas chances de vida antes do nascimento? Certamente não. Qualquer que seja a concepção que te-

---

[39] Existem aqui alguns problemas de cronologia, mas Scanlon trabalhou em sua teoria por muitos anos antes da publicação de seu livro, e publicou partes cruciais dele em forma de artigos; por outro lado, Pogge poderia ter feito um movimento nessa direção de modo independente, anunciando, por exemplo, que estava mantendo o elemento kantiano da teoria de Rawls, mas rejeitando seu componente de contrato social e sua lealdade às circunstâncias da justiça de Hume.

nhamos do feto, devemos reconhecer que na época em que um ser humano nasce, diferenças na nutrição materna, assistência médica, integridade física e bem-estar emocional, sem mencionar a possibilidade da presenção do vírus HIV, já afetaram suas chances de vida. Hoje, a transmissão pré-natal de HIV afeta um número espantoso de pessoas na África. Por essa razão, nem mesmo a chance de nascer é assunto sobre o qual haja igualdade aproximada: o aumento alarmante de abortos seletivos em função do sexo em muitos países em desenvolvimento (e alguns desenvolvidos) significa que as meninas concebidas em algumas partes do mundo possuem chances de vida extremamente desiguais em relação aos meninos nessa mesma parte do mundo, e às meninas e meninos em outras partes do mundo[40].

Desafortunadamente, então, as desigualdades entre nações que fazem que o contrato em dois níveis exclua algumas nações a fim de adaptar-se às circunstâncias da justiça humianas, são traduzidas em desigualdades entre pessoas com relação às chances básicas de vida. Não há nenhum momento na vida de um ser humano, ou mesmo de um ser humano em potencial, em que não existam tais desigualdades.

Pogge e Beitz abominam que haja tais desigualdades nas oportunidades básicas de vida das pessoas. Confrontá-las fornecendo-nos uma justificativa filosófica para um compromisso ambicioso com a redistribuição global, é ponto principal de seus projetos. Mas esse compromisso não é facilmente conciliável com o esquema rawlsiano, ainda que utilizem uma versão não rawlsiana melhorada deste. Está tudo muito bem em se afirmar que a posição original deveria ser aplicada no nível global; essa ideia realça algumas questões importantes de equidade. Mas, uma vez que nos aprofundamos nisso, descobrimos que o contrato global

---

[40] Ver Drèze e Sen (2002), pp. 257-262.

que eles propõem requer um distanciamento de maior proporção do esquema rawlsiano. Pois requer abandonar a concepção das circunstâncias da justiça humianas como preparatórias do cenário para o contrato, e incluir, desde o começo, todos que os estão atualmente em situação desigual de poder. Acima de tudo, requer admitir desde o começo que a questão central do contrato não é, e nem poderia ser, a vantagem mútua entre pessoas "aproximadamente iguais". Deve ser solidariedade e respeito humanos, em um sentido mais amplo.

Talvez não seja nenhuma surpresa que à luz desses problemas Pogge tenha, em trabalho recente, se orientado a uma abordagem completa dos direitos humanos, muito próxima do enfoque das capacidades que defenderei, e distante do procedimentalismo rawlsiano[41].

vii. Perspectivas para um contratualismo internacional

No domínio internacional, o contratualismo de tipo kantiano tem muitos atrativos. Para começar, é uma abordagem ética normativa das relações internacionais. Enquanto tal, é superior às abordagens hobbesianas/realistas que consideram o espaço entre as nações destituído de exigência moral obrigatória, um espaço onde elas podem perseguir, sem limites, interesses de poder e segurança[42]. Tais abordagens dominaram a esfera internacional nos anos recentes, assim como aparentemente dominaram na época antes de Grotius, e levaram a uma degradação das relações internacionais. Entre as abordagens éticas que temos à nossa disposição, o contratualismo parece ser bastante superior ao utilitarismo

---

[41] Pogge (2002).
[42] A própria abordagem de Hobbes, entretanto, é mais complexa, uma vez que reconhece pelo menos algum papel para justiça e obrigação moral no estado de natureza, ainda que também sustente que essas preocupações serão impotentes: ver capítulo 1.

econômico, pois é uma abordagem que leva a sério a igualdade de toda e qualquer vida humana respeitante à dignidade, de uma maneira que o utilitarismo, comprometido como está com a agregação, não faz plenamente. E também leva a sério a ideia de que preferência e desejo podem ser deformados por condições de contexto injustas; assim ela não tenta construir a explicação política da justiça básica confiando simplesmente nas preferências das pessoas. Em todos esses sentidos, o contratualismo coincide com o enfoque que finalmente vou defender.

Além disso, a ideia central do contratualismo, a de estabelecer termos justos para a cooperação, é poderosa e necessária, capturada elegantemente através do instrumento procedimental da posição original. No cenário mundial, ainda mais do que na esfera nacional de cada país, é imensamente válido e clarificador insistir que queremos que os princípios básicos que governam as oportunidades de vida das pessoas sejam justos com todos, e escolhidos de tal maneira que ninguém poderia razoavelmente rejeitá-los. Essas ideias também desempenharão um papel em minha abordagem normativa.

As dificuldades mais graves com o contratualismo ocorrem, mais uma vez, a partir dos elementos que separei como problemáticos desde o começo: o comprometimento com uma igualdade aproximada de poder ao formular a situação contratual inicial e o comprometimento associado com a vantagem mútua como o objetivo do contrato. Um contratualismo pode desistir do compromisso com a vantagem mútua, junto com toda a ideia de estado de natureza? Não, a não ser que haja outra explicação sobre os propósitos da cooperação social, e outra história sobre quais bens se imagina que as partes estejam perseguindo. Uma vez mais, devemos dizer que um contratualista da linha scanloniana, equipado com uma teoria política adequada dos bens primários, pode continuar tendo uma tarefa filosófica importante, e permanecer como uma das alternativas importantes a uma teoria baseada nos direitos do tipo que irei oferecer. Haverá grandes convergências entre tal abordagem e a minha, porque tal abordagem necessitará de uma explicação do bem, e a minha precisa de um papel para a aceitabilidade racional em sua explicação de um possível consenso sobreposto no domínio internacional.

Pode uma abordagem contratualista superar também a nova dificuldade que a teoria de Rawls encontra na esfera global, a saber: seu comprometimento com o caráter fixo e completo da estrutura básica interna? Mais uma vez, não vejo razão por que não possa, desde que esteja preparada para desfazer-se da ideia clássica de que os princípios são escolhidos em um estado de natureza, a qual lembra fortemente a doutrina clássica de que as partes estão escolhendo princípios para algum tipo de Estado. Existem fortes razões por que nenhuma das abordagens contratualistas atualmente em oferta seja receptiva às configurações mutáveis e centros de poder do mundo de hoje, que incluem, além dos Estados, as corporações multinacionais e as agências internacionais, em suas reflexões sobre a justiça básica. Mas um tipo scanloniano de contratualismo poderia, provavelmente, incluir essas entidades e também poderia considerar que as estruturas internas básicas seriam modificáveis por acordos internacionais.

Dito à maneira de Scanlon, então, a ideia de termos justos de cooperação (que não podem ser razoavelmente recusados) é um modo intuitivo poderoso de capturar a ideia de que os seres humanos são moralmente iguais, a despeito de suas diferentes circunstâncias em um mundo desigual. Essa é uma ideia importante para a discussão da justiça global. Mas será de pouca ajuda para o pensamento político sem uma explicação política do bem, em particular, uma explicação que especifique os direitos básicos de todos os seres humanos. O enfoque das capacidades começa com tal explicação.

CAPÍTULO 5

AS CAPACIDADES ALÉM DAS FRONTEIRAS NACIONAIS

> *Mas entre os traços característicos do ser humano está um desejo irrefreável por companhia, isto é, por uma vida em comum, não qualquer tipo de vida, mas uma vida pacífica e organizada de acordo com a medida de sua inteligência, junto a seus congêneres (...) Proclamada como uma verdade universal, a afirmação de que todo animal é impelido pela natureza a procurar somente o seu próprio bem não pode ser aceita.*
>
> – Hugo Grotius, *O direito da guerra e da paz*

i. Cooperação social: a prioridade dos direitos

Vivemos em um mundo em que simplesmente não é verdade que cooperar com os outros em termos justos seja vantajoso para todos. Garantir a todos os seres humanos as oportunidades básicas que apresentamos aqui exigirá certamente sacrifícios dos indivíduos e das nações mais ricas. Dessa forma, a teoria do contrato social clássica, inclusive a sua versão moralizada kantiana, não é suficiente para estabelecer uma forma inclusiva de cooperação social que trate todos os seres humanos com igual respeito. Mas não devemos deixar que os defeitos dessa concepção nos desanimem. Antes de a doutrina do contrato social ter sido inventada tínhamos e utilizávamos ideias mais ricas e inclusivas de cooperação humana. Temos à nossa disposição uma concepção política do ser humano que remonta pelo menos a Aristóteles, e que foi desenvolvida, no contexto internacional, por Cícero e pelos estoicos romanos, segundo a qual o ser humano é capaz de raciocínio ético, e também quer, e precisa, viver com outros. Essas duas características, raciocínio ético e sociabilidade, estão combinadas na ideia grotiana de que somos seres que possuímos um bem em comum e que perseguimos uma "vida em comum (...) organizada de acordo com a medida de [nossa] inteligência".

Essa inteligência é uma inteligência moral. Os três dados centrais sobre os seres humanos que essa inteligência moral apreende são: a dignidade do ser humano como um ser ético, uma dignidade plenamente igual não importa onde os seres humanos se encontrem; a sociabilidade humana, de acordo com a qual parte de uma vida com dignidade humana significa uma vida em comum com outros, organizada de tal forma que respeite aquela igualdade de dignidade; e os múltiplos fatos da necessidade humana, que indicam que essa vida comum deve fazer alguma coisa por todos nós, satisfazer nossas necessidades até um ponto no qual a dignidade humana não se veja comprometida pela fome, violência ou tratamento desigual na esfera política. Combinando o dado da sociabilidade com os outros dois dados, chegamos à ideia de que uma parte central de nosso próprio bem consiste em que cada um de nós – uma vez que concordemos que queremos viver juntos em termos decentes e respeitosos – deva produzir e habitar um mundo moralmente decente, um mundo no qual todos os seres humanos possuam o que necessitam para terem uma vida de acordo com a dignidade humana.

O enfoque das capacidades é uma abordagem orientada para o resultado que fornece uma explicação parcial da justiça social básica. Em outras palavras, diz que um mundo no qual as pessoas possuem todas as capacidades da lista é minimamente justo e decente. Na esfera doméstica, o enfoque sustenta que um dos propósitos centrais da cooperação social é o de estabelecer princípios e instituições que garantam que todos os seres humanos tenham as capacidades da lista ou, se não for o caso, que possam efetivamente exigi-las. Possui, portanto, um relacionamento estreito com a organização institucional e constitucional.

Como o enfoque deve proceder na esfera internacional? Uma vez mais, temos várias opções. Podemos começar com a determinação de um procedimento justo, como no contratualismo fraco scanloniano que imaginamos no final do capítulo 4; ou podemos começar com os resultados, com os bens básicos a serem alcançados. Sugeri que a teoria de Scanlon necessita afinal de uma teoria política do bem. Por outro lado, a ideia de igualdade de dignidade já coloca um componente quase contratualista em minha teoria baseada no bem, estipulando desde o começo que qualquer distribuição de bens básicos deve mostrar respeito igual por todos. Veremos na seção iv que outra noção contratualista, a ideia de acordo razoável, também terá um papel na nossa teoria, a fim de articular a ideia de um consenso sobreposto no nível internacional. Uma vez feitas essas observações importantes, o enfoque das capacidades começa a partir de uma teoria do bem em termos de uma descrição dos direitos humanos básicos.

Antes que possamos seguir adiante na exposição desse enfoque, há um outro desafio que precisamos enfrentar: afinal é coerente começar com direitos, ou não deveríamos, em vez disso, começar com a ideia de deveres? Um enfoque influente sobre a justiça global, representado mais proeminentemente por Onora

O'Neill (baseando-se em Kant), sustenta que devemos começar com deveres[1]. A reflexão sobre o que pensamos ter o dever de fazer e de não fazer para e pelos seres humanos nos informa sobre o que o beneficiário tem o direito de receber. O outro lado deste debate, representado por Sêneca e Cícero, por Grotius, pelo movimento moderno dos direitos humanos e por pensadores orientados pelos direitos humanos, tais como Henry Shue e Charles Jones[2], argumenta que devemos começar com os direitos. Trata-se de considerar o que as pessoas têm o direito de receber, antes até que se possa dizer sobre quem recaem os deveres correspondentes, e, então, atestar que esses deveres existem e que temos algum tipo de obrigação coletiva de garantir que as pessoas tenham o que merecem. O enfoque das capacidades começa com direitos, tanto na esfera nacional quanto na internacional. Precisamos, então, encarar os argumentos da posição contrária.

Nenhum enfoque verdadeiro é um puro enfoque baseado em deveres, pois não há como dizer a quem devemos algo sem pensar sobre as necessidades dessa pessoa, como o famoso exemplo de Kant da máxima de não generosidade mostrou[3]. O mundo sem generosidade não é um mundo que o agente possa desejar – porque, ao refletir, constata que em tal mundo não teria as coisas de que precisa, e às quais sente que tem direito[4]. De modo similar, o procedimentalismo kantiano de Rawls parte das circunstâncias da justiça, que incluem as necessidades dos seres humanos por bens de vida básicos, e a sua explicação da redistribuição justa

---

[1] O'Neill (1996).
[2] Shue (1996); Jones (1999).
[3] O enfoque baseado no dever de O'Neill faz da mesma forma ao menos referência implícita à necessidade, por exemplo, em sua pressuposição de que a violência e o engano são maus; pois, como Aristóteles disse, tais coisas não seriam más para os deuses, que não teriam necessidade de promessas, contratos etc.
[4] Ver o excelente tratamento deste exemplo em Wood (1999).

baseia-se enormemente na concepção dos "bens primários" que todos os seres humanos necessitam para perseguir seus projetos. Dissemos que o contratualismo scanloniano, que parece preferível ao de Rawls como base para a justiça global, carece, de modo similar, de uma teoria robusta do bem. Os deveres, em resumo, jamais são gerados em um *vacuum*: a ideia de necessidades e de direitos baseados em necessidades sempre aparece para nos informar por que o dever é um dever, e por que ele é importante.

A tradição baseada no dever tampouco é bem-sucedida quando tenta argumentar que uma concepção baseada no dever fornece uma clareza e precisão ao pensamento político que concepções baseadas nos direitos não conseguem. O'Neill afirma que, se começamos com as necessidades das pessoas por comida e proteção, não temos nenhum modo de determinar deveres transnacionais. Se, entretanto, começamos com os deveres kantianos de não agredir, não mentir, não usar os outros como meio, não temos (ela afirma) problema em determinar esses deveres para todo mundo, e todo mundo está em condições de cumpri-los. Essa distinção, entretanto, é menos clara do que parece à primeira vista[5]. Antes de mais nada, toda a tradição ocidental de reflexão sobre a justiça global, começando pelo menos com Cícero, entendeu que o dever de não agredir, e os outros deveres semelhantes, incluem também um dever de defender as pessoas agredidas injustamente. Essa derivação do dever de não agressão impõe exigências pesadas, e é tão difícil de determiná-la para indivíduos e instituições quanto o dever de alimentação. Na verdade, como Shue mostrou, os gastos militares requeridos para proteger as pessoas de agressão, tortura e assim por diante são maiores do que os gastos necessários para alimentar toda a população do mundo.

---

[5] Para um tratamento mais extenso, ver Nussbaum (1999b).

Em segundo lugar, o dever de não usar as pessoas como um meio não pode ser separado plausivelmente do escrutínio crítico da economia global e de seu funcionamento, e, portanto, do exame acerca de uma possível redistribuição global e de outros direitos sociais e econômicos associados. As pessoas não podem ser tratadas como meio ao serem escravizadas, estupradas ou torturadas. Mas elas certamente também são tratadas como meio quando as empresas as colocam para trabalhar em condições abaixo do padrão mínimo a fim de maximizar seu lucro. A ideia de tratar os seres humanos como fim tem ocupado um lugar destacado na reflexão crítica sobre as condições de trabalho pelo menos desde Marx, ou antes, até. A ideia associada de proteger a dignidade humana, como é comum no pensamento constitucional e legal moderno, tem implicações claras para as condições econômicas e de trabalho. Essas preocupações estão no coração da teoria dos direitos no enfoque das capacidades, que remonta suas origens até à concepção do primeiro Marx acerca do verdadeiro funcionamento humano. E elas foram intensificadas pela atual globalização do capitalismo e da cultura da realização de lucro. É claro que muitas pessoas estão sendo usadas como meio, apesar de não estar de todo claro quem tem o dever de evitar isso.

Além disso, a ideia de usar um ser humano como meio, que se encontra no coração da concepção kantiana do dever de O'Neill, dificilmente pode ser clarificada sem um conceito associado de dignidade humana e de tratamento de acordo com esta. Mas esse é um conceito próprio à tradição dos direitos: precisamos ter alguma noção do que significa respeitar a dignidade humana, de qual tratamento a dignidade humana requer do mundo, se queremos ter clareza sobre qual tratamento supõe uma violação dessa dignidade.

Da minha parte diria que, na verdade, no que diz respeito à precisão, a situação se inverteu completamente: podemos dar uma explicação bastante clara e definitiva do que todos os cidadãos do mundo deveriam ter, do que sua dignidade humana lhes dá direito, antes de, e em alguma medida independente de, resolver o difícil problema de determinar deveres – apesar de que, obviamente, deve haver um nível de generalidade em nossa descrição dos direitos até que alcancemos um sentido de como e o que estaríamos em condições de oferecer. A lista das capacidades, derivada do conceito de uma vida de acordo com a dignidade humana, é muito mais fácil de ser formulada e justificada do que qualquer determinação particular dos deveres correspondentes, dada a multiplicidade dos atores institucionais e individuais com os quais nossa teoria deve lidar. Além disso, a necessidade humana é um assunto relativamente estável, e assim há alguma esperança de que possamos dar uma explicação sobre as necessidades humanas básicas que se manterá uma constante razoável ao longo do tempo, apesar de as configurações cambiantes de poder na economia global exigirem que qualquer descrição dos deveres (a não ser que ignore as instituições) tenha de permanecer flexível e sensível ao tempo.

Trata-se, pois, de refletir sobre a dignidade humana e o que ela requer. Minha abordagem faz isso de um modo aristotélico-marxista, pensando sobre os pré-requisitos para uma vida plenamente humana ao invés de sub-humana, uma vida de acordo com a dignidade do ser humano. Incluímos aqui a ideia de sociabilidade e, além disso, a ideia do ser humano como um ser com "rica necessidade humana" na frase de Marx. Insistimos que necessidade e capacidade, racionalidade e animalidade são completamente entrelaçadas, e que a dignidade do ser humano é a necessidade de um ser materialmente necessitado. Além disso, as "capacidades básicas" dos seres humanos são fontes de exigências morais onde quer que as encontremos: elas exercem uma exigência moral de que devem se desenvolver e de que se lhes deve ser fornecida uma vida realizadora e não atrofiada.

Transitando entre as várias áreas da vida humana para as quais o planejamento político faz escolhas que influenciam as vidas das pessoas em um nível básico, defendemos que essa vida plenamente humana requer muitas coisas do mundo: nutrição adequada, educação das faculdades, proteção da integridade física, liberdade de expressão e de prática religiosa – e por aí vai. Em cada caso, um argumento intuitivo deve ser feito segundo o qual uma vida que não possua um nível suficiente de cada um desses direitos é uma vida tão reduzida que não é compatível com a dignidade humana.

Esses argumentos são baseados em um tipo de intuição reflexiva independente, não em preferências existentes. Por exemplo, o argumento de que acesso igual à educação primária e secundária é um direito humano fundamental se baseia na ideia intuitiva de que os seres humanos são deformados e "mutilados" (para usar o termo empregado por Adam Smith quando desenvolveu exatamente este argumento) por não terem a chance de desenvolver suas faculdades através da educação. Não é sondando as pessoas e perguntando sobre suas preferências atuais que chegaremos a essa conclusão, pois as preferências atuais sobre assuntos de educação (especialmente, talvez, as preferências das mulheres) são frequentemente deformadas pela falta de informação, pela intimidação e pela adaptação a uma visão de vida de acordo com a qual os meninos têm direito à educação e as meninas, não. No entanto, como argumentei ao criticar os enfoques baseados no desejo esclarecido em *Women and Human Development*[6], é um bom sinal se esses argumentos convergem com os resultados dos

---

[6] Nussbaum (2000a), capítulo 2.

melhores enfoques baseados no desejo esclarecido, os que acrescentam condições informacionais e éticas. Assim, por exemplo, é um bom sinal se grupos de mulheres, organizados de acordo com procedimentos adequados de informação, não dominação e não intimidação, reivindicam esses direitos; ou se os melhores tribunais constitucionais (tais como os da Índia e da África do Sul), interpretando a ideia de dignidade humana, cada vez mais presente nas constituições do mundo, consideram que tais direitos estão implícitos na ideia de dignidade humana.

Nesse caso, então, todos nós temos direito, baseados na justiça, a um mínimo de cada um dos bens centrais da lista das capacidades. Até aqui tudo está muito claro, embora em um alto nível de abstração e generalidade: a ideia do que os seres humanos precisam para uma vida humana plena está entre as ideias intuitivas mais vívidas que compartilhamos.

Mas se os seres humanos têm tais direitos, então todos nós estamos sob uma obrigação coletiva de prover as pessoas do mundo daquilo que necessitam. Assim, a primeira resposta à pergunta "Quem tem deveres?" é: todos nós temos. Podemos mais tarde achar alguma boa razão para delegar essa obrigação a um subgrupo de seres humanos, mas até aqui nenhuma razão desse tipo foi dada, e imaginamos que todos nós estamos tentando achar um modo decente de vivermos juntos. Até aqui, então, a humanidade está sob a obrigação coletiva de achar maneiras de vivermos juntos e de cooperarmos uns com os outros de modo que todos os seres humanos tenham vidas decentes. Agora, depois de ter deixado isso claro, podemos começar a pensar sobre como realizar isso.

Partimos, portanto, de uma concepção intuitiva que tem grande poder e alcance, inclusive poder intercultural. (Isto significa que o argumento independente pode ser feito em qualquer lugar; não significa que as preferências são as mesmas em todos os lugares, apesar de, como disse, o argumento independente confirmar-se, de certa forma, pela convergência com os tribunais constitucionais, os movimentos dos direitos humanos e assim por diante.) Apesar de nenhuma ideia nessa esfera suscitar consenso universal, a ideia das capacidades pode suscitar um consenso bastante amplo, da mesma forma que o fazem as concepções modernas de direitos humanos. Parece bem provável que sejamos melhores pensadores quando o fazemos sobre a funcionalidade humana, e sobre quais vidas estão tão reduzidas de modo a representar violações da dignidade humana, do que quando o fazemos sobre a determinação dos deveres morais. Colocar os problemas primeiramente em termos de deveres, perguntando quais obrigações temos com relação a pessoas de outras nações, é como fazer o nosso pensamento ético parar bruscamente quando alcançamos um problema que parece difícil de resolver.

Por exemplo, pensamos sobre o enorme problema da fome mundial e dizemos: "é claro que não podemos ter o dever de alimentar todos os pobres da Índia"; ou, "como podemos conseguir que todas as crianças da África aprendam a ler?". Assim, não podemos de modo algum ter deveres relacionados à educação na África. Ou podemos dizer que nós, nos Estados Unidos, não podemos de modo algum ter o dever de solucionar o enorme problema da HIV/aids na África, uma vez que ele parece tão distante da nossa esfera de controle. Deveres e direitos estão, afinal, naturalmente relacionados; mas partir dos deveres é como fazer que desistamos quando alcançamos um problema que parece ser de difícil manuseio. Partir dos direitos nos estimula a pensar mais além e mais radicalmente, em vez de parar no meio, como ocorre com O'Neill (e com Cícero e Kant antes dela). Percebemos que o problema precisa ser solucionado, se a dignidade humana deve ser respeitada. Assim, há aqui um dever coletivo, que poderíamos ter negligenciado se tivéssemos simplesmente começado perguntando: "O que devo fazer aqui?" Percebemos deveres que teríamos negligenciado e nos damos a nós mesmos um forte incentivo para solucionar o problema de sua distribuição. Dito de modo bem simples, o nosso mundo não é decente e minimamente justo, a não ser que tenhamos assegurado as dez capacidades da lista, até certo nível mínimo, a todas as pessoas do mundo.

ii. Por que capacidades?

O enfoque das capacidades é orientado para o resultado. Ele mede a justiça (ou a justiça social parcial, mínima) em termos da habilidade de uma nação em assegurar a seus cidadãos uma lista de capacidades centrais, de acordo com alguma especificação apropriada e até um nível mínimo adequado. Nesse ponto, então, parece importante perguntar por que as capacidades deveriam ser o critério escolhido, em vez da opulência, ou da utilidade, ou da distribuição de recursos a indivíduos. Esses são temas conhecidos. Ainda, o enfoque das capacidades foi introduzido originariamente em conexão a tais críticas aos enfoques previamente dominantes, e os argumentos que o recomendam preferencialmente ao enfoque utilitarista usual foram expostos no capítulo 1, seção vi. O debate internacional atual, entretanto, continua usando em todos os lugares outras ideias, ainda que a ideia de capacidade esteja avançando. Será, então, necessária uma breve recapitulação dos argumentos, aos quais seremos capazes agora de acrescentar uma crítica a concepções baseadas em recursos[7].

---

[7] O capítulo 6 contém uma crítica bem mais detalhada do enfoque utilitarista, no contexto dos direitos dos animais. Como ficará óbvio, algumas dessas objeções ao utilitarismo foram expressas de maneira influente por Rawls, mas não somente por ele.

Antes de o enfoque das capacidades ter sido introduzido, o modo dominante de medir o bem-estar ou qualidade de vida em uma nação (questão relevante para a justiça, apesar de nem sempre explicitamente conectada a ela) era simplesmente perguntar sobre o PIB *per capita*. Esse critério bruto, é claro, não levava em conta nem mesmo a distribuição, e assim premiou nações pelo crescimento ainda que contivessem grande pobreza e altos índices de desigualdade. Como diz Sissy Jupe sobre suas aulas de economia, no romance de Charles Dickens, *Tempos difíceis*, o enfoque predominante não disse a ninguém "quem ficou com o dinheiro e se alguma parte dele é meu". O enfoque do PIB também falha em não reconhecer outros aspectos da qualidade de vida que não estão bem correlacionados com a vantagem econômica, mesmo que a distribuição seja um fator do cálculo: aspectos tais como a saúde, a educação, a liberdade política e religiosa, o gênero e a justiça racial.

Um pouco menos inadequado era o método simples de medir o bem-estar em termos da utilidade total ou média, concebida de acordo com a satisfação de preferências. Essa forma de avaliar os resultados sociais é muito eficiente sob vários aspectos e, certamente, gerou ações importantes que promovem a redistribuição transnacional[8]. Mas possui inúmeros problemas, sobre os quais os defensores das capacidades já há muito tempo chamam a atenção[9]. Primeiro, trata o indivíduo como um dado dentro de um cálculo social, e assim é insuficientemente sensível à distinção de cada vida individual. A miséria de poucos na base pode em princípio ser compensada pelo excesso de bem-estar de muitos no topo. Em geral, pensar sobre a utilidade total ou média não parece ser

---

[8] Singer (1972); Murphy (2000).
[9] Ver Nussbaum (2000a), capítulo 2, e as referências que aí se oferecem.

um bom modo de pensar a justiça social, que deve tratar toda e qualquer pessoa como um fim, e nenhuma como meio para os fins dos outros. Os teóricos das capacidades e os contratualistas estão profundamente de acordo sobre essa crítica.

Em segundo lugar, o utilitarismo na maioria das suas formas trata todos os bens importantes da vida humana como comensuráveis uns com os outros e fungíveis em termos de um e outro[10]. Mas, uma vez mais, essa abordagem não parece ser um modo muito adequado de pensar a justiça social. Não se pode compensar a negação da liberdade de expressão e de imprensa simplesmente dando às pessoas uma grande quantidade de tempo de lazer ou algum outro bem social. Cada direito importante representa algo diferenciado por conta própria.

Terceiro, as preferências humanas são altamente maleáveis: elas tendem particularmente a se adaptar a expectativas e possibilidades. As pessoas aprendem cedo a não querer as coisas que a convenção e a realidade política colocam fora do seu alcance. Os economistas chamam esse fenômeno de "preferências adaptadas"; observamo-lo com regularidade particularmente nas aspirações das mulheres, as quais são ajustadas às descrições sancionadas pela época acerca do papel apropriado da mulher, sobre a fragilidade do corpo feminino e assim por diante. Até mesmo no nível da saúde básica e força as mulheres podem ficar satisfeitas com uma má situação se não houver nada melhor à sua disposição. Desse modo, enfoques baseados em preferências frequentemente terminam apoiando um *status quo* injusto e impedindo uma mudança real[11].

Finalmente, por concentrar-se no estado de satisfação, o utilitarismo mostra um interesse insuficiente pela agência. O con-

---

[10] Deixo de lado o utilitarismo multivalente de Mill, o qual está bem mais próximo da posição que defendo.

[11] Ver Nussbaum (2000a), capítulo 2, e a discussão de Sen e Elster que se oferece aí.

tentamento não é a única coisa que importa na vida humana; o empenho ativo também é importante.

Muito mais adequado do que as abordagens do PIB e do utilitarismo é o enfoque da justiça distributiva, que avalia as posições sociais em termos de recursos e estabelece algum modelo de distribuição como requerimento da justiça. Esse enfoque, de que a parte econômica da teoria da justiça de Rawls é uma instância, chega muito mais perto da eficácia quando combinado com uma explicação plausível da distribuição. Existem problemas, no entanto, com a confiança de Rawls na renda e riqueza como índices das posições sociais relativas: a posição social também é afetada por uma variedade de bens que não são comensuráveis com renda e riqueza, e para os quais renda e riqueza não são bons substitutos. Além disso, a necessidade de diferentes tipos de recursos varia segundo as pessoas e também segundo suas habilidades de converter os recursos em funcionalidade efetiva.

Cadeirantes precisam de mais recursos do que pessoas "normais" para que se tornem completamente móveis, e alguns dos recursos relevantes envolveriam o remodelamento da sociedade, não somente a repartição do dinheiro entre os indivíduos. Em geral, promover o desenvolvimento humano de grupos tradicionalmente desfavorecidos requer mais dinheiro do que promover o desenvolvimento dos favorecidos, e, muitas vezes, requer mudanças estruturais caras também. A abordagem baseada nos recursos pode, então, também resultar na consolidação do *status quo*.

iii. As capacidades e os direitos

O enfoque das capacidades, como deve estar evidente a essa altura, é aliado próximo do enfoque dos direitos humanos. De fato, o considero uma espécie de enfoque dos direitos humanos. Os itens que incluo na minha lista de capacidades, como aqueles que Amartya Sen menciona na ilustração de seu enfoque, inclui muitos dos direitos também salientados no movimento dos direitos humanos: liberdades políticas, liberdade de associação, de livre escolha de trabalho e uma variedade de direitos econômicos e sociais. Além disso, as capacidades, como os direitos humanos, oferecem um conjunto moral e humanamente rico de objetivos para o desenvolvimento, no lugar da "riqueza e pobreza dos economistas", como Marx colocou tão bem. Com efeito, as capacidades cobrem tanto o terreno ocupado pelos chamados direitos de primeira geração (liberdades políticas e civis) quanto o ocupado pelos assim chamados direitos de segunda geração (direitos econômicos e sociais). E desempenham um papel semelhante, o de fornecer uma explicação dos direitos extremamente fundamentais que pode ser usada como base tanto para o pensamento constitucional dentro de uma nação quanto para o pensamento sobre a justiça internacional.

Por outro lado, diria também que a linguagem das capacidades, tal qual tanto Sen quanto eu a desenvolvemos, fornece uma exatidão e uma complementação importantes para a linguagem dos direitos. A ideia dos direitos humanos não é de forma alguma transparente. Os direitos têm sido entendidos de muitas maneiras diferentes, e o uso da linguagem dos direitos frequentemente obscurece questões teóricas difíceis ao gerar uma ilusão de acordo quando, na verdade, há um profundo desacordo filosófico. As pessoas divergem sobre qual é a *base* para uma reivindicação de direito: a racionalidade, a sensibilidade e a mera vida, todas tiveram seus defensores. Elas divergem, também, sobre se os direitos são pré-políticos ou produtos das leis e instituições. O enfoque das capacidades tem a vantagem de assumir posições claras sobre esses assuntos problemáticos, ao mesmo tempo que estabelece claramente suas preocupações motivadoras e seu objetivo.

Segundo a análise apresentada no capítulo 3, o enfoque das capacidades sustenta que a base da reivindicação por um direito é a existência da pessoa como um ser humano – não apenas a posse efetiva de um conjunto de "capacidades básicas" rudimentares, por mais pertinentes que estas sejam para uma delineação mais precisa da obrigação social, mas o próprio nascimento de uma pessoa em uma comunidade humana. Assim, os direitos de Sesha não são baseados unicamente nas "capacidades básicas" correntes que ela possui, mas nas capacidades básicas características das espécies humanas. Ainda que a própria Sesha não tenha a capacidade de linguagem, é necessário que o projeto político lhe proporcione veículos de expressão através de formas adequadas de tutela. Tais direitos não existiriam se as capacidades fossem baseadas somente no talento individual, e não na norma da espécie. A maioria dos enfoques de direitos humanos falha em dar respostas definitivas a tais questões.

Além disso, o enfoque das capacidades, de novo, como o desenvolvemos tanto Sen quanto eu, sustenta claramente que os direitos relevantes são pré-políticos, e não meramente artefatos das leis e instituições. Assim, uma nação que não reconhece esses direitos é nessa medida injusta. A maioria dos enfoques dos direitos humanos no mundo de hoje também sustenta isso, mas uma tradição significativa no pensamento sobre os direitos discorda disso e sustenta que os direitos são produtos políticos. Uma vez mais, o enfoque das capacidades é uma espécie de enfoque dos direitos que fornece respostas claras para algumas questões urgentes.

Existem duas ambiguidades na fala dos direitos que parecem mais importantes do que as outras ao pensarmos sobre por que precisamos igualmente da fala das capacidades. Uma envolve a questão da "liberdade negativa", a outra a relação entre os direitos de primeira geração e os direitos de segunda geração. Alguns pensadores do direito sustentam que assegurar um direito a uma pessoa requer somente a inibição da interferência da ação do Estado. Se o Estado retira suas mãos disso, esses direitos são considerados assegurados; o Estado não tem mais nenhuma tarefa afirmativa. De fato, se alguém lê a Constituição estadunidense percebe essa concepção imediatamente. Frases negativas relacionadas à ação do Estado predominam, como na Primeira Emenda [*First Amendment*]: "O Congresso é impedido de estabelecer uma religião oficial ou proibir o livre exercício religioso; limitar a liberdade de expressão ou de imprensa; limitar o direito de livre associação pacífica; e limitar o direito de fazer petições ao governo com o intuito de reparar agravos". De modo semelhante, as garantias indispensáveis da Décima Quarta Emenda são estabelecidas em termos do que o Estado pode ou não fazer: "Nenhum Estado poderá criar ou implementar leis que limitem os privilégios ou imunidades dos cidadãos dos Estados Unidos; também não poderá nenhum Estado privar uma pessoa de sua vida, liberdade ou propriedade, sem um devido processo legal; nem negar a pessoa alguma dentro de sua jurisdição a proteção legal igualitária". Essa fraseologia, derivada da tradição iluminista da liberdade negativa, deixa as coisas notoriamente indeterminadas com relação a se os obstáculos criados pelo mercado ou pelos atores privados devam ser considerados violações dos direitos fundamentais dos cidadãos. Apesar de os Estados Unidos terem, em alguma medida, avançado para além dessa concepção fraca de direitos, através de sua tradição de interpretação constitucional, essa concepção ainda é patente em algumas áreas.

O enfoque das capacidades, ao contrário, entende a garantia de um direito como tarefa afirmativa. Esse entendimento tem sido central tanto para a versão do enfoque de Sen quanto para a minha. O direito à participação política, o direito ao livre exercício da religião, o direito à liberdade de expressão – a melhor forma de conceber a garantia destes e de outros direitos é estabelecer se as capacidades relevantes para o agir [*to function*] estão presentes. Em outras palavras, garantir aos cidadãos um direito a essas áreas significa colocá-los em uma posição de capacidade de agir/funcionar nessa área. Na medida em que esses direitos são usados na aferição da justiça social, não devemos conceder que uma sociedade seja justa, a menos que as capacidades tenham sido efetivamente conquistadas. As pessoas podem, naturalmente, ter um direito pré-político a um bom tratamento em algum elemento dessa área que ainda não tenha sido reconhecido ou implementado; ou que pode ter sido reconhecido formalmente, mas não ainda implementado. Mas, ao definir a proteção dos direitos em termos de capacidades, deixamos claro que as pessoas de um país C não possuem na verdade um direito efetivo, por exemplo, à participação política, um direito no sentido relevante para se julgar se uma sociedade é justa ou não só porque esse discurso existe no papel; elas só possuem de fato esse direito caso haja medidas efetivas para torná-las verdadeiramente capazes do exercício político. Em muitas nações do mundo, as mulheres possuem direito nominal à participação política, mas não no sentido da capacidade: por exemplo, elas podem ser ameaçadas com violência caso deixem suas casas. Em resumo, pensar em termos das capacidades nos fornece um critério quando pensamos sobre o que realmente significa garantir o direito a alguém. Elas deixam claro que fazer isso envolve um apoio afirmativo no plano material e institucional, não uma abstenção de interferir.

A Constituição indiana, diferente da Constituição estadunidense, especifica afirmativamente os direitos, na maioria dos casos.

Assim, por exemplo: "Todos os cidadãos devem ter o direito à liberdade de expressão, à associação pacífica e sem armas, a formar associações ou sindicatos" (art. 19). Essas locuções têm sido interpretadas normalmente como implicando que obstáculos criados por atores não pertencentes ao Estado também podem ser considerados violações aos direitos constitucionais. Além disso, a Constituição deixa bem explícito que o programa de ação afirmativa para ajudar às castas mais baixas e às mulheres não apenas não são incompatíveis com as garantias constitucionais, mas estão na verdade de acordo com o seu espírito. Tal abordagem parece muito importante para a justiça plena: o Estado precisa agir se queremos que grupos tradicionalmente marginalizados sejam tratados justamente. Independentemente de uma nação ter ou não uma constituição escrita, deve entender os direitos fundamentais dessa maneira. O enfoque das capacidades, podemos agora dizer, está ao lado da Constituição indiana, e contra a interpretação neoliberal da Constituição estadunidense. Deixa claro que garantir um direito a alguém requer mais do que a ausência da ação do Estado negativo. Medidas tais como as recentes emendas constitucionais na Índia que garantem às mulheres um terço de representação nos *panchayats* locais, ou nos conselhos aldeãos, são fortemente aconselhadas pelo enfoque das capacidades, que ajudam o governo a pensar desde o começo sobre os obstáculos para uma autonomia plena e efetiva de todos os cidadãos, e imaginar medidas que confrontem esses obstáculos.

Uma ambiguidade análoga na tradição do discurso sobre os direitos diz respeito ao relacionamento entre os direitos de primeira geração e os de segunda geração. As liberdades políticas e civis podem ser garantidas antes e independentemente da garantia dos direitos sociais e econômicos? Uma tendência bastante influente na tradição da filosofia política liberal, assim como o próprio uso desses termos no discurso dos direitos humanos internacionais, sugere que sim. A teoria da justiça de Rawls é parte dessa tradição: sua concepção de justiça dá à liberdade prioridade lexical sobre os princípios econômicos, apesar de ele também sustentar que em um nível baixo de desenvolvimento econômico a negação da igualdade de liberdade pode ser aceita "para ampliar a qualidade da civilização de modo a que no tempo devido a igualdade das liberdades possa ser usufruída por todos" (*TJ*, p. 542). Ambas as afirmativas sugerem fortemente a independência conceitual das duas esferas, e a ordem lexical sugere que depois de certa fase de desenvolvimento a liberdade é causalmente independente da redistribuição econômica. Alguém pode, entretanto, pensar de modo diferente: pode acreditar que uma explicação adequada da liberdade de expressão envolve a discussão acerca da redistribuição econômica (por exemplo, a distribuição de educação); ainda que se não acredite que as duas esferas sejam conceitualmente interdependentes, pode-se sustentar que a liberdade de expressão e a liberdade política possuem pré-requisitos materiais, mesmo em uma sociedade desenvolvida. Pode-se argumentar, por exemplo, que as pessoas que têm acesso inadequado ou desigual à educação não têm garantida plenamente a liberdade de expressão, uma vez que pessoas analfabetas dificilmente são capazes do exercício do discurso político em uma base de igualdade com outros. Como o juiz Marshall escreveu em seu voto particular em um caso concernente ao financiamento desigual da educação, "a educação afeta diretamente a habilidade de uma criança de exercer os seus direitos da Primeira Emenda, tanto como fonte quanto como beneficiária de informação e ideia"[12]. Pensadores

---

[12] San Antonio Independent School District *v.* Rodriguez, 4ll U.S. 1 (1973).

importantes dos direitos humanos têm frequentemente salientado essa interdependência, mas ela ainda não foi completamente incorporada em documentos e nos discursos em torno deles, que se baseiam muitas vezes (em minha opinião erroneamente) na distinção entre primeira e segunda geração de direitos. No *Liberalismo político*, Rawls parece admitir esse ponto, embora com desconcertante brevidade: ele sugere que o primeiro princípio relacionado à igualdade das liberdades básicas poderia ser precedido lexicalmente por um princípio anterior que requeresse a satisfação das necessidades básicas dos cidadãos, "ao menos na medida em que satisfazê-las seja necessário para que eles entendam e tenham condições de exercer esses direitos e liberdades de forma efetiva" (p. 7). Rawls não explicou suficientemente essas exigências impostas por tal princípio, mas pelo menos aqui ele reconhece a interdependência da liberdade com fatores econômicos.

O enfoque das capacidades insiste enfaticamente nos aspectos materiais de todos os bens humanos, dirige nossa atenção para o que as pessoas são de fato capazes de fazer e de ser. Todas as liberdades básicas são definidas como habilidades de fazer algo. Elas não estão garantidas se, por causa de carência econômica ou educacional, as pessoas são incapazes de atuar de acordo com as liberdades que lhes são formalmente garantidas. Dessa forma, o enfoque salienta a interdependência entre as liberdades e as medidas econômicas.

Além disso, por centrar desde o começo no que as pessoas são de fato capazes de fazer e de ser, o enfoque das capacidades está em uma boa posição para abordar as desigualdades que as mulheres sofrem dentro da família: desigualdades em recursos e oportunidades, privações educacionais, dificuldade em ter seu trabalho reconhecido como tal, ultrajes à integridade física. O discurso tradicional dos direitos tem negligenciado essas questões, e acredito que não por acaso, pois a linguagem dos direitos está fortemente ligada à distinção tradicional entre a esfera pública, regulada pelo Estado, e a esfera privada, na qual o Estado não deve intervir. Mais recentemente, as feministas conquistaram o reconhecimento internacional de muitos direitos humanos importantes para as mulheres. Mas para conseguir isso elas tiveram de desafiar a distinção público/privado, estreitamente ligada ao pensamento liberal tradicional dos direitos[13].

A linguagem dos direitos ainda desempenha um papel importante no discurso público, a despeito de suas características insatisfatórias. Ela enfatiza a ideia de uma reivindicação urgente baseada na justiça. Dizer que as pessoas têm o direito a algo é dizer que elas têm um direito urgente a isso. A ideia da capacidade por si própria não expressa a ideia de um direito urgente baseado na justiça. No entanto, o enfoque das capacidades torna clara essa ideia de um direito fundamental, argumentando que as capacidades humanas centrais não são simplesmente objetivos sociais desejáveis, mas direitos urgentes baseados na justiça.

Como o enfoque dos direitos humanos, o enfoque das capacidades é uma explicação parcial da justiça social. Na minha versão do enfoque, ele especifica não somente uma lista das dez capacidades centrais, mas também (de maneira geral) um nível limítrofe mínimo a ser satisfeito pela comunidade mundial. Como o enfoque dos direitos humanos, insiste que todo e qualquer ser humano no mundo tem direito a esses bens importantes, e assinala à humanidade em geral o dever de realizar esses direitos. Como o enfoque dos direitos humanos, ele é, por um lado, centrado na nação, e recomenda que a lista das capacidades seja usada como critério para a justiça social interna em cada socieda-

---

[13] Ver de modo geral Nussbaum (2000a), capítulo 4.

de, como se fosse uma relação dos direitos constitucionais básicos[14]. Mas também fornece, como o fazem os documentos de direitos humanos, objetivos para a comunidade internacional e para a humanidade como um todo. Como veremos, esses dois aspectos são simultâneos e complementares: a comunidade mundial e os Estados-nação deveriam estar trabalhando juntos em prol desses objetivos.

Portanto, o enfoque das capacidades não deveria ser visto como um rival do enfoque dos direitos humanos. Especialmente quando o enfoque dos direitos é usado no discurso internacional, por exemplo, nos *Relatórios sobre o Desenvolvimento Humano* do Programa para o Desenvolvimento das Nações Unidas, se encaixa bem com o tipo de abordagem do enfoque das capacidades, de modo que parece melhor considerar o enfoque das capacidades uma espécie do enfoque dos direitos humanos. Mas um trabalho importante ainda é feito pela ênfase nas capacidades, que enfatiza as tarefas afirmativas da esfera pública e a interdependência da liberdade com a adequação econômica. Tal ênfase é particularmente importante nos Estados Unidos e nas nações influenciadas pelos modos norte-americanos tradicionais de pensar a "liberdade negativa".

iv. Igualdade e adequação

O enfoque das capacidades usa a ideia de um limite: para cada direito importante, existe um nível apropriado abaixo do qual parece correto dizer que o direito relevante não está garantido. A ideia intuitiva de uma vida com dignidade humana já sugere isto: as pessoas são merecedoras não somente da mera vida, mas de uma vida compatível com a dignidade humana, e esse

---

[14] Ver Nussbaum (2003b).

direito significa que os bens relevantes devem estar disponíveis em um nível suficientemente alto. Até agora, entretanto, o enfoque insistiu somente na ideia de adequação ou suficiência, e estabeleceu que a questão sobre o que fazer com as desigualdades acima do nível mínimo é outro ponto a que o enfoque ainda não respondeu. Assim sendo, ele continua sendo incompleto.

Parece fundamental, entretanto, dizer algo mais sobre o limite, pois precisamos indicar em que ponto, e em que medida, a igualdade é parte da própria ideia de um limite ele mesmo. A própria lista sugere que existem alguns casos nos quais não toleraremos desigualdade. A capacidade 7B, por exemplo, fala sobre "ter a base social do autorrespeito e não humilhação: ser capaz de ser tratado como um ser digno, com o mesmo valor do que os outros". Logo, conecta a ideia de desigualdade à ideia de não discriminação. Parece crucial ir mais adiante neste ponto, explicando o papel de uma ideia de direito *igual* no enfoque[15]. Abordar esse problema no contexto internacional parece ser especialmente urgente, dadas as desigualdades descomunais que mencionamos.

A pedra de toque deveria ser, acredito, a ideia de dignidade humana e a ideia relacionada de bases sociais de autorrespeito e não humilhação. Igualdade de capacidade é um objetivo social essencial lá onde a sua ausência traria um *déficit* em dignidade e autorrespeito. Vimos que a ideia de dignidade é explicada desde o começo em termos de igualdade: a *igualdade de dignidade* dos seres humanos é que pede para ser reconhecida. Aqui, a ideia de igualdade é essencial: devemos acrescentá-la à ideia de dignidade pura a fim de articular adequadamente esse objetivo. Mas essa ideia tem implicações também para muitas capacidades da nossa lista. Parece que todas as

---

[15] Sou extremamente grata a Charles Larmore por ter me estimulado a confrontar essa questão e por sua sugestão de como isso poderia ser feito.

liberdades políticas, religiosas e civis podem estar garantidas *adequadamente* somente se todas estão seguras *igualitariamente*. Dar a alguns grupos direitos desiguais de voto, ou liberdade religiosa desigual, significa colocá-los em uma posição de subordinação e indignação *vis-à-vis* os outros. Também significa falhar em reconhecer a igualdade de sua dignidade humana.

Por outro lado, existem outras capacidades, estreitamente conectadas com a ideia de propriedades ou bens instrumentais, em que o que parece ser apropriado é a *suficiência*. Por exemplo, uma casa adequada, ou outro abrigo, parece ser inerente à ideia de dignidade humana, e parece correto que as constituições ao redor do mundo estejam começando a reconhecer o direito ao abrigo como um direito constitucional, seguindo a liderança criativa da jurisprudência da África do Sul. Não é, porém, de forma alguma evidente que seja requerida uma casa *igual* a partir da própria ideia de dignidade humana ou mesmo da igualdade de dignidade humana; pois, na verdade, uma mansão pode não ser melhor do que uma casa modesta. O tamanho da casa, acima de um limite, não parece estar intrinsecamente relacionado à igualdade de dignidade. Na medida em que a inveja e a competição fazem que a pessoa *sinta* que uma casa desigual é um sinal de dignidade desigual, podemos nos perguntar se esses julgamentos não são baseados em uma valorização excessiva dos bens materiais, que uma sociedade justa pode decidir não enaltecer. O caso não está claro. Como Adam Smith observou, o que é compatível com a dignidade humana pode variar de sociedade para sociedade. Na Inglaterra, a habilidade de aparecer em público sem sentir vergonha exige que se esteja vestindo uma camisa; em algumas outras nações, não. Podemos acrescentar que a habilidade de sentar à frente no ônibus está conectada com a dignidade humana não atemporalmente, mas por meio de um conjunto de normas e práticas sociais.

Assim, o fato de que o tamanho de uma casa está conectado com a dignidade através de normas sociais não é suficiente para invalidar a conexão. Suscita, entretanto, outra investigação. Pelo menos algumas vezes achamos que a avaliação excessiva de bens competitivos está por trás de uma norma social; uma sociedade justa pode decidir não enaltecer essa valorização. Essa é certamente uma área na qual diferentes nações com suas diferentes tradições precisarão trabalhar o problema por conta própria por meio de uma ampla deliberação pública.

Em algumas áreas que dizem respeito ao lado material parece claro, entretanto, que uma distribuição excessivamente desigual falha em atender à condição de suficiência. Se a educação, por exemplo, é organizada, como atualmente nos Estados Unidos, de tal maneira que os estudantes de uma escola de bairro rica podem ter de 75 a 100 vezes mais tempo gasto com eles do que o gasto com estudantes de um bairro pobre, tal distribuição parece ser uma violação intrínseca de uma norma de igualdade de dignidade e de igualdade de liberdade política[16]. Pelo menos no que diz respeito à educação primária e secundária, a suficiência parece exigir algo próximo à igualdade, ou pelo menos um mínimo bem alto (talvez permitindo divergências em aspectos educacionais que não estejam firmemente relacionados com oportunidades básicas e participação política). O mesmo é verdadeiro para a assistência médica básica essencial. Se a educação superior e a assistência médica não essencial são assuntos sobre os quais devemos aceitar distribuição desigual, pois compatível com o nível mínimo de suficiência, essa é uma questão que a sociedade terá de discutir. Na esfera internacional devemos perseguir agressivamente a igualdade entre nações em capacidades que estão especial e estreita-

---

[16] Cf. com o voto particular do juiz Marshall em San Antonio, 4ll U.S. 70 (1973).

AS CAPACIDADES ALÉM DAS FRONTEIRAS NACIONAIS · 363

mente ligadas à ideia de igualdade de dignidade humana, incluindo educação primária e secundária e acesso à assistência médica básica. A questão de se o reconhecimento da igualdade da dignidade humana é compatível com as desigualdades dos demais setores dos sistemas de educação e saúde, assim como com outras desigualdades materiais, deverá ser objeto de um debate constante em nível transnacional.

Harry Frankfurt argumenta com força que a igualdade não é por conta própria um valor político distinto, mas torna-se importante quando afeta alguma outra capacidade, como a capacidade de expressão, de autorrespeito, de uma vida com dignidade ou de relacionamentos não baseados em hierarquia[17]. Separada de sua conexão com o conteúdo desses valores, continua uma noção formal vazia. O assunto é muito difícil de ser pensado, e todas as afirmações devem ser aproximadas. Para o enfoque das capacidades, de qualquer forma, a igualdade é importante para a própria base da teoria, pois não é somente a dignidade humana que deve ser respeitada, é a igualdade da dignidade humana. Esse papel da igualdade, entretanto, não significa que ela seja um objetivo razoável com relação a todas as capacidades centrais, uma posição que tem sido alvo de críticas pertinentes de Ronald Dworkin e outros[18]. Algumas capacidades devem estar asseguradas aos cidadãos em uma base de igualdade; do contrário, a igualdade de dignidade não terá sido respeitada. Outras, entretanto, não parecem ter esse relacionamento intrínseco à dignidade; para estas o enfoque das capacidades fornece um nível mínimo de suficiência. Al-

---

[17] Ver Frankfurt (1988) e (1999).
[18] Dworkin (2000), capítulo 7, direciona essa crítica a Sen, apesar de Sen jamais ter dito que a igualdade de capacidade fosse o objetivo social adequado; ele apenas diz que na medida em que a sociedade persegue a igualdade como um objetivo social, a igualdade de capacidade é o espaço correto para realizar as comparações relevantes.

gumas nações e indivíduos também podem preferir uma solução mais igualitária para essas capacidades. Mas parece mais provável que, se queremos uma concepção política que alcance um consenso sobreposto entre pessoas que divergem em suas doutrinas éticas e religiosas abrangentes, especialmente quando estamos considerando transferência transnacional de riqueza, essa concepção se mostrará amplamente mais aceitável do que uma que insista na igualdade em todas as capacidades centrais. Indivíduos cuja doutrina abrangente é mais exigente podem pelo menos reconhecer essa concepção política como compatível com sua própria, apesar de ela não fornecer tudo aquilo que prefeririam[19].

v. Pluralismo e tolerância

Como vimos, Rawls adota um princípio altamente problemático de tolerância a fim de acomodar na esfera internacional um número maior de visões e práticas tradicionais do que estava disposto a acomodar na esfera doméstica. O enfoque das capacidades continua centrado na pessoa como o sujeito último da justiça, e, assim, recusa-se a ceder com relação à justificação propriamente da lista das capacidades. Não obstante, uma preocupação com a variedade cultural (tanto dentro de uma nação quanto entre nações) tem sido parte proeminente de minha versão do enfoque. Essa preocupação é interna à própria lista das capacidades, com suas proteções robustas da liberdade religiosa, liberdade de associação, e assim por diante.

A razão dessa preocupação é, uma vez mais, a ideia extremamente importante de dignidade e a ideia associada de respeito.

---

[19] Renda e riqueza não estão de modo algum na lista, uma vez que elas não são capacidades; assim a questão frequentemente discutida sobre a igualdade na renda e riqueza é abordada somente do modo indireto, através de compromissos relativos às capacidades centrais.

Todas as nações modernas contêm, internamente, um campo amplo de visões religiosas e outras sobre a vida humana. E a comunidade internacional contém uma variedade ainda maior do que qualquer nação singular. Assim, é importante respeitar as muitas maneiras pelas quais os cidadãos escolhem viver, desde que estas não prejudiquem outros nas áreas abordadas pelas capacidades centrais. Tal respeito é o que a dignidade humana requer. O pluralismo, dessa forma, é protegido de seis maneiras diferentes com relação ao conteúdo e à aplicação da lista. Iremos resumi-las brevemente aqui e mostrar como afetam a ampliação do enfoque para o espaço entre nações.

Primeiro, a lista é entendida como não finalizada e sujeita a revisão e replanejamento constantes. Essa não conclusão é ainda mais importante quando ampliamos o enfoque para a comunidade internacional, porque tendemos a escutar em tais debates boas ideias que não tínhamos escutado antes, ou críticas das nossas próprias maneiras de vida que não considerávamos seriamente.

Segundo, os itens da lista são especificados de maneira abstrata e geral a fim precisamente de deixar espaço para as atividades de especificar e deliberar entre os próprios cidadãos, suas assembleias legislativas, legislaturas e tribunais em cada nação. Uma vez mais, é particularmente importante deixar espaço na arena internacional. Respeitar as diferenças no modo pelo qual as nações especificam dada capacidade, com atenção para suas histórias, é parte do respeito pela autonomia humana envolvida no permitir que cada nação desempenhe um papel importante no cenário mundial. Mas, na medida em que o respeito pelas nações deriva do respeito pelas pessoas, possui uma amplitude limitada. Assim, não endosso o princípio bem mais amplo de tolerância de Rawls, que permite que as nações introduzam restrições à liberdade religiosa de modo desigual ou que neguem a certos grupos o direito de voto. Por outro lado, na área cinza onde parecem existir diversas maneiras permissíveis de especificar a capacidade em questão, o respeito pelas pessoas parece requerer o respeito pelas diferenças nacionais.

Terceiro, a lista representa uma "concepção moral parcial" livre, introduzida somente para propósitos políticos, e sem nenhum fundamento em ideias metafísicas do tipo que divide as pessoas de acordo com correntes de cultura e religião, tal qual a ideia da alma imortal ou a ideia de deus ou deuses. Ela fornece a base para o consenso sobreposto. Com relação ao consenso sobreposto, a própria assertividade da lista é uma qualidade, não uma falha. Mostramos respeito pelos outros quando deixamos explícitos e públicos os itens concernentes aos quais queremos o seu acordo. Além disso, o fato de que se trata de uma lista relativamente pequena é ele mesmo um sinal de respeito: nós pedimos a vocês para concordarem com esses dez direitos básicos; quanto ao resto, deixamos a seu próprio encargo. Assim, por essas razões, prefiro minha própria lista precisa à defesa geral de Sen de uma "perspectiva de liberdade", que pode sugerir o tipo de preferência abrangente por vidas livres ou autônomas que achamos em pensadores liberais como Joseph Raz e John Stuart Mill, uma preferência que normalmente termina não mostrando respeito equânime por pessoas que aderem a religiões autoritárias. Meu enfoque, ao contrário, diz, "pedimos a você para comprometer-se com esta lista pequena, mas não dizemos nada sobre o que faz que a vida seja em geral boa". Desse modo, permitimos aos Amish, aos católicos apostólicos romanos e outros cidadãos religiosos a participar do consenso internacional sem que se sintam menosprezados[20].

---

[20] Para uma exposição mais extensa deste ponto, ver Nussbaum (2003b).

Quarto, se insistimos que o alvo político apropriado é a capacidade e não a funcionalidade, de novo estamos protegendo aqui o pluralismo[21]. Muitas pessoas que desejam apoiar dada capacidade se sentiriam violadas se a funcionalidade associada tornasse básica. Uma vez mais, essa sensibilidade parece particularmente importante quando confrontada com a variedade de culturas no mundo de hoje. Uma mulher muçulmana pode preferir permanecer com o véu, e o enfoque não afirma nada contrário a isso, desde que as capacidades políticas, educacionais e outras estejam suficientemente presentes para garantir que tal escolha seja de fato uma escolha.

Quinto, as liberdades que protegem o pluralismo, em sua maioria, são itens centrais na lista: liberdade de expressão, liberdade de associação, liberdade de consciência. Uma nação que não as protege é indiferente ao pluralismo, quando não pior do que isso.

Em sexto e último lugar, o enfoque, como já dissemos, faz grande distinção entre questões de justificação e questões de implementação. Acredito que podemos justificar essa lista como uma boa base para princípios políticos em todo o mundo. Mas isso não significa que através dela licenciemos intervenção nos assuntos de um Estado que não a reconhece. Trata-se de uma base para a persuasão.

De todas essas maneiras, o enfoque pode afirmar ter respeito pelo pluralismo e pela diferença sem abrir mão dos direitos básicos de cada pessoa.

vi. Um "consenso sobreposto" internacional?

Uma das características do *Liberalismo político* de Rawls que confunde muitos de seus leitores é sua aparente mudança na di-

---

[21] Ver Nussbaum (2000a), capítulo 1.

reção de algo como o relativismo cultural; a concepção política deve ser justificada agora em termos de certas ideias implícitas às tradições da democracia constitucional liberal. As análises frequentes de Rawls sobre a história da Europa e da América do Norte indicam que ele considerava essas tradições ocidentais de certa forma *sui generis*, e o resultado da Reforma e das guerras religiosas como formação cultural distintiva (ver *LP*, pp. xxiii-xxviii). Assim, pode parecer que Rawls acredite que sua concepção política esteja justificada somente para democracias herdeiras desta tradição, ou mesmo definidas em termos de ideias que pertençam a essa tradição.

Tal resultado seria desapontador para pessoas que acreditam que algo como o liberalismo político pode ser justificado como uma coisa boa para todas as nações do mundo e até mesmo como uma base para acordos transnacionais[22]. As ideias do liberalismo político rawlsiano são ubíquas nas discussões internacionais de paz e reconciliação entre nações. Escutei-as sendo defendidas como bases para uma paz estável entre Israel e Palestina; para um desenvolvimento estável em direção à democracia no mundo árabe; para a busca contínua de pluralismo na tradição constitucional indiana. Alguém pode, é claro, apropriar-se das ideias de Rawls para esses propósitos, independentemente do que ele próprio diga, caso elas pareçam boas para essas tarefas. Mas parece-me importante nos perguntar se ele possui bons argumentos para sua restrição, argumentos que nos façam pensar que as nações fora da Europa e América do Norte não possam razoavelmente aspirar a um liberalismo político nas linhas rawlsianas.

---

[22] Ver Nussbaum (2000a), onde uso as ideias rawlsianas em conexão com as nações em torno do mundo. Sobre a crítica a este uso de Rawls, ver Barclay (2003) e minha resposta em Nussbaum (2003d). Desenvolvo os pormenores dessas questões em um pequeno livro sobre o *LP*, sob contrato com a Columbia University Press.

Devemos começar distinguindo diversas questões diferentes:

1. Rawls realmente restringe a justificação do liberalismo político (uma vez que esta vai além das normas dos direitos humanos que defende no *DP* para todas as nações decentes) à tradição ocidental, ou ele a admite para todas as democracias constitucionais liberais? E, se o primeiro é o caso, ele fornece uma boa análise do que considera ser a história distintiva dessas democracias ocidentais?
2. Pode um rawlsiano que aceita a sua concepção política separá-la desses limites e recomendá-la como uma boa norma para as sociedades do mundo todo? E como tal rawlsiano iria responder à preocupação legítima de Rawls com a justificação e estabilidade?
3. Um rawlsiano pode recomendar razoavelmente algo parecido com suas normas como normas boas para uma sociedade transnacional?

A ideia de Rawls acerca da justificação política é sempre holística e "interna". Em *Uma teoria da justiça* a procura pelo equilíbrio reflexivo começa com "juízos refletidos" e considera sistematicamente concepções alternativas a essas convicções em jogo, buscando a melhor coerência e ajuste total no conjunto de juízos e teorias tomadas como um todo. O que há de novo no *LP* é, primeiro, a mudança de uma concepção "socrática" de justificação um para um, para uma concepção política pública, na qual "todos os cidadãos podem inquirir, uns perante os outros, se suas instituições políticas e sociais são justas" (p. 9); e, segundo, a insistência de que a concepção a ser justificada deva ser construída e expressa em termos de "certas ideias fundamentais, percebidas como implícitas na cultura pública política de uma sociedade democrática" (p. 13); em outros lugares, e na maioria das vezes, Rawls acrescenta que a democracia é "constitucional". A "tradição do pensamento democrático", cujo conteúdo é "familiar e inteligível ao senso comum educado de cidadãos em geral", serve como "um acervo de ideias e princípios implicitamente compartilhados" (p. 14). Nesse sentido, a concepção "parte de certa tradição política".

Essas duas mudanças estão claramente conectadas com a questão central da estabilidade. Rawls acredita plenamente que uma concepção não pode ser justificada a não ser que possa se mostrar estável ao longo do tempo pelas razões corretas; e ele também parece pensar que não podemos mostrar que ela é estável a não ser que ela use elementos já implícitos na tradição política. É claro que ele sabe que essas ideias (de "cidadãos livres e iguais", "termos justos de cooperação" e assim por diante) estão distantes de ser as únicas presentes na tradição; muitas outras que estão em tensão com estas também se fazem presentes nas nações que ele considera. Mas ele confia na importância e longevidade das ideias nas quais se baseia.

Em sua "Resposta a Habermas", publicada na edição ampliada junto do *LP*, Rawls distingue três tipos ou níveis de justificação. Justificação *pro tanto* ocorre quando a concepção política é detalhada adequadamente e mostra de que maneira ela responde a um amplo campo de questões políticas, de modo que parece ser completa (*LP*, p. 386). Em segundo lugar, a justificação completa é realizada "por um cidadão individual como um membro da sociedade civil", que aceita uma concepção política e completa a justificação dessa concepção inserindo-a, de algum modo, na doutrina abrangente, quer como verdadeira quer como razoável", (ibid.). Essa parte do processo de justificação corresponde mais de perto à explicação socrática de justificação em *TJ*. Nessa etapa, a pessoa não pergunta ainda se outras pessoas aceitam a concepção política. Finalmente, a concepção deve ser justificada publicamente pela sociedade política. A justificação final ocorre somente "quando todos os membros razoáveis da sociedade política levam a cabo uma justificação da concepção compartilhada de política inserindo-a em suas diferentes doutrinas abrangentes razoáveis", e no processo levam uns aos outros em consideração (*LP*, p. 387). Para que esse estágio ocorra, a sociedade já deve estar bem ordenada pela concepção política. A justificação requer a existência de consenso sobreposto e oficializa a existência desse consenso.

Na visão de Rawls, então, nenhuma das nações existentes, ocidentais ou não, pôde até agora realizar o terceiro estágio da justificação, porque nenhuma é bem ordenada de acordo com sua concepção política. Assim, o fato de não haver no presente um consenso sobreposto sobre as ideias de Rawls em dada sociedade não a incapacita de vir a ser, com o tempo, uma sociedade para a qual tal concepção possa ser justificada. Como Rawls diz explicitamente, "o liberalismo político está em busca de uma concepção política de justiça que, esperamos, possa conquistar o apoio de um consenso sobreposto de doutrinas religiosas, filosóficas e morais razoáveis em uma sociedade regulada por ela" (*LP*, p. 10). Isso é muito diferente, é claro, de afirmar que a sociedade já deva possuir tal consenso. Tudo o que parece ser necessário é que as ideias requisitadas estejam de alguma forma presentes.

Por vezes, entretanto, Rawls sugere mais uma restrição: as ideias centrais da concepção devem ser extraídas da tradição política de uma democracia constitucional. Em outras palavras, somente uma nação que já seja uma democracia constitucional pode usar essas ideias, não uma na qual tais ideias estejam presentes sem que até agora tenham ocasionado a transição à democracia constitucional. Por vezes, ao falar sobre a Reforma protestante e suas consequências, ele indica ainda mais uma restrição:

"a origem histórica do liberalismo político (e do liberalismo de modo mais geral) está na Reforma e em seus desdobramentos, com as longas controvérsias sobre a tolerância religiosa nos séculos XVI e XVII" (*LP*, p. xxvi). Ele afirma que a Reforma introduziu algo "novo", a saber, a ideia de "um elemento transcendente que não admite nenhum compromisso". Ele afirma que nem o mundo greco-romano nem o mundo medieval continham essa ideia (pp. xxiii-xxviii). Assim, se conectarmos essas reflexões históricas à definição do liberalismo político, chegamos à conclusão de que o liberalismo político deve ser criado a partir das tradições das nações que vivenciaram o tipo particular de conflito que a Reforma inaugurou. Essa restrição pode significar que a concepção só é justificável não somente dentro das democracias constitucionais ocidentais, mas também em democracias seriamente marcadas pela experiência da Reforma e das guerras religiosas. Assim, talvez os países nórdicos, a Itália, a Rússia, as nações do Leste europeu, a Grécia, cujas histórias são significantemente diferentes das da Alemanha, França, Holanda, Grã-Bretanha, Irlanda, Canadá e os Estados Unidos, os casos centrais da reflexão histórica de Rawls, não estariam incluídos.

Há muitos problemas com a leitura de Rawls da história europeia e norte-americana. Primeiramente ela subestima a quantidade de conflito a respeito de doutrinas abrangentes no mundo greco-romano. Mas deixemos essa questão de lado, uma vez que ela não é relevante para nosso questionamento acerca da extensão do liberalismo político. O mais sério é que Rawls parece negligenciar totalmente a existência de democracias constitucionais não ocidentais, com suas próprias tradições de tolerância e aceitação: Índia, Bangladesh, África do Sul, Turquia, Japão e atualmente muitas outras. Nos casos da Turquia e da Índia, a história dos conflitos e aceitações é longa e complexa. Com relação à Índia pode-se plausivelmente argumentar que as ideias de respeito religioso e tolerância são bem mais antigas do que na assim chamada tradição ocidental: os editos de Ashoka, ele mesmo um convertido do hinduísmo ao budismo no III a.C., promulgam um norma de respeito mútuo e tolerância. Assim também o fizeram, mais tarde, as políticas públicas oficiais de muitos imperadores importantes do Império Mongol. No caso da Turquia, o Império Otomano possuía políticas de aceitação religiosas bastante conhecidas. Nenhuma dessas é idêntica às normas preferidas por Rawls, mas nenhuma norma tão velha poderia ser idêntica às normas de Rawls. Até mesmo a Paz de Westphália, que estabeleceu o pluralismo religioso *entre* nações, permitiu a repressão religiosa dentro de cada nação. O mesmo ocorreu durante a fundação dos Estados Unidos, que permitiu aos estados individuais continuar reconhecendo uma religião particular e desaprovando outras. Inclusive, a cláusula da liberdade de prática religiosa só foi adotada pelos estados depois da guerra civil, apesar de as constituições de todos eles serem partidárias dessa ideia.

Em resumo, se sustentamos que determinada tradição política que possua certas ideias relevantes é uma base necessária para o liberalismo político, devemos sustentar que essa condição é preenchida pela Índia e Turquia e, diria, muitas, se não a maioria das democracias constitucionais existentes do mundo, todas possuindo tradições, maiores ou menores, de compromisso com ideias semelhantes – não somente com a própria ideia de tolerância, mas também com ideias de igualdade, respeito e dignidade humana. Na verdade, alguém poderia argumentar que a igualdade de capacidade é uma característica bem mais proeminente dos ordenamentos constitucionais indianos e sul-africanos do que do ordenamento constitucional norte-americano.

O que dizer das nações que não são atualmente democracias constitucionais liberais? Não se poderia argumentar que as ideias de Rawls são boas para elas também? Afinal de contas, não há nenhum lugar no mundo de hoje em que as ideias de direitos humanos, dignidade humana, igualdade humana e termos justos de cooperação não estejam presentes. Mesmo na China, onde não há ainda uma democracia constitucional liberal e onde a tradição está de certa maneira em conflito com as ideias-chave da concepção de Rawls, há também algumas sementes resistentes desses ideais, e o debate moderno apoiou-se nelas, deslocando ideias liberais para a linha de frente do pensamento político[23]. Não parece implausível pensar que possamos nos basear nessas ideias e oferecer argumentos públicos na arena internacional de por que essas ideias devem prevalecer dentro das nações onde ainda não prevalecem.

Nesse ponto nos defrontamos com a questão-chave da estabilidade: quanto mais radical uma concepção for dentro de dada sociedade, mais difícil será manter que a concepção de Rawls possa, ao longo do tempo, tornar-se o objeto de um consenso sobreposto. Mas me parece que atualmente no mundo moderno as ideias de direitos humanos estão tão profundamente enraizadas e tão espalhadas que não é possível dizer de nenhuma nação que ela não possa alcançar tal consenso com o tempo. (Nem me parece ser possível afirmar com certeza que uma nação tal qual a nossa própria não possa se movimentar na direção oposta. De fato, os Estados Unidos têm se distanciado cada vez mais de qualquer coisa como um consenso a respeito de muitas das questões que preocupavam Rawls.) Assim, estou inclinada a dizer que a exigência elástica de esperança-pelo-consenso que Rawls introduz é

---

[23] Ver Sen (1997).

suficientemente boa para qualquer nação que viva sob condições modernas, em um mundo caracterizado por uma cultura mundial de direitos humanos. As pessoas precisam apenas se apoiar nas ideias inerentes àquela cultura mundial, independentemente de a sua própria exibir ou não a estrutura da democracia constitucional liberal no presente.

O que dizer dos acordos transnacionais? Devemos esperar que uma concepção de sociedade internacional baseada nas capacidades humanas centrais poderia ao longo do tempo alcançar um consenso do tipo rawlsiano? Na verdade as ideias do liberalismo político são mais bem exibidas no campo internacional do que no ambiente doméstico. A Declaração Universal dos Direitos Humanos foi estabelecida com referência justamente a essas ideias. Bem antes da ideia rawlsiana de "liberalismo político" ter se tornado corrente, Jacques Maritain, um dos arquitetos da Declaração Universal, sustentou que pessoas que divergem acerca dos assuntos metafísicos poderiam concordar entrar em acordo, para propósitos políticos práticos, acerca de uma lista de direitos humanos[24]. E no atual enquadramento da declaração essa distinção entre um acordo prático e o campo metafísico provou ser extremamente importante na medida em que participantes de diferentes tradições religiosas tentaram mostrar respeito pelas diferenças uns dos outros[25].

A declaração universal ofereceu somente uma base magra para a sociedade internacional, na medida em que ainda visa garantir os direitos humanos como assunto para uma ação individual de cada Estado, não para a comunidade internacional como um todo. Mas a tendência em direção à cooperação e reciproci-

---

[24] Ver Maritain (1951) e (1943).
[25] Ver Glendon (2001).

dade no cumprimento desses direitos sugere que tais ideias passaram gradualmente ao primeiro plano como bases para os acordos, as instituições e as organizações internacionais.

Concluo que não há barreira de princípio ou de argumento contra perseguir as capacidades humanas centrais como objetivos de toda nação, e também da sociedade internacional. De fato, o que torna a concepção de Rawls particularmente atraente nesse contexto é seu profundo respeito pelas tradições religiosas e sua distinção cuidadosa entre doutrinas abrangentes e a esfera da concepção política compartilhada. Ainda que muitas pessoas não ratifiquem um liberalismo abrangente da tradição ocidental, que apoiem um consenso que permita que assuntos metafísicos permaneçam do lado de fora da política e que façam parte apenas da doutrina abrangente de cada pessoa; a chance para esse tipo de consenso aumenta pelo próprio conteúdo do enfoque das capacidades, incluindo muitos itens que têm se mostrado centrais para o debate na comunidade internacional, tais como educação, assistência médica, moradia e condições de trabalho, nenhum dos quais são discutidos na concepção de Rawls.

vii. A globalização do enfoque das capacidades: o papel das instituições

Até aqui o enfoque das capacidades anunciou alguns objetivos ambiciosos para o mundo, e alguns princípios gerais com relação ao pluralismo e à soberania nacional. No entanto, é óbvio que muito ainda precisa ser dito sobre como precisamente o enfoque pode ser usado para gerar princípios políticos gerais para o mundo de hoje. Em certa medida, essa é uma tarefa prática, uma tarefa para economistas, cientistas políticos, diplomatas e gestores públicos. A filosofia é boa no raciocínio normativo e em estabelecer estruturas gerais de pensamento. Em um mundo de mudanças rápidas, entretanto, qualquer prescrição muito precisa de implementação precisa ser feita em parceria com outras disciplinas.

Isso não significa dizer que a filosofia não seja pressurosamente prática. As ideias moldam o modo como formuladores de políticas públicas fazem seu trabalho. Essa é a razão por que, desde o seu primeiro esboço, o enfoque das capacidades contestou a ideia do desenvolvimento como crescimento econômico, insistindo na ideia de "desenvolvimento humano". Reconceber o desenvolvimento como "desenvolvimento humano" influencia os objetivos que os formuladores de políticas públicas perseguem e as estratégias que escolhem. Similarmente, é de urgente importância prática desafiar a ideia de que a vantagem mútua é o objetivo da cooperação social. O enfoque das capacidades não é remoto e não prático, mas insistentemente prático quando nos pressiona a repensar nossas ideias de cooperação social. Pois podemos ver que muitas políticas míopes na área do desenvolvimento e mesmo na área de política internacional de financiamento emanam de tais ideias[26]. Não há talvez nada mais urgente, em um mundo crescentemente dirigido por corporações internacionais e com a motivação de poder embutida em suas operações, do que articular um conjunto de objetivos humanamente ricos de desenvolvimento e um conjunto de atitudes mais gerais sobre os propósitos da cooperação que serão necessários a fim de manter as pessoas na busca desses objetivos.

Permanece, entretanto, uma questão legítima sobre onde acaba a esfera do pensamento filosófico normativo e começa a esfera das disciplinas mais empíricas. A filosofia parece ser melhor em

---

[26] Ver Stiglitz (2002), que, entretanto, não desafia de maneira suficientemente explícita a ideia de vantagem mútua.

articular os princípios políticos básicos em um nível bem alto de abstração, deixando às outras disciplinas a tarefa de pensar como esses princípios podem se tornar realidade, uma vez que as instituições e suas estruturas mudem.

No entanto, podemos certamente avançar mais e falar sobre a realização das capacidades no mundo moderno. Uma questão que certamente deve ser confrontada é sobre como distribuir os deveres de promover as capacidades em um mundo que contém nações, acordos econômicos e agências transnacionais, corporações, ONGs, movimentos políticos e pessoas individuais. Dizer que "todos nós" temos os deveres está certo, e é verdade, mas seria bom se pudéssemos avançar e dizer pelo menos algo sobre a distribuição apropriada de deveres entre indivíduos e instituições, e entre instituições de diversos tipos.

As instituições são feitas por pessoas, e, afinal, são as pessoas que devem ser vistas como tendo deveres morais de promover as capacidades humanas. No entanto, existem quatro razões por que devemos pensar sobre os deveres como relativos, derivativamente, às estruturas institucionais. Antes de mais nada, há *problemas de ação coletiva*. Pensemos em uma nação. Se dissermos que seus cidadãos têm o dever de manter o sistema de direitos de propriedade, a estrutura de impostos, o sistema de justiça criminal e assim por diante, estamos em um sentido dizendo algo verdadeiro e importante. Não há outros seres vivos em um Estado que não o seu povo; não há uma superpessoa mágica que irá fazer todo o trabalho. No entanto, se cada um tenta pensar individualmente sobre o que precisa ser feito isso seria um recibo para confusão e fracasso massivos. É muito melhor criar uma estrutura institucional decente e, então, considerar os indivíduos delegando sua responsabilidade ética pessoal a essa estrutura. Algo muito semelhante também pareceria ser verdadeiro para a esfera internacional, apesar de a analogia não ser precisa, como veremos.

Segundo, há as questões de *equidade*. Se me preocupo bastante com os pobres do meu país e dou muito do meu dinheiro pessoal para suprir suas necessidades, estou empobrecendo a mim mesmo e a minha família em comparação com aqueles que partem do mesmo lugar, mas que não fazem nada pelos pobres. Qualquer sistema de filantropia voluntária tem esse problema. Na medida em que os outros não são obrigados a pagar a sua cota justa, qualquer que ela seja, aquele que paga tem tanto mais a fazer (a fim de solucionar o problema) quanto tem de incorrer em uma relativa desvantagem em que não incorreria se o sistema impusesse a todos uma carga proporcional de obrigação[27].

Terceiro, há uma questão sobre a *capacidade*: é possível argumentar de modo convincente que as instituições possuem poderes tanto cognitivos quanto causais que os indivíduos não possuem, poderes que são pertinentes à distribuição de responsabilidade. Se pensarmos sobre um dano como o aquecimento global, a cota de contribuição por pessoa pode ser tão pequena a ponto de ser causalmente insignificante, enquanto uma nação ou uma corporação terão um papel causal reconhecido. Além disso, nações e corporações têm poderes de predição e previsão que indivíduos isolados não possuem. Parece plausível que tais fatos nos deem mais uma razão para pensar as responsabilidades em promover as capacidades humanas como institucionais, mais do que pessoais[28].

Finalmente, há uma questão, ou conjunto de questões, mais sutil, sobre a vida pessoal. No utilitarismo clássico, uma vez que toda a responsabilidade moral é entendida como a responsabili-

---

[27] Ver Murphy (2000).
[28] Ver Green (2002).

dade pessoal em maximizar o bem-estar total ou médio, resta uma grande questão em torno do que é feito da pessoa e do sentido da sua vida. As pessoas são apenas mecanismos de maximização. Mais ou menos toda a sua energia tem de ser devotada a calcular a coisa correta a fazer, e então fazê-la. Elas terão de escolher carreira, amizades e compromissos políticos que maximizem o bem-estar total ou médio. A sensação de que haja algo que elas realmente sejam ou que sejam delas próprias é difícil de se manter[29]. Essa apreensão representa, na verdade, um conjunto de preocupações estreitamente relacionadas, pois o sentido ilimitado de responsabilidade no utilitarismo levanta questões acerca da integridade pessoal, sobre a agência, sobre amizade e família, sobre as fontes do sentido da vida e sobre a natureza da atuação política.

Não precisamos elaborar mais aqui todas essas preocupações a fim de perceber que elas implicam muita coisa. Com efeito, da própria perspectiva do enfoque das capacidades elas implicam muita coisa. O objetivo do enfoque das capacidades, é dar às pessoas as condições necessárias para uma vida verdadeiramente humana. Seria uma teoria autodestrutiva se fosse entendida de tal maneira que a injunção de promover as capacidades humanas devorasse a vida de cada pessoa, retirando projetos pessoais, preocupações e espaços em tal medida que ninguém teria a chance de levar uma vida verdadeiramente humana (assumindo que tais preocupações fazem parte de uma vida verdadeiramente humana, como sugere a lista das capacidades).

Podemos ver que essas preocupações estão bem relacionadas ao problema da ação coletiva e ao problema da equidade. Uma

---

[29] Em uma de suas formas, essa família de objeções está eloquentemente formulada em Williams (1973).

razão de o cálculo utilitarista parecer ser tão custoso e demorado é porque envolve equações nas quais o comportamento provável dos outros é altamente incerto; uma razão por que a retirada da liberdade pessoal parece extraordinariamente extrema é normalmente imaginarmos o agente utilitário como suportando a carga da maximização do bem em um mundo no qual a maioria das pessoas está seguindo seus próprios caminhos egoístas.

Parece plausível que uma boa solução para esse problema, como de seus problemas relacionados, seja designar a responsabilidade por promover o bem-estar (capacidades) dos outros às instituições, dando aos indivíduos maior discrição sobre como usar suas vidas separados da esfera na qual as instituições exigem deveres[30]. As instituições impõem a todos, de modo adequadamente justo, a responsabilidade de apoiar as capacidades de todos, até um nível mínimo. Além disso (pelo menos no que diz respeito aos direitos fundamentais), as pessoas estão livres para usar seu dinheiro, tempo e outros recursos como ditam suas próprias compreensões abrangentes de bem. (Esse quadro pode ser alterado, uma vez que a lista completa dos requisitos da justiça seja apresentada, mas isso ainda não está claro.) Haverá normas éticas internas a cada doutrina abrangente religiosa ou ética que determine o quanto cada pessoa é eticamente responsável por fazer mais do que é requerido institucionalmente. Mas a própria tarefa política de apoiar o nível das capacidades é designada, em primeira instância, para as instituições.

Podemos perceber que essa divisão entre o institucional e o ético corresponde a uma distinção familiar na teoria liberal (e especialmente político-liberal) entre a esfera política e as esferas das próprias concepções abrangentes pessoais (ou compartilhadas)

---

[30] Ver também Nagel (1991).

de valor das pessoas[31]. De fato, o liberalismo, entendido como um liberalismo político comprometido com o respeito por uma diversidade ampla de concepções religiosas e outras concepções abrangentes de valor, requer certa divisão. Os princípios apoiados pelos cidadãos para a esfera política não são mais do que um subconjunto de princípios éticos que eles apoiam em suas vidas como um todo. Se esse não fosse caso, não haveria espaço suficiente no sistema para a pluralidade e a diversidade, e esse sistema seria ditatorial em vez de respeitador da diversidade dos compromissos abrangentes de valores das pessoas. Portanto, a estrutura geral do liberalismo político requer uma esfera de escolha ética separada daquela que é politicamente compulsória. Certa bifurcação entre valores políticos e valores sociais mais amplos requeridos por alguns preceitos mais específicos, tais como liberdade de associação, de livre escolha de ocupação, liberdade religiosa e liberdade de ir e vir ocupam um lugar central no enfoque das capacidades.

viii. A globalização do enfoque das capacidades: quais instituições?

As instituições devem, portanto, desempenhar um papel central na promoção das capacidades humanas. Mas aqui a analogia entre a situação doméstica e a situação global começa a se desintegrar. No caso doméstico, podemos facilmente dizer muita coisa sobre o conjunto de instituições que possuem a responsabilidade de apoiar as capacidades humanas dos cidadãos nacionais. A estrutura que sustenta a responsabilidade é o que John Rawls chamou de a "estrutura básica" de uma nação, o conjunto de institui-

---

[31] Essa distinção é algumas vezes misturada com a distinção entre o público e o privado, mas não se trata da mesma coisa. Muitas doutrinas abrangentes são compartilhadas e públicas (no sentido de que fazem parte da sociedade civil); e a própria esfera política assume a proteção de capacidades centrais para mulheres e crianças na família, uma área tradicionalmente considerada privada.

ções que determinam enormemente as chances de vida das pessoas desde quando nascem. Essa estrutura incluirá o poder legislativo, os tribunais, a administração e pelos menos algumas agências administrativas, as leis que definem a instituição da família e a distribuição de privilégios entre seus membros, o sistema tributário e de assistência social, as linhas gerais do sistema de justiça penal e provavelmente também outras estruturas. Apesar de o que pertence à "estrutura básica" mudar ao longo do tempo, no sentido de que dada parte da administração (por exemplo, a Agência de Proteção Ambiental ou o Ministério da Educação) pode tornar-se uma parte mais fundamental e básica da estrutura de promoção das capacidades humanas em determinada época do que em outra, há, em geral, clareza sobre o que envolve a estrutura institucional, e mesmo alguma clareza sobre quais deveres pertencem a cada uma de suas partes.

Podemos ir mais adiante. Alguns princípios gerais referentes às instituições e a suas relações podem ser defendidos como cruciais para a promoção das capacidades humanas[32]. *Separação dos poderes*, junto com o *exame judicial*, emergiu ao longo do tempo como uma estrutura essencial para a proteção das capacidades dos cidadãos. (Em nenhum lugar isso ficou mais claro do que durante o Estado de Emergência na Índia – 1975-1977 –, quando o ataque de Indira Gandhi ao exame judicial levou à suspensão de muitos Direitos Fundamentais. O sistema atual, altamente protetor do papel judicial, é uma resposta àquele grave fracasso.) Um grau apropriado de *federalismo,* ou *descentralização,* também parece ser um aspecto importante para fazer com que a estrutura governamental seja receptiva às vozes das pessoas e protetora de suas capacidades. Os mesmos argumentos que nos levaram a

---

[32] Sou grata a Iris Young por ter me estimulado a abordar essa questão.

apoiar a nação como estrutura expressiva da autonomia das pessoas também o fizeram, especialmente em grandes nações como a Índia e os Estados Unidos, favorecer certa medida de federalismo ou autonomia local, que, no entanto, não deve ter o poder de pôr em risco a igualdade dos cidadãos ou anular direitos fundamentais[33]. Outra característica importante de uma moderna nação protetora das capacidades humanas serão as *agências administrativas independentes*, cuja especialização é essencial para a proteção das capacidades na saúde, meio ambiente e outras áreas, e cuja independência do controle partidário constitui característica estrutural importante de toda nação que esteja adequadamente projetada para proteger as capacidades. Uma vez que a corrupção é um dos problemas nas nações modernas que mais gravemente ameaça as capacidades humanas, *mecanismos para deter e prevenir a corrupção*, tanto na esfera governamental quanto privada, são absolutamente essenciais para a estabilidade das capacidades e da concepção política nelas baseada. Também podemos insistir que os *cursos de direito* e o *treinamento dos agentes da ordem pública* deveriam ser feitos tendo em mente a proteção das capacidades dos cidadãos. Assim, nos lugares em que a discriminação racial, religiosa ou sexual é um problema social agudo, a educação deve incorporar uma ênfase nos assuntos de raça e gênero.

Finalmente, e de modo mais geral, devemos insistir que toda a ordem pública seja projetada de modo a prevenir grandes desigualdades de acesso e de poder. Uma nação pode ter uma Constituição admirável, mas na vida cotidiana ser uma plutocracia se a mídia e as campanhas políticas forem indevidamente controla-

---

[33] Ver Nussbaum (2000a), capítulo 3, para alguns princípios gerais balanceados com relação à religião que podem ser ajustados para servir de guia na relação entre Estado e nação.

das por grupos e indivíduos ricos. Este é o caso hoje dos Estados Unidos; por essa razão, as capacidades humanas estão altamente em risco.

O enfoque das capacidades é, portanto, centrado-nos-direitos, no sentido de que os direitos baseados na dignidade humana constituem o núcleo dessa concepção, e as características estruturais são julgadas boas ou ruins com relação a ele. Mas isso não significa que o enfoque das capacidades não tenha nada a dizer acerca da estrutura: na verdade, o próprio fato de que a promoção das capacidades humanas seja seu objetivo central dá ao debate sobre a estrutura um ponto e um foco, e nos dá razões claras para preferir algumas estruturas a outras.

Quando, entretanto, entramos na esfera global, nada está claro. Se um Estado mundial fosse desejável, poderíamos pelo menos descrever como deveria ser a sua estrutura. Mas parece que tal Estado está longe de ser desejável. Diferentemente das estruturas domésticas básicas, um Estado mundial dificilmente teria um nível decente de responsabilidade por seus cidadãos. Seria um empreendimento muito vasto, e diferenças de cultura e linguagem dificultam muito o requisito da comunicação, pelo menos no momento atual. Tampouco parece claro que devamos promover o tipo de homogeneidade cultural e linguística que tornaria tal Estado mais funcional. A diversidade é uma parte valiosa do nosso mundo, e está sob ameaça. Não a devemos destruir ainda mais sem termos para isso fortes razões.

Um Estado mundial também seria perigoso. Se uma nação se torna injusta, pressões de outras nações podem preveni-la de cometer crimes odiosos (seja contra seus cidadãos, seja contra outras nações). Se o Estado mundial se tornar injusto, não haveria nenhum recurso correspondente; a única esperança seria a rebelião interna. Na história, essa esperança nem sempre se provou confiável: as piores tiranias dos tempos modernos não teriam caído sem pressão externa.

Além disso, ainda que esses problemas possam ser superados, há um problema moral profundo na ideia de um Estado mundial, uniforme em suas instituições e exigências. A soberania nacional, argumentei, possui importância moral como modo de as pessoas terem afirmação de sua autonomia, seu direito de dar a si mesmo leis próprias. Se pensarmos historicamente sobre essa importância moral, poderemos ver que uma parte importante dessa autonomia foi o direito de fazer coisas diferentes das dos vizinhos. Com certeza, essa liberdade assumiu em cada caso sua especificidade, uma vez que cada nação não respeitava internamente suas diferentes religiões e modos de vida. Assim, o único modo para um protestante de usufruir de liberdade religiosa era viver em uma nação protestante, e assim por diante. Na medida em que o respeito pelo pluralismo foi se tornando parte das estruturas domésticas de cada país, o argumento a favor da variedade nacional deixou de ser tão importante. Mas ele não desaparece, pois há diferenças de linguagem, cultura e história que ainda podem ser legitimamente defendidas como importantes. O enfoque das capacidades insiste que certos direitos centrais devem fazer parte das constituições nacionais por todo o mundo. Mas deixa uma grande quantidade de espaço para a diversidade de interpretação e de estrutura institucional, e para a diversidade em áreas que não as centrais. Uma parte importante da proteção da liberdade humana é a proteção da soberania nacional em um mundo de pluralismo. Nesse sentido, qualquer Estado mundial seria *ipso facto* tirânico.

Se esses são bons argumentos, então a estrutura institucional em nível global deve permanecer tênue e descentralizada. Parte dela consistirá simplesmente em estruturas domésticas básicas às quais atribuiremos a responsabilidade por redistribuir parte de sua riqueza para outras nações. Outra parte consistirá em corporações multinacionais às quais atribuiremos certas responsabilidades em proteger as capacidades humanas nas nações em que elas fazem seus negócios. Ainda outra parte consistirá em políticas de economia global, agências e acordos, inclusive o Banco Mundial, o Fundo Monetário Internacional (FMI) e vários acordos de comércio. Outra consistirá de diferentes organismos internacionais, tais como a Organização das Nações Unidas (ONU), a Organização Internacional do Trabalho (OIT), o Tribunal Mundial e o novo Tribunal Penal Internacional, e acordos internacionais em muitas áreas, tais como os direitos humanos, o trabalho e o meio ambiente. Finalmente, outra parte consistirá de organizações não governamentais de diversos tipos, desde grandes e multinacionais (tais como Oxfam) a pequenas e locais.

Até agora a forma assumida por essa estrutura é o resultado de uma combinação de fatores históricos, e não de uma reflexão normativa deliberada. Há, portanto, uma estranha combinação entre a filosofia política normativa e os detalhes de um conjunto de instituições tão estranhamente reunidas como essas. Está, portanto, claro que a distribuição de responsabilidade entre essas diferentes partes da estrutura global deve permanecer provisória e informal, e sujeita a mudança e reconsideração. Notem também que a distribuição é ética. Ela é política somente porque é desejável e devemos fazer que aconteça, já que não há uma estrutura coercitiva sobre o todo que exija um conjunto definido de tarefas a qualquer parte dada. Nesse sentido, meu enfoque é uma versão da velha abordagem do direito natural: as exigências de nível mundial são exigências morais, não plenamente capturáveis em qualquer conjunto de estruturas políticas coercitivas.

Podemos, no entanto, formular pelo menos alguns princípios para uma ordem mundial desse tipo, que possam pelo menos nos ajudar a pensar sobre como promover as capacidades humanas em um mundo de desigualdades.

ix. Dez princípios para a estrutura global

1. *Sobredeterminação da responsabilidade: a esfera doméstica nunca escapa.* A maioria das nações bem e honestamente governadas pode promover muitas ou mesmo a maioria das capacidades humanas, até um certo nível mínimo razoável. Como enfatizado por Amartya Sen, a fome pode ser evitada através de um sistema decente de direitos, em conjunto com uma imprensa livre e uma democracia política. Critiquei o uso que John Rawls faz da teoria de Sen, pois a usa para negar que as nações ricas precisem fornecer ajuda econômica às nações pobres. Se a justiça requer a diminuição da desigualdade global, tal justiça não é alcançada mesmo que as nações pobres possam promover as capacidades no plano interno – não mais do que a justiça doméstica é alcançada sem redistribuição, somente porque famílias pobres conseguem com dificuldade levar uma vida minimamente aceitável. Sem endossar qualquer princípio específico de redistribuição, tal como o princípio da diferença rawlsiano, e operando somente com nossa ideia do mínimo social, expressa no nível mínimo da capacidade, podemos dizer que seria injusto se as nações mais pobres tivessem de lutar contra obstáculos maiores do que as nações ricas a fim de cumprir com seus deveres fundamentais. No entanto, podemos começar exigindo que elas façam tudo o que está ao seu alcance. Outorgar responsabilidade à estrutura econômica mundial não significa que isentamos a estrutura doméstica da sua responsabilidade. Se, dessa forma, a satisfação das capacidades é alcançada, tanto melhor.

2. *A soberania nacional deve ser respeitada, dentro dos limites da promoção das capacidades humanas.* Na minha seção sobre justificação e implementação (capítulo 4, seção iv) já esbocei as ideias por trás desse princípio. Em geral, a intervenção coercitiva (militar) só é justificada em um número limitado de circunstâncias; os tratados e acordos internacionais também podem desempenhar um papel coercitivo, como discutido no princípio 6 adiante. Mas a persuasão e o uso persuasivo de financiamento são sempre boas coisas. Isso nos leva ao próximo princípio.

3. *As nações prósperas têm a responsabilidade de fornecer uma parte substancial de seus PIB às nações mais pobres.* As nações prósperas do mundo têm a responsabilidade de apoiar as capacidades de seus próprios cidadãos, como afirma o princípio 1. Mas elas também possuem outras responsabilidades. Parece ser injusto que um mundo baseado nas ideias de cooperação mútua e respeito pela dignidade humana não esteja comprometido com uma distribuição bastante significativa, um mundo no qual muitos seres humanos têm luxos que não correspondem a nenhuma necessidade humana central e muitos outros são desprovidos do que necessitam. Podemos plausivelmente ter a expectativa de que nações ricas doem uma quantidade bem maior que a atual para a assistência das nações pobres: o percentual de 2% do Produto Interno Bruto (PIB), apesar de arbitrária, é um bom sinal do que poderia começar a ser moralmente adequado. (Atualmente, os Estados Unidos consagra 0,01% do PIB para a ajuda externa; as nações europeias consagram um pouco menos do que 1%, apesar de algumas, como a Dinamarca e a Noruega, chegarem perto disso.) O percentual preciso é discutível: o princípio geral, não.

Menos clara é a forma que tal ajuda deve tomar: ela deve ser dada em primeira instância aos governos, ou também a ONGs? Essa decisão, novamente, deveria ficar a cargo do contexto: o princípio geral deveria ser o de não minar a soberania nacional se a nação beneficiária é democrática, mas ao mesmo tempo dar ajuda de um modo eficiente, que mostre respeito pelas capacidades na lista. Se a nação democrática tem sérios problemas de corrupção governamental, pode haver uma boa razão para fornecer ajuda através das ONGs em vez de governos. Outra razão para passar por cima do governo seria a sua forma injusta de lidar com as minorias desfavorecidas. Assim, as nações que procurassem financiar a educação na Índia em 2003 poderiam ter sido aconselhadas a realizá-lo através das ONGs em vez do governo nacional, caso algum ministro da educação estivesse empenhado, por exemplo, em hinduizar o currículo, em vez de focar na extensão das oportunidades básicas para todos[34]. Eficiência, preocupação com as capacidades da lista e preocupação com os desfavorecidos e excluídos, tudo isso sugere, por exemplo, uma preferência por apoiar grupos que forneçam educação para mulheres e outros grupos negligenciados[35].

4. *As empresas multinacionais têm a responsabilidade de promover as capacidades humanas nas regiões em que operam.* O entendimento dominante acerca da razão de ser de uma empresa tem sido até agora a do lucro. Essa compreensão não impediu às empresas de consagrar grande quantidade de dinheiro internamente à caridade, mas não há nenhum padrão geralmente aceito de responsabilidade moral. A nova ordem global deve ter um entendimento público claro de que parte da atividade de fazer negócio decentemente constitui-se em devotar uma quantidade substancial dos próprios lucros à promoção da educação e de boas

---

[34] Nussbaum (2004b).
[35] O anúncio da Grã-Bretanha no final de setembro de 2004 de que cancelaria cerca de 20% da dívida das nações pobres é uma luz promissora, e um modo criativo de usar a ajuda de um modo não dominante.

condições ambientais nas regiões nas quais a empresa atua. Há bons argumentos de eficiência para isso: por exemplo, as empresas atuam melhor com uma mão de obra estável e bem-educada. A educação também promove o engajamento político, crucial para a saúde da democracia; e as empresas atuam bem sob condições de estabilidade política. No entanto, esses argumentos devem ser subsidiários da compreensão geral pública de que tal apoio representa o que a decência requer. Ao mesmo tempo, as empresas devem tratar de promover boas condições de trabalho, indo além do que as leis locais possam lhes requerer.

Em certa medida, as empresas podem ser controladas pelas leis domésticas de cada país. Mas a dificuldade é que todos os países querem atraí-las, e algumas vezes há uma corrida ao fundo do poço, pois cada qual procura oferecer mão de obra mais barata e regulações ambientais menos pesadas do que as de seus competidores. Assim, a responsabilidade maior deve ficar com os próprios membros da empresa, seus advogados e, muito importante, seus consumidores, que podem fazer pressão sobre a empresa para que atue melhor do que vem atuando.

Em alguns casos, uma empresa, ou tipo de empresa, pode enfrentar responsabilidades especiais inerentes a sua especialidade. Assim, as companhias farmacêuticas hoje encaram responsabilidades específicas de enfrentar a crise global da aids, ao comercializar seus produtos a preços acessíveis nos países mais afetados e ao contribuir para o desenvolvimento de uma infraestrutura adequada que permita seu fornecimento. De novo, o consumidor é um agente crucial na exigência dessa responsabilidade. Nesse ponto voltamos à questão da responsabilidade individual como fonte da pressão por assunção de uma responsabilidade empresarial já fixada (em nosso argumento ético).

5. *As principais estruturas da ordem econômica global devem ser planejadas de tal modo que sejam justas com os países pobres e em desenvolvimento.* O fato de muitas nações poderem alimentar toda a sua população não significa que seja justo que alguns países tenham obstáculos adicionais colocados no meio de seu caminho. O que esse princípio implica exatamente é um tema de debate entre os economistas, e continuará sendo por bastante tempo[36]. De qualquer forma há uma concordância bastante geral de que as formas pelas quais o FMI e os diversos acordos de comércio globais têm operado não são suficientemente respaldadas pela reflexão ética sobre esses assuntos. O Banco Mundial tem estado recentemente de algum modo mais atento a assuntos éticos e de pobreza, e seu desenvolvimento nessa direção não foi interrompido. Em parte, o problema é o mesmo de qualquer estrutura burocrática: as normas das pessoas que mais refletem sobre o tema parecem normalmente muito complicadas para que políticas claras e imediatas sejam fornecidas e com as quais o burocrata possa ir para o exterior e implementar[37]. Mas, em parte, há também a sensação persistente de que as normas éticas são muito "brandas" e não correspondem ao que um formulador realista de políticas públicas deveria estar pensando. A comunidade mundial deve continuar a exercer pressão sobre essas agências, uma vez que as vozes de protesto têm sido bastante importantes em conseguir que as pessoas desprovidas sejam ouvidas. Na área do comércio, particularmente, os protestos e as pressões públicas tendem a ser os únicos mecanismos que irão promover com sucesso a atenção para normas morais urgentes.

6. *Deveríamos cultivar uma esfera pública global tênue, descentralizada, mas ainda assim contundente.* Um Estado mundial

---

[36] Ver, por exemplo, Stiglitz (2002) e Friedman (2002).
[37] Conversa com François Bourguignon, abril de 2002.

não é uma aspiração apropriada. Mas não há razão por que um sistema limitado de governo global, com pelo menos alguns poderes coercitivos, não pudesse ser compatível com a soberania e a liberdade de nações individuais. Esse sistema deveria incluir um tribunal criminal mundial do tipo que correntemente foi iniciado para lidar com violações graves dos direitos humanos; um conjunto de regulações ambientais mundiais com mecanismos coercitivos, assim como uma taxa imposta às nações industriais do hemisfério norte de apoio ao desenvolvimento de controles de poluição nos países do hemisfério sul; um conjunto de regulações de comércio que tentaria controlar o impacto da globalização a partir de um conjunto de objetivos morais para o desenvolvimento humano como desenvolvido na lista das capacidades; um conjunto de padrões globais de trabalho tanto para o setor formal quanto o informal, junto com sanções para empresas que não os obedeçam; algumas formas limitadas de taxação global que afetasse as transferências de riqueza das nações ricas para as nações pobres (tal como o imposto de recurso global sugerido por Thomas Pogge)[38]; e, finalmente, um número grande de acordos e tratados internacionais que, uma vez ratificados pelas nações, possam ser incorporados pelos sistemas jurídicos domésticos das nações através de ação judicial e legislativa[39]. Instituições existentes tais como a Organização Mundial da Saúde (OMS), a OIT, o Programa das Nações Unidas para o Desenvolvimento (Pnud), o Fundo das Nações Unidas para a Infância (Unicef) e a Organização das Nações Unidas para a Educação, a Ciência e a Cultura (Unesco) podem desempenhar um papel importante, mas não parece

---

[38] Ver Pogge (2002).
[39] Em diversos casos, por exemplo, as normas de igualdade sexual inseridas na convenção Cedaw têm sido consideradas obrigatórias para as nações que a ratificaram, de tal forma que afetou o resultado de disputas legais e também gerou nova legislação.

uma boa ideia assumir que a estrutura atual dessas instituições continuará fixa durante muito tempo, uma vez que podemos ver como, em muitos casos, novas instituições têm surgido para lidar com novos problemas.

7. *Todas as instituições e (a maioria dos) indivíduos deveriam prestar atenção aos problemas dos desfavorecidos em cada nação e em cada região.* Observamos que a soberania nacional, apesar de moralmente importante, arrisca isolar da crítica e da mudança a situação das mulheres e de outros grupos em desvantagem em cada nação. A situação das pessoas (quem quer que sejam e em qualquer momento dado) cuja qualidade de vida é especialmente baixa, medida pela lista das capacidades, deve consequentemente ser um foco persistente de atenção para a comunidade mundial como um todo: não apenas para as instituições, mas para todos os indivíduos que não estão normalmente eles próprios sobrecarregados. (Membros de grupos em desvantagem frequentemente desempenham um papel muito criativo em mobilizar a ação mundial, como aconteceu no movimento internacional das mulheres. Não obstante, parece que o dever de solucionar problemas graves deveria ficar primariamente com aqueles cujas vidas não são vividas em circunstâncias desesperadoras.) Apesar de somente em alguns casos serem apropriadas sanções coercivas, nossa habilidade em justificar um conjunto mais rico de normas deve conduzir a esforços incansáveis de persuasão e mobilização política, como o trabalho que levou à Convenção sobre a Eliminação de Todas as Formas de Discriminação contra as Mulheres (Cedaw). O uso seletivo de financiamento pode ajudar enormemente o processo de aumentar o padrão de vida dessas pessoas e grupos.

8. *A assistência aos enfermos, idosos, crianças e deficientes deveria constituir um foco importante de atenção da comunidade mundial.* Um problema crescente no mundo de hoje, na medida

em que a população envelhece e na medida em que mais e mais pessoas estão vivendo com o HIV/aids, é a necessidade de cuidar de pessoas em condições de dependência. O capítulo 3 já discutiu os problemas da igualdade dos gêneros colocados pelo arranjo atual inadequado sobre a assistência. O Estado, o local de trabalho e a família devem todos mudar para que as necessidades de assistência sejam satisfeitas sem prejudicar o bem-estar e as aspirações das mulheres. De novo, essa é uma tarefa que requer intervenção tanto nacional quanto internacional, na qual as nações ricas têm o dever de ajudar as mais pobres desenvolvendo, por exemplo, uma infraestrutura de enfermagem e saúde necessárias para lidar com a crise do HIV.

9. *A família deve ser tratada como uma esfera preciosa, mas não "privada".* As teorias do contrato social já há muito tempo dividiram o mundo em "esfera pública" e "esfera privada", e tais teóricos trataram a família como um domínio fora do limite da esfera pública. O tratamento complexo e tortuoso de Rawls sobre essa questão mostra como é difícil mesmo para o mais preocupado entre esses teóricos solucionar problemas colocados pelas desigualdades de recursos e oportunidades dentro da família[40]. A comunidade mundial deve proteger as liberdades individuais das pessoas, inclusive o direito de escolher casar e formar uma família[41], e vários outros direitos associados, inclusive alguns direitos parentais sobre escolhas relacionadas às suas crianças. Mas a proteção das capacidades humanas dos membros das famílias é sempre a principal. Os milhões de meninas que morrem por negligência,

---

[40] Ver Nussbaum (2000a), capítulo 4; e (1999a), capítulo 2.
[41] Assim, oponho-me ao matrimônio infantil e ao casamento sem consentimento; não sou contra casamento arranjado quando praticado com uma pessoa de idade razoavelmente acima de uma idade de consentimento, que possua opções, não esteja sob coerção e consinta com o arranjo em questão.

falta de alimentação essencial e cuidado não estão morrendo porque o Estado as perseguiu, estão morrendo porque seus pais não querem alimentar outra boca feminina (e pagar outro dote), e porque o Estado não fez o suficiente para proteger suas vidas. A comunidade mundial tem sido muito morosa em responder ao problema dos cuidados diferenciados para meninas e para meninos, exatamente porque tanto as tradições ocidentais quanto as não ocidentais construíram o lar como um domínio inviolável de prerrogativa pessoal[42]. Achar uma nova abordagem para a família que seja tanto respeitante da liberdade de associação quanto protetora das capacidades das crianças deve ser uma prioridade da esfera pública global, assim como do debate político interno em cada nação.

10. *Todas as instituições e indivíduos têm a responsabilidade de apoiar a educação como chave para a autonomia de pessoas atualmente desfavorecidas.* A educação é a chave para todas as capacidades humanas[43]. E, como vimos, está entre os recursos mais mal distribuídos em torno do mundo. Governos nacionais podem fazer muito mais em mais ou menos todos os casos para promover a educação em cada nação; mas as empresas, organizações não governamentais (financiadas por contribuições individuais, ajuda estrangeira de governos e assim por diante) e a esfera pública global (em documentos e fóruns internacionais) podem fazer muito mais coisas para proteger a educação primária e secundária universal. Nada é mais importante do que isso para a democracia, para a satisfação da vida, para a igualdade e mobilidade dentro da própria nação, para a ação política efetiva par além das fronteiras nacionais. A educação deveria ser concebida não me-

---

[42] Para uma comparação entre as tradições indianas e ocidentais a esse respeito, ver Nussbaum (2002a).
[43] Ver Nussbaum (2004a).

ramente como fornecedora de habilidades técnicas úteis, mas também, e mais centralmente, como um meio de enriquecimento geral da pessoa através da informação, do pensamento crítico e da imaginação.

Tomados como um grupo, esses princípios (e o enfoque das capacidades que está por trás deles) parecem preencher muito bem os critérios estabelecidos no final de nossa crítica a Rawls. O *respeito igual pelas pessoas* é mostrado pelos compromissos em promover as capacidades humanas para toda e qualquer pessoa e em remover as características estruturais do sistema mundial que se colocam entre as pessoas e as oportunidades de vida decentes; também pelo compromisso em promover toda e qualquer capacidade, em vez de tratar alguns assuntos humanos importantes como meramente instrumentais para a busca da riqueza. A *importância moral da soberania do Estado* é reconhecida claramente na teoria. A *justiça* é realizada *em múltiplas relações* na medida em que as responsabilidades em promover as capacidades humanas são projetadas para um campo amplo de estruturas globais e nacionais distintas. A *flexibilidade das instituições domésticas* é posta em relevo pela exigência de que todas as nações façam o bastante para promover o bem-estar das pessoas nas nações mais pobres: precisarão alterar suas estruturas domésticas a fim de fazer isso, e assim não podem e não devem insistir que suas estruturas domésticas sejam fixas e acabadas. Finalmente, como vimos, uma *nova explicação a respeito dos propósitos da cooperação internacional* anima o espírito de toda a ação com ideias de desenvolvimento humano e associação humana global, substituindo a ideia mais fraca de vantagem mútua.

Não há nenhum lugar natural para parar a lista dos princípios. Alguém poderia ter estabelecido uma lista com vinte princípios em vez de dez. Além disso, os princípios são extremamente gerais, e deixam muitas questões difíceis em aberto, que surgem tão logo comecemos a implementá-los. Quando chegar a esse ponto, a filosofia deve deixar o trabalho para outras disciplinas. Mas a parte filosófica da investigação não é inútil. As ideias moldam a política pública em um nível profundo, influenciando quais alternativas irão para a mesa de negociação e serão seriamente consideradas[44]. Esses princípios, junto com a análise teórica que os sustenta, são pelo menos um sinal do que o enfoque das capacidades pode oferecer na medida em que nos movemos de objetivos e direitos para a construção de uma sociedade global decente. Se o nosso mundo deve ser um mundo decente no futuro, devemos reconhecer imediatamente que somos cidadãos de um mundo interdependente, unido tanto por causa de associação mútua quanto pela busca de vantagem mútua, por compaixão, tanto quanto pelo autointeresse, por um amor pela dignidade humana em todas as pessoas, mesmo quando não tenhamos nada a ganhar por cooperar com eles. Ou melhor, mesmo quando o que temos a ganhar é a maior de todas as coisas: a participação em um mundo justo e moralmente decente.

---

[44] Cf. Stiglitz (2002), p. xii, quando analisa os fracassos das políticas internacionais de desenvolvimento: "O que estava em jogo... era uma questão de *ideias* e de concepções acerca do papel do Estado que derivam dessas ideias".

CAPÍTULO 6

ALÉM DA "COMPAIXÃO E HUMANIDADE":
JUSTIÇA PARA OS ANIMAIS NÃO HUMANOS

> *Em resumo, consideramos que os animais de circo (...) são alojados em jaulas apertadas, submetidos a medo, fome, dor, para não mencionar o modo indigno de vida que são obrigados a viver, sem descanso, e a nota de repúdio foi emitida em conformidade com os (...) valores da vida humana, a filosofia da Constituição (...). Apesar de não serem* Homo sapiens, *são seres com direito a uma existência digna e a tratamento humano sem crueldade e tortura (...). Por essa razão, não é somente nosso dever fundamental mostrar compaixão pelos nossos amigos animais, mas, também, reconhecer e proteger os seus direitos (...). Se os seres humanos são merecedores de direitos fundamentais, por que não os animais?*
>
> – Nair *versus* Índia, Suprema Corte de Kerala, nº 155/1999, junho de 2000

i. "Seres que têm direito a uma existência digna"

Em 55 a.C., o líder romano Pompeu encenou um combate entre seres humanos e elefantes. Cercados na arena, os animais perceberam que não tinham chance de escapar. Segundo Plínio, eles então "imploraram à multidão, tentando ganhar deles compaixão através de gestos indescritíveis, chorando por causa da sua situação com um tipo de lamentação". A audiência, levada a sentir piedade e raiva da situação, amaldiçoou Pompeu – sentindo, escreve Cícero, que os elefantes tinham uma relação de compartilhamento (*societas*) com a raça humana[1].

Nós, seres humanos, compartilhamos um mundo e seus recursos escassos com outras criaturas inteligentes. Temos muito em comum com elas, apesar de também diferirmos de diversas maneiras. Essas características comuns nos inspiram algumas vezes simpatia e interesse moral, apesar de na maioria das vezes tratarmos essas criaturas com estupidez. Também temos muitos tipos de relacionamentos com membros de outras espécies, relacionamentos que envolvem tanto receptividade, simpatia, prazer em fazer as coisas bem e interação baseada no interesse pelo outro, quanto manipulação, indiferença e crueldade. Parece plausível pensar que esses relacionamentos devem ser regulados pela justiça, em vez de pela luta pela sobrevivência e pelo poder que prevalece na maioria das vezes atualmente.

Animais não humanos[2] são capazes de levar uma existência digna, como afirma a Suprema Corte de Kerala. É difícil saber precisamente o que essa frase significa, mas está bem claro o que não significa: condições como as suportadas pelos animais de circo do caso judicial, espremidos em jaulas apertadas e sujas, famintos, aterrorizados e espancados, a quem eram concedidos somente o mínimo de cuidado para que pudessem estar apresentáveis no picadeiro no dia seguinte. Uma existência digna parece-

---

[1] O incidente é discutido em Plínio, *História Natural* 8.7.20-1; e Cícero, *Ad Familiares* 7.1.3. Ver também Dião Cássio, *História* 39, 38. Ver a discussão em Sorabji (1993).

[2] Irei muitas vezes me referir a outras espécies animais dessa maneira. Meu uso da palavra "animais" deve ser entendido como uma forma abreviada dessa expressão maior e mais exata.

ria incluir pelo menos o seguinte: oportunidades adequadas para nutrição e atividade física; direito a não sofrer dor, abandono e crueldade; liberdade de agir de acordo com os modos característicos a cada uma das espécies (em vez de serem confinados e, como aqui, obrigados a realizar acrobacias bobas e degradantes); viver sem medo e oportunidades para interações recompensadoras com outras criaturas da mesma espécie, e de espécies diferentes; e oportunidade de aproveitar da luz e do ar com tranquilidade. O fato de os seres humanos agirem de forma a negar aos animais uma existência digna parece ser uma questão de justiça, e uma questão urgente, ainda que tenhamos de argumentar mais para convencer aqueles que se recusam a aceitá-la. Além disso, apesar de as questões assim levantadas serem de diversas maneiras diferentes das que debatemos até aqui, não parece haver nenhuma boa razão pela qual os mecanismos existentes de justiça básica, direitos e leis não possam ser ampliados para além da barreira de espécie, como a Corte Indiana corajosamente o fez.

Antes que possamos realizar essa ampliação com alguma chance de sucesso, precisamos, entretanto, enunciar uma abordagem teórica adequada. Nessa área, nosso material conceitual está em sua infância. Parece prematuro conduzir diretamente a conclusões, por mais urgentes que sejam, e obviamente muitas delas o são, se não procurarmos ao mesmo tempo refinar nossas categorias filosóficas.

O enfoque das capacidades fornece um guia teórico melhor do que fazem os outros enfoques com relação à questão dos direitos dos animais. Pois reconhece um amplo número de tipos de dignidade animal e as necessidades correspondentes para seu florescimento. E porque está atento à variedade de atividades e objetivos que os diversos tipos de criaturas perseguem, o enfoque é capaz de produzir normas de justiça entre espécies que são sutis e ainda assim exigentes, envolvendo direitos fundamentais para criaturas de diferentes tipos. O enfoque terá de ser transformado e estendido a fim de atender a este desafio. Mas os seus ingredientes aristotélicos lhe permitem dar conta desse desafio satisfatoriamente.

Como enfatizei repetidamente, as teorias de contrato social kantianas possuem grandes pontos fortes. Nessa área, entretanto, elas são claramente mais insuficientes do que qualquer outra. Tanto por causa de seu compromisso com a racionalidade como base para dignidade quanto por causa de sua concepção dos princípios políticos como derivados de um contrato entre quase iguais, negam que tenham obrigações de justiça para com animais não humanos. Veem tais obrigações seja como subproduto das obrigações para com os seres humanos ou simplesmente como tipo diferente, como deveres de caridade e não de justiça. Argumentarei que devemos criticar tais visões de dois modos: reconhecendo um grau de inteligência em muitos animais não humanos e rejeitando a ideia de que somente aqueles que podem participar de um contrato como iguais podem ser sujeitos primários, não derivados, de uma teoria da justiça.

ii. Perspectivas a partir do contrato social kantiano: deveres indiretos, deveres de compaixão

Não nos surpreende que um de nossos julgamentos legais de maior alcance em favor dos animais venha da corte indiana; as tradições hindus da Índia ensinam a reverência por muitos animais, e o vegetarianismo é uma ideia moral importante. Em contraste, todos os filósofos que escrevem a partir da tradição ocidental moderna, quaisquer que sejam suas crenças religiosas, foram influenciados profundamente pela tradição judaico-cristã, que ensina que aos seres humanos foi dado o domínio sobre os animais e as plantas. Ainda que escritores judeus e cristãos tenham estudado os gregos e os romanos e incorporado muito de suas ideias, não surpreende que a escola antiga de pensamento ético que teve a maior influência em seu pensamento com relação à questão dos animais tenha sido o estoicismo, que, de todas as perspectivas grego-romanas, foi o menos simpático à ideia de que os animais poderiam ter um estatuto ético[3]. Escritores platonistas tardios defenderam uma ética elaborada de vegetarianismo e de respeito pela vida animal, mas a fundamentaram em suas doutrinas metafísicas (inclusive na transmigração das almas em corpos animais) que os judeus e cristãos repudiavam. Os aristotélicos defendiam que tudo na natureza formava um *continuum*, e que todas as criaturas vivas mereciam respeito e até mesmo admiração. Mas para tornar o aristotelismo compatível com o cristianismo era necessário revisar esses elementos particulares e introduzir uma divisão forte entre os seres humanos e as outras espécies, como São Tomás de Aquino e outros aristotélicos cristãos o fizeram. Os epicuristas argumentaram que os seres humanos, como todos os animais, são compostos de corpos mortais e almas corporificadas que desintegram na morte. Mas tais doutrinas, que pelo menos rompem com o sentido de santidade única em torno da vida humana, foram rejeitadas por judeus e cristãos como paradigmáticos do ateísmo e do materialismo herege.

Judeus e cristãos acharam, entretanto, no estoicismo um aliado natural, pois a perspectiva estoica, assim como a perspectiva judaico-cristã, ensinava que a capacidade de raciocínio e de escolha moral era a fonte única de dignidade em qualquer ser natural. Seres que carecessem dessa fonte de dignidade estavam em um sentido importante fora da comunidade ética. Apesar disso, cris-

---

[3] Ver Sorabji (1993). Ele responsabiliza o estoicismo por muito de nossa insensibilidade posterior, sem, em minha opinião, apreciar suficientemente a força das fontes judaico-cristãs, que decidiram quais perspectivas gregas seriam escutadas.

tãos, judeus e estoicos são ainda capazes de sustentar que temos o dever de não abusar dos animais; na verdade, também podem sustentar que temos deveres perante objetos inanimados. Mas os animais não são considerados participantes da comunidade ética, criaturas em parceria com os quais devemos desenvolver nossos modos de vida.

Assim, devemos começar a nossa investigação das teorias de contrato social reconhecendo que elas surgiram dentro de uma cultura judaico-cristã mais geral, e que o tratamento dos animais, que antigamente, no mundo greco-romano, era uma questão ética proeminente, não foi mais assim considerado pelo menos até o século XVIII. Precisamos investigar os pontos fracos que aparecem em tais teorias devido à sua forma de contrato social, e quais aparecem devido ao pano de fundo mais geral em que surgem[4].

Kant não fala nada sobre animais em suas obras principais sobre filosofia moral e política; não diz nada que possa conectá-los a sua teoria do contrato social. Na obra antiga, *Lectures on Ethics*[5], aborda, no entanto, o tópico dos deveres frente a seres animados não humanos, "animais e espíritos"[6]. Baumgarten, cujo texto ele usa como base para seu curso, fala de "deveres perante seres que estão abaixo de nós e seres que estão acima de nós". Mas Kant nega que tenhamos quaisquer deveres diretamente direcionados aos animais. Possuímos deveres morais perante a seres autoconscientes. Os animais não possuem autoconsciência. Portanto,

---

[4] Hobbes e Locke não dizem nada de interessante sobre as animais, assim a tradição kantiana é a única fonte sobre o que a teoria do contrato social clássica diz sobre isso.

[5] Essas aulas, editadas a partir de anotações de um estudante, foram provavelmente dadas entre 1775 e 1780; a *Fundamentação* foi publicada em 1785, e a segunda *Crítica* em 1788; a *Metafísica da moral* (com sua explicação do contrato social) em 1797-1798.

[6] Kant (1963), pp. 239-240.

eles "são meramente meios para um fim. Este fim é o homem (...) Nossos deveres perante os animais são meramente deveres indiretos diante da humanidade".

O argumento de Kant a favor de deveres indiretos inicia-se a partir de uma ideia de similaridade analógica. Os animais, argumenta, comportam-se de modo análogo aos dos seres humanos: por exemplo, eles exibem um análogo de lealdade. Se nos habituarmos a tratar os animais gentilmente quando se comportarem assim, fortalecemos a nossa disposição de nos comportarmos gentilmente com os seres humanos quando estes se comportarem de modo similar. De modo geral (e aqui Kant parece ter abandonado a questão sobre a similaridade analógica), quando somos gentis com os animais, reforçamos nossas tendências para a gentileza; quando somos cruéis com os animais, alimentamos as tendências para sermos cruéis com os seres humanos. Kant alude aqui às gravuras famosas e influentes de Hogarth, "The Stages of Cruelty", que descrevem um jovem torturando animais e então indo cometer uma variedade de atos cruéis e desumanos com os seres humanos, culminando em assassinato. Kant acredita que as ideias de Hogarth oferecem lições importantes para as crianças. Ele também exprime aprovação pelo costume britânico segundo o qual açougueiros e médicos não devem se sentar no banco de jurados porque estão acostumados com a visão da morte e "insensibilizados"[7].

Dessa forma, pareceria que Kant apoia toda a questão da gentileza com os animais em afirmações empíricas frágeis sobre a

---

[7] Para uma história de tais argumentos no século XVIII, especialmente na Grã-Bretanha, ver Lee (2002), que também discute a influência das gravuras de Hogarth. Lee também examina as descobertas da psicologia moderna nessa questão, e conclui que há pelo menos indícios favoráveis à validade da afirmação de "hábitos cruéis".

psicologia. Ele não pode conceber que criaturas que (em sua visão) carecem de autoconsciência e de capacidade para reciprocidade moral possam ser possivelmente objetos de dever moral. ("Ele não falha em seu dever de cão", escreve, "pois o cão não pode julgar".) Em amplo sentido, ele não acredita que tal ser possa ter uma dignidade, um valor intrínseco. Seu valor deve ser derivativo e instrumental.

As opiniões de Kant sobre os animais não estão relacionadas nem mesmo com a cultura judaico-cristã de seu tempo. Pois é possível sustentar corretamente que os seres humanos têm domínio sobre os animais, e ao mesmo tempo sustentar, como faz aparentemente Baumgarten, que os seres humanos têm a obrigação de administrar bem esse domínio, o que lhes requer tratar os animais decentemente. As opiniões de Kant expressam suas próprias concepções particulares sobre obrigação moral e humanidade, de acordo com as quais a capacidade para a racionalidade moral é essencial para o *status* ético.

Alguém pode, entretanto, ser um contratualista – e, na verdade, em algum sentido, um kantiano – sem compartilhar essas visões estreitas. Para Rawls, a justiça, apesar de ser "a primeira virtude das instituições sociais", não é a única, mesmo na esfera política, e certamente, tampouco, a totalidade da virtude moral. Apesar de suas observações sobre os animais não serem extensas, não hesita em dizer que há deveres morais para com os animais, os quais denomina "deveres de compaixão e humanidade" (*TJ*, p. 512). O fato de os animais sentirem prazer e dor impõe tais deveres.

Mas, para Rawls, essas não são questões de justiça, e ele é explícito sobre isso ao dizer que a doutrina do contrato não pode ser ampliada para lidar com elas "de um modo natural": "É certamente errado ser cruel com os animais (...). Tanto a capacidade para sentir prazer e dor quanto para formas de vida de que os animais são capazes impõem nesse caso, claramente, deveres de compaixão e humanidade. Não tentarei explicar essas crenças importantes. Elas estão fora do escopo de uma teoria da justiça, e não parece ser possível estender a doutrina do contrato de modo a incluí-las de modo natural" (*TJ*, p. 512).

Paralelamente, em uma importante seção anterior intitulada, "A base da igualdade", Rawls argumenta que falta aos animais aquelas propriedades dos seres humanos "em virtude das quais eles são capazes de ser tratados de acordo com os princípios da justiça" (p. 504). Ser uma pessoa moral é condição suficiente para merecer ser tratada com justiça sob uma base de igualdade com os outros. Rawls define as pessoas morais com referência a duas características que ele mais tarde (em *Liberalismo político*) chama de os dois poderes morais: uma capacidade para uma concepção de bem e uma capacidade para um sentido de justiça, pelo menos "em certo grau mínimo" (p. 505). Similarmente, em *LP*, referindo-se a sua discussão passada, diz: "Terem essas faculdades no grau mínimo necessário para serem membros plenamente cooperativos da sociedade é o que torna as pessoas iguais" (p. 19). Apesar de jamais insistir em que a capacidade para a personalidade moral fosse uma condição necessária para alguém merecer justiça estrita e igual, Rawls demonstra sua simpatia por essa conclusão no caso dos animais: "enquanto não sustentei que a capacidade para um senso de justiça seja necessária a fim de ter direito a deveres de justiça, parece sim que não somos obrigados a dar justiça estrita a criaturas que careçam dessa capacidade (...) Nossa conduta com relação aos animais não é regulada por esses princípios, ou, pelo menos, é nisso que se crê geralmente" (*TJ*, pp. 512 e 504).

Uma vez mais, precisamos nos perguntar o quanto da posição de Rawls é explicado em função de seu contratualismo, e quanto o é em função da sua concepção política kantiana de pessoa. A concepção kantiana de pessoa é claramente suficiente, na visão de Rawls, para descartar animais não humanos como membros da comunidade dos que trabalham e estão ligados pelos princípios da justiça. Os dois poderes morais pertencem, na sua visão, somente aos seres humanos, e, mesmo assim, não a todos entre esses. Os animais, assim como os seres humanos mentalmente deficientes, não conseguem ser pessoas no sentido requisitado. Da mesma maneira, a liberdade política das pessoas é concebida, como vimos, em termos de uma racionalidade idealizada, que inclui a capacidade de ser "fontes autoautenticativas de demandas válidas". E tanto a dignidade quanto a inviolabilidade das pessoas também são entendidas em termos de sua participação em uma comunidade moral. Se for possível afirmar que os animais possuem algum tipo de dignidade ou inviolabilidade para Rawls, não será aquele que as pessoas possuem, uma "inviolabilidade fundada na justiça, que mesmo a sociedade do bem-estar como um todo não pode anular" (*TJ*, p. 3)[8].

Alguém poderia responder que o erro de Rawls é empírico e não filosófico. Ele não teria compreendido o quão inteligentes são os animais, o quão eles são capazes de relacionamentos (tanto com seres humanos quanto uns com os outros) que envolvam formas complexas de reciprocidade. Se virmos os animais com suficiente riqueza e complexidade, poderemos afinal de contas achar perfeitamente plausível a ideia de um contrato social que os envolva, pelo menos como uma hipótese esclarecedora. Mas essa resposta se mostra inadequada. Não há dúvida de que a teoria de Rawls é

---

[8] Uma consideração mais ampla dos deveres dos animais no contexto de uma teoria moral kantiana pode ser encontrada em Gewirth (1978), que vai mais além de Rawls ao sugerir que os animais possuem certos direitos limitados em virtude de suas similaridades com os humanos.

empiricamente incompleta. Ele não faz nenhum esforço para estudar a inteligência dos animais, e não oferece nenhuma justificativa que sustente a suposta incapacidade deles para a reciprocidade. Na realidade, parece bastante provável que muitos deles sejam capazes de, pelo menos, algumas formas de reciprocidade. Parece duvidoso, entretanto, que simplesmente por reconhecermos esses fatos possamos incluir animais de modo satisfatório na teoria rawlsiana. Primeiro, a capacidade de reciprocidade está presente em somente alguns animais, enquanto questões relacionadas ao tratamento injusto e cruel se estendem de um modo muito mais geral. Se, por um lado, há reciprocidade entre seres humanos e cães, ou macacos, por outro não está claro que haja reciprocidade entre seres humanos e aves, ou leões. E, no entanto, o tratamento que dispensamos a todos esses animais parece suscitar questões de justiça. Segundo, na medida em que há reciprocidade entre seres humanos e alguns animais não humanos, ela não é do tipo descrito na teoria de Rawls, baseado na posse de capacidades morais e racionais complexas.

Mas podemos a princípio separar a doutrina contratualista de seus elementos kantianos, suprindo Rawls com uma concepção política de pessoa de espírito mais aristotélica, pronta a reconhecer dignidade a um grande número de criaturas no universo. Suponhamos que tenhamos feito isso. Isso seria suficiente para tornar a doutrina do contrato um modo satisfatório de se lidar com questões relativas aos animais, as quais digam respeito à justiça, uma vez que os animais possuem uma dignidade que estaria sendo violada e direitos morais justificados que lhes estivessem sendo negados? Acredito que não. Aqui, mais uma vez, como no caso dos seres humanos com deficiências mentais, existe um problema na própria estrutura da doutrina do contrato.

Em um sentido bem básico, toda essa ideia de um contrato que envolva seres humanos e animais não humanos é uma fantasia, não sugere nenhum cenário claro que nos ajude a pensar sobre o tema. Ainda que não se suponha que o estado de natureza seja condição histórica verdadeira, supõe-se sim que seja uma ficção coerente que pode nos ajudar a pensar melhor. Isso significa que tem de haver realismo, pelo menos, no que diz respeito às capacidades, às necessidades e às circunstâncias básicas das partes. Não há uma ficção comparável à do estado de natureza sobre nossa decisão de fazer um acordo com outros animais que seja similarmente coerente e útil. Apesar de as "circunstâncias da justiça" de Hume não serem o único meio através do qual alguém possa entender a necessidade por justiça nos assuntos humanos, constituem, pelo menos, circunstâncias familiares e plausíveis sob as quais, na verdade, uma grande parte dos seres humanos vive. E se imaginamos pessoas em tais circunstâncias (ou nas circunstâncias análogas sugeridas por Locke e Kant) podemos ver por que desejam fazer um contrato para vantagem mútua e imaginar rudimentarmente o tipo de contrato que poderiam subscrever.

Em contrapartida, ainda que compartilhemos com os animais um mundo de recursos escassos e ainda que haja em certo sentido um estado de rivalidade entre as espécies, comparável à rivalidade no estado de natureza, a assimetria de poder entre os animais humanos e os não humanos é muito grande para que possamos imaginar como real qualquer contrato que pudéssemos estabelecer com eles. Certamente, não podemos imaginar que o contrato seria de fato para a vantagem mútua, pois se queremos nos proteger de ataques de animais ameaçadores podemos simplesmente matá-los, como de fato o fazemos. Já faz muito tempo que os seres humanos não são mais ameaçados, de modo geral, pelo poder das "bestas". Assim, a condição rawlsiana de que nenhuma parte do contrato seja suficientemente forte para dominar ou matar as outras não é satisfeita. Além disso, uma vez que os animais não fazem contratos, estamos aqui também impedidos de imaginar plausivelmente como o contrato social seria. O tipo de inteligência que os animais possuem não é o que precisamos postular para imaginar um processo contratual.

Assim, não há um bem análogo às circunstâncias da justiça, nenhum bem análogo à explicação contratualista dos propósitos da cooperação social, nenhum bem análogo para a explicação das habilidades das partes em virtudes das quais um contrato é possível, nenhum bem análogo a suas situações como partes "livres, iguais e independentes". Diferentemente dos seres humanos em estado de deficiência mental extrema, os animais podem ser bem independentes e, de seu modo próprio, livres. Apesar de alguns dependerem dos seres humanos, muitos não dependem. Mas eles certamente não são iguais aos seres humanos em poder e recursos, e essa assimetria significa que os seres humanos que buscam fazer um contrato para a vantagem mútua irão simplesmente omiti-los, como todas as teorias de contrato existentes imaginam que suas partes façam. Por que fazer um acordo com criaturas que estão controladas e dominadas de forma segura? Se a questão da cooperação social é vista nos termos do contrato social, não se pode esperar nenhuma resposta por vir.

A omissão dos animais do processo de elaboração do contrato poderia não ser importante se houvesse outro modo de concebê-los como sujeitos da justiça. Supondo, ao contrário, que eles estejam entre as partes da sociedade a ser modelada, os seres humanos poderiam, por exemplo, representar seus interesses. Aqui, no entanto, topamos com a confusão que tivemos oportunidade de notar diversas vezes. As partes que forjam o contrato social estão delimitando princípios através dos quais elas, essas mesmas pessoas, irão viver juntas. Os princípios são escolhidos para regular seus acordos uns com os outros. Quando se pretende que os interesses das outras partes sejam incluídos em suas deliberações, isso só pode ser feito de maneira derivada e em um estágio posterior. Os animais não podem ser os sujeitos primários da justiça, porque não podem ser autores de contratos.

Além disso, se no caso de pessoas com deficiências Rawls está preparado para abordar seus interesses em período posterior, no caso dos animais ele nega completamente que essas sejam questões de justiça.

A omissão por Rawls dos animais da teoria da justiça é motivada, então, tanto por sua concepção kantiana de pessoa quanto pela estrutura da posição do contrato social. Diferente de Kant, ele sustenta que temos alguns deveres morais com os animais[9]; a justiça, no entanto, está confinada ao campo humano.

Eu disse que o tratamento cruel e opressivo dado aos animais levanta questões de justiça, mas não defendi esse argumento contra a alternativa rawlsiana. O que de fato significa dizer que essas são questões de justiça, em vez de questões de "compaixão e humanidade"? A emoção de compaixão envolve o pensamento de que outra criatura está sofrendo significativamente e não é (ou pelo menos não na maioria das vezes) culpado por esse sofrimento[10]. Não envolve o pensamento de que alguém deve ser responsabilizado por esse sofrimento. Alguém pode ter compaixão pela vítima de um crime, mas também pode ter compaixão por alguém que está morrendo de uma doença (em uma situação em que essa

---

[9] Esses deveres fazem supostamente parte do campo político? Isso não está claro, porque o *TJ* é menos claro do que o *LP* sobre a distinção entre princípios políticos e doutrinas morais abrangentes. Concluo provisoriamente que para Rawls esses deveres fazem parte de uma doutrina moral abrangente, e porção do "consenso sobreposto" no campo político; assim, nos termos do *LP*, ele não iria se sentir livre para formar princípios políticos baseado em sua crença sobre eles.

[10] Ver a análise em Nussbaum (2001a), capítulo 6. Esta parte da análise é incontroversa, recapitula uma longa tradição.

vulnerabilidade, a doença, não é culpa de ninguém). Considero que "humanidade" exprime uma ideia semelhante. Assim, a compaixão, por si mesma, omite o elemento essencial da culpa por ter feito algo de errado: esse é o primeiro problema. Pareceria que analisar os danos que causamos aos animais em termos somente dos deveres de compaixão significa ofuscar a importante distinção entre a compaixão que devemos ter por um animal que morre de uma doença que não é culpa de ninguém e a reação que podemos ter diante dos sofrimentos de um animal que está sendo tratado cruelmente pelos humanos. Mas suponhamos que acrescentemos esse elemento, dizendo que os deveres de compaixão envolvem o pensamento de que é *errado* causar sofrimento aos animais. Onde esse sofrimento é causado por um ato ilícito, um dever de compaixão envolveria o reconhecimento dessa ilegalidade. Quer dizer, um dever de compaixão não seria apenas um dever de ter compaixão, mas um dever, como um resultado da compaixão de alguém, de abster-se, de inibir e punir atos do tipo que causam o sofrimento que ocasionam a compaixão. Acredito que Rawls provavelmente faria essa adição, apesar de certamente não nos dizer o que considera que sejam os deveres de compaixão. O que, além disso, está em jogo, na decisão de dizer que os maus--tratos aos animais não são apenas moralmente errados, mas moralmente errados de um modo especial, na medida em que suscitam questões de *justiça*?

Essa é uma questão difícil de responder, uma vez que a justiça é uma noção bastante polêmica e há muitas variedades de justiça: política, ética e assim por diante. Parece, entretanto, que o que normalmente entendemos quando chamamos um ato mau de injusto é que a criatura ferida por esse ato tem o direito a não ser tratada dessa maneira, e um direito de tipo particularmente urgente ou básico (uma vez que não acreditamos que todas as instâncias de crueldade, falta de consideração e assim por diante são instâncias de injustiça, ainda que acreditemos que as pessoas têm o direito de ser tratadas com delicadeza, e assim por diante). A esfera da justiça é a esfera dos direitos básicos. Quando digo que os maus-tratos aos animais são injustos, quero dizer não somente que é errado *para nós* tratá-los dessa forma, mas também que eles têm o direito, um direito moral de não serem tratados dessa forma. É injusto *para eles*[11].

Quais outras ideias estão ligadas conceitualmente ao fato de considerarmos os animais portadores de direitos prementes? Acredito que pensar nos animais como seres ativos que possuem um bem nos leva naturalmente a adotar a outra noção de que eles têm o direito a perseguir esse bem. Se pensarmos assim, estaremos mais aptos a ver como injustos os sérios danos que lhes foram feitos, impedindo-os de perseguir seu próprio bem. O que está faltando na explicação de Rawls, como na de Kant (apesar de mais sutilmente), é a noção do animal ele próprio como um agente e um sujeito, como uma criatura para a qual algo é devido, uma criatura que é ela mesma um fim. Como veremos, o enfoque das capacidades trata os animais como agentes em busca de uma existência plena; essa concepção básica, acredito, é uma de suas grandes forças.

Certamente, não devemos negar que a compaixão é muito importante ao pensarmos corretamente sobre os deveres para com os animais. A compaixão sobrepõe-se ao sentido de justiça, e um compromisso pleno com a justiça requer a compaixão com

---

[11] Quando Rawls contrasta "o amor pela espécie humana" com "o sentido da justiça" (*TJ*, pp. 190 e seg.), estabelece que o amor pela espécie humana é mais abrangente, nos estimula tanto a ações supererrogativas, quanto à justiça. Nos termos desse contraste, estou sugerindo que pelo menos alguns de nossos deveres para com os animais não são meramente supererrogativos, mas são exigências geradas pelos direitos morais legítimos dos animais.

seres que sofrem injustamente, assim como requer raiva em relação aos ofensores que infligem um sofrimento injusto. Mas a compaixão, por si, é muito indeterminada para capturar nosso sentido do que está errado com o tratamento dos animais. E uma resposta adequada envolve um compaixão de tipo especial, uma compaixão que foque na ação injusta e veja o animal com um agente e um fim.

iii. O utilitarismo e o florescimento animal

Em geral, o enfoque das capacidades é aliado próximo das abordagens contratualistas e muito crítico do utilitarismo. Nessa área em particular, porém, as coisas parecem diferentes. Ninguém poderia negar que, historicamente, o utilitarismo têm contribuído mais do que qualquer outra teoria ética para o reconhecimento dos sofrimentos animais como um mal. Tanto Bentham quanto Mill, em suas épocas, e Peter Singer, na nossa, tomaram corajosamente a iniciativa de libertar o pensamento ético do jugo de uma concepção limitada de valor e direito centrada na espécie. Sem dúvida esse feito estava conectado com o radicalismo geral e ceticismo sobre a moralidade convencional dos fundadores dessa corrente, a vontade de seguir o argumento ético não importa onde ele levasse. Essas permanecem as maiores virtudes da posição utilitarista.

Além disso, o utilitarismo tem uma visão orientada para o resultado da justiça que parece ser necessária a fim de se lidar bem com todos os nossos três problemas. Perspectivas procedimentais na tradição do contrato social deparam com dificuldades quando perguntam quem está incluído nos procedimentos e estipula as suas condições, tais como a posse de um tipo de racionalidade e uma igualdade aproximada de posições, que restringem a admissão. Uma vez que essas perspectivas fundem a questão "quem estabelece os princípios?" com a questão "para quem (pelo menos na primeira instância) os princípios são estabelecidos?", precisam considerar as obrigações diante de seres que não podem participar do processo contratual como derivadas e posteriores. Perspectivas orientadas para o resultado, em contraste, não têm dificuldade em considerar, de um modo primário e não derivado, os interesses dos seres impotentes, deficientes e não falantes. Além disso, porque estas perspectivas não fundem as duas questões, podem imaginar os seres humanos estabelecendo princípios de justiça diretamente para um grupo muito mais amplo de seres.

Além disso, o foco do utilitarismo na capacidade de sensibilidade que une os seres humanos a todos os outros animais, e na perversidade da dor, são pontos de partida particularmente atraentes quando consideramos questões de justiça envolvendo os animais, pois não há dúvida de que um problema central da justiça nessa área é a dor infligida injustamente.

Assim, é no espírito da aliança que agora abordo algumas críticas à perspectiva utilitarista. Em geral, todas as perspectivas utilitaristas possuem três aspectos: *consequencialismo, ordenação pela soma [sum-ranking]* e uma *visão substantiva do bem*[12]. O *consequencialismo* sustenta que o ato correto é aquele que promove as melhores consequências no geral. *A ordenação pela soma* nos diz como agregar consequências através das vidas – a saber, somando, ou agregando, os bens presentes em vidas distintas. As perspectivas sobre o *bem* no utilitarismo tomaram duas formas distintas. O utilitarismo de Bentham é puramente hedonista, que assevera o valor supremo do prazer e a perversidade da dor[13]. A versão moderna de Peter Singer é um pouco diferente. Ele a cha-

---

[12] Ver Sen e Williams (1982).
[13] Bentham (1789/1823/1948), p. 1: "o padrão do certo e do errado" está "amarrado a seus tronos".

ma de "utilitarismo de preferência", que sustenta que as consequências que devemos querer produzir são aquelas que no cômputo geral "promovem os interesses (i.e. desejos ou preferências) desses que são atingidos"[14]. Matar é errado somente quando os indivíduos assassinados têm a preferência de continuar vivendo; o assassinato é um dano a este indivíduo[15].

Existem algumas dificuldades com a visão utilitarista, nas suas duas formas. Tendo explorado algumas dessas dificuldades nos capítulos 1 e 5, devemos agora recapitular e ampliar a nossa crítica. O consequencialismo, por si mesmo, não causa maiores dificuldades, uma vez que nele é sempre possível ajustar a explicação do bem-estar, ou do bem, de modo a admitir muitas coisas importantes que os utilitaristas normalmente não salientam: os bens plurais e heterogêneos, a proteção dos direitos, até mesmo os compromissos pessoais ou os bens centrados no sujeito. Qualquer teoria moral pode ser mais ou menos "consequencializada", colocada em uma forma na qual os assuntos valorizados por tal teoria aparecem na explicação das consequências a serem produzidas[16]. Há, entretanto, algumas dúvidas sobre se qualquer visão que nos encoraje a produzir as melhores[17] consequências gerais seria o ponto de partida correto para a justiça política.

Até aqui, para formular os princípios da justiça a partir do enfoque das capacidades, nos concentramos em um número pequeno de direitos fundamentais. Da mesma forma que a abordagem de Rawls, nosso enfoque insiste que esses direitos têm uma

---

[14] Singer (1980), p. 12. Ver a boa análise em Regan (1983), pp. 206-208.
[15] Singer (1980), p. 238.
[16] Ver Nussbaum (2000e).
[17] Isso pode simplesmente significar que não há nenhuma coisa que seja evidentemente melhor: assim, o consequencialismo pode admitir classificações incompletas, as quais, na verdade, precisa aceitar se é para incluir bens plurais e incomensuráveis.

prioridade ou preeminência especial para os propósitos políticos, pois restringem a busca pelos outros bens. Desde que John Stuart Mill disse algo parecido com isso sobre a justiça no capítulo 5 do *Utilitarismo*, os filósofos têm debatido sobre se dar prioridade política à justiça básica, como o faz Mill, é compatível com o consequencialismo. Pode o consequencialismo fornecer suficiente centralidade, para propósitos políticos, às condições de justiça? Mesmo que esse problema pudesse ser solucionado, há um outro e mais profundo problema a ser encarado, que diz respeito a contenção e economia.

A política é diferente de outros aspectos da vida, na medida em que estamos escolhendo princípios para governar as vidas de pessoas que discordam sobre (o resto do) bem, que têm diferentes concepções religiosas e de valor. Respeitá-las, como argumentei no capítulo 5 (concordando com a ideia do liberalismo político desenvolvido por Rawls e Larmore)[18], significa não lhes impor alguma perspectiva de bem abrangente de outra pessoa. O que queremos que os atores políticos façam, em um Estado liberal, é *somente* cuidar da justiça básica, e não buscar maximizar o bem geral. Não queremos efetivamente que persigam a maximização do bem geral porque não queremos que estejam ocupados em definir o que é o bem de uma maneira abrangente. Em uma sociedade liberal, a divisão correta de trabalho implica que as instituições políticas devem cuidar da justiça e os indivíduos devem ser deixados livres para buscar por conta própria outras partes de suas concepções abrangentes de bem.

Desde essa perspectiva, pedir aos atores políticos que sejam consequencialistas parece iliberal, pois certamente as pessoas não podem, como consequencialistas, fazer escolhas sem ter alguma

---

[18] Ver Nussbaum (2000a); *LP*; Larmore (1996).

concepção abrangente de bem[19]. Mas tal concepção pode ser precisamente o que não queremos que os atores políticos empreguem, uma vez que cada cidadão terá, e perseguirá, seu próprio bem abrangente dentro dos limites impostos pela justiça. Realizar uma pequena lista das capacidades centrais, como direitos fundamentais baseados na justiça, é um modo de posicionar-se acerca do conteúdo. Mas é também, principalmente, um modo de anunciar nossa contenção diante de pessoas com concepções abrangentes diferentes. Por essa razão dizemos, "pedimos a você que endosse, como ponto central da estrutura básica de nossa sociedade, somente essa concepção parcial do bem; com relação ao resto, você é livre para perseguir sua concepção religiosa ou secular, qualquer que ela seja".

O utilitarismo de preferência de Singer, sem dúvida, lida melhor com esse problema do que outros tipos de utilitarismo, pois é liberal na medida em que dá prioridade ao que as pessoas realmente preferem. Mas não está claro que com tal mudança se solucione o problema da ambição excessiva da doutrina política, já que muitas doutrinas abrangentes que os cidadãos sustentam não endossam a satisfação de preferência como uma visão correta do bem. A maioria das doutrinas religiosas e muitas doutrinas morais discordam de Singer nesse ponto. Assim, mesmo perseguin-

---

[19] Nem todas as formas de utilitarismo requerem que os atores façam escolhas como consequencialistas. O utilitarismo indireto de Sidwick encoraja a que as pessoas comuns devam agir normalmente de acordo com a virtude convencional, e que somente uns poucos especialistas deveriam usar o cálculo utilitarista. Essa versão do utilitarismo parece ser defeituosa por causa da sua falta de publicidade. O utilitarismo da regra, que encoraja os atores a seguir regras que possam fornecer uma justificação utilitarista, não possui esse defeito, mas outro: não há razão para tal agente seguir a regra em um caso no qual ele sabe que o cálculo utilitarista fornece um resultado diferente. Assim, o utilitarismo da regra parece transformar-se em utilitarismo de ato, com precauções feitas para o uso de regras em situações de informação imperfeita.

do a satisfação como um objetivo, o ator político estaria invadindo um território que os liberais querem reservar para as escolhas de cada um. O utilitarismo da preferência tem, além disso, alguns problemas já familiares, discutidos nos capítulos 1 e 5[20]: a ambiguidade da própria noção de preferência; a existência de preferências moldadas pela ignorância, ambição e medo; ainda pior, a existência de "preferências adaptativas", que simplesmente se adaptam ao nível baixo de qualidade de vida que a pessoa acabou sendo levada a esperar para si com o tempo.

Assim, concluo temporariamente que, na medida em que queremos que os princípios políticos se centrem nas consequências, devemos atribuir-lhes uma tarefa mais limitada do que a que lhes atribuem os consequencialistas: a de lidar com um âmbito limitado de consequências em áreas que são assuntos de justiça básica. Fora dessa esfera, a sociedade como um todo e suas estruturas básicas não devem ser governadas pela concepção abrangente de bem de ninguém, nem mesmo a do utilitarista da preferência.

Foquemos agora na *ordenação pela soma*. Perspectivas orientadas para o resultado não se limitam simplesmente a somar todos os bens relevantes. Podem avaliá-los de outras maneiras: por exemplo, como no enfoque das capacidades aplicado para o caso humano, podem simplesmente insistir em que cada pessoa possui um direito irrevogável de chegar acima de um nível mínimo com respeito a bens centrais. Além disso, tal visão pode centralizar-se, como faz a teoria de Rawls, na situação dos menos favorecidos, se recusando a permitir desigualdades que não elevem a posição dessas pessoas. Esses modos de considerar o bem-estar insistem em tratar as pessoas como fins: recusam-se a deixar que o bem-estar extremamente alto de algumas pessoas seja alcança-

---

[20] Ver também Nussbaum (2000a), capítulo 2.

do à custa, por assim dizer, das desvantagens de outras pessoas. Mesmo o bem-estar da sociedade como um todo não nos pode conduzir a violar os direitos de um indivíduo.

O utilitarismo rechaça ostensivamente tal insistência na separação e na inviolabilidade das pessoas. Por estar comprometido com a ordenação pela soma de todos os prazeres e dores relevantes (ou satisfações e frustrações de preferências), não possui forma de rejeitar antecipadamente resultados extremamente duros para dada classe ou grupo. A escravidão, a subordinação por toda a vida de alguns a outros – nada disso é rejeitado pela concepção central de justiça dessa teoria, que trata todas as satisfações como fungíveis em um único sistema. Como vimos nos capítulos 1 e 5, tais resultados serão rejeitados, se o forem, somente mediante considerações empíricas relativas ao bem-estar total ou médio. Essas questões são sabidamente indeterminadas (especialmente quando o número de indivíduos envolvidos é também indeterminado, um ponto que retomarei mais tarde). Mesmo que elas não o fossem, parece-me que a melhor razão para opor-se à escravidão, à tortura e à subordinação vitalícia é uma razão de justiça, não um cálculo empírico do bem-estar total ou médio. Mesmo que pudéssemos contornar esse problema, teríamos de confrontar então mais uma vez o problema das preferências adaptadas, dado o fato de que um tratamento injusto faz dos próprios oprimidos aliados de seus opressores.

Quando nos dirigimos para os animais, todos esses problemas se tornam agudos. Comparações de utilidade entre espécies são ainda mais difíceis e indeterminadas do que comparações interpessoais dentro de uma mesma espécie. A interpretação das preferências dos animais é carregada de obscuridade e dificuldade. Mas, ainda que fôssemos capazes de solucionar esses problemas, uma dificuldade ainda maior nos espera. A ordenação pela soma dos utilitaristas parece não possuir uma maneira de rejeitar, com fundamento na justiça básica, o tratamento com grande dor e crueldade dado a pelo menos alguns animais. Suponhamos que os animais de circo descritos em meu caso da Corte Indiana fossem os únicos animais que estivessem sendo tratados com crueldade: não é óbvio que o prazer que suas apresentações proporcionam a grandes audiências humanas pudesse superar a dor sofrida por esse grupo pequeno de animais; mas, mesmo assim, parece ser lastimável não poder dizer diretamente, como o fez a Corte Indiana, "isto é intolerável. Isto é uma violação moral". Contingenciar dessa forma direitos éticos básicos em nome do prazer malicioso de outras pessoas é proporcionar-lhes um lugar bem mais fraco e vulnerável, ignorando as razões morais diretas para objetar-se às práticas cruéis.

O utilitarismo da preferência sai-se melhor? Em primeiro lugar, há aqui também uma obscuridade conceitual: obviamente é muito difícil atribuir preferências aos animais. Argumentei que no caso humano a teoria possui alguns graves problemas, inclusive o de preferências mal informadas, maliciosas ou induzidas pelo medo, sem esquecer o das preferências adaptativas formadas sob condições más ou injustas. Esses também são problemas para as preferências dos animais, ainda que muitas das preferências deformadas surjam somente em relações doentias entre animais e humanos. Animais também podem aprender preferências induzidas pela submissão ou pelo medo. O experimento de Martin Seligman mostra que cães que foram condicionados a um estado mental de impotência instruída possuem enorme dificuldade em aprender a iniciar voluntariamente um movimento, se é que chegam algum dia a fazê-lo[21]. Criaturas acostumadas ao cativeiro podem jamais

---

[21] Seligman (1975).

ter a habilidade de aprender a viver na selva. Simplesmente agregar todas essas preferências deformadas, sem separar aquelas que são produto de condições injustas, tanto aqui como no caso humano, é uma receita para que se endosse um *status quo* injusto.

Tanto o consequencialismo quanto a ordenação pela soma causam dificuldades para o utilitarista. Consideremos, por último, as perspectivas do bem mais predominante dentro do utilitarismo: o hedonismo (Bentham) e a satisfação de preferências (Singer). O prazer é notoriamente uma noção evasiva. Trata-se de um único sentimento, variando em intensidade e duração, como Bentham pensou, ou os diferentes prazeres são tão distintos qualitativamente quanto são as atividades às quais estão associados? Mill, seguindo Aristóteles, acreditou no último; mas, se aceitamos esse ponto, estaremos diante de uma perspectiva muito diferente da do utilitarismo-padrão, que está firmemente unido à homogeneidade e à unidade qualitativa do bem.

Tal união parece ser um erro especialmente grave quando consideramos princípios políticos básicos para os direitos dos animais. Para os animais, tanto quanto para os humanos, cada direito básico pertence a um domínio separado de funcionamento; não se pode comprá-lo, por assim dizer, em troca de uma parte ainda maior de outro direito. Os animais, como os humanos, perseguem uma pluralidade de bens distintos: amizade e associação, livrar-se da dor, mobilidade e muitos outros. Agregar os prazeres e dores presentes nessas distintas áreas parece prematuro e equivocado: talvez prefiramos dizer que, com base na justiça, os animais têm direitos distintos a todas essas coisas.

Mas, já que pedimos ao hedonista que admita uma pluralidade de bens que não sejam comensuráveis em uma única escala quantitativa, é natural perguntar, fora disso, se o prazer e a dor são as únicas coisas que devemos procurar quando consideramos os direitos dos animais. Parece plausível pensar que deve haver bens que eles persigam que não são sentidos como dor ou frustração quando estão ausentes: por exemplo, movimento livre e proeza física, e também sacrifício altruístico pela família ou grupo. Também é possível pensar que algumas das dores dos animais possam ser apreciáveis: o pesar de um animal por uma criança ou um parente morto, ou pelo sofrimento de um amigo humano, pode ser parte constituinte de um relacionamento intrinsecamente bom, da mesma forma que a dor envolvida no esforço requerido para dominar uma atividade difícil.

Finalmente, todas as perspectivas utilitaristas são altamente vulneráveis na questão dos números. A indústria alimentícia traz ao mundo inumeráveis animais que jamais teriam existido não fosse para isso. Para Elizabeth Costello, personagem do romance de John Coetzee, *The Lives of Animals*, este é um dos piores aspectos da crueldade moral dessa indústria: ela "eclipsa" o Terceiro Reich porque "a nossa é uma empresa sem fim, autorregeneradora, que traz continuamente coelhos, ratos, aves e animais de granja ao mundo com o propósito de matá-los"[22]. Para o utilitarista, esses nascimentos de novos animais não são em si uma coisa ruim: por certo, é de esperar que esses novos nascimentos se somem ao total de utilidade social existente. Desde que cada animal tenha uma vida que valha a pena ser vivida, ainda que de modo marginal, não importa o quão próximo dessa margem esteja, a existência de mais experiência vital em lugar de menos é um bem positivo.

Assim, o utilitarismo tem grandes méritos, mas também grandes problemas. O consequencialismo entra em tensão com o respeito liberal por uma pluralidade de concepções abrangentes

---

[22] Coetzee (1999), p. 21.

de bens. A ordenação pela soma trata alguns como meios para os fins de outros. O hedonismo e o utilitarismo de preferência apagam a heterogeneidade e a distinção do bem, ignoram bens que não residam na capacidade de sentir, e fracassam em criticar preferências e prazeres desenvolvidos sob condições injustas.

Em todos esses pontos, o utilitarismo de Mill é claramente preferível às perspectivas utilitaristas correntes que acabamos de considerar. Mill concede um lugar central à justiça e aos direitos ao refletir sobre o bem-estar social, se bem que há bastante controvérsia acerca de quão consistente a sua posição seria com o utilitarismo. Em alguns trabalhos, por exemplo, *A sujeição das mulheres*, Mill se recusa a levar em conta os prazeres maliciosos com vistas à escolha social; além disso, dá considerável importância à inviolabilidade de cada pessoa. Finalmente, Mill insiste na heterogeneidade qualitativa dos prazeres, e até mesmo sugere algumas vezes que o melhor modo de conceber os prazeres é como formas de atividades. Na verdade, a perspectiva de Mill representa um equilíbrio interessante entre a ênfase aristotélica na atividade e no florescimento, e a ênfase utilitarista no prazer e na ausência de dor[23]. Esta complexidade torna sua perspectiva aliada importante para o enfoque das capacidades, na medida em que este procura estender-se ao campo das relações entre seres humanos e animais.

iv. Tipos de dignidade, tipos de florescimento: ampliando o enfoque das capacidades

O enfoque das capacidades na sua forma corrente não aborda o problema da justiça para animais não humanos. Toma como ponto de partida as noções de dignidade humana e de uma vida

---

[23] Ver Nussbaum (2004c).

merecedora dela. Mesmo assim, argumentaria que o enfoque das capacidades presta-se a tal extensão mais facilmente do que qualquer das teorias aqui discutidas. Sua intuição moral básica diz respeito à dignidade de toda forma de vida que possua tanto capacidades quanto necessidades profundas. Seu objetivo básico é o de responder à necessidade de uma ampla e rica pluralidade de atividades vitais. Assim como Aristóteles e Marx, o enfoque insistiu em que há desperdício e tragédia quando uma criatura viva, com a capacidade inata ou "básica" para algumas funções avaliadas como importantes e boas, jamais alcance a oportunidade de realizar essas funções. Os fracassos em educar as mulheres, em promover a assistência médica adequada, em estender as liberdades de expressão e de consciência a todos os cidadãos, provocam um tipo de morte prematura, a morte de uma forma de florescimento que foi considerada digna de respeito e admiração. A ideia de que os seres humanos devem ter uma chance de florescer da sua própria forma, desde que não prejudiquem ninguém, está assim bem arraigada em toda a abordagem da justificação de direitos políticos básicos do enfoque das capacidades. (Devemos ter em mente que qualquer criatura nascida em uma espécie tem a dignidade relevante a essa espécie, independentemente de parecer dispor ou não das "capacidades básicas" relevantes a essa espécie; por essa razão, ela também deve ter todas as capacidades relevantes à espécie, pessoalmente ou através de tutela.)

Como tenho insistido, a norma da espécie é avaliativa; ela não infere simplesmente as normas a partir do modo como a natureza é realmente. Mas, uma vez que julguemos uma capacidade essencial para uma vida com dignidade humana, temos razões morais fortes para promover o seu florescimento e remover-lhe os obstáculos.

A mesma atitude diante dos poderes naturais que guia o enfoque no caso dos seres humanos também o guia no caso dos outros animais. Pois há uma atitude mais geral por trás do respeito pelos poderes humanos que é básico para o enfoque das capacidades, e é diferente do tipo de respeito que anima as éticas kantianas. Para Kant, somente a humanidade e a racionalidade são dignas de respeito e admiração; o resto da natureza é apenas um conjunto de ferramentas. O enfoque das capacidades, ao contrário, acredita, igual ao biólogo Aristóteles, que há algo maravilhoso e admirável em todas as formas complexas de vida[24].

Em *As partes dos animais*, Aristóteles dá aos seus estudantes uma lição sobre por que eles não devem "fazer uma cara azeda" diante da ideia de estudar animais, inclusive aqueles que não parecem ocupar uma posição muito elevada. (Uma vez que a principal área de pesquisa de Aristóteles era a biologia marinha, grande parte dessa obra é centrada em criaturas marinhas e costeiras.) Ele insiste em que todos os animais são semelhantes, na medida em que são feitos de materiais orgânicos; os seres humanos não deveriam vangloriar-se de ser especiais. "Se há alguém que pense que é ignóbil estudar os animais, ele deveria ter o mesmo pensamento a respeito de si mesmo." Todos os animais são objetos de admiração para a pessoa que está interessada no conhecimento:

> Se pudermos, não deixaremos nenhum deles de lado, seja o mais ou o menos elevado. Pois mesmo no caso desses animais que não dão prazer aos nossos sentidos, a natureza artífice fornece inumeráveis prazeres para aqueles que podem estudar as causas das coisas e que possuem um espírito filosófico (...) Assim, não devemos embarcar no estudo dos animais menos elevados com um desgosto infantil: pois em tudo da natureza há algo que inspira admiração. Há a história de alguns visitantes que queriam

---

[24] Não analiso aqui a questão das plantas ou do mundo natural em geral, apesar de pensar que o enfoque das capacidades pode sim ser ampliado para lidar com essas questões.

conhecer Heráclito, e quando eles chegaram o encontraram esquentando-se na cozinha. Ele lhes disse, "Entrem, não se assustem. Os deuses também moram aqui." Assim, também devemos nos aproximar do estudo de cada tipo de animal, não fazendo uma cara azeda, mas sabendo que em cada um deles há algo de natural e maravilhoso.[25]

Heráclito lembrou aos seus visitantes de que também havia deuses na cozinha (ou no banheiro, pois o sentido do termo grego é controverso). Assim, também, Aristóteles encoraja seus estudantes a olhar para os animais com admiração e curiosidade, não desdém.

O espírito científico de Aristóteles não é tudo o que o enfoque das capacidades incorpora. O enfoque inclui, além disso, uma preocupação ética de acordo com a qual as funções da vida não devem ser impedidas, que a dignidade dos organismos vivos não deve ser violada. Diferente dos pensadores gregos da tradição platônica, Aristóteles não parece ter tido tais pensamentos. Ele não tem nada a dizer (ou não sobreviveu nada do que ele disse sobre esse assunto) sobre a questão moral do vegetarianismo, ou sobre o tratamento humano dos animais de maneira geral. Contudo, se sentimos admiração observando um organismo complexo, essa admiração sugere, ao menos, a ideia de que é bom para esse ser persistir e florescer de acordo com o tipo de coisa que ele é. Essa ideia está, no mínimo, bastante próxima do julgamento ético segundo o qual é incorreto impedir o florescer de uma criatura pela ação prejudicial de uma outra. Essa ideia mais complexa está no coração do enfoque das capacidades.

---

[25] *As partes dos animais*, 645a26-27. Aristóteles continua, dizendo que não é possível olhar sem repugnância para o sangue, os ossos etc. do qual o corpo humano é feito; parece achar admirável somente a contemplação da forma e da estrutura. Aqui ignora o que a sua própria visão recomenda, um abarcar de toda a vida, inclusive seus elementos materiais.

Assim, acredito que o enfoque das capacidades está bem situado, intuitivamente, para ir além das perspectivas contratualistas e das perspectivas utilitaristas. Como relação ao seu ponto de partida, ele vai além da perspectiva contratualista: uma admiração básica pelos seres vivos, e um desejo pelo seu florescer e por um mundo no qual criaturas de muitos tipos floresçam. Vai também além do ponto de partida intuitivo do utilitarismo porque requer um interesse não somente pelo prazer e dor, mas também por formas complexas de vida e funcionamento. Quer ver cada um florescer de acordo com o tipo de criatura que é.

As leis e os princípios políticos são feitos pelos seres humanos. Sendo assim, como podem os animais ser sujeitos plenos de justiça, quando não estão entre aqueles que participam da formulação de seus princípios? Esse modo de colocar as coisas deriva da perspectiva contratualista da justiça, mas é estranha ao enfoque das capacidades. As doutrinas de contrato social, como já assinalei muitas vezes, associam duas questões que o enfoque das capacidades mantém cuidadosamente separadas. Para o contratualista, a questão "quem faz as leis e os princípios?" é tratada como se tivesse necessária e estruturalmente a mesma resposta que a questão "para quem são feitas as leis e princípios?". Isso é assim por causa da visão global contratualista a respeito da cooperação social: pessoas que, sob pressão, se reúnem para garantir suas vantagens mútuas e aceitam as restrições que são ditadas pelo respeito igual pelas outras partes da negociação. Esse dispositivo inicial garante que elas considerarão a si mesmo como os primeiros, se não os únicos, sujeitos dos princípios da justiça que subsequentemente formulam. Os outros seres só podem entrar aí derivativamente, através de relações de cuidado dos primeiros com eles e de fideicomisso.

Mas, uma vez mais, não há razão por que essas duas questões devam ser colocadas juntas dessa maneira. Uma vez que entendamos que a questão da justiça é a de assegurar uma vida digna para muitos diferentes tipos de seres, por que as pessoas que formulam os princípios não deveriam incluir seres não humanos como sujeitos plenos dos princípios que escolherão? O enfoque das capacidades, tal qual desenvolvido até o momento para o caso humano, olha o mundo e pergunta como providenciar para que a justiça seja feita nele. A justiça está entre os fins intrínsecos que o enfoque persegue. Imagina as pessoas observando toda a brutalidade e miséria e toda a bondade e gentileza do mundo e tentando pensar em como construir um mundo no qual um grupo central de direitos muito importantes, inerentes à noção de dignidade humana, sejam protegidos. Porque elas olham para o todo do mundo humano, não somente para pessoas com recursos e poderes semelhantes aos seus, são capazes de se interessar diretamente e não derivativamente pelo bem, por exemplo, de pessoas com deficiências mentais. Elas querem um mundo no qual essas vidas não se deteriorarão, ou pelo menos se deteriorarão o menos possível. O fato de que algumas pessoas com deficiências mentais não possam participar da escolha dos princípios não sugere a usuários desse enfoque nenhuma razão pela qual as leis não devam ser *para* e *sobre* elas, junto com os outros.

Posto de outro modo, a razão da cooperação social não é encontrada na vantagem mútua de pessoas "livres, iguais e independentes". A cooperação social (uma vez mais, apoiando-nos no caso humano tal qual até aqui desenvolvido) é vista como tendo um conjunto de fins mais amplos e difusos, que incluem a busca por justiça por si mesma, assim como por justiça em relações de dependência variáveis para todos os tipos de pessoas, algumas delas livres e algumas menos livres ou livres de modo diferente, algumas relativamente independentes e todas em pelo menos algumas formas dependentes, algumas iguais em capacidade e outras bastante desiguais em capacidade (apesar de isso não significar que elas não sejam moralmente iguais). A cooperação, ela mesma, não é vista como uma questão de um monte de pessoas similarmente "normais" reunindo-se para fazer um contrato, mas sim uma situação com muitas facetas, inclusive muitos tipos de dependência e interdependência. Proeminente entre os propósitos de cooperação, e inerente à concepção de justiça básica do enfoque, será a prevenção da deterioração de poderes naturais valiosos. Essas características tornam fácil ampliar o enfoque para incluir relações entre humanos e animais.

Comecemos com a ampliação. O propósito da cooperação social, por analogia e extensão, deve ser o de vivermos juntos decentemente em um mundo no qual muitas espécies tentam florescer. (A cooperação ela mesma irá agora assumir formas múltiplas e complexas.) O objetivo geral do enfoque das capacidades ao mapear os princípios políticos que regulam o relacionamento entre humanos e animais, se seguimos as ideias intuitivas da teoria, seria o de que nenhum animal senciente deve ser afastado da chance de uma vida plena, uma vida com o tipo de dignidade relevante para sua espécie; e que todos os animais sencientes devem usufruir de certas oportunidades positivas para florescer. Com o respeito devido por um mundo que contêm muitas formas de vida, levamos em consideração, com interesse ético, cada tipo característico de florescimento, e esforçamo-nos para que não seja interrompido ou se torne estéril.

Diferente do contratualismo, esse enfoque envolve a obrigação direta de justiça para os animais: não faz dessa derivada ou posterior aos deveres que temos com nossos companheiros humanos. Trata os animais como sujeitos e agentes, não somente como objetos de compaixão. Diferente do utilitarismo, respeita cada criatura individual, e recusa-se a agregar o bem de diferentes vidas e tipos de vida. Nenhuma criatura é, portanto, usada como um meio para os fins de outros, ou da sociedade como um todo. O enfoque das capacidades também recusa-se a agregar os diversos constituintes de cada vida e tipo de vida. Assim, diferentemente do utilitarismo, pode manter à vista o fato de que cada espécie tem uma forma diferente de vida e fins diferentes: além disso, dentro de dada espécie, cada vida tem fins múltiplos e heterogêneos. (O foco em criaturas sensíveis será defendido a seguir.)

No caso humano, o enfoque das capacidades não opera com uma concepção completamente abrangente de bem por causa do respeito que possui pelos diversos modos nos quais as pessoas escolhem viver suas vidas em uma sociedade pluralística. Objetiva assegurar alguns direitos centrais considerados como implícitos à ideia de uma vida com dignidade, mas objetiva a capacidade, não o funcionamento, e se concentra em uma lista pequena. No caso das relações entre o humano e o animal, a necessidade pela limitação é ainda mais aguda, uma vez que os animais não irão de fato participar diretamente da formulação dos princípios políticos, e assim há muito mais perigo em impor-lhes uma forma de vida que não seja a que eles escolheriam. Nós faríamos melhor, então, em procurar um conjunto limitado de princípios políticos centrados na capacitação ou na proteção, e não em uma concepção abrangente de vidas animais boas.

v. Metodologia: teoria e imaginação

Antes de avançarmos, precisamos encarar algumas questões difíceis sobre o método filosófico adequado. O enfoque das capacidades segue o método descrito por John Rawls como aquele através do qual almejamos um "equilíbrio reflexivo"[26]. Rawls atri-

---

[26] Ver minha análise detalhada da perspectiva de Rawls e da minha própria em Nussbaum (2000a), capítulo 2.

bui corretamente a origem desse método a Aristóteles, assim como a Sidgwick. No processo de um autoexame socrático, analisamos nossos juízos morais e intuições, e nos perguntamos quais deles são "os mais profundos e os mais básicos", como diria Aristóteles, ou "os juízos refletidos", como Rawls diria. Em seguida, investigamos uma variedade de teorias que afirmam organizar esses e outros juízos. Não supomos que nada esteja fixado; procuramos a consistência e o ajuste entre as teorias e os juízos tomados conjuntamente. Podemos revisar nossos juízos refletidos, se as conclusões de uma teoria de resto poderosa acarretam isso (apesar de normalmente só fazermos isso se outros juízos, talvez mais gerais, apoiarem essa teoria). Podemos também revisar ou rejeitar a teoria à luz de nossos juízos refletidos. Nada é considerado antecipadamente fixado – nem mesmo quanto peso dar a princípios formais tais como simplicidade e consistência[27]. Cada pessoa é seu melhor (e único) juiz, assim como, por extensão, a comunidade de tais juízes ocupados com uma questão[28].

Um aspecto do tipo aristotélico de método que não é enfatizado na discussão de Rawls é o do uso da imaginação. Frequentemente informamos a nós mesmos sobre possibilidades alternativas, imaginando a forma de vida que essas possibilidades iriam construir, perguntando a nós mesmos que sofrimento e florescimento haveria em vidas governadas por esses princípios políticos[29]. A posição original de Rawls requer tal exercício, uma vez que as partes devem formar uma opinião sobre as oportunidades de vida nas diferentes posições sociais que tais princípios possibi-

---

[27] Sobre isso ver Richardson (1994).
[28] No *TJ*, Rawls concebe de uma maneira socrática a deliberação levada a cabo por cada pessoa individual; no *LP* ele acrescenta a exigência de endosso comunal; ver capítulo 5.
[29] A narrativa ficcional é frequentemente válida em tal exercício: ver Nussbaum (1990), (1995a).

litam para as pessoas[30]. Tais exercícios de imaginação não serão usados acriticamente: são sempre contrastados tanto com as teorias quanto com os juízos refletidos. Mas mesmo assim eles podem muitas vezes nos instruir quando refletimos sobre o que está em jogo na opção de se seguir uma teoria ou de revisar um de nossos juízos refletidos.

Como esse tipo de abordagem procederia no exame das demandas éticas de animais não humanos? Há uma dificuldade sobre a imaginação que parece menor no caso humano. Como Peter Singer e outros utilitaristas enfatizaram, a imaginação pode ser um instrumento muito egoísta. Todas as descrições literárias das vidas dos animais são feitas por humanos, e é muito provável que toda a nossa imaginação empática das experiências dos animais seja moldada por nossos sentidos humanos de vida. Por tais razões os utilitaristas tendem a preferir uma pura confiança no princípio: uma vez que, expostos às exigências da teoria correta, nós simplesmente as aplicamos para o caso dos animais, e não há necessidade de exercícios evasivos de pôr-se a imaginar os animais sofrendo.

Na prática, nenhum utilitarista argumenta, claro, dessa forma. Pois seria difícil entender por que o utilitarismo teria de ser realmente a teoria correta sem basear-se em juízos refletidos e sem alguma imaginação dos sofrimentos das criaturas vivas. Se isso é correto, de maneira geral, é duplamente correto para o caso dos animais, que não podem oferecer seus próprios juízos e teorias, e cujas vidas precisamos agora avaliar a partir de nosso ponto de vista humano imperfeito. De que outra forma poderíamos proceder exceto imaginando as vidas dos animais e seus sofrimentos? Jeremy Bentham viveu próximo a animais, interagiu muitas

---

[30] Ver Okin (1989).

vezes com eles e sentiu prazer com essas interações divertidas, nas quais sua imaginação ficava bastante em evidência[31]. Os escritos de Peter Singer contêm alguns dos convites mais poderosos jamais escritos para imaginarmos os sofrimentos dos animais. Se até essas perspectivas teóricas que militam contra a confiança na imaginação na verdade a consultam, ainda que criticamente, o mesmo é nitidamente verdadeiro para teóricos de outros pontos de partida. A boa escrita imaginativa tem sido crucial para motivar a oposição à crueldade com os animais.

Todas as descrições humanas do comportamento animal estão em linguagem humana, mediadas pela experiência humana. Como Singer enfatiza, há um risco real de conduzirmos as coisas ao erro através da projeção antropomórfica. Mas devemos nos lembrar de que os mesmos problemas afetam nossas relações humanas. Um ser humano real, como diz Proust, impõe "um peso morto do qual nossa sensibilidade não pode se livrar"[32], uma opaca área de mistério que mesmo a mente mais refinada jamais consegue penetrar completamente. Somente em nossas imaginações podemos experimentar a vida interior de outras pessoas. A partir dessa observação, Proust deriva a afirmação surpreendente de que somente a arte literária nos dá acesso à mente de outra pessoa: o que fazemos quando lemos um romance é o que temos de fazer sempre, se queremos dotar de vida a outra forma[33]. Toda a nossa vida ética envolve, nesse sentido, um elemento de projeção, um ir além dos fatos como são dados. Não parece impossível para a imaginação simpática cruzar a barreira da espécie – se nos pressionamos, se exigimos de nossas imaginações algo mais do que rotinas comuns. Como diz a personagem imaginária de J. M.

---

[31] Ver Lee (2002).
[32] Proust (1954), p. 105.
[33] Ver minhas discussões sobre esta ideia em Nussbaum (1995a).

Coetzee, Elizabeth Costello, uma escritora que dá aulas sobre as vidas dos animais, "o coração é a sede de uma faculdade, a empatia, que nos permite algumas vezes partilhar o ser do outro"[34].

Assim, o enfoque das capacidades usa a imaginação empática, a despeito de sua falibilidade, para estender e refinar nossos juízos morais nessa área. Também usa *insights* teóricos sobre a dignidade para corrigir, refinar e estender tanto os juízos quanto as imaginações. Não há uma receita infalível para fazer isso de modo correto, mas temos de começar por algum lugar, e é provável que qualquer exercício moral sério e completo obtenha melhores resultados nessa área do que a reflexão egoísta e mal planejada que a maioria de nós faz sobre esse tema.

Apesar de tal método poder ser utilizado junto com as teorias de muitos tipos diferentes[35], acredito que sua complexidade holística, com sua inclusão da narrativa e da imaginação, apoia no final das contas a escolha pelo enfoque das capacidades em detrimento de outras teorias na área de direitos animais. A imaginação e o relato de histórias nos lembram de maneira inequívoca que as vidas dos animais são muitas e diversas, com múltiplas atividades e fins, tanto dentro de cada espécie quanto entre espécies. Seria estranho se um método como esse levasse à conclusão de que só há uma grande coisa que importa em toda vida, tal como a capacidade de sentir ou a racionalidade. A imaginação também nos informa sobre assimetrias de poder que poderíamos não notar se não investigássemos de perto a textura das vidas e dos relacionamentos. Finalmente, imaginar a vida dos animais os torna reais para nós de um modo primário, como sujeitos potenciais de justiça, enquanto uma abordagem contratualista, focada na reciprocidade

---

[34] Coetzee (1999), p. 45.
[35] Assim o fizeram Rawls, Sidgwick e Aristóteles, todos com teorias muito diferentes.

entre seres dotados de um tipo especificamente humano de racionalidade, está obrigado a torná-los apenas derivativamente importantes.

No capítulo 3, muito foi dito sobre o fato de que o enfoque das capacidades usa um conceito político de pessoa diferente do usado em abordagens kantianas contratualistas. Essa concepção aristotélica situa firmemente a moralidade e a racionalidade humanas dentro da animalidade humana, e insiste que a animalidade humana tem dignidade por conta própria. Há dignidade nas necessidades humanas, na história humana temporal de nascimento, crescimento e declínio, e em relações de interdependência e dependência assimétrica, tánto quanto na atividade (relativamente) independente. Essa concepção de pessoa é usada em conexão próxima com o método holístico de justificação, e é um dos modos primários através dos quais cidadãos imaginam sua humanidade para propósitos políticos.

Devemos agora estender esse aspecto da perspectiva. Como dissemos, as leis e os princípios políticos são feitos pelos humanos. Assim, a concepção política da pessoa como legislador é ainda a concepção aristotélica que articulamos no capítulo 3. Mas, uma vez que a perspectiva das capacidades não funde as duas questões da justiça (quem faz os princípios, e para quem os princípios são feitos), ela também precisa de uma concepção política diferente da criatura que a considere sujeito da justiça. O fato de que o realizador humano de princípios é imaginado como um ser animal necessitado, muitas vezes dependente, prepara o caminho para essa ampliação. As pessoas que se veem dessa maneira, e que não se gabam de uma suposta característica única, são mais propensas do que o contratualista a ver a si mesmas como formuladoras de princípios para um mundo interconectado que contém muitos tipos de vida animal, cada qual com suas próprias necessidades, cada qual com sua própria dignidade. Assim, a concepção da criatura como um sujeito da justiça é justamente isso: a concepção de um mundo no qual há muitos tipos diferentes de animais lutando para viver suas vidas, cada vida com sua dignidade. Não é de forma alguma uma única concepção, porque a pluralidade de formas de vida é muito importante para toda essa ideia.

vi. Espécie e indivíduo

Qual deve ser o foco dessas obrigações? Parece que aqui, como no caso humano, o foco deveria ser o bem-estar e a dignidade da criatura individual. O enfoque das capacidades não associa nenhuma importância a números elevados enquanto tais; seu foco está no bem-estar de criaturas existentes e o dano que lhes é feito quando seus poderes são prejudicados. É claro que as criaturas não podem florescer em isolamento, e assim, para os animais, como para os humanos, a existência de grupos apropriados e comunidades é uma parte importante do florescimento dos indivíduos.

O que dizer sobre a continuação das espécies? Aqui minhas respostas são experimentais e tenho certeza de que não irão satisfazer muitos especialistas em ecologia. Um novo trabalho sobre esse tema obviamente ainda terá de ser feito. Mas, por enquanto, acredito que a continuidade das espécies teria pouco peso moral como uma consideração de justiça (apesar de ter, certamente, importância estética, científica ou ética de algum outro tipo), caso elas fossem desaparecendo sem impactar o bem-estar das criaturas individuais. Mas as espécies estão em processo de extinção justamente porque os seres humanos estão matando seus membros e destruindo seu meio ambiente natural. Assim, o dano à espécie ocorre através do dano aos indivíduos dessa espécie. Acredito que esse dano individual poderia ser o foco de preocupação ética dentro do enfoque das capacidades. A biodiversidade como tal pode ser um bem, mas que tipo de bem ela é e qual deve ser sua relação com a justiça política parecem ser questões que devam ser deixadas para outra investigação. Se estou com razão sobre o que faz algo uma questão de *justiça* em vez de outro tipo de questão, os animais são sujeitos da justiça na medida em que as criaturas individuais estão sofrendo dor e privação.

Devem os membros individuais das espécies ameaçadas ganhar consideração especial, como é feito atualmente com as proteções especiais para os *habitats* de espécies ameaçadas? Há ocasiões em que algo análogo a isso ocorre no caso humano. Os pais Amish no caso Wisconsin *versus* Yoder pediam permissão para retirar seus filhos dos dois últimos anos da educação pública compulsória sob a alegação de que sua liberdade de prática religiosa estava sendo ameaçada pelo perigo de que todo o seu modo de vida parasse de existir[36]. Essa foi a razão pela qual essas pessoas particulares reivindicavam a liberdade de prática religiosa. Através desse argumento, ganharam uma concessão especial na educação de seus filhos. De modo similar, penso que seja possível justificar uma atenção especial para espécies ameaçadas como um modo de mostrarmos preocupação pelas capacidades reprodutivas e o florescimento em geral dos membros individuais dessas espécies. A atenção especial ao *habitat* e ao meio reprodutivo é necessária, não tanto para o bem de futuros indivíduos que ainda não nasceram, mas a fim de que a vida que indivíduos existentes perdure. De qualquer modo, esse seria o foco de preocupações éticas quando a justiça básica estivesse em questão. Na medida em que adotamos um princípio de economia justa no caso humano – um tópico que acredito que Rawls tenha argumentado de

---

[36] 406 U.S. 205 (1972).

modo convincente[37] –, poderíamos adotar também um princípio análogo para o caso animal. Tal ênfase nos indivíduos não acaba, no entanto, com a ideia de que outros princípios, sejam eles estéticos, éticos ou científicos, possam ditar um interesse pela continuidade das espécies como um bem em si mesmo.

A perspectiva é, então, individualista, por fazer da criatura viva, e não do grupo ou das espécies, o sujeito básico da justiça. Mas há um outro tipo de individualismo que devemos agora considerar, a perspectiva conhecida como "individualismo moral", isto é, a visão de que o pertencimento às espécies ele mesmo não possui relevância moral e que toda relevância moral jaz nas capacidades dos indivíduos.

A maioria das perspectivas éticas dos direitos dos animais sustenta que há distinções morais relevantes entre as formas de vida. Matar um mosquito não é o mesmo tipo de dano que matar um chimpanzé. Mas a questão é que tipos de diferenças são relevantes para a justiça básica? Singer, seguindo Bentham, coloca a questão em termos de capacidade de sentir. Animais de todos os tipos podem sofrer a dor física, e é sempre ruim causar dor em um ser que é capaz de senti-la. Se existissem animais que não sentissem, ou quase não sentissem – e parece que crustáceos e moluscos, tanto quanto esponjas e as outras criaturas que Aristóteles chama de "animais estacionários", são tais animais –, não haveria dano, ou só um dano trivial, em matá-los. Ademais, entre as criaturas que sentem, há algumas que podem sofrer danos adicionais por causa de suas capacidades cognitivas: alguns animais podem antecipar e se inquietar com suas próprias mortes, e outros têm consciência e interesses sentimentais em continuar a viver que são frustrados com a morte. O assassinato sem dor de um animal que

---

[37] Ver *LP*, pp. 20, 244, 273-274.

não antecipa sua própria dor ou que não tem um interesse consciente na continuação de sua vida não é ruim para Bentham e Singer, pois toda maldade, para eles, consiste na frustração de interesses, entendidos como formas de percepção consciente[38]. Singer não está, então, dizendo que alguns animais são inerentemente mais dignos de estima do que outros; ele está simplesmente dizendo que, se concordamos com ele que todos os danos estão relacionados à capacidade de sentir, a forma de vida da criatura limita as condições sob as quais ela de fato pode sofrer dano.

Tom Regan, que defende uma abordagem dos direitos dos animais baseada justamente em direitos[39], recusa-se a admitir diferenças de valores intrínsecos dentro do grupo de animais que ele considera, o qual inclui todos os mamíferos que alcançaram a idade de um ano. Todos esses, ele sustenta, possuem valor intrínseco, e valor intrínseco não é uma questão de grau. No entanto, ele também dá à percepção consciente um lugar importante em sua abordagem do valor intrínseco; seu argumento de que todos os mamíferos que alcançaram um ano possuem-na, constitui uma grande parte do apoio que ele dá para a afirmação de que todos eles têm valor intrínseco.

James Rachels, cuja perspectiva tem elementos tanto do utilitarismo quanto do aristotelismo[40], sustenta, como Singer, que a complexidade e o nível da forma de vida de uma criatura fazem a diferença quando pensamos sobre quais formas de tratamento são permissíveis ou não. Mas os danos que ele considera não residem todos na capacidade de sentir, como ocorre com Singer. Assim, ele está preparado para admitir como danosas, por exemplo, certas formas de limitação aos movimentos livres, indepen-

---

[38] Singer (1980).
[39] Regan (1983), pp. 240-241.
[40] Rachels (1990). Ver minha discussão em Nussbaum (2001c).

dentemente de o animal percebê-las ou não como más ou limitantes, ou terem interesse consciente no movimento livre. Mas compartilha com Singer sua explicação mais geral sobre o *modo* no qual a complexidade de formas de vida importa. Não é que algumas criaturas sejam mais maravilhosas ou admiráveis *per se*, de algum ponto de vista objetivo no universo (como Aristóteles possivelmente acreditava); ao contrário, o nível de complexidade de uma criatura influi no que pode constituir ou não um dano para ela. O que é relevante para o dano de dor é a capacidade de sentir; o que é relevante para o dano de um tipo específico de dor é um tipo específico de capacidade de sentir (por exemplo, a habilidade de imaginar a própria morte). O que é relevante para o dano da diminuição de liberdade é uma capacidade para a liberdade e autonomia. Não faria sentido reclamar que um verme está privado de autonomia, ou um coelho do direito de votar.

Resumindo, o individualismo moral do tipo sustentado por Singer e Rachels faz duas afirmações que precisamos agora avaliar: primeiro, que as diferenças de capacidade afetam os direitos não por criar uma hierarquia de importância ou valor, mas somente por afetar o que pode ser um bem ou um dano para uma criatura; segundo, que o pertencimento à espécie em si mesmo não tem importância na questão do que pode ser um bem ou um dano para uma criatura – somente as capacidades individuais são importantes.

A primeira afirmação é poderosa, e o enfoque das capacidades pode facilmente concordar com ela. Não devemos seguir Aristóteles e afirmar que há uma hierarquia natural de formas de vida, algum ser intrinsecamente mais digno de apoio e admiração do que outros. Considerações sobre o valor intrínseco devem ter significância ética de algum outro tipo em algumas concepções abrangentes de boa vida. Parece plausível para um visão ética abrangente julgar que algumas atividade e prazeres são "mais altos" e alguns "mais baixos", algumas vidas mais ricas e algumas mais empobrecidas; que é melhor viver como um chimpanzé do que viver como um verme, caso a escolha entre essas formas de vida fosse um experimento coerente de pensamento. Mas parece duvidoso que essas considerações afetem a questão de justiça básica e de princípios políticos com os quais definimos a abordagem dessas questões.

Aqui, então, devemos concordar com Rachels, mas recolocando seu ponto de um modo um pouco diferente. Porque o enfoque das capacidades encontra significância ética no desenvolvimento e florescimento de capacidades básicas (inatas) – as que são avaliadas tanto como boas quanto como centrais –, irá também achar dano na anulação ou na deterioração dessas capacidades. Formas mais complexa de vida têm mais e mais capacidades complexas (boas) a serem destruídas, dessa forma elas podem sofrer mais e diferentes tipos de danos. Podemos concordar com Rachels que nada é destruído quando um coelho é privado do direito de votar, ou um verme, da liberdade de prática religiosa. O nível de vida é relevante não porque dá às diferentes espécies valor diferencial *per se*, mas porque o tipo e grau de dano que uma criatura pode sofrer variam conforme sua forma de vida.

Há um nível mínimo abaixo do qual a destruição de capacidades não seria um dano? Parece ser um mal menor matar um mosquito, porque parece que ele não sente dor. É mais fácil para Singer explicar essa conclusão do que para o teórico das capacidades, uma vez que para o último o bem reside nas oportunidades de florescimento, não somente na capacidade de sentir. Por que a habilidade do mosquito em continuar vivendo é uma capacidade cuja interrupção significaria um dano para ele? Aqui, acredito que o enfoque das capacidades deveria admitir a sabedoria do utilitarismo[41]. A capacidade de sentir não é a única coisa que importa para a justiça básica, mas parece plausível considerar a posse da capacidade de sentir como uma capacidade mínima para pertencimento na comunidade de seres que possuem direitos básicos de justiça. Se abstrairmos do dano que mosquitos fazem com outros animais (irei considerar isso a seguir), pareceria haver algo de maldoso e desagradável em devotar muita energia matando mosquitos. Insetos inofensivos com capacidades similares não deveriam ser mortos desnecessariamente. Mas seria essa uma questão de justiça básica, uma questão sobre a qual os princípios políticos deveriam ser construídos? Acredito que já temos suficientes questões a abordar se focarmos, por enquanto, exclusivamente em criaturas com capacidade de sentir.

Dado o fato de que prazer e dor não são as únicas coisas com valor intrínseco para o enfoque das capacidades, o enfoque, estritamente falando, não deveria dizer que a capacidade de sentir prazer e dor é uma condição necessária para se atribuir *status* moral a uma criatura. Ao contrário, deveríamos adotar um enfoque disjuntivo: se uma criatura possui *ou bem* a capacidade de prazer e dor, *ou* a capacidade de movimento de um lugar para outro[42], *ou* a capacidade para emoção e afiliação, *ou* a capacidade de raciocínio e assim por diante (devemos acrescentar lazer, uso de ferramentas e outros), então essa criatura possui uma posição moral. A ficção científica nos lembra de que existem criaturas inteligentes que carecem da habilidade de sentir prazer e dor. O mesmo faz a religião: Deus, em muitas visões tradicionais, é um

---

[41] Ver DeGrazia (1996), pp. 226 e seg.
[42] Aqui devemos provavelmente excluir criaturas unicelulares que parecem ter a capacidade de locomoção. Meu foco aqui é a locomoção no sentido aristotélico, que envolve a habilidade de tornar-se consciente de uma coisa boa a distância, de desejar essa coisa boa e de, como consequência, mover-se em direção a ela.

ser racional que carece de capacidade de sentir. Mas a natureza como a conhecemos não é como a ficção científica ou a teologia. Todas as criaturas que possuem uma ou outra das capacidades relevantes mencionadas também possuem a capacidade de sentir prazer e dor. Aristóteles nos lembra de que isso não é um acidente: para a sensibilidade são centrais o movimento, a afiliação, a emoção e o pensamento. Podemos, entretanto, admitir a possibilidade sugerida pela ficção científica para propósitos teóricos.

Agora vamos nos dirigir à segunda afirmação. Para os utilitaristas e para Rachels, a espécie a que uma criatura pertence não tem relevância moral. Escritores utilitaristas gostam de comparar macacos com crianças pequenas e com seres humanos com deficiência mental. O enfoque das capacidades, em contraste, com sua ênfase no funcionamento característico e nas formas de vida, parece associar alguma significância ao pertencimento à espécie enquanto tal. Argumentei no capítulo 3 que a espécie à qual Sesha pertence tem relevância moral para que possamos descrever quais as capacidades que a sociedade deve lhe oferecer, seja diretamente ou através de tutela.

Devemos admitir, antes de mais nada, que precisamos saber bem mais do que presentemente sabemos sobre as capacidades dos animais. Segundo, devemos admitir que há muito mais a ser aprendido da reflexão sobre o *continuum* da vida. O estudo de Rachels sobre o darwinismo e suas implicações éticas nos mostra de forma bastante convincente que o mundo não é do modo que os estoicos e a tradição judaico-cristã o veem, com os seres humanos claramente separados do resto da natureza[43]. As capacidades se entrecortam e se sobrepõem; um chimpanzé pode ter mais capacidade de empatia e pensamento perspectivista do que uma

---

[43] Rachels (1990); e ver o excelente tratamento dessas questões em DeGrazia (1996).

criança muito pequena, ou uma criança que seja maior e autista. E as capacidades que os humanos algumas vezes arrogantemente reclamam somente para si mesmos são encontradas muito amplamente na natureza: Rachels cita uma exposição reveladora sobre a inteligência prática do platelminto retirada de um importante ensaio de Darwin. Tal exposição nos ajuda a nos percebermos mais correta e menos arrogantemente. Ajuda-nos a ver uma capacidade animal cuja dignidade não é oposta à animalidade, mas inerente a ela. Ajuda-nos a ver a compaixão e o altruísmo como características que se estendem amplamente na natureza, em vez de resultados especiais de uma natureza moral dada por Deus[44].

Por outro lado, parece errado concluir a partir desse exame que o pertencimento à espécie é moral e politicamente irrelevante. Uma criança com sérios impedimentos mentais é, na verdade, muito diferente de um chimpanzé, ainda que, em certos aspectos, algumas de suas capacidades possam ser comparáveis entre si. Sua vida é vivida como membro de uma comunidade humana e não de alguma outra comunidade; é aí, em sua comunidade, que ela irá desenvolver-se plenamente, ou não. As possibilidades de florescimento nessa comunidade são definidas em torno das normas das espécies. Sesha e Jamie não têm a opção de partir e viver em uma comunidade não linguística de primatas; por essa razão, suas deficiências com relação à capacidade linguística devem ser abordadas pela sociedade: no caso de Jamie, através de educação especial planejada e terapia física; no caso de Sesha, através de relações de tutela. Além disso, o fato de que suas deficiências criam impedimentos de formas de florescimento típicos da espé-

---

[44] Ver De Waal (1996). Parecida é a tentativa de David Hume de levar seu leitor a considerar ao mesmo tempo a racionalidade e a emoção humana e animal, como espécies relacionadas de uma capacidade geral.

cie traz um imperativo moral para a sociedade: tais impedimentos devem ser tratados e eliminados, quando possível, ainda que o tratamento seja caro. Tais questões são obscurecidas na comparação superficial entre Sesha, Jamie e os chimpanzés. Para os chimpanzés, o uso da linguagem é um adorno, construído pelos cientistas humanos: seus próprios modos característicos de florescimento, em suas próprias comunidades, não dependem dele. Para Sesha e Jamie, ter algum acesso à linguagem é essencial para uma vida digna, por isso, ainda que fosse preferível adquiri-la através dos seus próprios desenvolvimentos, em que isso não é possível, a tutela o substitui. Cada qual só pode florescer como ser humano. Eles não possuem a opção de florescer como chimpanzés felizes.

O caso de Arthur acrescenta uma nova dimensão ao problema. Arthur costumava ter menos capacidade social do que alguns chimpanzés, de acordo com testes em pensamento perspectivista. Porém, não há animal não humano que seja comparável com Arthur, cujas capacidades linguísticas e matemáticas são muito altas. O individualismo moral parece sugerir que para propósitos normativos deveríamos tratar Arthur como um ser *sui generis*, que não se encaixa realmente em nenhum tipo; deveríamos simplesmente ajudá-lo a desenvolver as capacidades misturadas que possui, não fazendo nenhum esforço em nenhuma outra área. Mas, na verdade, Arthur florescerá, se o fizer, como um ser humano: e esse fato significa que esforços especiais devem ser empreendidos para desenvolver suas capacidades sociais. Está claro que sem tais esforços ele não vai formar amizades, relações sociais mais amplas ou relacionamentos políticos úteis. Tal ausência importa a Arthur, porque a comunidade humana é a sua comunidade. Ele não tem a opção de sair e buscar em algum lugar no universo uma comunidade de extraterrestres inteligentes com capacidades sociais mínimas (tal como o Senhor Spock). Os humanos esperam certas coisas dele, e assim a educação deve fomentar essas capacidades, mesmo que tais formas de educação sejam muito caras. A relevância da norma das espécies é que ela define o contexto, a comunidade política e social, na qual as pessoas florescem ou não. Assim, elas precisam ter apoio a fim de atingir as capacidades centrais que fazem parte da norma da espécie, como definida politicamente.

Em resumo, a norma da espécie (quando corretamente avaliada) nos diz qual é a referência apropriada para julgarmos se dada criatura tem oportunidades decentes para florescer. A mesma coisa vale para animais não humanos: em cada caso, o que se espera é uma explicação específica da espécie para as capacidades centrais (que podem incluir relacionamentos interespécies específicos, tais como o relacionamento tradicional entre o cachorro e o humano), e, então, um compromisso de trazer membros dessa espécie até a norma, mesmo que haja obstáculos especiais.

Tomem o Bear, por exemplo. Bear era o pastor-alemão altamente inteligente e amoroso que viveu por oito anos na casa de Cass Sunstein e Ellen Ruddick-Sunstein. Quando Bear começou a envelhecer, suas coxas começaram a fraquejar. Ele não tinha dores, mas não podia se movimentar como antes: aos poucos ele começou a arrastar sua parte traseira. Porque ele não sentia dores, o individualismo moral provavelmente não recomendaria nenhum tratamento especial para Bear. Sua família pensou, entretanto, de outra forma e providenciou-lhe uma cadeira de rodas para cães, recentemente inventada, que sustentava sua parte traseira, tornando-lhe possível transportar seu corpo enquanto andava com suas pernas da frente. Bear é um caso análogo ao de Jamie e Sesha: cada qual precisa de tipos incomuns de apoio a fim de atingir, tanto quanto possível, uma norma de florescimento específica da espécie. A mobilidade é parte central do florescimento para os cães, mas não para as esponjas. Ter possibilidade de movimentar-se foi parte essencial de uma vida com dignidade para Bear. Refletir sobre o funcionamento característico e as interações dos cães pode nos ajudar a reconhecer quando, no caso de um cão particular com deficiências, uma forma especial de apoio se faz necessária.

Afirmar isso não significa que os humanos devam sempre assumir a tarefa de apoiar todas as capacidades animais dessa forma direta e de algum modo intervencionista. Para cães, entretanto, com raras exceções, não há opção de florescer em uma comunidade só de cães; sua comunidade é sempre aquela que inclui intimamente membros humanos, e assim é óbvio que o apoio humano para suas capacidades é moralmente permissível, e, em alguns casos, obrigatório. O individualismo moral tem pouco a nos orientar em tais questões.

vii. Avaliando as capacidades dos animais: não ao culto à natureza

No caso humano, a perspectiva das capacidades recusa-se a extrair normas diretamente de alguns fatos sobre a natureza humana. Devemos conhecer tudo o que possamos sobre as capacidades inatas dos seres humanos, e essa informação é valiosa porque nos dirá quais são as nossas chances e quais os nossos riscos. Mas devemos começar avaliando os poderes inatos dos seres humanos e perguntando quais deles são bons e quais ocupam um lugar central para a noção de uma vida humana aceitavelmente florescente, uma vida com dignidade humana. Assim, não somente a avaliação em geral, mas também a avaliação ética são introduzidas no enfoque desde o começo. Muitas coisas encontradas na vida humana não estão na lista das capacidades. A concepção política não tem a tarefa de encorajar a ganância ou de assegurar que o crime e a brutalidade tenham uma chance de se desenvolver, ainda que essas atividades se fundamentem seguramente em determinados poderes humanos. A concepção do florescimento é completamente avaliativa e ética; ela sustenta que a frustração de certas tendências não é somente compatível com o florescimento, mas, na verdade, é requerido por ele[45].

Há um perigo em qualquer teoria que aluda ao florescimento característico e à forma de vida das espécies. Esse é o perigo de romantizar a natureza, ou de sugerir que as coisas ficariam em ordem somente se nós humanos parássemos de interferir. Esse perigo aparece quando saímos do caso humano, onde parece inevitável que iremos precisar fazer alguma avaliação moral, para o caso animal, no qual tal avaliação é alusiva e difícil, se é que pode ser mesmo feita. Próprio a pelo menos alguns escritos ambientalistas, é um retrato da natureza como harmônica e sábia, e dos humanos como superambiciosos desperdiçadores que viveriam melhor se pudéssemos nos harmonizar com a natureza. Essa imagem da natureza já foi bem sensivelmente atacada por John Stuart Mill em seu ensaio "Natureza", no qual afirma que, longe de ser moralmente normativa, a natureza é, na verdade, violenta, desprovida de normas morais, pródiga em conflito:

> Dito em verdade sóbria, quase todas as coisas em função das quais os homens são enforcados ou aprisionados por fazer a um outro, fazem parte das performances diárias da natureza. Assassinar, o ato mais criminoso reconhecido pelas leis humanas, a natureza faz com cada ser vivo, e, em um grande número de ca-

---

[45] Argumentei em Nussbaum (1995b) que este também era o enfoque de Aristóteles. Independente de o argumento ser ou não aceito, mostra qual é o meu próprio enfoque.

sos, depois de torturas prolongadas, como somente os maiores monstros sobre os quais sempre lemos infligem propositadamente nas criaturas vivas suas companheiras. Se, por uma reserva arbitrária, nos recusamos a considerar qualquer coisa assassinato, mas somente o que abrevia um certo tempo que se supõe tenha sido atribuído à vida humana, a natureza também faz isso a todos, com exceção de uma pequena percentagem de vidas, e faz isso de todos os modos, violentos ou insidiosos, nos quais os piores seres humanos tiram as vidas de outros. A natureza empala os homens, os esquarteja como se estivessem na roda da tortura, arremessa-os para serem devorados por bestas selvagens, queima-os até a morte, esmaga-os com pedras como ao primeiro mártir cristão, deixa-os morrer de fome, congela-os de frio, envenena-os com o veneno rápido ou lento de suas exalações e possui centenas de outras mortes repugnantes de reserva, tais que a crueldade engenhosa de um Nabis ou um Domiciano jamais ultrapassou.[46]

Podemos acrescentar que a natureza faz essas coisas desagradáveis não somente com os seres humanos, mas também com outros animais, cujo relacionamento um com o outro, e com o ambiente natural, dificilmente é harmonioso.

Tampouco a visão de Mill das coisas é produto meramente de sua perspectiva focada no humano. Ela jaz no coração de muitos pensamentos ecológicos modernos. Para exemplificar, vejamos o que diz um importante especialista em proteção ambiental, Daniel Botkin:

> Houve uma revolução nas ciências do meio ambiente. No coração dessa revolução está uma mudança da velha ideia de constância na natureza, uma parte do mito antigo do equilíbrio da natureza. Posto de maneira abreviada, o mito do equilíbrio da na-

---

[46] Mill (1850/1988), pp. 28-29.

> tureza tem três características básicas. Primeiro, a natureza imperturbável pelas influências humanas alcança uma permanência de forma e estrutura que persiste indefinidamente. Segundo, essa condição permanente é a melhor para a natureza: melhor para outras criaturas, melhor para o meio ambiente e melhor para os humanos. Terceiro, quando esse estado perfeito é perturbado, a natureza é capaz de voltar a ele. A ideia de um equilíbrio da natureza está profundamente enraizada em nossa história, civilização e religiões (...) Infelizmente, o mito do equilíbrio da natureza não é verdadeiro. Ao longo dos últimos trinta anos, isso tem sido demonstrado como parte da revolução nas ciências ambientais.[47]

Botkin continua apoiando essa afirmação de várias maneiras, argumentando, *inter alia*, que muitos dos ecossistemas naturais que admiramos como tais na verdade se sustentam a si mesmos, quando o fazem, somente por causa de várias formas de intervenção humana. Ele conclui que não podemos deixar a natureza sozinha e esperar que ela cuide de si; ao contrário, precisamos ter informação precisa sobre cada espécie, e um sentido preciso de quais devem ser nossos objetivos, apoiados com bons argumentos normativos. No processo, argumenta, não devemos repudiar as mudanças de origem humanas como se elas fossem, por definição, más: pois pode ser que elas sejam justamente o que permite que o ecossistema sobreviva.

Essas questões nos levam para além dos direitos dos animais, os quais são, na verdade, nosso foco. Dizem-nos, entretanto, que uma visão não avaliativa, que extrai as normas diretamente da observação dos modos característicos de vida dos animais, provavelmente não ajudará a promover o bem deles. Em vez disso,

---

[47] Botkin (1996), pp. 26-27.

precisamos de uma avaliação cuidadosa tanto da "natureza" quanto das possíveis mudanças. O respeito pela natureza não deveria e não pode significar deixar a natureza como está, e deve envolver argumentos normativos cuidadosos sobre quais poderiam ser objetivos plausíveis. Faz sentido começar com os melhores estudos que podemos imaginar sobre o que os animais fazem quando deixados por conta própria, pois de que outra forma podemos entender como eles próprios concebem seu próprio florescimento, ou como buscam o florescimento, se o concebem ou não? Mas esse é o começo, não o fim, da avaliação.

No caso dos humanos, o dano que se impõe ao outro é a área primária na qual a concepção política atua inibindo ou desencorajando tendências que estejam generalizadas na vida humana. Os animais, é claro, causam danos, tanto a membros de suas próprias espécies quanto, ainda mais frequentes, a membros de outra espécie. Essas capacidades de causar dano são de dois tipos. Em um tipo de caso, um animal ataca diretamente e mata outro, muitas vezes por comida: chamemos esse caso de o do predador. Em outro caso, alguma atividade característica do animal causa dano a outras espécies (produzindo doenças, matando a reserva de alimentos), apesar de o animal estar somente cuidando da sua vida, sem intenção ou mesmo comportamento hostil; chamemos este de caso do mosquito.

Em ambos esses casos, o teórico das capacidades inclinar-se-á a afirmar que as capacidades de causar dano não estão entre aquelas que devem ser protegidas por princípios políticos e sociais. Mas dizer isso – se preservarmos a concepção geral de capacidades centrais que empregamos no caso humano – nos exigiria julgar que essas capacidades, e os funcionamentos que lhes são associados, não são centrais para a habilidade de a criatura viver uma vida florescente e digna como o tipo de criatura que é. Entretanto é difícil fazer esse julgamento se estivermos dando à experiência subjetiva qualquer papel na determinação de quando ocorre o florescimento da criatura. O enfoque das capacidades não é utilitarista, não sustenta que todo o bem está na capacidade de sentir; tampouco extrai normas diretamente do desejo ou preferência humanos. Em vez disso, usa argumento moral independente para apoiar suas afirmações sobre a conexão entre as capacidades e a vida com dignidade humana. Mas o desejo não é repudiado completamente: o enfoque (no caso humano) usa, sim, os resultados dos melhores enfoques dos desejos esclarecidos como uma verificação cruzada da lista das capacidades, sob a pressuposição de que nenhuma perspectiva que frustre sistematicamente o desejo humano pode ser estável ao longo do tempo[48]. Se aplicarmos essa abordagem a outras espécies, será difícil manter que uma criatura que sinta frustração e dor na inibição de suas capacidades predadoras esteja vivendo uma vida florescente. Pode-se esperar que um ser humano consiga aprender a florescer sem praticar homicídio, e, esperemos, até mesmo sem a maioria dos assassinatos de animais. Mas um leão a quem não é dado o exercício de sua capacidade predadora parece sofrer enormemente, e não há como a educação ou aculturação possa remover essa dor.

Aqui, a perspectiva das capacidades poderia distinguir dois aspectos da capacidade em questão. A capacidade de matar animais pequenos, definidos como tais, não é avaliável. Princípios políticos básicos podem omiti-la, e até mesmo inibi-la. Mas a capacidade de exercitar sua natureza predatória, evitando a dor da frustração, pode bem ter valor se a dor da frustração é considerável. Os zoológicos aprenderam a fazer essa distinção. Ao observarem que davam aos animais predadores exercícios insufi-

---

[48] Nussbaum (2000a), capítulo 2.

cientes para suas capacidades predatórias, tiveram de enfrentar a questão do dano feito a animais menores ao permitir aos animais predadores exercer suas capacidades. Deveriam eles dar a um tigre uma gazela macia para mastigar? O zoológico do Bronx considerou que eles podiam dar ao tigre uma bola grande atada a uma corda, cuja resistência e peso simbolizassem a gazela. O tigre parece ter ficado satisfeito. Pessoas que possuem em casa animais predadores (gatos especialmente) conhecem tais estratagemas (esportes competitivos provavelmente possuem um papel semelhante na vida humana). Onde quer que os animais predadores vivam sob o apoio e controle humano direto, essas soluções parecem ser as que soam mais éticas.

Com relação ao caso do animal que não mata intencionalmente, mas cujas atividades normais espalham doenças ou matam reservas de alimento: alguns desses animais tanto estão abaixo do limite da capacidade de sentir quanto tampouco possuem qualquer das outras habilidades que aparecem em nossa explicação disjuntiva do posicionamento moral; dessa forma não devemos nos importar muito, já que matá-los é um modo de nos proteger e aos outros. Por outro lado, se é possível esterilizá-los e prevenir dessa forma a disseminação de doenças, em vez de matá-los, essa parece ser a melhor coisa a fazer. Com relação aos animais que ultrapassam o limite da capacidade de sentir, os ratos, por exemplo, parece-me que aqui também podemos admitir a sabedoria do utilitarismo e dizer que, se para prevenir a disseminação de doenças ou prejuízos às crianças humanas e a outros animais, for necessário, como é muito provável que seja, matá-los, o objetivo elementar deveria ser uma morte humana, sem dor. Por outro lado, a esterilização e outros métodos não violentos seriam, como sempre, moralmente preferíveis.

Independente da questão do dano a outros, parece ser melhor para os humanos não se envolverem demais com suposições indiretas sobre as capacidades animais, mas tentar determinar o que, na verdade, cada criatura considera importante, a partir do que faz. As distorções que tornam as abordagens baseadas na preferência altamente incertas no caso humano são o resultado da socialização em sociedades humanas complexas, com suas hierarquias e seus códigos do que é adequado e próprio. Apesar de encontrarmos tais preferências adaptativas também nas vidas dos animais que vivem em um contexto de forte influência humana, é provável que elas sejam menos comuns nos outros animais. Parte do respeito por outras espécies é uma disposição de olhar e estudar, aprender os ritmos internos de uma comunidade animal e o sentido do valor expresso no seu modo de vida.

viii. Positivo e negativo, capacidade e funcionamento

No caso humano, há uma distinção tradicional entre deveres positivos e negativos que é importante criticar. As moralidades tradicionais sustentam que é errado ferir uma outra pessoa por meio da agressão ou da trapaça, mas que deixar as pessoas morrerem de fome ou de doença não é moralmente problemático, ainda que uma distribuição mais equitativa dos recursos sociais pudesse resolver esses problemas. Temos um dever rígido de não cometer atos maus, mas não temos nenhum dever rígido correspondente de parar com a fome ou a doença ou doar dinheiro para que cessem[49].

O enfoque das capacidades questiona ambas as posições, a positiva e a negativa, e a distinção entre questões de justiça e questões de ajuda material que normalmente lhes subjazem. Sustentar uma capacidade humana, qualquer que ela seja, custa dinheiro.

---

[49] Ver a minha crítica em Nussbaum (1999b). Vários dos ensaios em Sunstein e Nussbaum (2004) discutem os acordos legais e seus problemas.

Isso é tão verdadeiro para a proteção da propriedade e a segurança pessoal como é para o seguro de saúde, tão verdadeiro para as liberdades políticas e civis quanto para fornecer uma moradia adequada. Como vimos no capítulo 5, o enfoque das capacidades critica a perspectiva dos direitos humanos que define os direitos em termos de "liberdade negativa" apenas, e também a distinção entre direitos de "primeira geração" e direitos de "segunda geração" que muitas vezes está ligada à concepção de "liberdade negativa" dos direitos políticos. Para a proteção das capacidades, o Estado deve assumir tarefas positivas em cada área relevante, e cada uma dessas áreas requer, para ser levada a cabo, recursos financeiros, que normalmente se originam de uma tributação em alguma medida redistributiva. Ambas as distinções, entre a ação de Estado e a sua não interferência, e entre a justiça e a ajuda material, precisam ser criticadas se queremos avançar. Mesmo o conceito de redistribuição, que acabei de empregar, precisa ser questionado, uma vez que se baseia na determinação prévia de que a pessoas são donas das diferentes quantidades de dinheiro que possuem. Muitas perspectivas sobre a propriedade na história da filosofia, de Grotius a Mill, questionaram esse julgamento, dizendo que parte das propriedades de uma pessoa que é necessária para apoiar membros da sociedade (ou do mundo, no caso de Grotius) pertence na verdade às pessoas que precisam dela, não das pessoas que a retêm.

No caso dos animais, entretanto, pode haver espaço para que a distinção positivo/negativo faça sentido. Parece pelo menos coerente dizer que a comunidade humana tem a obrigação de se abster de causar certos danos graves aos animais, no sentido de assegurar-lhes alimentação adequada, moradia e cuidados médicos. Preencher os deveres negativos seria suficiente para assegurar que todos os animais tivessem uma chance de perseguir o florescimento do seu modo próprio, mas poderia parecer que nada mais fosse moralmente requerido de nós: as próprias espécies detêm o resto da tarefa de assegurar seu próprio florescimento. Podemos, além disso, defender tal conclusão dizendo que a própria ideia de um despotismo benevolente dos humanos sobre os animais, suprindo suas necessidades, é moralmente repugnante: a soberania das espécies, como a soberania das nações, tem peso moral. Parte do que significa florescimento para uma criatura é decidir por conta própria sobre certas questões muito importantes sem a intervenção humana, ainda que de um tipo benevolente.

Há muita verdade nesse argumento da imaginação. E, certamente, se nossos princípios políticos simplesmente rejeitassem as muitas formas atrozes de dano aos animais, já fariam bastante coisa. Mas a contradição e a distinção entre deveres negativos e positivos que esse argumento sugere não podem ser aceitos completamente. Primeiro, grande número de animais vivem sob o controle direto dos seres humanos: animais domésticos, animais de fazenda e os membros da espécie selvagem que estão nos zoológicos ou em outras formas de cativeiro. Os humanos têm a responsabilidade direta pela nutrição e cuidado médico desses animais, como até mesmo nossos sistemas falhos de lei corrente reconhecem[50]. Os animais na "selva" parecem seguir seus caminhos sem serem afetados pelos humanos. Mas é claro que isso dificilmente pode ser o caso no mundo de hoje. Os seres humanos afetam profundamente os hábitats dos animais, determinando suas oportunidades de nutrição, movimento livre e outros aspectos do florescimento. Mesmo uma pessoa que negue que possuíamos responsabilidades para com os animais na "selva" an-

---

[50] Ver Sunstein (2004).

teriormente, antes deste século, deve reconhecer que hoje nosso envolvimento profundo com as condições de florescimento dos animais nos obriga a essa responsabilidade.

Além disso, como mostra Botkin, a intervenção humana, na verdade, é em muitos casos necessária para manter "o equilíbrio ecológico". A preservação das espécies, por exemplo, requer a ação humana, ainda que a ameaça à espécie não tenha origem humana. Devem, por acaso, os seres humanos omitir-se de proteger os animais nas formas disponíveis, a não ser e até que uma determinação clara seja dada de que o problema que os animais estão enfrentando têm origem no ser humano? Em muitos casos é claramente assim; muitas vezes, porém, os fatores envolvidos são tão numerosos que é difícil dizer. Assim, enquanto mantivermos que um âmbito primário da responsabilidade humana para com os animais é o de abster-se de toda uma variedade de atos maus (a serem discutidos na seção x), não podemos plausivelmente parar aqui. Temos a habilidade de fazer inúmeras escolhas que estragam ou preservam os hábitats dos animais. Em muitos casos, temos também o poder de salvar animais que de outro modo morreriam de doença ou dos efeitos colaterais de desastres naturais. Parece implausível pensar que não possuímos nenhum dever de ajuda material nesses casos. O único problema deveria ser determinar o quão extensiva essa ajuda seria, como equilibrá-la com o respeito apropriado pela autonomia da espécie. Essa questão é muito similar na forma à questão da ajuda estrangeira, e deve como esta ser abordada com atenção, tendo em vista o equilíbrio delicado de vários fatores envolvidos. Como no caso da ajuda estrangeira, a melhor forma de ajuda é aquela que preserve e amplie a autonomia, ao invés de aumentar a dependência. Seria um mau resultado se todos os animais acabassem nos zoológicos, completamente dependentes das organizações humanas.

No caso humano, um modo de respeitarmos a autonomia é focar na capacidade, não no funcionamento, como o objetivo político legítimo. Mas também insistimos que para as crianças, e em alguns casos para pessoas com deficiências mentais permanentes, seria apropriado objetivar em vez disso o funcionamento, ou deixar a escolha para o guardião. Em geral, o tratamento paternalista é apropriado sempre que a capacidade do indivíduo para a escolha e a autonomia está comprometida. Esse princípio sugere que o paternalismo é normalmente apropriado quando estamos lidando com animais não humanos. Tal conclusão, entretanto, deve ser qualificada, dada nossa afirmativa anterior de que a autonomia da espécie na perseguição do florescimento é parte do bem para animais não humanos. Podemos combinar coerentemente os dois princípios, e, em caso afirmativo, como isso deve ser feito?

Acredito que eles possam sim ser combinados se adotarmos um tipo de paternalismo que seja altamente sensível às várias formas de florescimento que as diferentes espécies buscam. É de pouca ajuda dizer que devemos simplesmente deixar os tigres florescerem de seu modo próprio, uma vez que a atividade humana afeta de modo onipresente as possibilidades dos tigres de florescer, e, aliás, de viver. Sendo esse o caso, a única alternativa decente ao desprezo completo pelo florescimento do tigre é uma política que pense cuidadosamente sobre o florescimento dos tigres e sobre qual hábitat requer, e, então, se esforce por criar tal hábitat. (Desse modo, o tratamento decente para tigres acaba vinculado à preservação da espécie.)

Em muitos casos, a administração inteligente e cuidadosa dos zoológicos e das reservas de animais pode muito bem ser parte de uma política destinada a dar aos membros dessas espécies vidas decentes. Muitos animais ficariam melhor em um zoológico criativo e bem conservado do que na selva, pelo menos nas atuais condições de ameaça e escassez. Especialmente quando o país A não pode afetar o comportamento de país B com relação aos animais, ou assegurar seu florescimento em seu hábitat natural no país B, os zoológicos estabelecidos no país A podem atender a uma função valiosa. Os zoológicos, quando bem planejados, podem também construir amizades entre as espécies ao estimular a educação de jovens seres humanos. De qualquer forma, o objetivo de longo prazo dessa política deve ser sempre a preservação de pelo menos alguma parte do hábitat original da criatura, e não há maneira de fazer isso sem a intervenção humana consistente.

Os animais domésticos levantam problemas específicos. Há uma visão romântica dos animais domésticos, segundo a qual estes animais são mantidos presos pelos humanos e tratados como mera propriedade. A melhor coisa para eles seria simplesmente deixá-los ir viver na selva, como a natureza pretendeu. O filme *Spirit* [*O corcel indomável*] de 2002 é um exemplo desta fantasia: o cavalo selvagem derruba cada barreira no seu caminho para a sua liberdade, e é feliz somente quando está cavalgando nas montanhas, ao lado de seus companheiros, cavalos selvagens.

Na realidade, entretanto, há muitas espécies de animais para as quais qualquer existência florescente plausível na selva é impossível, dado que elas evoluíram durante mais de um milênio em simbiose com os seres humanos. Cachorros, gatos domésticos e a maioria das raças de cavalo estão nessa situação, assim como muitos animais de fazenda e também alguns pássaros. Tais animais certamente não devem ser tratados como meros objetos para uso e controle humanos: seus próprios florescimentos e seus próprios fins devem ser mantidos constantemente em vista. Mas isso não significa dizer que devemos simplesmente deixá-los escapar, sem o controle humano. A alternativa moralmente sensível é tratá-los como companhias que necessitam de tutela prudente, mas favorecidos com direitos que são deles, ainda que exercidos através da tutela. Em outras palavras, eles podem ser tratados como atualmente tratamos as crianças e muitas pessoas com deficiências mentais, que possuem um amplo menu de direitos e estão dessa forma bem distantes de serem "mera propriedade", apesar de esses direitos terem de ser exercidos através da tutela humana. (Parece-me que não há nada de ruim em trocar a tutela de animais por meio da compra e venda, desde que seus direitos sejam devidamente protegidos.)

A fantasia romântica também sugere que os animais não deveriam ser obrigados a fazer coisas que os humanos queiram que façam. Esta é, também, uma questão delicada. A fantasia romântica correspondente sobre as crianças foi a essa altura completamente refutada, no sentido de que agora sabemos que as crianças não aprenderão em escolas que as permitam escolher o que querem aprender. As crianças nem mesmo aprendem sozinhas a ir ao banheiro. Geralmente, sentimos que é uma negligência condenável não ensinar nossas crianças a ir ao banheiro e as múltiplas formas de disciplina e educação, uma vez que uma vida florescente requer possibilidades de escolha e excelência que se abrem somente através de uma educação compulsória. Uma boa educação é sensível à individualidade da criança, não é rígida e acima de tudo não é cruel ou humilhante; mas tem objetivos e padrões, e exigir respeitosamente a disciplina é apropriado para guiar as crianças em direção a esses objetivos. Por que deveríamos pensar diferente sobre animais não humanos? A maioria dos animais domésticos beneficia-se de algum treinamento e disciplina. Muitos, além disso, são capazes de admiráveis façanhas de excelência atlética se o treinamento apropriado lhes é fornecido. Certamente, formas cruéis de treinamento devem ser condenadas, e o circo descrito no caso de Kerala soa extremamente cruel. Mas não parece seguir daí que cavalos não devam ser ensinados a pular barreiras e cercas, ou executar adestramento, ou corrida; ou que cachorros capazes de façanhas complicadas, como o *border collie*, não devam ser treinados para serem capazes de manifestar tais excelências. Aqui, de novo, um paternalismo inteligente, sensível à espécie, parece proporcionar o resultado apropriado. Tal paternalismo avaliará a natureza do florescer de cada animal pensando nos feitos característicos não somente das espécies, mas também das raças, e planejará uma educação e toda uma forma de vida apropriadas a essas oportunidades de excelência.

As capacidades e a personalidade do animal individual também devem ser consideradas. Devemos colocar no pasto um cavalo de corrida que envelhece? Essa não é uma questão simples. Ela é similar à questão de se um ou uma atleta que envelhece deve continuar praticando o esporte no qual se destacou. Não é possível dar qualquer resposta sensata em abstrato. Martina Navratilova é um caso, mas há muitos outros casos. Supor que matar tempo pastando é o único bem que resta a animais que envelhecem significa ser condescendente com eles (como com humanos que envelhecem). Na maioria dos casos, algum tipo de atividade contínua é melhor do que matar o tempo, ainda que o animal não possa iniciar o tipo de atividade requisitada completamente sozinho.

Um paternalismo inteligente e respeitoso cultiva espaço para escolha. Os animais são centros de atividade, e nenhum tratamento que não os permita iniciar minimamente, deste ou daquele jeito, uma atividade, é respeitoso. Qualquer situação física muito restritiva é inimiga do florescimento, assim como qualquer rotina que não permita o lazer e a interação social sem coerção. Uma vez mais, a pedra de toque seria uma consideração respeitosa da norma de florescimento das espécies e uma atenção respeitosa às capacidades dos indivíduos.

A respeito desse tema difícil, sobre controle e liberdade, o enfoque das capacidades, apropriadamente ampliado, oferece possibilidades de apoio ao florescimento do animal que são muito superiores às oferecidas pelo utilitarismo e seu foco obstinado na dor e no prazer (ou no preenchimento de interesses conscientes). A consideração da norma da espécie nos ajuda a forjar formas de paternalismo respeitosas das necessidades animais, ainda que essas necessidades sejam plurais, não homogêneas qualitativamente, e não necessariamente presentes na consciência animal.

Disse que a não intervenção não é uma escolha plausível para os seres humanos em um mundo no qual as escolhas humanas afetam de modo onipresente as vidas dos animais. Algumas formas de proteção positiva são requeridas. Quais implicações deve ter essa observação para a questão do dano, de acordo com o que as levantamos na seção anterior? Uma coisa é dizer que a um tigre em um zoológico não deve ser dada uma gazela para comer; mas o que dizer do tigre na selva? Os humanos deveriam policiar o mundo animal, protegendo animais vulneráveis dos predadores?

Em um sentido, isso parece absurdo. Mas ainda assim, para o enfoque das capacidades e para o utilitarismo, o que importa é o que acontece às vítimas, não a quem comete um ato indevido. A morte de uma gazela depois de tortura dolorosa é ruim para a gazela, seja a tortura infligida por um tigre ou por um ser humano. Isso não significa que a morte por um tigre seja condenável – obviamente que não –, mas sugere que temos razões similares para querer preveni-la, se podemos fazer isso sem produzir maiores danos. O enfoque das capacidades é baseado no direito e orientado para o resultado. Um modo de prevenir as mortes cruéis de animais nas mãos de outros animais é colocar todos os animais vulneráveis (ou, alternativamente, todos os predadores) em uma detenção preventiva, por assim dizer. Mas essa alternativa seguramente provoca danos maiores por impedir a própria possibilidade de florescimento na selva. Assim, a questão deve permanecer muito difícil, dado especialmente que ser morto por um predador pode ser mais cruel do que a morte por fome ou doença. Parece plausível que tenhamos menos responsabilidade em proteger gazelas do que proteger cães domésticos e gatos, uma vez que somos os guardiões dos últimos e eles cresceram em simbiose conosco. Mas se podemos proteger as gazelas sem o tipo de intervenção massiva que produziria danos maiores, talvez devamos fazer isso. O problema é que as necessidades do animal predador devem também ser consideradas, e não temos a opção de dar ao tigre na selva uma bela bola atada a uma corda para que possa brincar.

Uma questão muito complicada nessa área é a do controle da população animal pela introdução de "predadores naturais": por exemplo, quando uma superpopulação de alces é controlada pela introdução de lobos em seu meio. Esse método é de fato melhor do que a caça? Os humanos podem ser capazes de preservar assim a sua pureza moral, mas os alces terão uma morte dolorosa. Tampouco a alternativa – permitir à população de alces expandir-se sem limite até morrer por inanição – promete bons fins para os alces. Uma vez mais, qualquer método não violento de controle da população (por exemplo, através da esterilização) deve ser preferido a um método violento. Mas, se tais métodos não estão disponíveis, pareceria que a morte menos dolorosa deveria ser a preferida. O apoio cauteloso de R. M. Hare à ação predadora humana cuidadosamente controlada parece plausível, e certamente não é equivalente ao endosso à caça como um esporte em sua forma atual, em que os animais são caçados sem consideração com a superpopulação, e tanto o medo agonizante quanto a morte dolorosa lhes são infligidos[51].

O que quer que digamos sobre esse caso difícil, ele nos mostra que a distinção positivo/negativo não pode ser mantida em sua forma clássica. Os seres humanos estão intervindo na vida dos animais o tempo todo, e a questão só pode ser qual a forma que essa intervenção deve tomar. Um paternalismo inteligente e respeitoso é muito superior à negligência.

ix. Igualdade e adequação

Alguns autores dos direitos dos animais, em particular David DeGrazia em seu livro impressionante[52], levantaram a questão acerca da igualdade de consideração: os interesses dos animais são equiparáveis ao dos humanos? Já dissemos que os animais possuem interesses diferentes do dos humanos. Assim, negar-lhes o direito de votar ou negar-lhes o direito à liberdade religiosa não lhes causa mal algum. Mas isso ainda não responde à pergunta de DeGrazia.

Responder à questão da igualdade é crucial para os utilitaristas (entre os quais situaria DeGrazia, apesar de a sua forma de utilitarismo ser muito mais sutil e multivalente do que muitas outras), uma vez que definem o bem-estar social por agregação, e, portanto, precisam saber quanto vale cada vida e cada interesse dentro dessa vida. O enfoque das capacidades possui, em certo sentido, uma estrutura bem diferente. Porque é um enfoque baseado na ideia de nível mínimo, foca na adequação, em vez de na igualdade, tanto no caso humano quanto no caso animal. Quer dizer, especificamos um limite mínimo, abaixo do qual não se

---

[51] Ver Hare (1999).
[52] DeGrazia (1996). Também sou grata a DeGrazia por seus excelentes comentários a um rascunho deste material quando ele foi apresentado como uma Conferência Tanner.

faria justiça. Como observei várias vezes, o enfoque não toma uma posição sobre o quão longe seria imperativo perseguir a igualdade de riqueza e renda acima do limite mínimo; assim, é uma teoria parcial e não completa de justiça, mesmo com relação aos itens que de fato discute. Até certo ponto, o enfoque das capacidades não esbarra na questão de DeGrazia. O que considera minimamente justo equivale a assegurar aos animais de cada grupo as capacidades centrais (a serem especificadas) até certo nível mínimo. Para os humanos, como para os animais, podem ocorrer conflitos; e conflitos podem também ocorrer entre as espécies. Mas se o nível mínimo foi corretamente estabelecido, qualquer falha em assegurar uma capacidade em um nível mínimo é uma falha da justiça, e devemos trabalhar por um mundo em que esses conflitos não ocorrerão. Devo retornar a esta questão na seção ix.

Como argumentei no capítulo 5, existem, entretanto, algumas capacidades no caso humano que não seriam *adequadamente* asseguradas a não ser que tenham sido *igualmente* asseguradas. A liberdade religiosa, as liberdades políticas e o acesso à educação caem dentro dessa classe, ou pelo menos foi assim que argumentei. Salientei que a ideia central do enfoque não é simplesmente a pura ideia da dignidade humana, mas, em vez disso, a ideia de dignidade humana *igual*; e que algumas das desigualdades na capacidade comprometem essa igualdade. Com relação a outras capacidades, tais como direito à moradia e direito ao emprego, a adequação, e não a igualdade, é o objetivo social apropriado, uma vez que tais capacidades não possuem uma conexão intrínseca com a dignidade. Agora precisamos nos perguntar: há capacidades animais que sejam como a liberdade política para os humanos, isto é, não podem ser adequadamente asseguradas a não ser que sejam asseguras sob uma base de igualdade? E essa igualdade é somente dentro de espécies, ou a adequação requer a igualdade entre espécies?

A razão pela qual insistimos na igualdade em certas áreas, no caso humano, estava relacionada com a igualdade de dignidade e de respeito. Direitos desiguais de voto e liberdades religiosas desiguais sinalizam a falha da sociedade em garantir a igualdade de respeito entre as pessoas, de um modo que a desigualdade de moradia, dentro dos limites da adequação, provavelmente não o faz. O porquê de essas capacidades estarem intrinsecamente conectadas à igualdade de dignidade diz respeito às ideias de não humilhação e reciprocidade que parecem ser peculiares ao humano; e, é claro, essas capacidades são em geral importantes somente para os humanos. É difícil imaginar um exemplo análogo entre os animais não humanos, em que a distribuição desigual de uma capacidade comprometesse a igualdade de respeito e a reciprocidade. Sou inclinada a pensar que as questões urgentes do direito animal pertencem mais à adequação do que à distribuição. Se o nível mínimo de proteção à saúde ou de condições de trabalho decente estiver corretamente organizado, isso seria tudo o que a justiça exigiria, mas o nível mínimo não poderia ser muito baixo.

Ainda não enfrentamos, entretanto, a questão maior: a ideia de dignidade deve, no caso de animais não humanos, ser entendida como uma ideia de igualdade plena de dignidade? Ainda que os direitos sejam concebidos em termos mais de adequação do que de igualdade, ainda há essa questão abstrata a ser considerada, o que parece ser importante. Na verdade são duas questões: deve a dignidade dentro de cada espécie ser entendida como igualdade de dignidade, e deve a dignidade das criaturas entre as espécies ser entendida como igualdade plena de dignidade? A primeira questão parece menos premente, e uma resposta afirmativa não nos traz problemas difíceis. As implicações da última pergunta para situações de conflito são óbvias.

Porque o enfoque das capacidades possui uma estrutura diferente da perspectiva de DeGrazia, a questão abstrata sobre a igualdade não possui para nós um papel fundamental como tem para ele. Ele reflete sobre o cálculo social que agregaria os interesses de todas as criaturas; assim deve, por conseguinte, pensar o tempo todo, e desde o começo, sobre o quanto cada criatura deve valer em seu cálculo. Uma vez que, ao contrário, o nosso foco é trazer cada criatura para cima do limite mínimo de capacidade, específico a cada espécie, não em agregá-las, então, em muitos contextos, o enfoque pode simplesmente evitar essa questão, que parece muito ameaçadora do ponto de vista do estabelecimento de um consenso sobreposto. As questões que precisamos enfrentar dizem respeito às capacidades para criaturas particulares. Onde tais questões são relevantes, pareceria que um nível mínimo elevado de adequação é o enfoque correto. Por outro lado, uma vez que muitos pensadores mantêm que em caso de conflito os interesses humanos sempre têm precedência sobre os interesses dos animais[53], posição esta que parece negar a possibilidade de igualdade de dignidade entre as espécies. Precisamos nos posicionar sobre essa questão.

Parece-me que não há uma só maneira respeitável de negar a igualdade de dignidade das criaturas de todas as espécies. Por outro lado, também está claro que um consenso sobreposto sobre um mínimo básico de capacidades para os animais, por si só difícil, se tornará bem mais difícil se lhe exigirmos tal fundamentação. Assim, gostaria de a esta altura tratar a igualdade de dignidade como uma questão metafísica sobre a qual os cidadãos podem ter posições diferentes, ao mesmo tempo que aceitam as exigências substantivas básicas sobre os direitos dos animais que será

---

[53] Ver, por exemplo, Gewirth (1978).

subsequentemente apresentado aqui. No que diz respeito aos humanos, a ideia de igualdade de dignidade não é metafísica, mas um elemento central das concepções políticas que já faz bastante tempo prevalecem nas democracias constitucionais modernas. Pedir às pessoas que concordem com isso não envolve pedir-lhes que não levem em consideração elementos centrais em suas doutrinas abrangentes, religiosas ou não. Acredito que as coisas são diferentes entre as espécies: uma ideia de dignidade entre as espécies não é uma ideia política que possa ser prontamente aceita por cidadãos que normalmente diferem sobre a sua concepção metafísica. É uma ideia metafísica desagregadora, em contradição com muitas ideias religiosas sobre a alma, e assim por diante. Então, deixe-nos simplesmente dizer que a ideia de igualdade de dignidade entre as espécies é, de fato, atrativa e, sob diversos pontos de vista, irresistível, mas não precisamos nos apoiar nela para atingir o consenso sobreposto político. Podemos, em vez disso, nos apoiar na ideia mais vaga de que todas as criaturas possuem o direito a oportunidades adequadas a uma vida florescente.

x. Morte e dano

Até aqui evitamos a grande questão: que tipo de dano a morte e o ser morto produzem em animais de diferentes espécies, e que dano tal morte produz para animais de diferentes tipos? Os utilitaristas sustentam, normalmente, que a morte sem dor não é um dano para um animal, porque os animais não podem ter interesses conscientes no futuro de tal modo que possam ser frustrados pelo assassinato sem dor. Assim, Bentham se opõe a todas as formas de crueldade, mas permitiu o abatimento de animais para propósitos úteis. R. M. Hare, da mesma forma, sustenta que é permissível abater certos tipos de animais para alimentação, desde que o abate seja genuinamente sem dor: dessa forma comprará no seu peixeiro local, que bate firmemente com um bastão na cabeça do peixe, mas não comerá um peixe pego da maneira dolorosa usual.

Um problema com esses argumentos utilitaristas é que eles podem estar errados sobre os interesses dos animais. Alguns animais provavelmente possuem na verdade um sentido de suas vidas como uma narrativa estendida ao longo do tempo, pelo menos em certo grau. Qualquer animal com memória (em oposição à repetição automática) é capaz de ter tal sentido. Assim, pareceria que a morte é um dano feito a essas criaturas, apesar de muitas vezes ser um mal menor do que continuar a viver com dor e decrepitude. O tratamento que as pessoas dispensam aos animais que amam, sejam eles cães, gatos ou cavalos, apresenta normalmente um juízo apropriado sobre o dano da morte e o dano associado do ser morto: isto é, o ser morto parece moralmente apropriado quando a alternativa é uma vida dolorosa e indigna (tal é, por exemplo, uma vida com incontinência, a qual os animais sentem como vergonhosa e embaraçosa), mas essa via não é para ser escolhida simplesmente de acordo com a conveniência humana – assim como não devemos matar nossos pais envelhecidos para evitar o inconveniente de ter de cuidar deles. Provavelmente, a eutanásia de animais envelhecidos é mais permissível do que a eutanásia de humanos: os humanos que não estão gravemente dementes possuem o direito de consentir em qualquer procedimento desse tipo, e os humanos também possuem mais interesses de vida que são compatíveis com dor física e decrepitude; portanto, um humano pode achar que vale a pena viver uma vida dolorosa e doentia, que para um animal não valeria a pena ser vivida.

Mas há muitos animais a respeito dos quais Bentham e Hare estão provavelmente certos: eles possuem interesses conscientes, mas que não se estendem no futuro de tal forma que lhes deem projetos temporalmente estendidos de tal tipo que uma morte repentina frustraria. Então o que dizer do aniquilar tais animais para comê-los? E o que dizer do aniquilamento humano de animais por outras razões, tais como a eliminação de ratos para prevenir problemas de saúde para os humanos e outras populações animais, ou a aniquilação sem dor de animais que de outra forma morreriam de inanição na selva ou seriam despedaçados por outros animais? Bentham e Hare estariam com razão de que uma morte sem dor não é um dano para esses animais e, consequentemente, que uma forma humana de abatê-los não lhes seria prejudicial?

O enfoque das capacidades tem mais dificuldade em chegar a essa conclusão do que a perspectiva utilitarista, uma vez que reconhecemos muitos bens e males que não consistem em formas de consciência sensível. A habilidade de mover-se livremente, por exemplo, pode ser valiosa para um animal, mesmo que ele não sinta essa falta como dor. A habilidade de ter relacionamentos amorosos e de apoio mútuo com outros animais e outros humanos pode ser bom, mesmo se o animal, criado em isolamento, não possua consciência de sua privação ou sinta dor por isso. De modo que temos de formular uma questão diferente da utilitarista, a saber: se há formas de capacidade centralmente valiosas em tais vidas animais que serão interrompidas por uma morte repentina sem dor. Se tais capacidades existem, então infringir-lhes tal morte seria um dano.

Já concluímos que uma morte sem dor pode não ser danosa se a alternativa é uma vida com dor ou decrepitude. Também concluímos que não é um dano moralmente significativo matar uma criatura não sensível[54]. Mas a maioria dos animais mortos para a nossa alimentação são sencientes, e o são, normalmente, no auge da vida, ou até mesmo em sua juventude, bem antes que a alternativa seja uma vida com dor e decrepitude. Podemos admitir que uma grande parte do dano que atualmente fazemos aos animais criados para a alimentação consiste na maneira de tratá-los durante suas vidas, mas nem por isso aceitamos que a morte sem dor de tal animal, depois (vamos supor) de uma vida florescente ao ar livre, não seja dano algum.

Há muitos casos diferentes aqui. O nível de capacidade de uma criatura determina o que pode ser um dano para ela. Animais mais complexos sensivelmente podem sofrer mais e diferentes danos do que criaturas menos sencientes. Pensemos em uma vaca e em um camarão. Parece provável que a vaca possa sofrer muitos danos na morte, os quais o camarão não sofre: privação de uma rede social, privação de uma variedade de prazeres de movimento e alimentação, privação de mobilidade. Um camarão provavelmente nem mesmo sente dor; ele, certamente, possui um campo restrito de funções e pouca consciência dessas funções. Diferentemente da abordagem utilitarista, o enfoque das capacidades, por não focar inteiramente na sensibilidade, pode ainda ver algum dano no término de uma vida minimamente sensível; mas o dano parece menos grave, uma vez que a sensibilidade é extremamente importante, e o camarão tampouco possui uma das outras maiores funções da vida (como nosso caso de ficção científica, do ser não sensível, mas pensante). Infligir dor a um ser sensível é um dano particularmente grave. O fim de múltiplos

---

[54] Aqui devemos introduzir a advertência mencionada antes: caso existisse uma criatura que não fosse senciente, mas possuísse alguma das outras funções vitais centrais, tais como o pensamento, a afiliação com outros e assim por diante, então, matá-la também seria problemático; mas não encontramos tais casos no mundo real.

e variados funcionamentos também constitui um dano grave. Nenhum desses parece estar presente no caso do camarão. O pescador de Hare é um caso mais complicado, uma vez que o peixe, na própria explicação de Hare, possui um tipo de sensibilidade. Assim, ainda que a morte seja sem dor há privação de bem positivo, a saber, oportunidades para satisfação e movimento, dado que é pouco provável que o peixe seja morto à beira da velhice e decrepitude. O teórico das capacidades levará essa privação mais a sério do que o utilitarista. Entretanto, o dano do aniquilamento sem dor de um peixe parece ser de um tipo diferente do dano de matar uma vaca, pelo menos possivelmente menos grave.

Essas questões são muito escorregadias. Temos de admitir ser provável estarmos sendo egoístas aqui e influenciados por nossa própria forma de vida. No entanto, parece que o utilitarista está parcialmente certo: a prevenção de sofrimento, tanto durante a vida quanto na morte, é sempre de importância crucial. Com relação à morte sem dor, esta pode envolver um dano, mas que parece variar segundo a natureza da criatura em questão e, muitas vezes, pode ser um dano moral menos grave do que o de causar sofrimento.

Quando os animais são mortos para evitar o dano que eles causariam (matar ratos nas cidades, por exemplo), podemos dizer uma vez mais que o dano de matar varia de acordo com a forma de vida envolvida, e no caso de um rato o dano não é comparável ao dano de matar um cão saudável; um rato tem bem menos interesses e capacidades a serem frustradas – apesar de termos dito que isso não significa que sua vida seja *per se* menos valiosa. Entretanto, na medida em que uma solução diferente para o problema está disponível, tal como a esterilização, esta será claramente preferível do ponto de vista moral, isto é, de um modo relevante para o conteúdo moral dos princípios da justiça política;

até mesmo o matar sem dor de um animal relativamente simples como um rato causa algum tipo de dano.

xi. Um consenso sobreposto?

O enfoque das capacidades é uma forma de liberalismo político: apoia-se na ideia de que um consenso sobreposto entre doutrinas abrangentes razoáveis pode emergir ao longo do tempo para apoiar e sustentar a concepção política. Para provar isso e assim justificar a concepção, não temos de mostrar que tal consenso já exista; mas, sim, que há base suficiente para ele nas perspectivas existentes das democracias constitucionais liberais para que seja razoável pensar que ao longo do tempo tal consenso possa emergir. Porque a concepção política baseia-se não em teorias metafísicas, mas em juízos completamente éticos, é importante que estes sejam do tipo que os cidadãos possam compartilhar.

Quando passamos para o caso dos animais devemos enfrentar duas questões difíceis: primeiro, quem toma parte nesse consenso? E, segundo, é razoável esperar que os direitos dos animais possam, ao longo do tempo, tornar-se objeto de um consenso sobreposto?

Quem participa? Por apropriar-se da ideia de consenso sobreposto, o enfoque das capacidades converge, pelo menos em alguma medida, com as abordagens dos contratos sociais, uma vez que é nesse ponto que a ideia de um acordo razoável, crucial para tais abordagens, tem um papel em nosso próprio enfoque. Parece óbvio que as verdadeiras partes desse acordo devem ser humanos, e também parece óbvio que até mesmo hipoteticamente não devemos tentar imaginar com o que os animais iriam "razoavelmente" concordar. Essa questão é tão fantástica como aquela que já rejeitamos, sobre qual contrato que eles fariam no estado de natureza. O que, entretanto, podemos perguntar é: com o que um guardião designado para proteger os direitos de tais criaturas concordaria razoavelmente? Assim, a tutela, que não é satisfatória se os participantes do contrato são identificados com os sujeitos primários da justiça, como nas abordagens contratualistas, parece ser uma solução que, de modo limitado, um teórico que rejeita essa fusão está autorizado a empregar.

O fato de que os membros do consenso são, nesse sentido, todos humanos não significa que os animais não sejam sujeitos diretos da teoria da justiça. Eles o são. Mas significa, sim, que o acordo entre humanos possui um papel especial na justificação, pois a estabilidade da concepção pode ser garantida somente se for possível mostrar que está apoiada por uma família de doutrinas abrangentes razoáveis. As doutrinas abrangentes em questão serão aquelas sustentadas por humanos, porém não as que eles podem imputar (através da imaginação) a aqueles que representam: quer dizer, avaliam a concepção de bem para cada tipo de animal baseando-se em sua própria boa-fé.

Toda essa ideia de uma justificação que procura um equilíbrio reflexivo e utiliza-se da ideia de consenso sobreposto é uma ideia antropocêntrica. O holismo na ética que Rawls e eu compartilhamos pode ser contestado nesse ponto por um benthaminiano razoável, que insista que o que justifica a mudança em nosso tratamento dos animais não é a coerência de uma família de teorias e juízos humanos, ainda que sustentada por um acordo razoável e um consenso sobreposto; em vez disso, a razão da mudança é um fato completamente externo ao ponto de vista humano, a saber, o sofrimento animal. Esse desafio levanta questões metaéticas profundas que vão além dos argumentos deste livro. Elas também vão além do meu entendimento presente. Acredito que tenhamos boas razões para trabalhar em direção a uma justificação holística do tipo rawlsiano; mas precisamos, sim, pensar mais além, sobre como as percepções e as experiências de outras criaturas sensíveis entram na explicação do que é a justificação, e não solucionei satisfatoriamente este problema.

Podemos esperar por um consenso sobreposto acerca dos direitos dos animais? Vejo dois problemas: um concernente ao entendimento dos animais sobre suas relações uns com os outros, outra concernente às concepções humanas. Assim, em primeiro lugar, mesmo como ficção, imaginemos que sejamos tutores dos animais: podemos imaginar um animal apoiando uma vida decente para espécies às quais é hostil? O guardião de um tigre estaria agindo de modo certo imputando-lhe o apoio à vida decente de uma gazela? A natureza não é justa, e as espécies não são todas gentis. Não podemos esperar que elas se tornem gentis ou defensoras do bem de seus inimigos. Penso, entretanto, que esse não é um problema tão sério para a concepção política, uma vez que nesse ponto o guardião pode simplesmente dizer que a concepção do tigre não é razoável na parte em que persegue a morte das gazelas, e eu, como seu guardião, devo representá-lo politicamente somente no que diz respeito à parte de sua concepção que é razoável. A estabilidade da concepção política não está em jogo aqui: se não persuadimos os tigres a mudar, por assim dizer, de ideia, podemos, ainda assim, controlá-los.

O verdadeiro problema para a estabilidade é o ser humano. A maioria das religiões existentes e das doutrinas seculares abrangentes está milhas de distância das posições que estão sendo defendidas aqui. As tradições hindus, jainistas e budistas contêm elementos do que recomendo, como o fez o platonismo antigo. Mas o cristianismo, o judaísmo, o islamismo e a maioria das doutrinas abrangentes seculares avaliam a espécie humana como metafisicamente acima das outras espécies e dão ao ser humano direitos garantidos de usar os animais para muitos propósitos.

Mesmo nessas tradições há proibições de crueldade e ideias de tutela moral, tais como as desenvolvidas por Baumgarten no livro que Kant critica. Tampouco um reconhecimento mais amplo dos direitos dos animais é descartado, acredito, por nada que seja básico nessas religiões: elas apenas não os prescreveram. De fato, se focarmos nos textos fundamentais, pareceria que aqui o argumento a favor do consenso sobreposto é muito mais promissor do que o argumento a favor do consenso sobreposto com relação à igualdade de gêneros. Todos os textos centrais de cada uma das principais religiões abordam temas de subordinação sexual de uma maneira que causa problemas para a reforma liberal. Ainda assim essa reforma, em grande medida, aconteceu, e as religiões alteraram seus posicionamentos para apoiar esse consenso político. Em contraste, os textos religiosos não dizem, normalmente, que alguém *tem* ou *deve* usar peles ou couro, ou que *não deve* ser um vegetariano. Esse espaço é deixado aberto, e há defensores conscienciosos dos direitos dos animais em cada uma das maiores religiões. Certamente, o tratamento cruel de animais, seja na indústria de carne seja em outras áreas da vida, é muito difícil de ser alinhado com o posicionamento sobre os animais nos textos religiosos-chave, como Baumgarten parece ter notado. Ao expressar a ideia central ampliada do enfoque das capacidades em termos de um nível mínimo de capacidades, e sem entrar na difícil questão metafísica da igualdade, espero ter mostrado a possibilidade de avançarmos uma versão robusta do enfoque sem colocar em risco nenhum dos compromissos metafísicos centrais da maioria das religiões. Devemos continuar a enfatizar que os princípios que estamos desenvolvendo são políticos e não metafísicos: eles são expressos em uma forma prática (apesar de moral) metafisicamente abstêmia, não pretende entrar em conflito com doutrinas metafísicas-chave da maioria das religiões.

Em termos práticos, as pessoas ainda não tomaram a direção que Bentham pensou que tomariam, quando escreveu que a opressão dos animais iria acabar parecendo tão odiosa moralmente como a escravidão. As pessoas frequentemente nem mesmo querem pensar seriamente sobre isso, porque gostam de carne, acham que precisam dela e também estão convencidas de que as vidas humanas estão sendo prolongadas pela pesquisa com animais. Certamente é dever dos defensores dos direitos animais fornecer respostas para as questões que tais pessoas têm sobre como a vida humana será protegida. Mas, eventualmente, na medida em que as pessoas adquirem mais informações sobre o tratamento dispensado aos animais e ganharem a habilidade de fazer escolhas de consumo mais informadas, parece razoável esperar que aumentará a oposição às práticas cruéis, e que algumas partes, se não todas, do que provisoriamente recomendei podem vir a tornar-se objeto de um consenso sobreposto.

Desenvolvimentos recentes da lei do animal na Europa são bastante animadores nesse aspecto, particularmente a dura lei aprovada na Áustria em maio de 2004, que bane o cativeiro para aves domésticas, o uso de animais selvagens em atos circenses e uma variedade de práticas invasivas tais como perfurar as orelhas e cortar os rabos. A Alemanha está desde 2006 acabando aos poucos com a cultura em massa de galinhas em cativeiro; a Itália está em fase de formulação de uma lei que proíba o envio de cavalos de corrida para matadouros quando sua vida competitiva acabou. Penalidades rígidas para a crueldade a animais estão sendo adotadas por toda Europa. Se tudo isso pode acontecer em nações predominantemente cristãs, há motivos para pensarmos que outras religiões, muitas vezes mais defensoras da vida animal, também estariam dispostas a aderir ao consenso sobreposto.

xii. Em direção a princípios políticos básicos: a lista das capacidades

Parece prematuro delimitar aqui qualquer conteúdo definido para nossos princípios políticos, mas mesmo assim não podemos avançar sem conteúdo. Sendo assim, vejamos se podemos usar a base humana do enfoque das capacidades para delimitar, de maneira altamente experimental e geral, alguns princípios políticos básicos que possam guiar a legislação e as políticas públicas relacionadas aos animais.

A tese central do enfoque, como dissemos, é que os animais possuem o direito a uma ampla lista de capacidades que possam funcionar, aquelas mais essenciais para uma vida florescente, uma vida apropriada à dignidade de cada criatura. Os animais possuem direitos baseados na justiça.

Os direitos dos animais são próprios à espécie e baseados em suas formas características de vida e florescimento. Não obstante, vejamos em que medida podemos usar a lista existente de capacidades centrais para delinear direções para os princípios políticos. Ainda que a especificação mais concreta de cada capacidade leve, no final, a uma pluralidade de listas, me parece que as grandes categorias gerais na lista nos oferecem um bom guia.

1. *Vida*. As abordagens utilitaristas focam exclusivamente na capacidade de sentir e, assim, concedem aos animais direito à vida somente na medida em que o interesse em continuar vivendo seja um de seus interesses conscientes. No enfoque das capacidades, todos aos animais possuem o direito a continuar suas vidas, independente de possuírem ou não tal interesse consciente, a não ser, e até, que a dor e a decrepitude não tornem mais a morte um dano. Esse direito é menos robusto quando estamos lidando com insetos e outras formas de vida não sencientes ou minimamente sencientes. O assassinato gratuito de tais criaturas

é ainda errado, e talvez a lei devesse em alguns casos preveni-la (como, por exemplo, no caso do aniquilamento de borboletas para projetos de escola). Mas, quando há uma razão plausível para o aniquilamento (prevenir o dano a colheitas, a pessoas ou a outros animais, prevenir a dor, ou até mesmo obter alimento necessário e útil), nenhum direito baseado na justiça foi violado.

Com os animais sencientes, as coisas são diferentes. Todos esses animais possuem direito assegurados contra seu aniquilamento gratuito, por esporte. Matar para produzir itens luxuosos tais como peles, entra nessa categoria e deve ser banido. O mesmo deveria ocorrer com todas as práticas cruéis e assassinatos dolorosos no processo de criar animais para a alimentação. Por outro lado, um paternalismo inteligentemente respeitoso apoia a eutanásia para animais idosos (e jovens) com dores irreversíveis. No meio, como vimos, estão os casos muito difíceis, que envolvem o aniquilamento sem dor, seja para alimentação seja para o controle da população. Parece aconselhável focarmos inicialmente em banir todas as formas de crueldade a animais vivos e, então, nos movermos gradualmente em direção a um consenso contra o aniquilamento para a alimentação pelo menos dos animais mais complexamente sensíveis. Um dos passos mais úteis que podemos dar seria insistir na colocação de rótulos claros em todos os alimentos que avisem sobre as condições nas quais os animais foram criados. As práticas variam amplamente, e aos consumidores falta informação adequada sob em qual delas basear suas escolhas éticas responsáveis. Semivegetarianos que insistem nessa oferta de informação podem com isso promover os objetivos dessas políticas públicas, pelo menos tão bem quanto vegetarianos.

Aqui, surge outra vantagem do enfoque das capacidades sobre o utilitarismo. Diferentemente do utilitarismo, não temos de realizar cálculos complicados e indeterminados de bem-estar a fim de saber se um direito foi violado. Se as pessoas perdem seus empregos na indústria de carne, ao contrário do utilitarista, isso não faz parte da nossa preocupação: pois elas não possuem nenhum direito a trabalhos que exploram e tiranizam. Os animais, ao contrário, possuem sim direitos, e é neles que nossas políticas relacionadas devem focar.

Com relação ao aniquilamento para controle de população, isso pode muitas vezes ser preferível a outras mortes que, por exemplo, os alces poderiam vivenciar, tais como morrer de fome ou ser despedaçados por lobos. Isso não significa, entretanto, que não se produza nenhum dano com o aniquilamento ainda que sem dor de uma criatura no auge de sua vida. Assim, se podemos trabalhar para um futuro no qual nosso cardápio de escolhas inclua algumas opções inofensivas, tais como a esterilização, tanto melhor.

2. *Saúde do corpo.* Um dos direitos mais centrais dos animais é o direito a uma vida saudável. Nos locais em que os animais estão diretamente sob o controle humano é relativamente claro o que essas políticas exigem: leis banindo o tratamento cruel e a negligência; leis banindo o confinamento e os maus-tratos de animais nas indústrias de carne e de pele; leis regulando os zoológicos e os aquários, obrigando à nutrição e a espaços adequados. Muitas dessas leis já existem, apesar de não serem cumpridas satisfatoriamente[55]. O fato de animais criados para a alimentação não serem protegidos da mesma forma que os animais domésticos constitui uma notável assimetria nas práticas correntes. Essa assimetria deve ser eliminada. Em geral, os humanos podem ser considerados guardiões dos animais que vivem com eles, assim as

---

[55] Como foi mencionado, a nova lei de direitos animais promulgada na Áustria em maio de 2004 exige que as galinhas possam andar livremente, bane os leões e os tigres dos circos e institui uma ampla variedade de outras proteções tanto para animais domésticos como para não domésticos.

leis que regulem um tratamento adequado aos animais domésticos podem basear-se nas leis que determinam a responsabilidade parental.

3. *Integridade física*. Sob o enfoque das capacidades, os animais possuem direitos diretos contra violações da integridade de seus corpos por violência, abuso e outras formas de tratamento danoso – independente de o tratamento em questão ser ou não doloroso. Assim, retirar as garras de gatos seria provavelmente banido sob essa rubrica, sob o argumento de que isso impede os gatos de florescer em seu modo característico próprio, ainda que isso possa ser feito de um modo isento de dor e que não cause dor subsequente[56]. Outras mutilações que simplesmente tornem o animal mais bonito para os humanos são igualmente inapropriadas[57]. Por outro lado, formas de treinamento que, apesar de envolverem disciplina, possibilitam ao animal manifestar excelências que fazem parte de seu perfil característico de capacidade, não seriam eliminadas. Reitero, o fato de o cavalo ficar inicialmente irritado quando se lhe põem as rédeas não é uma coisa negativa para o enfoque das capacidades, não mais do que a irritação de uma criança humana com a escola compulsória. Essa ação pode ser justificada por seu papel em promover o florescimento e a capacidade do animal adulto.

O lado positivo desse direito, no caso humano, é ter oportunidades para reprodução e satisfação sexual. O que devemos dizer sobre isso no caso do animal? Igual às outras coisas, para os

---

[56] O gato sem garra não pode escalar ou pular (bem), e ambas as ações parecem ser ingredientes importantes para sua forma característica de vida. O leão que não pode despedaçar uma gazela e a quem é dada uma bola em seu lugar pode ainda rasgar coisas em pedaços e é capaz de movimentar-se de uma maneira não mutilada; assim os dois casos não parecem ser simétricos. Ainda que fossem, os gatos têm suas garras cortadas porque as pessoas querem proteger seus tapetes e móveis, enquanto impedir os leões de ter acesso a gazelas salva-as de dor excruciante.

[57] A nova lei austríaca bane o corte das orelhas e dos rabos dos cães.

animais seria bom proteger essa capacidade; mas a castração de certos machos (cavalos, cães, gatos) parece (com base em uma longa experiência) ser compatível com vidas florescentes para eles, com diversas formas de atividade e nenhum sofrimento – e, muitas vezes, vidas com menos violência contra outros animais, violência que normalmente resulta em dor e ferimento para o próprio macho. Enquanto a castração de um humano violento parece extremamente inapropriada, uma "punição cruel e incomum", a castração de um animal não humano parece muito diferente – por causa da menor capacidade desses animais para a mudança de caráter e para a escolha. Não podemos dizer a um cão inclinado à agressão que mude e comporte-se de maneira diferente; assim a castração pode ser em muitos casos o recurso mais apropriado para seu próprio florescimento e o de outros animais. De toda forma, esses casos precisam ser cuidadosamente analisados e justificados um por um.

Em outros casos, a esterilização, conquanto não afete particularmente a vida de um animal individual, pode criar vidas melhores para futuros animais, prevenindo a superpopulação e a consequente escassez e negligência. É justo usar um animal como meio para o bem de outros? Esse seria um ponto grave contra tais políticas, se a esterilização, digamos, de uma cadela ou de uma gata produzisse uma vida incompatível com o florescimento e a forma de dignidade característica desses animais. Sou inclinada a achar que não. A esterilização forçada de seres humanos é questionável porque é a violação de um direito a certos tipos de liberdade e escolha que são particularmente importantes na vida humana[58]. Sou inclinada a achar que tais considerações não são centrais no florescimento dos animais.

---

[58] Ver Sen (1999).

4. *Sentidos, imaginação e pensamento*. Para os humanos, essa capacidade cria uma ampla variedade de direitos: à educação apropriada, à liberdade artística e de expressão, e à liberdade religiosa. Também inclui um direito mais geral à experiência prazerosa e a evitar dor não benéfica. A esta altura deve ter ficado bem óbvio aonde o último ponto nos leva ao pensarmos nos animais: em direção a leis severas regulando o tratamento duro, cruel e abusivo dos animais, e assegurando-lhes o acesso a fontes de prazeres, tais como o livre movimento em um ambiente modelado de forma a satisfazer seus sentidos[59]. Também significa banir a caça e a pesca por esporte, que causam mortes dolorosas aos animais. A parte dessa capacidade relacionada no caso humano à liberdade não possui uma analogia precisa no âmbito dos animais, mas, ainda assim, inventamos analogias apropriadas ao caso para cada tipo de animal, perguntando que escolhas e áreas de liberdade parecem ser mais importantes para cada um. Essa reflexão nos levaria claramente a rejeitar o confinamento e a regular os lugares nos quais os animais de todos os tipos são criados, a partir do padrão de lugares espaçosos, iluminados e com sombra, e a variedade de oportunidades que ofereçam ao animal para uma diversidade de atividades características[60]. Uma das maiores falhas da maioria dos zoológicos tem sido sua monotonia, que constitui uma agressão cruel às oportunidades dos animais para o florescimento. Novamente, o enfoque das capacidades parece superior ao utilitarismo em sua habilidade em reconhecer tais direitos: pois poucos animais terão um interesse consciente, como tal, em engajar-se em uma variedade de atividades ou viver em ambiente não entediante.

---

[59] Mais uma vez, a nova lei austríaca mostra o caminho, exigindo que todos os animais de fazenda possam vagar livremente pelo menos três meses por ano.
[60] A lei austríaca proíbe as lojas de animais de manter filhotes de cães e gatos em condições apertadas e abafadas.

Alguns animais também possuem direitos a uma educação apropriada: um *border collie* que não foi treinado, foi maltratado, e o mesmo é verdadeiro para muitas raças de cavalos. Todos os animais domésticos, assim como as crianças, são maltratados se não são ensinados a ir ao "banheiro", isto é, se não lhes é mostrada uma maneira de desfazer-se de seus dejetos, uma vez que o animal associa a falta de limpeza a uma sensação de vergonha.

Os animais "na selva" possuem o direito a um ambiente do tipo em que eles caracteristicamente florescem. Assim, proteger essa capacidade também significa proteger o meio ambiente dos animais.

5. *Emoções*. Os animais possuem uma ampla variedade de emoções. Todos ou quase todos os animais sentem medo. Muitos animais podem experimentar raiva, ressentimento, gratidão, pesar, inveja e alegria. Um número pequeno – aqueles que são capazes de pensamento perspectivista – podem experimentar compaixão[61]. Assim como os seres humanos, eles possuem direito a vidas nas quais existam as possibilidades de ligações com outros animais, de amar e de cuidar de outros e não de ter aquelas ligações deformadas pelo isolamento forçado ou pela imposição forçada de medo. Entendemos bem o que isso significa quando nossos queridos animais domésticos estão em questão. Por estranho que pareça, não estendemos a mesma consideração a animais que consideramos "selvagens". Até bem pouco tempo, os zoológicos não pensavam nas necessidades emocionais dos animais; e os animais usados para pesquisa eram tratados muitas vezes com rude falta de cuidado nesse assunto, sendo deixados em isolamento e confinamento quando se lhes podia facilmente ter sido facultada

---

[61] Sobre tudo isso, ver Nussbaum (2001a), capítulo 2.

uma vida emocional decente[62]. Alguns experimentos muito famosos com animais são manchados por uma negligência similar: o experimento no qual filhotes de macacos foram privados de colo materno somente para terminar perturbados emocionalmente; os experimentos de Martin Seligman com cães, nos quais estes foram induzidos a um estado de "desamparo de aprendizagem" análogo à depressão[63]. A difícil questão da pesquisa e das experiências científicas será abordada na próxima sessão. Mas esses constituem claros exemplos, pelo menos *prima facie*, de violações de direitos na área da emoção.

6. *Razão prática*. Este é um direito arquitetônico crucial no caso dos seres humanos. Ele penetra e informa todos os outros, fazendo de sua procura algo plenamente humano. Não há um exato análogo no caso de animais não humanos. Precisamos nos perguntar em cada caso em que medida a criatura tem uma capacidade de construir objetivos e projetos, e de planejar a sua vida. Na medida em que essa capacidade estiver presente ela deve ser apoiada, e esse apoio requer muitas das mesmas políticas já sugeridas pela capacidade 4: espaço suficiente para movimentar-se, oportunidades para uma variedade de atividades.

7. *Afiliação*. No caso humano, essa capacidade possui duas partes: uma parte interpessoal (ser capaz de viver com e para os outros), e uma parte mais pública, focada no autorrespeito e na não humilhação. Parece-me que as mesmas duas partes são pertinentes a animais não humanos. Os animais possuem direito a oportunidades de formar ligações (como na capacidade 5) e a participar em formas características de relacionamento afetivo. Também possuem direito a relações recompensadoras e recípro-

---

[62] Ver Wise (2000), capítulo 1.
[63] Sobre os macacos, ver Nussbaum (2001a), capítulo 4; sobre os cães, Seligman (1975).

cas, não tirânicas, com humanos. Ao mesmo tempo, possuem o direito a viver em uma cultura pública mundial que os respeitem e os tratem como seres dignos. Esse direito não significa apenas protegê-los de situações de humilhação, *sentidas* como dolorosas. O enfoque das capacidades avança aqui mais amplamente do que o utilitarismo, ao sustentar que os animais possuem o direito a políticas mundiais que lhes garantam direitos políticos e *status* legal como seres dignos. Independente de serem ou não capazes de compreender este *status*, este permitiria prefigurar um mundo no qual eles fossem vistos e tratados de modo diferente.

Sendo, desde o princípio, avaliativo, o enfoque das capacidades não protege todas as formas de afiliação que os animais tenham de fato uns com os outros. Já mencionamos os casos óbvios de comportamento interespécie destrutivo. O que dizer sobre os danos interespécies? Essa é uma questão bastante complicada. Por um lado, há alguns danos a que podemos nos opor e prevenir diretamente, tais como agressões a crianças por pais e políticas severas de apoio a doentes, deficientes ou idosos da espécie. Seja entre animais domésticos ou "na selva", os seres humanos são obrigados a intervir para prevenir esses abusos. Mas o que dizer da hierarquia e desigualdade? As culturas animais são cheias de humilhação do fraco pelo forte e, algumas vezes, de competição violenta por vantagem sexual. Os animais nem sempre, ou nem mesmo comumente, perseguem a capacidade humana de "ser capaz de ser tratado como um ser digno cujo valor é igual ao dos outros". Parece claro que os humanos não podem intervir para mudar tudo isso, especialmente "na selva", sem perturbar enormemente a economia de vida das espécies. Provavelmente, esse é um caso sobre o qual devemos dizer que somente os danos mais sérios aos membros mais fracos das espécies devem ser impedidos, e outras formas de hierarquia podem ser toleradas, apesar de que não serão protegidas como capacidades animais centrais. O relacionamento dos humanos com os animais, pelo menos, deveria ser regulado pela atenção respeitosa a cada membro da espécie e pela ideia de que cada um merece uma vida florescente.

8. *Outras espécies*. Se os seres humanos têm direito a "ser capazes de viver com interesse por e em relação com animais, plantas e o mundo da natureza", assim também os demais animais possuem o direito ao mesmo com relação a outras espécies que não a sua, inclusive a espécie humana e o resto do mundo natural. Essa capacidade, vista do ponto de vista tanto humano quanto animal, requer a formação gradual de um mundo interdependente, no qual todas as espécies apreciariam relações cooperativas e mutuamente assistentes. A natureza não é e jamais foi desta maneira. Assim, essa capacidade requer, de maneira bem geral, a suplantação gradual do natural pelo justo.

9. *Lazer*. Essa capacidade é obviamente central para a vida de todos os animais sencientes. Exige para muitos as mesmas políticas que já discutimos: a proteção fornecida por um espaço adequado, luz e estimulação sensorial em locais de moradia e, acima de tudo, a presença de outros membros da mesma espécie.

10. *Controle sobre o próprio ambiente*. No caso humano, essa capacidade tem duas pontas, a política e a material. A política é definida em termos de cidadania ativa e direito a participação política. Para animais não humanos, a coisa importante é ser parte de uma concepção política elaborada de modo a respeitá-los, e comprometida em tratá-los de modo justo. No entanto, dentro dessa concepção, é importante que os animais possuam diretamente direitos, ainda que o guardião humano seja quem deva ir ao tribunal, da mesma forma como com as crianças, para exigir esses direitos. Do lado material, a forma humana da capacidade

inclui certos tipos de proteção a direitos de propriedade e de emprego, inclusive o direito a formar sindicatos e à livre escolha de profissão. Para animais não humanos, o análogo ao direito de propriedade é o respeito pela integridade territorial de seus hábitats, sejam esses domésticos ou "selvagens". O análogo ao direito do trabalho é o direito dos animais que trabalham a condições de trabalho dignas e respeitosas.

Há capacidades animais adequadamente especificadas que não estejam cobertas por essa lista? Caso haja, iremos descobri-las ao longo do tempo, na medida em que trabalhemos mais, tanto no nível geral quanto no nível específico da espécie.

Em geral o enfoque das capacidades sugere que cada nação deva incluir em sua constituição ou em outras declarações fundamentais de princípios uma cláusula que reconheça os animais como sujeitos de justiça política, e um compromisso de que os animais serão tratados como detentores do direito a uma existência digna. A constituição também pode explicitar alguns dos princípios bem gerais sugeridos por essa lista de capacidades. O resto do trabalho de proteger os direitos dos animais será feito por uma legislação adequada e por sentenças judiciais que exijam a aplicação da lei, onde ela não é aplicada. Se aos animais, de fato, forem garantidos seus direitos, passarão a poder mover (representados por um guardião) uma ação, direito este que eles não possuem no presente[64].

Ao mesmo tempo, muitas das questões que foram tratadas por este enfoque não podem ser abordadas por nações tomadas isoladamente, mas podem ser enfrentadas através da cooperação internacional. Assim, também necessitamos de acordos internacionais que comprometam a comunidade mundial com a proteção dos hábitats dos animais e a erradicação de práticas cruéis.

---

[64] Ver Sunstein e Nussbaum (2004).

xiii. A não eliminabilidade do conflito

No caso humano, muitas vezes nos deparamos com a questão do conflito entre uma capacidade e outra. Mas neste caso, se a lista das capacidades e seu limite mínimo são adequadamente projetados, devemos concluir que a presença do conflito entre uma capacidade e outra é sinal de que a sociedade errou em algum ponto[65]. Deveríamos nos concentrar no planejamento a longo prazo que criará um mundo no qual todas as capacidades possam ser asseguradas a todos os cidadãos. Assim, o conflito apresentado na *Antígona* de Sófocles, entre a ordem civil e o livre exercício da religião, seria removido (no sentido hegeliano de *aufgehoben*) pela criação de sociedades que honrem cada exercício livre individual de religião como parte do que constitui a esfera política e seus valores básicos. Se os pais enfrentam um conflito entre a nutrição adequada e a educação de seus filhos, no sentido de que somente mandando seus filhos trabalhar todos os dias garantem a sobrevivência da família, isso, de novo, é um sinal de que a sociedade não está bem planejada. Mesmo em regiões muito pobres, o planejamento inteligente torna possível às pessoas ter vidas saudáveis e também educar seus filhos. (Kerala, um estado indiano relativamente pobre, alcançou 99% de alfabetização tanto para meninos quanto para meninas adolescentes graças a horários escolares flexíveis e a outras políticas criativas.)

Ao discutir as capacidades dos seres humanos, argumentei que o limite mínimo para cada capacidade deveria ser estipulado sem perder de vista as outras capacidades. Ao planejar a capacidade de educação, por exemplo, é sensato perguntar o que podemos esperar oferecer nesse campo que seja compatível com a satisfação de todas as outras capacidades. Por um lado, o nível mínimo

---

[65] Ver Nussbaum (2000d).

de cada uma não deve ser colocado de maneira utópica ou irreal: assim precisamos perguntar qual combinação podemos esperar fornecer às pessoas sob condições razoavelmente boas. Por outro lado, não devemos nos nivelar por baixo, e sim nos negar a aceitar arranjos ruins. Assim, seria errado concluir que a educação primária e secundária universal das crianças não é um bom objetivo para uma política pública justa, porque no momento não é executável em alguns Estados mal administrados.

O mundo em que vivemos contém conflitos persistentes e muitas vezes trágicos entre o bem-estar dos seres humanos e o bem-estar dos animais. Alguns maus-tratos a animais podem ser eliminados sem perda séria no bem-estar do ser humano: tal é o caso do uso de animais para roupas de pele, e o tratamento brutal e aprisionador de animais usados na indústria de carne. O uso de animais para alimentação em geral é questão muito mais difícil, uma vez que ninguém sabe de fato qual seria o impacto no meio ambiente mundial se houvesse uma mudança total para fontes vegetarianas de proteína, ou em que medida tal dieta seria compatível com a saúde de todas as crianças do mundo. Nesse caso, parece que a melhor solução seria focar inicialmente no bom tratamento durante a vida e no aniquilamento sem dor, colocando o nível mínimo inicialmente onde seja claramente compatível com o assegurar de todas as capacidades humanas e onde não seja claramente uma violação de nenhuma capacidade central do animal, dependendo sempre de como entendemos o dano de uma morte sem dor para vários tipos de animais. Até mesmo esse nível mínimo é uma utopia no presente, mas parece ser utópica de maneira realista.

Tal abordagem hegeliana, entretanto, não pode solucionar todos os problemas. Outra questão que teremos de enfrentar é o custo. Se o cuidado com a saúde dos animais (até mesmo daqueles que vivem diretamente sob o controle humano) requeresse baixar o nível mínimo do cuidado com a saúde humana, o que deveríamos pensar a respeito dessa troca [*trade-off*]? Acredito que devemos refletir sobre todo o conjunto de capacidades quando lidamos com tais questões, em vez de pensar que custos com a saúde devam ser sempre trocados com custos com a saúde. É muito provável que haverá outros custos não associados com os direitos fundamentais que possam ser em grande medida cortados antes que tenhamos de cortar a assistência de saúde de alguém. Esse é o tipo de questão que cada nação precisa considerar para si mesma quando estabelece o nível mínimo de todas as capacidades principais. Mas, seguramente, o apoio a itens de luxo será nosso primeiro alvo. Se, por exemplo, as pessoas parassem de dirigir carros esportivos, haveria muitos ganhos. Um dos mais importantes seria diminuir o gasto com a gasolina, que liberaria dinheiro para ser usado de outras maneiras, conectadas com os direitos fundamentais – e a saúde sairia ganhando, em ambos os lados.

A mais óbvia área não resolvida de conflito é o uso de animais para pesquisa. Por um lado, a pesquisa com animais continua crucial para os avanços médicos, tanto para os humanos quanto para outros animais. Também nos dá informações importantes sobre muitos outros tópicos, desde a depressão até a natureza das relações afetivas. Tais pesquisas encurtam as vidas dos animais prematuramente, e muitas vezes causam-lhes outros danos.

Muito pode ser feito para melhorar as vidas de animais de pesquisa sem impedir pesquisas úteis. Como Stephen Wise mostrou, os primatas utilizados em pesquisas muitas vezes vivem em condições sórdidas e solitárias enquanto são utilizados como assuntos médicos. Esta situação, é claro, é totalmente desnecessária e moralmente inaceitável, e pode ser excluída sem que a pesquisa precise terminar. Algumas pesquisas são desnecessárias e podem ser concluídas: por exemplo, o teste de cosméticos em coelhos foi deixado de lado sem perda de qualidade para algumas empresas. Mas pesquisas muito mais importantes com consequências fundamentais para a vida e a saúde dos seres humanos e outros animais irá causar doença, dor e morte em pelo menos alguns animais, mesmo sob as melhores condições.

Devemos admitir, então, que haverá um resíduo ineliminável de tragédia nos relacionamentos entre humanos e animais. Pesquisas que devem ser permitidas para promover a saúde e segurança humanas continuarão a causar o risco de doença, dor e morte prematura a animais. Como assunto de teoria do direito ideal, essa pesquisa é moralmente má. Como assunto de implementação imediata, não sou a favor de que se parem todas essas pesquisas imediatamente. O que favoreço é: (a) investigar se a pesquisa é realmente necessária para promover uma capacidade humana ou animal importante; (b) focar no uso de animais sencientes menos complexos, quando possível, porque eles sofrem menos e menores danos em tais pesquisas; (c) melhorar as condições de pesquisa com animais, incluindo cuidado paliativo terminal quando eles contraírem uma doença terminal, e interações acolhedoras tanto com humanos quanto com outros animais; (d) remover a brutalidade psicológica inerente a tantos tratamentos de animais na pesquisa[66]; (e) escolher os assuntos cuidadosa e seriamente, de modo que nenhum animal seja pre-

---

[66] Isso significa proibir experimentos cujo próprio tema é a brutalidade psicológica, tais como os de Seligman e a pesquisa sobre afeto relatada por Bowlby? Parece que sim – apesar de o esclarecimento decorrente do trabalho de Seligman ser muito grande e proveitoso para a construção de melhores modelos de tratamento tanto para humanos quanto para outros animais. Teremos de cumprir aqui as mesmas limitações que já cumprimos para pesquisas psicológicas em sujeitos humanos.

judicado por uma razão frívola, sem uma boa oportunidade de benefício importante; e, finalmente, (f) um esforço vigoroso e com fundos públicos para desenvolver métodos experimentais (por exemplo, simulações de computador) que não possuam essas más consequências.

Acima de tudo, minha abordagem favorece a discussão pública e filosófica constante desses assuntos, junto com o reconhecimento de que tais usos dos animais na pesquisa são trágicos, e que violam sim em alguns casos os direitos básicos dos animais. Esse tipo de reconhecimento público está longe de ser inútil, mesmo em um mundo não hegeliano que compartilhamos com os animais. Antes de mais nada, ele determina o que é moralmente verdadeiro, e assim reconhece a dignidade dos animais e nossa própria culpabilidade com relação a eles. Segundo, reafirma as disposições de comportar-se bem com relação a eles quando nenhuma de tais exigências urgentes intervém. Finalmente, prepara-nos para um mundo no qual pelo menos algumas das pesquisas pertinentes poderiam de fato ser feitas de outras maneiras, por exemplo, através de simulação por computador. Informa-nos que devemos procurar ativamente por tal mundo, e aproveitar qualquer progresso nessa direção para reduzir o abuso de animais.

xiv. Em direção a uma verdadeira justiça global

Já é antiga a evidência de que a busca pela justiça global requer a inclusão de muitas pessoas e grupos que não estavam previamente incluídos como sujeitos plenamente iguais da justiça: os pobres; os de classes baixas; os membros de minorias religiosas, étnicas e raciais; mais recentemente, as mulheres. As abordagens liberais clássicas na tradição do contrato social foram formuladas para lidar com essas desigualdades, e elas o fizeram, na maioria das vezes, muito bem. O aspecto mais insatisfatório com relação a essa lista tradicional dos desfavorecidos foi sua falha em examinar suficientemente a distribuição de oportunidades e benefícios dentro da família, e considerar a própria família como um lugar em que a justiça tanto podia ser feita quanto não.

Mais recentemente, tem ficado evidente que outro grupo grande e heterogêneo de cidadãos exige justiça completa e igual: as pessoas com deficiências físicas e mentais, temporárias ou permanentes. As doutrinas clássicas do contrato social, mesmo a doutrina bastante sutil e moralmente sensível de Rawls, não podem lidar adequadamente com esses problemas de justiça por e para os deficientes, ou os problemas associados de cuidados de dependentes que a existência de deficientes e pessoas idosas em nossas sociedades produzem. O enfoque das capacidades parece bem situado para oferecer um frutífero caminho a seguir.

Também faz séculos que está claro que a busca pela justiça global requer que a filosofia política se afaste do paradigma de nação-Estado autossuficiente e pense no que a justiça pode requerer de nações em suas relações umas com as outras. Desde o final do século XX tem sido óbvio que um tratamento internacional adequado e cosmopolita da justiça deve abordar não somente assuntos tradicionais de guerra e paz, mas também assuntos de justiça econômica e redistribuição material. As doutrinas tradicionais do contrato social não podem oferecer uma boa solução para esses problemas, e mesmo a abordagem corajosa e fascinante de Rawls não faz isso adequadamente. Também com relação a este ponto, sugeri que o enfoque das capacidades oferece um caminho útil a ser seguido, e argumentei que somente um enfoque orientado para o resultado pode confrontar adequadamente a cena mundial confusa e em rápida transformação, com sua variedade de formas institucionais em constante mudança.

Mas uma justiça verdadeiramente global não exige somente que procuremos no mundo por outros companheiros membros de espécies que possuam direito a uma vida decente. Também requer que olhemos tanto em nossa própria nação quanto em todo o mundo, por outros seres sencientes cujas vidas estão entrelaçadas inseparável e complexamente às nossas. As abordagens contratualistas tradicionais sobre a teoria da justiça não consideram e, em sua própria forma, não podem considerar essas questões como de justiça. Os enfoques utilitaristas fizeram isso corajosamente, e merecem alto elogio por terem trazido à luz os abusos e assim promover o começo, pelo menos, de uma consciência ética adequada. Mas, afinal, essa abordagem é muito homogeneizante – tanto entre algumas vidas e outras quanto com respeito aos constituintes heterogêneos de cada vida – para nos fornecer com uma teoria adequada da justiça animal. O enfoque das capacidades, que começa com uma admiração eticamente sintonizada por todas as formas de vida animal, oferece um modelo que faz justiça à complexidade das vidas animais e suas lutas por florescer. Aqui ofereci somente um esboço do que este enfoque pode finalmente propor. Mas mesmo um simples esboço constitui um passo adiante no caminho em direção a uma teoria da justiça plenamente global.

CAPÍTULO 7

OS SENTIMENTOS MORAIS E O ENFOQUE
DAS CAPACIDADES

> *Quando consideramos o quanto, em condições favoráveis de educação, o amor pelo país se tornou um sentimento ardente, não podemos julgar impossível que o amor por esse país maior, o mundo, possa ser alimentado com igual força, tanto como fonte de emoção elevada, quanto como um princípio de dever.*
>
> – John Stuart Mill, "The Utility of Religion"

A tradição do contrato social possui uma aparente grande vantagem sobre o enfoque da justiça básica que acabei de defender. Ela não requer uma benevolência ampla. Deriva os princípios políticos da ideia de vantagem mútua, sem considerar que os seres humanos possuem laços profundos e motivacionalmente poderosos com outros. Esse ponto de partida econômico apresentou-se como uma grande vantagem para a maioria dos pensadores dessa tradição porque eles eram céticos a respeito dos sentimentos morais. Hobbes acredita que os sentimentos mais poderosos são os egoístas e que os outros sentimentos são muito fracos para motivar uma conduta de modo estável e consistente. Kant é certamente pessimista sobre os desejos e inclinações, e sua doutrina do "mal radical" sugere a probabilidade de que a inveja e a agressão sejam grandes problemas em qualquer sociedade. Apesar de considerar possível que as pessoas obedeçam à lei moral irrestritamente, acredita que o comportamento moral consistente diante dos outros provavelmente não ocorrerá em larga escala a não ser que as pessoas se unam a igrejas do tipo certo, o que acaba significando um tipo de igreja que jamais existiu. Locke possui uma visão muito mais otimista sobre os sentimentos, mas também parece ser cético sobre seus potenciais em produzir uma ação em acordo como princípios políticos justos. De qualquer forma, sua própria versão do contrato social baseia-se na vantagem mútua em vez de na benevolência, apesar de sua ênfase na segunda ao explicar a origem dos deveres no estado de natureza. Finalmente, Hume – que, apesar de não ser contratualista, é grande fonte para o contratualismo moderno e um dos psicólogos morais mais astutos da tradição – acredita que os sentimentos benevolentes não prevalecerão no conjunto da sociedade a não ser fortemente amparados pelas convenções e leis baseadas na ideia da vantagem mútua.

A posição de Rawls é mais complexa, pois o véu da ignorância insere a imparcialidade moral nos fundamentos dos princípios políticos, de um modo que corresponda, diz, ao ponto de vista da imparcialidade ("pureza do coração") que uma pessoa real pode assumir a qualquer hora, apesar de normalmente não o fazermos. Além disso, em sua explicação sobre a Sociedade Bem Ordenada, devota atenção considerável à educação dos sentimentos que irão subscrever a concepção política, tornando-a estável ao longo do tempo. Apesar de Rawls acabar tendo dúvidas sobre os detalhes desta sessão do *Uma teoria da justiça* na época do *O liberalismo político*, acreditando que havia se baseado muito em uma única doutrina abrangente do bem, até mesmo nesse livro, enfatiza a importância de uma psicologia política, argumentando que a sociedade precisa de algum cultivo dos sentimentos se almeja permanecer estável.

O enfoque das capacidades demanda bastante dos seres humanos. Exige-lhes bem mais do que as teorias clássicas do contrato social, e, de alguma forma, bem mais do que Rawls exige dos cidadãos em uma Sociedade Bem Ordenada, apesar de as exigências de Rawls já serem bastante substanciais. A solução para nossos três problemas insolúveis requer que as pessoas tenham uma simpatia e uma benevolência muito grandes, e que sustentem esses sentimentos ao longo do tempo. Como no caso de Rawls, as instituições terão um grande papel em tornar a benevolência estável e, de fato, em articular de modo adequado uma concepção definitiva do que a benevolência requer. Mas as instituições só surgem se as pessoas assim desejarem, e podem cessar de existir se as pessoas pararem de desejá-las, algo que a falência da democracia social de estilo "*new deal*" nos Estados Unidos tem mostrado bem claramente.

O enfoque das capacidades é, então, irremediavelmente irreal? Somente o tempo e o esforço responderão a essa pergunta. Mas podemos começar a responder apontando para um grande defeito do tratamento dos teóricos clássicos dos sentimentos morais: sua falta de atenção à variação cultural e ao papel da educação. Hobbes, Locke, Kant e até mesmo Hume parecem sustentar que o repertório de sentimentos de que um grupo de cidadãos é capaz está bem fixado; as sociedades podem influenciar algumas coisas, mas só marginalmente, como quando a sociedade imaginada por Hume ensina às pessoas a unir sentimentos à utilidade da justiça, e como quando a religião racional de Kant ganha mais adeptos e dessa forma motiva mais pessoas a apoiar a lei moral. Mas, no geral, esses pensadores não parecem acreditar que haja muitas chances para uma mudança pessoal em larga escala, ou para esforços sociais que apoiem essas mudanças. Kant acredita que podemos ter esperança na paz, em parte, porque é para a vantagem de todos; mas ele não pensa que podemos ter esperança em uma benevolência que apoie as oportunidades básicas de vida para todos os cidadãos do mundo, ou mesmo para todos de dada nação. Essa falta de ambição moral é surpreendente, dado que todos esses pensadores estão envoltos, e, em alguns casos, participam, de uma cultura cristã que advoga de modo proeminente uma reforma espiritual e uma mudança pessoal com respeito à benevolência e outros sentimentos básicos.

Aliás, o único pensador do contrato social clássico que dedica atenção continuada à maleabilidade dos sentimentos morais e sua suscetibilidade ao cultivo através da educação, é Rousseau, cujo *Emílio* atribui muito da injustiça corrente a uma educação sentimental perversa; e, então, propõe uma educação baseada na compaixão, que estimularia a justiça social. O quarto livro do *Emílio* é um ponto de partida imensamente fértil para uma reflexão adicional sobre esse problema; junto com a *Teoria dos sentimentos morais* de Adam Smith e o ensaio de John Stuart Mill "A utilidade da religião", é um dos textos verdadeiramente reveladores sobre o problema da formação de sentimentos que apoiarão uma mudança social radical na direção da justiça e da dignidade igual.

Rawls segue Rousseau na crença de que uma sociedade justa pode fazer bastante para educar os sentimentos que apoiam seus princípios. Sua discussão perspicaz sobre os sentimentos morais tanto em *TJ* quanto em *LP* mostra que considera as emoções atitudes inteligentes que podem ser socialmente formadas, e que podem tomar como objeto os princípios da sociedade, caso se ensine apropriadamente a fazê-lo. Assim, sua teoria é quase tão ambiciosa, *ex post*, quanto a minha: a estabilidade da sociedade justa depende de sua habilidade em inculcar as atitudes e sentimentos corretos nas pessoas, de tal forma que apoiarão mudanças bastante amplas na distribuição de bens existentes. É claro que, uma vez que Rawls está fazendo uma teoria ideal em vez de propor uma transição para um novo sistema real, ele não fala em termos de apoiar uma mudança radical. Se, no entanto, tentarmos imaginar como qualquer coisa próxima ao seu ideal, em algum momento, poderia surgir, a transição obviamente requereria bastante esforço na educação sentimental.

A esta altura, a psicologia nos mostrou claramente que muitos aspectos de nossa vida emocional são formados socialmente, e que poderiam ser, portanto, diferentes. Até mesmo sentimentos aparentemente tão "integrados" como a aversão possuem fortes componentes de educação familiar e cultural[1]. A raiva, a tristeza, o medo – todas essas emoções são formadas socialmente no que diz respeito a seus objetos de escolha, a seus modos de expressão, às normas que expressam, às crenças sobre o mundo que elas incorporam e, até mesmo, a suas variedades concretas que dada sociedade abriga[2]. Podemos não estar na situação em que John Stuart Mill pensou que estivéssemos quando sugeriu que as crianças pequenas seriam de certa forma como tábula rasa, e que qualquer sentimento que a sociedade desejasse poderia lhes ser inculcado com sucesso. Seguramente, a psicologia associacionista de Mill (emprestada de seu pai, James Mill) era excessivamente ingênua, negligenciava tanto as bases evolutivas da vida emocional como o modo mediante o qual o processo de desenvolvimento iniciado na infância modela o repertório emocional. Assim, a conclusão de Mill, a saber, que as pessoas podem ser ensinadas a pensar que a felicidade de todas as pessoas do mundo faz parte de sua própria felicidade, é

---

[1] Ver Nussbaum (2004a), onde se discute a pesquisa psicológica sobre a aversão.
[2] Nussbaum (2000a), capítulo 3.

alcançada demasiado rapidamente, sem lidar suficientemente com aspectos recalcitrantes da psicologia humana.

Na área da compaixão e da benevolência, no entanto, o que Mill acreditou é, pelo menos em certa medida, verdadeiro: o meio ambiente cultural pode fazer bastante diferença para as emoções que as pessoas experimentam e para a sua eficácia. O importante trabalho de C. Daniel Batson sobre altruísmo mostrou que pessoas que escutam a estória vividamente apresentada sobre a situação de apuro de uma pessoa, com os aspectos salientes dramaticamente sublinhados, experimentará compaixão e formará projetos de ajuda como um resultado[3]. Nosso equipamento emocional pareceria mais rousseauniano do que hobbesiano: se somos conscientizados a respeito do sofrimento de outra pessoa da maneira correta, iremos em seu auxílio. O problema é que a maior parte do tempo estamos distraídos, não bem educados para entender os apuros de outras pessoas e (o que tanto Rousseau quanto Batson enfatizam de modo diferente) não dirigidos, através da educação e da imaginação, a visualizar esses sofrimentos vividamente para nós mesmos. Podemos acrescentar um ponto muito salientado por Rousseau, mas não por Batson: as pessoas muitas vezes possuem consciência insuficiente de sua própria vulnerabilidade humana, como se educadas a acreditar que são privilegiadas, ou mesmo autossuficientes e invulneráveis.

Até que ponto a educação pública de uma sociedade liberal cultiva sentimentos que podem complementar e apoiar o enfoque das capacidades? E como essa educação poderia ser organizada em uma sociedade cujos princípios abominam a doutrinação e as restrições de liberdade de expressão?

Parece que a ampliação da benevolência é pelo menos possível, e que as concepções das pessoas sobre o que devem a si mes-

---

[3] Batson (1991); ver a discussão em Nussbaum (2001a), capítulo 6.

mas e aos outros são na verdade muito fluidas, respondendo ao ensinamento social. É claro, por exemplo, que a cultura pública geral dos Estados Unidos ensina muitas coisas que vão contra a benevolência: que os pobres são responsáveis por sua pobreza, que o "verdadeiro homem" é autossuficiente e não necessitado, e muitas outras ficções perniciosas que abundam em nossa cultura popular. Por outro lado, alguns sentimentos perniciosos da cultura pública dos Estados Unidos também foram derrubados ao longo do tempo pela crítica e pela substituição das concepções e crenças que lhes davam sustentação. Assim, o ódio e a aversão racial, e até mesmo o ódio e aversão misóginas, certamente diminuíram em nossa cultura pública graças à atenção à criação das crianças e a sua educação precoce. A atenção diligente à linguagem e à imagem que alguns chamam pejorativamente de "politicamente correto" possui um propósito público importante: possibilita às crianças a ver umas às outras como indivíduos e não como membros de grupos estigmatizados. Em alguma medida, essas mudanças benéficas estão em andamento na maneira pública de se falar e de se ensinar sobre pessoas com deficiências. A inclusão de pessoas com deficiências nas salas de aula ao lado de outras crianças ajuda ainda mais esse movimento, tornando evidente para as crianças que uma criança com deficiência é um indivíduo singular, capaz de uma grande variedade de sentimentos e atividades humanas.

Dessa e de outras maneiras, a sociedade liberal pode promover e tornar centrais as concepções da pessoa e das relações humanas que apoiem seus princípios políticos básicos. Apesar de não dever suprimir visões contrárias, pode dar proeminência a essas perspectivas de apoio tanto na educação quanto na retórica públicas – como quando Franklin Delano Roosevelt retratou os americanos pobres como cidadãos dignos, acossados pela catástrofe, e não como preguiçosos que "não são bons para nada";

como quando Martin Luther King Jr. retratou com palavras comoventes um futuro de igualdade racial e de cidadania mundial; ou como quando defensores de pessoas com deficiências apresentam a complexidade e variedade de tais vidas, e suas capacidades para amor e realização.

Se quisermos que o enfoque das capacidades seja algum dia concretizado no mundo, tais exemplos devem ser introjetados e seguidos. Uma sociedade que aspira à justiça nas três áreas que discuti dedica atenção constante aos sentimentos morais e a seu cultivo – no desenvolvimento infantil, na educação pública, na retórica pública, nas artes. Não demonstrei que a amplitude de sentimento requerido pelo projeto normativo deste livro é possível. E, certamente, não demonstrei *como* isso é possível. Esse silêncio não se origina do sentimento de que não há nada de interessante a dizer sobre essas questões, ou que elas não possam ser respondidas. Em vez disso, origina-se da decisão de fazer dessas questões tópicos para outro livro[4].

Mesmo que não tenha ainda demonstrado que a realização da justiça como a construí seja possível, acredito que minha argumentação aqui remove um obstáculo para vê-la como possível. Pois estabelece que um retrato particular de quem somos e do que é uma sociedade política nos aprisionou por um tempo, nos impedindo de imaginar outras maneiras mediante as quais as pessoas podem se reunir e decidir viver juntas. Se tomarmos como certo o fato de que a vantagem mútua é o único cimento para uma cultura política liberal, falaremos cinicamente sobre projetos "utópicos", tais como o que propus para as três áreas da fronteira da justiça. Mostrei, entretanto, que esse retrato tem uma origem histórica específica e jamais foi o único retrato disponível.

---

[4] *Capabilities and Compassion*, sob contrato com a Cambridge University Press.

A esta altura devemos ser capazes de ver que este é um retrato, como Hobbes e Locke bem o sabiam, e não uma descrição realista do que as pessoas são e devem ser. Ao vê-lo como um retrato, estamos em posição de nos perguntar o que este retrato nos faz, como nos expressa plenamente e se queremos escolher este retrato ou algum outro para articular nossas aspirações para a sociedade política.

Desse modo, as respostas para questões filosóficas amplas possuem importância prática[5]. Elas moldam nosso sentido do possível, dando-nos palavras com as quais nomear-nos e a nossos relacionamentos políticos. O retrato do contrato social, fértil e admirável em muitas áreas, nos limita em nosso tratamento dos três problemas não solucionados que acredito serem as fronteiras da justiça para o nosso futuro. Ainda que não devamos rejeitar o que há de melhor em tais teorias, devemos e podemos usar um argumento filosófico para abrir as janelas de nossas imaginações. Sem coragem imaginativa provavelmente só nos restarão o cinismo público e o desespero diante dos enormes desafios que essas três áreas nos colocam. Mas, com alguns novos retratos do que pode ser possível, podemos pelo menos aproximarmo-nos dessas fronteiras e pensar criativamente sobre que tipo de justiça pode existir em um mundo bem mais complexo e interdependente do que admitem muitas vezes as teorias filosóficas.

---

[5] Aqui, imitei conscientemente o fim da introdução de Rawls da edição *paperback* do *LP*.

REFERÊNCIAS BIBLIOGRÁFICAS

AGARWAL, Bina. *A Field of One's Own: Gender and Land Rights in South Asia*. Cambridge: Cambridge University Press, 1994.

———. "'Bargaining' and Gender Relations: Within and Beyond the Household." *Feminist Economics* 3: 1-51, 1997.

AMUNDSON, Ron. "Disability, Handicap, and the Environment." *Journal of Social Philosophy* 23: 105-118, 1992.

———. "Biological Normality and the ADA." In Francis e Silvers (2000): 102-110, 2000a.

———. "Against Normal Function." *Studies in History and Philosophy of Biological and Biomedical Sciences* 31C: 33-53, 2000b.

ARNESON, Richard J. "Perfectionism and Politics." *Ethics* 111: 37-63, 2000.

ASCH, Adrienne; Gostin, Lawrence O.; Johnson, Diann. "Respecting Persons with Disabilities and Preventing Disability: is There a Conflict?" In Herr, Gostin e Koh (2003): 319-346, 2003.

BARCLAY, Linda. "What Kind of Liberal is Martha Nussbaum?" *Sats: Nordic Journal of Philosophy* 4: 5-24, 2003.

BARRY, Brian. *Justice as Impartiality*. Oxford: Clarendon Press, 1995.

BATSON, C. Daniel. *The Altruism Question: Toward a Social-Psychological Answer*. Hillsdale: Lawrence Erlbaum, 1991.

BECKER, Lawrence C. "The Good of Agency." In Francis e Silvers (2000): 54-63, 2000.

BEITZ, Charles. *Political Theory and International Relations*. Princeton: Princeton University Press, 1979.

BENTHAM, Jeremy. *An Introduction to the Principles of Morals and Legislation*. Nova York: Hafner, 1789; 1823; 1948. (O texto é baseado na edição de 1823.)

BÉRUBÉ, Michael. *Life as We Know It: a Father, a Family, and an Exceptional Child*. Nova York: Pantheon, 1996.

BOTKIN, Daniel. "Adjusting Law to Nature's Discordant Harmonies." *Duke Environmental Law and Policy Forum* 7: 25-37, 1996.

BROCK, Dan W. "Health Care Resource Prioritization and Discrimination against Persons with Disabilities." In Francis e Silvers (2000): 223-235, 2000.

BUCHANAN, Allen; Brock, Dan W.; Daniels, Norman; Wikler, Daniel. *From Chance to Choice: Genetics and Justice*. Nova York: Cambridge University Press, 2000.

COETZEE, J. M. *The Lives of Animals*, org. Amy Gutmann. Princeton: Princeton University Press. Coetzee's Tanner Lectures: 15-69, 1999.

DANIELS, Norman. 1985. *Just Health Care*. Cambridge: Cambridge University Press.

_____. "Mental Disabilities, Equal Opportunity and the ADA." In Francis e Silvers (2000): 255-268, 2000.

DEGRAZIA, David. *Taking Animals Seriously: Mental Life and Moral Status*. Cambridge: Cambridge University Press, 1996.

DE WAAL, Frans. Good Natured: the Origins of Right and Wrong in *Humans and Other Animals*. Cambridge: Harvard University Press, 1996.

DIAMOND, Cora. *Realism and the Realistic Spirit*. Cambridge: Bradford. Reimpr., 1995.

DRÈZE, Jean; SEN, Amartya. *India: Economic Development and Social Opportunity*. Oxford: Oxford University Press, 1995.

_____ (orgs.). *Indian Development: Selected Regional Perspectives.* Oxford: Oxford University Press, 1997.

_____. *India: Development and Participation.* Oxford: Oxford University Press, 2002.

DWORKIN, Ronald. *Sovereign Virtue: the Theory and Practice of Equality.* Cambridge: Harvard University Press, 2000.

EHRENREICH, Barbara. *Nickel and Dimed: on (Not) Getting by in America.* Nova York: Metropolitan, 2001.

EPSTEIN, Richard. *Forbidden Grounds: the Case Against Employment Discrimination Law.* Cambridge: Harvard University Press, 1992.

FINEMAN, Martha A. *The Illusion of Equality.* Chicago: University of Chicago Press, 1991.

_____. *The Neutered Mother, the Sexual Family and Other Twentieth Century Tragedies.* Nova York: Routledge, 1995.

FOLBRE, Nancy. "Care and the Global Economy." Background paper prepared for United Nations Development Programme, 1999.

_____. *The Invisible Heart: Economics and Family Values.* Nova York: New Press, 2001.

FRANCIS, Leslie Pickering; Silvers, Anita (orgs.). *Americans with Disabilities: Exploring Implications of the Law for Individuals and Institutions.* Nova York: Routledge, 2000.

FRANKFURT, Harry G. "Equality as a Moral Ideal." In Frankfurt. *The Importance of What We Care About: Philosophical Essays.* Cambridge: Cambridge University Press, 1988, pp. 134-158.

_____. "Equality and Respect." In Frankfurt. *Necessity, Volition, and Love.* Cambridge: Cambridge University Press, 1999. pp. 146-154.

FRIEDMAN, Benjamin. Review of Stiglitz (2002). *Nova York Review of Books*, 22 ago. 2002.

GAUTHIER, David. *Morals by Agreement.* Nova York: Oxford University Press, 1986.

GEWIRTH, Alan. *Reason and Morality.* Chicago: University of Chicago Press, 1978.

_____. *The Community of Rights.* Chicago: University of Chicago Press, 1996.

GLENDON, Mary Ann. *A World Made New: Eleanor Roosevelt and the Universal Declaration of Human Rights.* Nova York: Random House, 2001.

GOFFMAN, Erving. *Stigma: Notes on the Management of Spoiled Identity.* Nova York: Simon and Schuster, 1963.

GOLDSCHMIDT, Victor. *La doctrine d'Epicure et la droit.* Paris: Vrin, 1977.

GREEN, Michael. "Institutional Responsibility for Global Problems." *Philosophical Topics* 30 (2002): 79-96, 2002.

_____. "Justice and Law in Hobbes." *Oxford Studies in Early Modern Philosophy* 1: 111-138, 2003.

GROTIUS, Hugo. *De Iure Belli ac Pacis Libri Tres/On the Law of War and Peace.* Trad. ing. Francis W. Kelsey. Oxford: Clarendon Press, 1625; 1646; 1925. 2. v. v. 1: texto latino; v. 2: tradução. (O texto é baseado na edição de 1646.)

HARE, R. M. "Why I Am Only a Demi-Vegetarian." In Jamieson (1999): 233-246, 1999.

HARRINGTON, Mona. *Care and Equality.* Nova York: Knopf, 1999.

HELD, Virginia. *Feminist Morality: Transforming Culture, Society, and Politics.* Chicago: University of Chicago Press, 1993.

_____ (org.). *Justice and Care: Essential Readings in Feminist Ethics.* Boulder: Westview, 1995.

HERR, Stanley S. "Self-Determination, Autonomy, and Alternatives for Guardianship." In Herr, Gostin e Koh (2003): 429-450, 2003.

_____; GOSTIN, Lawrence O.; KOH, Harold Hongju (orgs.). *The Human Rights of Persons with Intellectual Disabilities.* Oxford/Nova York: Oxford University Press, 2003.

HOBBES, Thomas. *Leviathan*. In Tuck, Richard (org.). Cambridge: Cambridge University Press, 1651; 1991.

HOLTON, Richard; Langton, Rae. "Empathy and Animal Ethics." In Jamieson (1999): 209-232, 1999.

HUME, David. *A Treatise of Human Nature*. In Selby-Bigge, L. A. (org.). 2. ed. rev. P. H. Nidditch. Oxford: Clarendon Press, 1739-40; 1978.

_____. *Enquiries Concerning Human Understanding and Concerning the Principles of Morals*. In Selby-Bigge, L. A. (org.). 3. ed, rev. P. H. Nidditch. Oxford: Clarendon Press, 1777; 1975.

JAMIESON, Dale (org.). *Singer and His Critics*. Oxford: Basil Blackwell, 1999.

JONES, Charles. *Global Justice: Defending Cosmopolitanism*. Oxford: Oxford University Press, 1999.

KANT, Immanuel. *Metaphysical Elements of Justice*. In Ladd, John (org. e trad.). Indianápolis: Hackett, 1797; 1999.

_____. *Lectures on Ethics*. Trad. ing. L. Infield. Indianápolis: Hackett, 1963.

_____. *Kant: Political Writings*. In Reiss, Hans (org.). Cambridge: Cambridge University Press, 1970.

KAVKA, Gregory S. "Disability and the Right to Work." In Francis e Silvers (2000): 174-192, 2000.

KELMAN, Mark; Lester, Gillian. *Jumping the Queue: an Inquiry into the Legal Treatment of Students with Learning Disabilities*. Cambridge: Harvard University Press, 1997.

KITTAY, Eva Feder. "Human Dependency and Rawlsian Equality." In Meyers, Diana T. (org.). *Feminists Rethink the Self*. Boulder: Westview, 1997. pp. 219-266. 1997.

_____. *Love's Labor: Essays on Women, Equality, and Dependency*. Nova York: Routledge, 1999.

KITTAY, Eva Feder; Feder, Ellen K. (orgs.). *The Subject of Care: Feminist Perspectives on Dependency*. Lanham: Rowman and Littlefield, 2002.

KNISS, Fred. *Disquiet in the Land: Cultural Conflict in American Mennonite Communities*. New Brunswick: Rutgers University Press, 1997.

LADENSON, Robert T. "The Zero-Reject Policy in Special Education: a Moral Analysis." Manuscrito citado por permissão do autor. 2004.

LARMORE, Charles. *The Morals of Modernity*. Cambridge: Cambridge University Press, 1996.

_____. "Public Reason." In Freeman, Samuel (org.). *The Cambridge Companion to Rawls*. Nova York: Cambridge University Press, 2003. pp. 368-393.

LEE, Jadran. "Bentham on Animals." Dissertação de doutorado, University of Chicago, 2002.

LEVITZ, Mitchell. "Voices of Self-Advocates." In Herr; Gostin; Koh (2003): 453-465, 2003.

LEVITZ, Mitchell; Kingsley, Jason. *Count us in: Growing up with Down Syndrome*. Nova York: Harcourt Brace, 1994.

LOCKE, John. *Two Treatises of Government*. In Laslett, Peter (org.). Cambridge: Cambridge University Press, 1679-1680?; 1960.

MACINTYRE, Alasdair. *Dependent Rational Animals: Why Human Beings Need the Virtues*. Chicago: Open Court, 1999.

MACKINNON, Catharine. *Feminism Unmodified*. Cambridge: Harvard University Press, 1987.

MARITAIN, Jacques. *The Rights of Man and Natural Law*. Nova York: Scribner's, 1943.

_____. *Man and the State*. Chicago: University of Chicago Press, 1951.

MARX, Karl. *Economic and Philosophical Manuscripts of 1844*. In Tucker, Robert C. (org.). *The Marx-Engels Reader*. Nova York: Norton, 1844; 1978. pp. 66-125.

MCMAHAN, Jeff. "Cognitive Disability, Misfortune, and Justice." *Philosophy and Public Affairs* 25: 3-35, 1996.

MILL, John Stuart. "Nature." In *John Stuart Mill: Three Essays on Religion*. Amherst: Prometheus, 1850; 1988. pp. 3-65.

_____. *The Subjection of Women*. In Okin, Susan M. (org.). Indianápolis: Hackett, 1869; 1988.

MINOW, Martha. *Making All the Difference: Inclusion, Exclusion, and American Law*. Ithaca: Cornell University Press, 2002.

MURPHY, Liam. *Moral Demands in Ideal Theory*. Nova York: Oxford University Press, 2000.

NAGEL, Thomas. *Equality and Partiality*. Nova York: Oxford University Press, 1991.

NOZICK, Robert. *Anarchy, State, and Utopia*. Nova York: Basic Books, 1974.

NUSSBAUM, Martha C. *Poetic Justice: the Literary Imagination and Public Life*. Boston: Beacon, 1995a.

_____. "Aristotle on Human Nature and the Foundations of Ethics." In Altham, J. E. G.; Harrison, Ross (org.). *World, Mind, and Ethics: Essays on the Philosophy of Bernard Williams*. Cambridge: Cambridge University Press, 1995b.

_____. "The Good as Discipline, the Good as Freedom." In Crocker, David; Linden, Toby (orgs.). *Ethics of Consumption: the Good Life, Justice, and Global Stewardship*. Lanham: Rowman and Littlefield, 1998. pp. 312-341.

_____. *Sex and Social Justice*. Nova York: Oxford University Press, 1999a.

_____. "Duties of Justice, Duties of Material Aid: Cicero's Problematic Legacy." *Journal of Political Philosophy* 7: 1-31, 1999b.

_____. *Women and Human Development*. Cambridge: Cambridge University Press, 2000a.

_____. "Is Privacy Bad for Women? What the Indian Constitutional Tradition Can Teach us about Sex Equality." *Boston Review* 25 (abr.-maio): 42-47, 2000b.

_____. "The Future of Feminist Liberalism." *Proceedings and Addresses of the American Philosophical Association* 74: 47-79, 2000b. Reimpresso em Kittay; Feder (2002): 186-214, 2000c.

_____. "The Costs of Tragedy: Some Moral Limits of Cost-Benefit Analysis." *Journal of Legal Studies* 29: 1005-1036, 2000d. Reimpr. em *Cost-Benefit Analysis: Legal, Economic and Philosophical Perspectives*. In Adler, Matthew D.; Posner, Eric A. (orgs.). Chicago: University of Chicago Press. pp. 169-200.

_____. "Comment on Thomson." In Thomson, Judith Jarvis. *Goodness and Advice*. Tanner Lectures. Org. Amy Gutmann. Princeton: Princeton University Press, 2000e. pp. 97-125.

_____. "Aristotle, Politics, and Human Capabilities: a Response to Antony, Arneson, Charlesworth, and Mulgan." *Ethics* 111: 102-140, 2000f.

_____. *Upheavals of Thought: the Intelligence of Emotions*. Cambridge: Cambridge University Press, 2001a.

_____. "India: Constructing Sex Equality through Law." *Chicago Journal of International Law* 2: 35-58, 2001b.

_____. "Animal Rights: the Need for a Theoretical Basis." Review of Wise (2000). *Harvard Law Review* 114: 1506-1549, 2001c.

_____. "Sex Equality, Liberty, and Privacy: a Comparative Approach to the Feminist Critique." In Sridharan, E.; Hasan, Z.; Sudarshan, R. (orgs.). *India's Living Constitution: Ideas, Practices, Controversies*. Nova Delhi: Permanent Black, 2002a, pp. 242-283.

_____. "Women and the Law of Peoples." *Philosophy, Politics and Economics* 1: 283-306, 2002b.

_____. "Long-Term Care and Social Justice: a Challenge to Conventional Ideas of the Social Contract." In World Health Organization, *Ethical Choices in Long-Term Care: What Does Justice Require?* Genebra, 2002c, pp. 31-66.

_____. "The Complexity of Groups." *Philosophy and Social Criticism* 29: 57-69, 2003a.

_____. "Capabilities as Fundamental Entitlements: Sen and Social Justice." *Feminist Economics* 9 (jul./nov.): 33-59, 2003b.

_____. "Compassion and Terror." *Daedalus,* inverno: 10-26, 2003c.

_____. "Political Liberalism and Respect: a Response to Linda Barclay." *Sats: Nordic Journal of Philosophy* 4: 25-44, 2003d.

_____. *Hiding From Humanity: Disgust, Shame, and the Law.* Princeton: Princeton University Press, 2004a.

_____. "Women's Education: a Global Challenge." *Signs* 29: 325-355, 2004b.

_____. "Mill between Aristotle and Bentham." *Daedalus,* primavera: 60-68, 2004c.

_____. "On Hearing Women's Voices: a Reply to Susan Okin." *Philosophy and Public Affairs* 32: 193-205, 2004d.

_____. Forthcoming. "Grotius: a Society of States and Individuals under Moral Law." In *The Cosmopolitan Tradition.* New Haven: Yale University Press, 2004d.

OKIN, Susan Moller. *Justice, Gender, and the Family.* Nova York: Basic Books, 1989.

O'NEILL, Onora. *Towards Justice and Virtue: a Constructive Account of Practical Reasoning.* Cambridge: Cambridge University Press, 1996.

PITCHER, George. *The Dogs Who Came to Stay.* Nova York: Penguin, 1995.

PLUHAR, Evelyn B. *Beyond Prejudice: the Moral Significance of Human and Nonhuman Animals.* Durham: Duke University Press, 1995.

POGGE, Thomas. *Realizing Rawls.* Ithaca: Cornell University Press, 1989.

_____.*World Poverty and Human Rights: Cosmopolitan Responsibilities and Reforms.* Cambridge: Polity, 2002.

PROUST, Marcel. *A la recherche du temps perdu.* Vol. 1: *Du côté de chez Swann.* Paris: Gallimard, 1954.

Pufendorf, Samuel. In Tully, James (org.). *On the Duty of Man and Citizen According to Natural Law*. Trad. ing. Michael Silverthorne. Cambridge: Cambridge University Press, 1673; 1991.

Rachels, James. *Created from Animals: the Moral Implications of Darwinism*. Nova York: Oxford University Press, 1990.

Rawls, John. *A Theory of Justice*. Cambridge: Harvard University Press, 1971.

_____. "Kantian Constructivism in Moral Theory." *Journal of Philosophy* 77: 515-571, 1980.

_____. "The Law of Peoples." In Shute, Stephen; Hurley, Susan (orgs.). *On Human Rights: the Oxford Amnesty Lectures* 1993. Nova York: Basic Books, 1993.

_____. *Political Liberalism*. Ed. ampl. Nova York: Columbia University Press, 1996.

_____. *The Law of Peoples with "The Idea of Public Reason Revisited."* Cambridge: Harvard University Press, 1999.

_____. *Lectures on the History of Ethics*. Org. Barbara Herman. Cambridge: Harvard University Press, 2000.

_____. *Justice as Fairness: a Restatement*. Org. Erin Kelly. Cambridge: Harvard University Press, 2001.

Rawls, John; Van Parijs, Philippe. "Three Letters on *The Law of Peoples* and the European Union." *Revue de Philosophie Économique* 7: 1-20, 2003.

Regan, Tom. *The Case for Animal Rights*. Berkeley: University of California Press, 1983.

Richardson, Henry S. *Practical Reasoning about Final Ends*. Cambridge: Cambridge University Press, 1994.

Rosenthal, Eric; Sundram, Clarence J. "Recognizing Existing Rights and Crafting New Ones: Tools for Drafting Human Rights Instruments for People with Mental Disabilities." In Herr; Gostin; Koh (2003): 467-501, 2003.

Rousseau, Jean-Jacques. *Emile: or On Education*. Trad. Allan Bloom. Nova York: Basic Books, 1762; 1979.

Ruddick, Sarah. *Maternal Thinking*. Boston: Beacon, 1989.

Scanlon, Thomas. "Value, Desire, and Quality of Life." In Nussbaum, Martha C.; Sen, Amartya (orgs.). *The Quality of Life*. Oxford: Clarendon Press, 1993. pp. 185-200.

_____. *What We Owe to Each Other*. Cambridge: Harvard University Press, 1999.

Seligman, Martin. *Helplessness: on Development, Depression, and Death*. Nova York: W. H. Freeman, 1975.

Sen, Amartya. "Equality of What?" In McMurrin, S. M. (org.). *Tanner Lectures on Human Values*. Salt Lake City: University of Utah Press, 1980. pp. 353-369. Reimpr. em Sen, 1982.

_____. *Choice, Welfare and Measurement*. Oxford: Basil Blackwell, 1982.

_____. *Commodities and Capabilities*. Amsterdam: North-Holland, 1985.

_____. "Gender and Cooperative Conflicts." In Tinker, Irene (org.). *Persistent Inequalities*. Nova York: Oxford University Press, 1990. pp. 123-149.

_____. *Inequality Reexamined*. Nova York: Russell Sage, 1992.

_____. "Capability and Well-Being." In Nussbaum, Martha C.; Sen, Amartya (orgs.). *The Quality of Life*. Oxford: Clarendon Press, 1993. pp. 30-53.

_____. "Gender Inequality and Theories of Justice." In Nussbaum, Martha C.; Glover, Jonathan (orgs.). *Women, Culture and Development*. Oxford: Clarendon Press, 1995. pp. 259-273.

_____. "Human Rights and Asian Values." *New Republic*, jul. 14/21: 33-40, 1997.

_____. *Development as Freedom*. Nova York: Knopf, 1999.

Sen, Amartya; Williams, Bernard. "Introduction." In Sen, Amartya; Williams, Bernard (orgs.). *Utilitarianism and Beyond*. Cambridge: Cambridge University Press. 1982. pp. 1-21.

SHERMAN, Nancy. *The Fabric of Character: Aristotle's Theory of Virtue.* Oxford: Clarendon Press, 1989.

SHUE, Henry. *Basic Rights.* 2. ed. Princeton: Princeton University Press, 1996.

SILVERS, Anita. "Formal Justice." In Silvers, Wasserman; Mahowald (1998): 13-146, 1998.

_____. "The Unprotected: Constructing Disability in the Context of Antidiscrimination Law." In Francis e Silvers (2000): 126-145, 2000.

SILVERS, Anita; Wasserman, David; Mahowald, Mary B. *Disability, Difference, Discrimination.* Lanham: Rowman and Littlefield, 1998.

SIMMONS, A. John. *The Lockean Theory of Rights.* Princeton: Princeton University Press, 1992.

SINGER, Peter. "Famine, Affluence and Morality." *Philosophy and Public Affairs* 1: 229-244, 1972.

_____. *Animal Liberation.* Nova York: Avon, 1975.

_____. "Animals and the Value of Life." In Regan, Tom (org.). *Matters of Life and Death: New Introductory Essays on Moral Philosophy.* Nova York: Random House, 1980. pp. 28-66.

_____. Response to Coetzee. In Coetzee (1999): 85-92, 1999a.

_____. "A Response." In Jamieson (1999): 269-335, 1999b.

SMITH, Adam. *An Inquiry into the Nature and Causes of the Wealth of Nations.* In Campbell, R. H.; Skinner, A. S.; Todd, W. B. (orgs.). Indianápolis: Liberty Fund., 1776; 1784; 1981. 2. v. (O texto é baseado na edição de 1784, que pode ser considerada a versão final de Smith.)

SMUTS, Barbara. Response to Coetzee. In Coetzee (1999): 107-120, 1999.

SORABJI, Richard. *Animal Minds and Human Morals: the Origins of the Western Debate.* Ithaca: Cornell University Press, 1993.

STARK, Cynthia. "Hypothetical Consent and Justification." *Journal of Philosophy* 97: 313-334, 2000.

STIGLITZ, Joseph. *Globalization and its Discontents.* Nova York: Norton, 2002.

SUNSTEIN, Cass R. "Can Animals Sue?" In Sunstein e Nussbaum (2004): 251-262, 2004.

SUNSTEIN, Cass R.; Nussbaum, Martha C. (orgs.). *Animal Rights: Current Debates and New Directions.* Nova York: Oxford University Press, 2004.

TENBROEK, Jacobus. "The Right to Be in the World: the Disabled in the Law of Torts." *California Law Review* 54: 841-919, 1966.

TRONTO, Joan. *Moral Boundaries: a Political Argument for an Ethic of Care.* Nova York: Routledge, 1993.

UNITED NATIONS DEVELOPMENT PROGRAMME. *Human* Development *Report* 1999. Nova York: Oxford University Press, 1999.

_____. *Human Development Report* 2000. Nova York: Oxford University Press, 2000.

_____. *Human Development Report* 2001. Nova York: Oxford University Press, 2001.

_____. *Human Development Report* 2002. Nova York: Oxford University Press, 2002.

_____. *Human Development Report* 2003. Nova York: Oxford University Press, 2003.

WASSERMAN, David. "Distributive Justice." In Silvers, Wasserman e Mahowald (1998): 147-208, 1998.

_____. "Stigma without Impairment: Demedicalizing Disability Discrimination." In Francis and Silvers (2000): 146-162, 1998.

WEST, Robin. *Caring for Justice.* Nova York: Nova York University Press, 1997.

WILLIAMS, Bernard. "A Critique of Utilitarianism." In Smart, J. J. C.; Williams, Bernard. *Utilitarianism: For and Against.* Cambridge: Cambridge University Press, 1973. pp. 77-150.

WILLIAMS, Joan. *Unbending Gender: Why Family and Work Conflict and What to Do about It*. Nova York: Oxford University Press, 2000.

WISE, Stephen. *Rattling the Cage: Toward Legal Rights for Animals*. Cambridge: Perseus, 2000.

WOOD, Allen. *Kant's Ethical Theory*. Cambridge: Cambridge University Press, 1999.